| 社会工作本土化系列 |

张和清　廖其能　等著

从群众中来　到群众中去

——“双百”社会工作概论

中国社会出版社

国家一级出版社 · 全国百佳图书出版单位

图书在版编目（CIP）数据

从群众中来到群众中去 ："双百"社会工作概论 / 张和清等著 . -- 北京 ：中国社会出版社，2021.8
（2023.12 重印）
ISBN 978-7-5087-6591-4

Ⅰ.①从… Ⅱ.①张… Ⅲ.①社会工作－教材 Ⅳ.①C916

中国版本图书馆 CIP 数据核字（2021）第 149648 号

出 版 人：程 伟	终 审 人：王 前
责任编辑：余细香	策划编辑：余细香
责任校对：张爱华	封面设计：时 捷
出版发行：中国社会出版社	地 址：北京市西城区二龙路甲 33 号
邮政编码：100032	编 辑 部：(010)58124839
网 址：shcbs.mca.gov.cn	发 行 部：(010)58124845；58124848
经 销：新华书店	
印刷装订：北京联兴盛业印刷股份有限公司	开 本：170 mm×240 mm 1/16
印 张：23.25	字 数：360 千字
版 次：2021 年 8 月第 1 版	印 次：2023 年 12 月第 5 次印刷
定 价：68.00 元	

社工图书专营店

中国社会出版社
天猫旗舰店

中社文库微信公众号

本书作者

（按章节顺序排名）

第一章：张和清　许雅婷　廖其能　钟颖仪

第二章：张和清　廖其能　杨景生

第三章：张和清　廖其能　李炯标

第四章：张和清　廖其能　钟颖仪

第五章：张和清　廖其能　陈　静

第六章：张和清　廖其能　钟颖仪　王彩云　徐　菲　陈海宾

第七章：张和清　廖其能　黎秋谊　谭伊雯　陈柳君

第八章：张和清　廖其能　杨景生　刘文贤　王瑞贤　付　婧　梁健如

第九章：张和清　毛月云　廖其能　王福菊　张志芬　陈如珠

第十章：张和清　廖其能　罗丽媛　杨景生　蒋　罗　刘伟清　梁春艳

第十一章：张和清　廖其能　陈肃微

作者简介

（按章节顺序排名）

张和清：中山大学教授，“双百”总督导

许雅婷：社会工作硕士，“双百”项目办副主任

廖其能：社会工作硕士，“双百”项目办协同督导部副主任兼片区专员

钟颖仪：社会工作本科，“双百”项目办协同督导部片区专员

杨景生：社会工作本科，“双百”项目办协同督导部信息与传播专员

李炯标：韩山师范学院社会工作系讲师，“双百”潮州地区兼职协同督导者

陈　静：社会工作本科，“双百”肇庆地区专职协同督导者

王彩云：社会工作硕士，“双百”云浮地区专职协同督导者

徐　菲：中山大学社会工作在读博士

陈海宾：社会工作本科，“双百”项目办主任

黎秋谊：社会工作本科，“双百”肇庆市城西街道社工站社会工作者

谭伊雯：社会工作本科，“双百”项目办协同督导部片区专员

陈柳君：助理社会工作师，“双百”肇庆市禄步镇社工站社会工作者

刘文贤：社会工作本科，“双百”清远地区专职协同督导者

王瑞贤：社会工作本科，“双百”清远地区专职协同督导者

付　婧：社会学硕士，“双百”项目办协同督导部主任

梁健如：社会工作本科，“双百”项目办综合部专员

毛月云：揭阳职业技术学院社会工作系助教，“双百”揭阳地区兼职协同督导者

王福菊：社会工作硕士，“双百”项目办综合部主任

张志芬：社会工作硕士，“双百”佛山市张槎街道社工站社会工作者

陈如珠：社会工作硕士，“双百”珠三角地区专职协同督导者
罗丽媛：社会工作硕士，“双百”项目办协同督导部片区专员
蒋　罗：社会工作硕士，“双百”项目办主任助理
刘伟清：社会工作本科，“双百”梅州地区专职协同督导者
梁春艳：社会工作本科，“双百”项目办协同督导部培训专员
陈肃微：社会工作硕士，“双百”揭阳地区兼职协同督导者

序　言

在全国上下喜迎中国共产党百年华诞、“我为群众办实事”实践活动如火如荼开展之际，全省所有乡镇“双百”社工站即将挂牌运行。这标志着“广东社会工作双百计划”正式升级为“广东兜底民生服务社会工作双百工程”。中山大学张和清教授领衔的专业团队辛勤耕耘书写的《从群众中来　到群众中去——“双百”社会工作概论》（以下简称《“双百”社会工作概论》）公开出版，从专业理论角度对“双百计划”4年多来的实践经验进行总结提炼，这在广东社会工作发展史上具有重要意义。拜读书稿，感慨良多。

民政服务对象在基层，党和政府各项惠民政策的落脚点也在基层。然而，长期以来，基层民政力量薄弱是民政事业发展的短板与痛点。随着民政工作对象扩大、业务拓展、标准提升，这种矛盾显得更为突出。如何加强基层民政工作，真正做到重心向下、力量下沉，更精准、更有力地为群众办实事、解难题，始终是省民政厅党组牵挂的一件大事。

经过前期充分调研论证，2017年7月，省民政厅正式启动社会工作“双百计划”，将社会工作人才队伍作为增强基层民政服务能力的可行路径来谋划、推进。4年多来，在基层党委政府的重视关怀下，在张和清教授带领的专业协同督导队伍的专业保障下，1737名“双百”社会工作者融入407个乡镇（街道），把社工站作为施展才华、展现价值的广阔舞台，像种子一样扎根基层沃土。正是这群有情怀的“双百”社会工作者，胸怀着群众对美好生活的向往，聚焦解决困难群众和特殊群体最关心、最直接、最现实的利益问题，想群众所想、急群众所急，“用脚画地图”，穿梭于田间地头，行走在乡间巷陌，披星戴月，不畏风雨，将民政惠民政策主动送入千家万户，将党和政府的温暖送到困难群众的“灶头、床头、心里头”；正是这群有专业学识的“双百”社会工作者，精准识别服务对象，综合评估服务需求，为困难群众和特殊群体统筹提供情绪疏导、精神关爱、关系调适、能力建设、资源链接、社会融入等方面的专业服务，推动共建共治共享。可以说，“双百”社会工作者已成为基层主动发现困难群众、精准帮扶、织密扎牢困难群众保障网的重要力量。

这几年我每到市县调研都坚持到“双百”社工站看看，和社会工作者们聊聊，进服务对象家里坐坐，亲眼目睹“双百计划”给基层民生服务带来的明显变化，亲身感受到“双百”社会工作者是党与群众心心相连的又一座桥梁：困难群众对“双百”社会工作者露出了真诚笑脸，视如亲人；基层党委政府纷纷赞扬“双百计划”是新时代接地气、通民心的“群众工作”。可以说，这是对“双百计划”的充分肯定，是对广大社会工作者、专家、各级党员干部倾情付出的最高褒奖，也是我们推动“双百计划”升级为“双百工程”的强大动力。在省委省政府的高度重视和民政部的有力支持下，“双百工程”明确用今明两年时间打造近 3 万人的基层社会工作人才队伍，实现全省乡镇（街道）社工站（点）100% 覆盖，困难群众和特殊群体社会工作服务100% 覆盖。“双百工程”已经成为广东深入学习贯彻习近平总书记“以人民为中心的发展思想”的又一生动实践。

站在“双百计划”与“双百工程”的交汇点，《“双百”社会工作概论》出版恰逢其时，对“双百计划”的价值理念、服务模式、政策研究和本土经验发扬传承具有重要现实意义。心中有群众，脚下有力量，一茬接一茬的实践者砥砺奋进，一步又一步的足迹向前延续，我期待，“双百工程”迎来越来越多志同道合的同行者；我坚信，在各级党委政府的领导下，在各职能部门、专家学者尤其是广大社会工作者的共同努力下，“双百蓝”必将成为南粤大地基层民生服务的一道亮丽风景线。

广东省民政厅厅长　卓志强

2021 年 9 月 26 日

目　录

上篇：总论

中篇：实务

下篇：人才

上篇：总论

第一章　绪论："双百"缘起、文化特色与专业价值观

教学基本要求：

1. 了解"双百"的历史发展脉络；
2. 理解"双百"的文化特色及内涵；
3. 内化"双百"的专业价值观。

第一章绪论旨在通过回顾广东社会工作"双百计划"（以下简称"双百"）① 的缘起，梳理"双百"社会工作历史脉络的过程中，提炼"双百"文化特色和专业价值观，进而阐述《"双百"社会工作概论》的主旨和主要内容。

第一节　"双百"缘起

2016 年广东省民政厅启动社会工作十年发展课题研究（以下简称"十年课题"），对广东过去十年社会工作发展的成绩、经验以及存在的问题作较为全面和深入的研究，以进一步推动广东社会工作高质量发展。同年，省民政厅发布了《广东省社会工作十年发展报告》（以下简称《报告》），肯定过去

---

① 广东社会工作"双百计划"已经于 2020 年 11 月升级为"广东兜底民生服务社会工作双百工程"（简称"双百工程"）。本书同时得到国家社科基金重点项目"我国社会工作本土化实验的'单项服务'模式研究"（16AZD031）的资助。

十年广东省社会工作实现从无到有、从少到多的跨越式发展。[①]《报告》指出：“党的十六届六中全会作出建设宏大社会工作人才队伍的决策部署以来，广东省民政厅在民政部的指导和省委、省政府正确领导下，主动创新、大胆实践，围绕社会工作的专业化、职业化、本土化发展，稳步推进社会工作专业人才队伍建设，逐步走出一条符合经济社会发展需要、满足群众服务需求、具有广东特色的社会工作发展道路。”[②] 同时《报告》也指出，尽管广东省社会工作取得了“跨越式”发展的成就，但也存在以下三个亟待突破和解决的问题。

一、社会工作区域发展不平衡的问题

2006—2016 年十年间，广东省社会工作发展很快，各项工作取得明显的进展。截至 2016 年底，全省持证社会工作者近 6 万人，社会工作服务机构达 1254 家，社会工作投入资金总额超过 60 多亿元，位居全国第一，各领域社会工作发展迅速。[③] 然而社会工作在全省不同区域间发展不平衡的问题也十分突出。[④] 课题调研组发现，社会工作在珠三角地区与粤东、粤西、粤北地区的实施情况存在较大的区域差距。从专业社会工作试点启动的时间来看，粤东、粤西、粤北地区直到 2013 年才开始推动社会工作发展，启动时间明显滞后于珠三角地区；从政策规范性建设方面来看，大部分粤东、粤西、粤北地区有关社会工作发展的政策文件都比较零散，难以发挥规范专业发展的作用；从财政支持等方面的状况来看，大部分粤东、粤西、粤北地区未将购买服务经费纳入财政预算，而是通过“以奖代补”和福利彩票基金的方式来推动社会工作人才队伍建设及专业服务，导致专业经费来源渠道单一和资金额度较小，且不具备连续性和稳定性。[⑤]

---

① 《广东社工“双百计划”打通为民服务“最后一米”》，http://smzt.gd.gov.cn/zwzt/sgdwjs/gdsgsbjh/content/post_3088720.html，2020 年 9 月 21 日。

② 广东省民政厅：《广东省社会工作十年发展报告》，http://mzzt.mca.gov.cn/article/sgg-zzsn/jlcl/201611/20161100887284.shtml，2016 年 11 月 7 日。

③ 《省民政厅王长胜副厅长在潮州市第六届“岭南社工宣传周”启动仪式暨“双百计划”宣讲会上的讲话全文》，http://www.shuangbai-plan.org/protal/5559/，2017 年 3 月 20 日。

④ 颜小钗、李卫湘：《“双百计划”：加速全粤社会工作专业化、均衡化进程——访广东省民政厅厅长卓志强》，载《中国社会工作》2017 年第 3 期。

⑤ “十年课题”组 2017 年 12 月撰写的《广东省社会工作十年发展课题研究报告》，未正式对外发布。

可见，与珠三角相比，粤东、粤西、粤北地区的社会工作专业建设存在资金投入、人才总量、专业化水平严重失衡的状况，社会工作发展缺人才、缺资金、缺路径等问题普遍存在。[①] 以 2016 年的数据为例，粤东、粤西、粤北地区社会工作专业岗位数为 1104 个，仅占全省 7%，年度资金投入为 2330 万元，不足全省 2%。[②] 如此巨大的发展差距，严重背离了社会工作弱势优先和公平正义的价值观。从民生保障和社会发展的角度，必须推动社会工作公共服务均等化。[③]

二、政策实践"最后一米"无法通达的问题

基层民政工作是落实为民服务政策实践"最后一米"的关键环节。一方面，基层民政事务具有"点多、线长、面宽、人少"[④] 的特点，随着"职责不断拓展、任务不断加重"[⑤]，基层民政部门的机构编制、人员配备等基础性支撑条件并没有相应增强，基层服务能力和水平不能满足社会发展的需要。这些问题在粤东、粤西、粤北地区同样有所表现，"基层服务理念滞后、服务能力不强、服务机制不全、服务手段落后、服务效能不高"[⑥] 等问题比较突出。基层社区是落实党和国家各项社会政策的前沿阵地，然而"基层没人办事、没钱办事、没阵地办事、不方便群众办事的现象依然很多"[⑦]。基层民政干部常年超负荷运作，顾此失彼，服务对象难以摸清吃透，许多政策落地都

---

① 颜小钗、李卫湘：《"双百计划"：加速全粤社会工作专业化、均衡化进程——访广东省民政厅厅长卓志强》，载《中国社会工作》2017 年第 3 期。

② 颜小钗、李卫湘：《"双百计划"：加速全粤社会工作专业化、均衡化进程——访广东省民政厅厅长卓志强》，载《中国社会工作》2017 年第 3 期。

③ 张和清：《落地生根——扎根社区的社会工作》，http://www.shuangbai-plan.org/research/13392/，2017 年 4 月 18 日。

④ 卓志强：《打造一支夯实基层基础的社工专业力量》，载《中国社会工作》2018 年第 19 期。

⑤ 《广东省民政厅党组书记、厅长卓志强同志在广东社工"双百计划"推进工作视频会议上的讲话》，http://www.shuangbai-plan.org/protal/5771/，2017 年 6 月 2 日。

⑥ 《省民政厅王长胜副厅长在潮州市第六届"岭南社工宣传周"启动仪式暨"双百计划"宣讲会上的讲话全文》，http://www.shuangbai-plan.org/protal/5559/，2017 年 3 月 20 日。

⑦ 《贯彻落实党的十九届五中全会部署提高基层治理水平》，http://www.mca.gov.cn/article/xw/mzyw/202011/20201100030550.shtml，2020 年 11 月 17 日。

存在“最后一米”的障碍。① 另一方面，社会工作起源于基层，植根于基层，服务于基层，但在精准化对接国家兜底保障和社会治理政策方面没有充分发挥应有作用。②“活动化”“指标化”等服务供给策略③和“不接地气”“脱离群众”“社会工作者为本”的工作方式使社会工作遭遇服务困境。服务对象定位不清，难以精准化识别服务对象的问题和需求，相应地也就难以提供精细化服务，在打通政策服务“最后一米”方面未能充分发挥作用。④ 因此，如何打通政策服务“最后一米”是社会工作实践必须突破的瓶颈。

三、社会工作专业性不强的问题

“十年课题”研究表明，至 2016 年，广东省社会工作无论在资金投入、服务项目拓展、社会工作机构培育、人才队伍建设等方面都实现了跨越式发展，社会服务所覆盖的范围全国最广。⑤ 首先，广东省社会工作服务呈现总量增长的趋势。根据广东省民政厅统计数据显示，十年来广东省主要采取向社会工作服务机构购买服务的模式推进社会工作发展，投入经费近 60 亿元。⑥ 其次，在社会工作服务内容、购买方式和供给主体呈现多元化特点的同时⑦，社会工作的认知度和认可度不断提升。另外，广大社区民众对社会工作服务日益熟悉和接受⑧。

---

① 《广东省民政厅党组书记、厅长卓志强同志在广东社工“双百计划”推进工作视频会议上的讲话》，http://www.shuangbai-plan.org/protal/5771/，2017 年 6 月 2 日。

② 张和清、廖其能、李炯标：《中国特色社会工作实践探索——以广东社工“双百”为例》，载《社会建设》2021 年第 2 期。

③ 黄晓星、熊慧玲：《过渡治理情境下的中国社会服务困境——基于 Z 市社会工作服务的研究》，载《社会》2018 年第 4 期。

④ 张和清、廖其能、李炯标：《中国特色社会工作实践探索——以广东社工“双百”为例》，载《社会建设》2021 年第 2 期。

⑤ “十年课题”组 2017 年 12 月撰写的《广东省社会工作十年发展课题研究报告》，未正式对外发布。

⑥ 广东省民政厅：《广东省社会工作十年发展报告》，http://mzzt.mca.gov.cn/article/sgg-zzsn/jlcl/201611/20161100887284.shtml，2016 年 11 月 7 日。

⑦ “十年课题”组 2017 年 12 月撰写的《广东省社会工作十年发展课题研究报告》，未正式对外发布。

⑧ “十年课题”组 2017 年 12 月撰写的《广东省社会工作十年发展课题研究报告》，未正式对外发布。

此外，"十年课题"也发现，尽管广东社会工作经历十年发展，取得一定成效，但在专业性方面仍然存在不足：一方面，公众认为"政府发展社会工作是好事，社工是好人做好事的"；另一方面，服务对象却认为社会工作者与基层镇（街）村（居）干部的工作区分度不大，甚至搞不清社会工作者与志愿者的区别，社会工作不具有不可替代性。[①] 此外，政府购买社会服务的"招投标"机制影响社会工作机构服务的稳定性，导致"社工流失率高、服务项目延续性不足"[②] 等问题；部分民办社会工作服务机构存在"公信力不足、服务能力不高、规范管理不够"[③] 等问题，甚至社会工作机构之间存在恶性竞争[④]的情况，导致社会工作专业性发挥有限；社会工作专业人才岗位不明确、不充足、不稳定，薪酬待遇水平偏低，人才流失严重，大部分专业人才普遍年资较浅，在服务理念、专业意识和服务技巧等方面的实务水平有待提高，社会服务专业性不强等。[⑤]

为了破解以上专业发展困境及瓶颈的问题，广东省民政厅决定启动"双百镇（街）社会工作服务站"建设运营示范项目（以下简称第一批"双百"），规定"从2017—2021年连续5年资助粤东、粤西、粤北地区和惠州市、肇庆市、江门市台山、开平、恩平等建设运营200个镇（街）社工服务站"[⑥⑦]，

① "十年课题"组2017年12月撰写的《广东省社会工作十年发展课题研究报告》，未正式对外发布。

② 广东省民政厅：《广东省社会工作十年发展报告》，http://mzzt.mca.gov.cn/article/sgg-zzsn/jlcl/201611/20161100887284.shtml，2016年11月7日。

③ 广东省民政厅：《广东省社会工作十年发展报告》，http://mzzt.mca.gov.cn/article/sgg-zzsn/jlcl/201611/20161100887284.shtml，2016年11月7日。

④ 《省民政厅王长胜副厅长在潮州市第六届"岭南社工宣传周"启动仪式暨"双百计划"宣讲会上的讲话全文》，http://www.shuangbai-plan.org/protal/5559/，2017年3月20日。

⑤ "十年课题"组2017年12月撰写的《广东省社会工作十年发展课题研究报告》，未正式对外发布。

⑥ 《广东省民政厅关于做好粤东西北地区"双百镇（街）社会工作服务站"建设运营示范项目申报工作的通知》，http://smzt.gd.gov.cn/zwgk/tzgg/content/post_1705201.html，2016年10月9日。

⑦ 2020年，广东省民政厅、广东省财政厅、广东省人力资源和社会保障厅、广东省妇女联合会、广东省残疾人联合会五部门联合发文，实施"广东兜底民生服务社会工作双百工程"，计划用两年时间实现全省1611个镇（街）社工站100%覆盖、困难群众和特殊群体社会工作服务100%覆盖，全面建成具有广东特色的兜底民生服务体系。

设置940个社会工作岗位，探索社会工作发展的新路径，以促进广东省社会工作均衡发展，推进社会工作专业化进展，解决政策服务“最后一米”不通达的难题，进一步促进全省社会工作全面、均衡、协调发展。为了保障一线社会工作者有合理的待遇，确保社会工作朝着本土化、专业化和职业化方向发展①以及避免机构之间的不良竞争②，第一批“双百”将社会工作服务购买分为一线社会工作服务购买和专业保障服务购买两部分③，其中一线社会工作服务购买采取省统一招聘，乡镇（街道）直接聘用的方式；专业保障服务购买采取向第三方社会工作机构购买督导和培训服务的方式，组建专业督导团队每月深入社工站负责协同督导、培训、专业宣传等工作，以保障社会工作者的专业成长，为“双百”专业发展保驾护航④。与此同时，第一批“双百”规定每名社会工作者年薪5万元，并视地方财政状况逐年递增5%，旨在保证社会工作者的合理待遇、成长时间和专业发展空间以及服务的延续性等。⑤

第二节 “双百”文化特色

从“双百计划”到“双百工程”的实践充分证明：“双百”是在坚持党和政府领导的前提下，依靠专业“做”出来的。在为期4年多“双百”社会工作者扎根城乡社区的专业实践过程中，首先，依靠包括民政部、省厅、市局、县局、镇（街）、村（居）委会在内的各级民政部门和基层政府的坚强

---

① 《广东省民政厅党组书记、厅长卓志强同志在广东社工“双百计划”推进工作视频会议上的讲话》，http://www. shuangbai-plan. org/protal/5771/，2017年6月2日。

② 《省民政厅王长胜副厅长在潮州市第六届“岭南社工宣传周”启动仪式暨“双百计划”宣讲会上的讲话全文》，http://www. shuangbai-plan. org/protal/5559/，2017年3月20日。

③ 《广东省民政厅党组书记、厅长卓志强同志在广东社工“双百计划”推进工作视频会议上的讲话》，http://www. shuangbai-plan. org/protal/5771/，2017年6月2日。

④ 《广东省民政厅党组书记、厅长卓志强同志在广东社工“双百计划”推进工作视频会议上的讲话》，http://www. shuangbai-plan. org/protal/5771/，2017年6月2日。

⑤ 《省民政厅王长胜副厅长在潮州市第六届“岭南社工宣传周”启动仪式暨“双百计划”宣讲会上的讲话全文》，http://www. shuangbai-plan. org/protal/5559/，2017年3月20日。

领导，从厅长到"两委"[①] 干部大家同心同德投身民生实事，将全心全意为人民服务的根本宗旨和"双百"政策实践贯彻到底；其次，凭借"项目办—地区中心—社工站"这个"三级网络"，第一批和第二批"双百"1700余名社会工作者遵循"做中学、学中做，实践出真知"的行动研究精神，驻守村居社区，践行党的群众路线，一步一步地"做"出了"双百"的专业文化特色。

一、落地生根"保一线"

中国社会工作实践的"最后一米"在哪里？欧美慈善组织会社（Charity Organization Society，COS）、睦邻运动（The Settlement House Movement）先驱们的实践探索，以及广东绿耕社会工作发展中心（以下简称绿耕）近20年驻村的实务经验，都给"双百"社会工作者打通为民服务"最后一米"提供了依据——落在村居社区，进入千家万户。正是依靠驻守村居，才能促使社会工作者进入人民群众"灶头、炕头、心里头"[②]，从而实现打通为民服务的"最后一米"，践行党的群众路线，做出"双百"落地生根"保一线"的专业文化特色。具体来说，要实现"保一线"必须重视以下几个环节。

第一，"选点"。能否保证社会工作者具有"在场"专业优势，使服务落在村居社区，做到"保一线"，坚持"驻守村居"的服务模式是重要的前提条件，因此，社工站必须落在村居社区。在2017年全省"双百"选点宣讲会上，省民政厅领导和"双百"总督导分别从政策和专业层面强调"双百"的目的是促使社会工作者全心全意服务困难群众和特殊群体，服务对象在哪里，社会工作者就应该在哪里。虽然如此，"双百"选点工作各方的期望错位问题依然存在。2017年1月，省民政厅相关领导与"双百"总督导共同参与了第一个社工站的选点工作。选点工作组一到镇政府办公室，就发现基层干部已

① "两委"指村/社区党支部委员会和村民/社区居委会，分别为农村/社区的基层党组织和村民/社区自治组织。

② 《卓志强：社会工作对民政乃至党政工作都具有很强的辅助作用》，http://shuangbai-plan.org/protal/13827/，2019年11月8日。这段讲话是卓志强厅长跟随驻村社会工作者入户时在民政对象家里有感而发。

经将站点设在镇政府办公大楼，而且为即将到来的社会工作者配备好了电脑、打印机等日常办公设备。选点工作组马上意识到这种办公室“上下班”的标配模式会使社会工作者远离村居社区和人民群众，不符合“双百”社会工作专业的初衷，特地向基层干部解释什么是社会工作，阐明“‘双百’是驻村（居）入户，社工（是）做群众工作，必须落在村居和群众打成一片，建立信任关系，慢慢和群众共同改善生活”。[①] 将信将疑的当地基层干部便带领选点工作组深入了几个村居社区。当大家走进一个革命老区的村庄时，遇到一群老人、妇女和儿童，经过交流，得知这个村大部分村民都是留守老人、儿童和妇女等“三留守”人群，大家纷纷谈及自己生活如何困难，如何缺乏照顾，如何劳动艰辛等。这个村正是符合“双百”“弱势优先”的选点标准。选点工作组现场一致认定：“这就是社会工作者应该开展服务的村居，社工站就应该把服务点设在群众最需要的地方……”就这样，“双百”的第一个社工站点最终落定。

基于第一个社工站的选点经验，省民政厅明确了“落在村居、问题导向、方便群众”的选点原则，并印发文件要求各地按照这一原则做好社工站选点工作，以便社会工作者尽快驻守村居社区，开展群众工作。“落在村居”是指社工站应该确定在一个村居开展工作，促使社会工作者扎根社区，了解群众需求，开展群众工作，逐步实现以点带面服务群众；“问题导向”是指社工站应该建在村居困难群众和特殊群体等边缘人群众多、社会问题突出的地方，确保社会工作者遵循“弱势优先”的价值观，发挥专业优势，全心全意为人民服务；“方便群众”是指社工站服务点应该选择在村（居）民日常生活的公共空间，以便社会工作者与村（居）民充分互动交流并推动社区民众公共参与。[②③]

参照第一个社工站的选点标准，省民政厅委托“双百”项目办牵头组建

---

① 张和清：《让双百“动”起来　以行动诠释社会工作的真谛》，http://www.shuangbai-plan.org/research/13390/，2017年6月15日。

② 广东省民政厅：《广东省民政厅关于做好“双百镇（街）社会工作服务五年计划”启动阶段有关工作的通知》（粤民函〔2017〕43号），2017年1月9日。

③ 广东省民政厅：《广东省民政厅办公室关于协助做好“双百镇（街）社会工作服务五年计划”项目招聘宣讲会和督查社工服务站准备工作的函》（粤民办函〔2017〕42号），2017年3月3日。

一支由高校社会工作教师、机构资深社会工作者等组成的选点工作队[①]，在省民政厅相关领导干部和专业协同督导者的带领下奔赴粤东、粤西、粤北15个地市开展选点工作，选点小组秉承"落在村居、问题导向、方便群众"的选点原则，大约历时半年，严格筛选出200个困难群众和特殊群体聚居的城乡社区作为第一批"双百"社工站的工作据点。选点工作结束后，在专（兼）职协同督导者的带领下，第一批"双百"900余名社会工作者逐步入驻社工站点开展驻村居群众工作，而所有站点都挂牌在村居社区的文化站、祠堂、祖屋、凉亭、旧村委、旧小学、荒废的文化中心等社区公共空间，经过一线社会工作者为期4年多的本土化探索，"双百"逐步形成落地生根"保一线"的专业文化特色。

第二，"选人"。随着"选点"工作紧锣密鼓地开展，"选人"也被提上了"双百"的议事日程。当时，广东社会工作十年发展面临的挑战之一就是"社会工作人才岗位不明确、不充足、不稳定，薪酬待遇水平偏低，人才流失严重"[②]。因此，当第一批"双百"启动时，欲招聘近千名社会工作者驻村居开展工作的举动受到很多人的质疑，大家认为连"珠三角"的社会工作机构都面临"很难招到专业社工"[③]的难题，"双百"要招年轻人深入粤东、粤西、粤北农村工作是不可能的，也有人认为即使有人愿意返乡做社会工作也招不到那么多人，等等。[④]诸多质疑不无道理，因为"双百"要求社会工作者逆城市化进入粤东、粤西、粤北乡镇村居工作，而且薪资水平有限[⑤]，因此，"招不到人"的担忧成为"双百"能否成功的第一道难关，因为如果没有人

① 大部分选点人员在"双百"启动后成为社工站点的兼职协同督导。

② 广东省民政厅：《广东省社会工作十年发展报告》，http://mzzt.mca.gov.cn/article/sggzzsn/jlcl/201611/20161100887284.shtml，2016年11月7日。

③ 陈永杰：《善待社工，是社工发展的第一策略》，http://shuangbai-plan.org/protal/5460/，2017年2月22日。

④ 张和清：《"双百"的初衷与磨砺（三）丨招不到人?》，https://mp.weixin.qq.com/s/RGm8b_14YWEhYMujIUj6TA，2018年2月24日。

⑤ 刘怡仙、汪陈晨：《广东"双百计划"实施一周年：千名社工打通农村"最后一米"》，http://www.infzm.com/content/133959，2018年3月14日。

愿意进村入居工作，“双百”就会落空。[①]

为了确保“双百”招到合格的人才，2016 年 10 月至 2017 年 7 月，省民政厅先后发布了 7 个文件落实人才选拔事宜。在具体招聘的过程中，省民政厅厅长以及各地市、县（市、区）、镇街等领导干部均带头落实人才招聘工作。“双百”启动时，省民政厅与中山大学社会工作专业合作分别在广东省内 4 个高校举办面向高校师生及社会公众的 4 场“双百”社会工作宣讲会，省民政厅领导和“双百”总督导在宣讲中现场答疑解惑，以此扩大宣传，争取更多高校社会工作专业毕业生和社会上的仁人志士加入“双百”。这一系列举措反映了“双百”用人和制度设计原则，包括“‘双百’也是一个社会工作专业人才成长计划，从设立之初就旨在培育一批稳定的、本土化的专业社会工作人才”[②]；“‘双百’的宗旨和特色之一是重视一线社工，一切从一线社工的专业服务出发”[③]；“‘双百’通过年均 5 万元的薪酬，并建立薪酬自然增长机制，每年度递增 5%，以 5 年为一个实施周期，给予社工合理的薪酬、成长的时间和专业的空间，以培育稳定、扎根一线的服务人才”[④]；“‘双百’实施全省统一发布公告、统一标准、统一招录，统一由乡镇（街道）签订合同以保证公平、公正、公开”；等等。

可以说，“双百”的顶层制度设计向全社会传递了“重视基层和一线社工”的信心，这样的制度设计和政策实践吸引了一大批德才兼备、热爱家乡的应聘人员。第一批“双百”公开招聘 940 名社会工作者，而实际收到有效简历 13652 份[⑤]，远远超过 1∶3 的招录计划比例。省民政厅及项目办依照公务员考试程序统一筛选简历、笔试和公开面试，最终选拔出一批基本来自本地，

① 张和清：《“双百”的初衷与磨砺（三）| 招不到人?》，https：//mp. weixin. qq. com/s/RGm8b_14YWEhYMujIUj6TA，2018 年 2 月 24 日。

② 《广东社工“双百”打通为民服务“最后一米”》，http://smzt. gd. gov. cn/zwzt/sgdwjs/gdsgsbjh/content/post_3088720. html，2020 年 9 月 21 日。

③ 《省民政厅卓志强厅长指出：一切从一线社工专业服务出发，推进“广东社工双百计划”》，http://www. shuangbai-plan. org/protal/5412/，2017 年 1 月 6 日。

④ 《“双百计划”：加速全粤社会工作专业化、均衡化进程——访广东省民政厅厅长卓志强》，http://www. shuangbai-plan. org/research/13394/，2017 年 1 月 19 日。

⑤ 2019 年第二批“双百计划”面向社会公开发布招聘 797 名一线社会工作者的公告，共收到有效简历 7015 份。

愿意扎根一线的"双百"社会工作人才。据统计，第一批录用的"双百"社会工作者中户籍为本地或在本地长期生活的占98%。

由此可见，"双百"重视驻村居一线社会工作者，通过给予工作员合理的薪酬待遇、成长时间和专业发展空间，在人才使用中培育本土化、职业化、专业化的社会工作人才队伍，逐步夯实粤东、粤西、粤北社会工作发展的根基，为保障和改善民生、加强和创新社会治理、推进国家治理体系和治理能力现代化提供重要的一线社会工作专业人才支撑。

第三，扎根。第一批"双百"启动仪式在惠州市三栋镇鹿颈村隆重举行。因鹿颈村人口居住集中，便于开展群众工作，加上村里有村支书废弃的祖屋供群众在日常生活中使用并便于群众往来，因此该社工站驻点设在村支书废弃的祖屋。依靠驻村社会工作者会同基层干部及村民逐步将祖屋打造成为集社工站和村民活动阵地为一体的公共空间。启动仪式当天，包括省民政厅领导、县市各级政府官员、项目办督导、村民代表共80余人共同见证了这一重要时刻。时任省民政厅领导发表讲话，明确指出"双百"是"着力破解基层民政服务力量薄弱、服务群众'最后一米'无法打通、社会工作发挥作用不够等发展短板的重要举措，既立足广东省情，又体现广东特色，对提升我省民政服务水平和加快社会工作发展具有重大而深远的意义"[①]。同时，他进一步强调"社工站设在镇（街），服务在村居"的专业特色[②]，使各级政府认可村居服务点是社会工作者服务村居民的阵地的定位。三栋镇鹿颈村社工站的挂牌启动仪式，标志着广东"双百计划"正式启动，自此近千名社会工作者身穿"双百蓝"奔波在粤东、粤西、粤北200个乡镇（街道）的城乡社区，全心全意为人民服务。事实证明，通过驻守村居，"双百"才能将社会工作专业服务落在基层一线，切实为困难群众和特殊群体服务，充分践行党的群众路线；打通为民服务的"最后一米"，社会工作专业才能有为有位。

2017年7月至今，407个社工站1700余名一线社会工作者深入村居社区、

---

① 广东省民政厅：《广东省民政厅办公室关于印发王长胜同志在广东社工"双百计划"社工服务站启动仪式上讲话的通知》（粤民办函〔2017〕203号），2017年7月10日。

② 广东省民政厅：《广东省民政厅办公室关于印发王长胜同志在广东社工"双百计划"社工服务站启动仪式上讲话的通知》（粤民办函〔2017〕203号），2017年7月10日。

田间地头，他们走街串巷、访贫问苦，将“落地生根、开花结果、造福社群”的专业愿景落实到“以人为本”和“社区为本”社会工作事业中。据统计，截至2021年5月，“双百”社会工作者以“脚画地图”熟悉社区，亲近困难群众，共入户走访196万人次，精准识别困难群众和特殊群体49784户①，协助10190名在册或不在册民政对象获得福利政策救助，开展个案服务6836个。同时，“双百”社会工作者通过引导村（居）民互助，培育社区志愿队伍，激活社区公共活动空间，推动社区民众参与社区共治，协同社区村（居）民解决公共事务近9000项，开展社区活动22492场，参与活动人数88万多人次；培育社区社会组织1188个，发展社区志愿者55060名，链接慈善资金2059万元。

总之，“双百”落地生根“保一线”的专业文化特色，一方面体现在确保社会工作者真正深入人民群众的日常生活，依靠驻守村居一线的“在场”优势，与基层民众打成一片，使一线社会工作者充分践行以人（社区）为本的专业实践；另一方面体现在确保社会工作者的服务对象是底层困难群众和基层村居社区，在与服务对象和社区民众相伴同行的过程中共创美好生活。

二、开花结果“保专业”

“双百计划”的愿景、使命、目标和计划都需要有理想有能力的社会工作者脚踏实地去推动和落实。经过“选点”“选人”和“扎根”的过程，“双百计划”凝聚了一批自愿深入基层一线、报效家乡的青年人，大家积极扎根村居社区并身体力行做到落地生根。但随之而来的是两大难题：一是招录的社会工作者大多数是没有受过专业训练的“社工小白②”，如何通过“做中学”的过程提升他们的专业能力，是“双百”启动之后能否做到“保专业”的第一道难关；二是许多应聘进来的社会工作者没有驻守村居从事群众工作的心

---

① 精准化识别的户数是指社会工作者通过服务对象的全面核查，完善基础信息，分类分级建立台账和“家庭服务表”，实现动态管理的建档户数。

② “小白”为网络流行词，引申为“新手”的意思，“小白”在本书借指缺乏专业理论知识和实务方法技巧的新手。详细参见：https://baike.baidu.com/item/%E5%B0%8F%E7%99%BD/6251?fr=aladdin。

理准备。[①②] 如何避免"双百"社会工作者成为基层政府部门从事行政打杂工作的"临聘人员"，成为"双百"启动之后能否做到"保专业"的第二道难关。

为了突破上述两道"难关"，省民政厅从一开始就将"双百"定位为专业人才成长计划，强调将人才培育与人才使用有机结合，在实践中培养真正的社会工作实务人才。[③④] 为了实现这一初衷，省民政厅通过购买服务方式统一"双百"协同督导和专业培训工作，在广州设立省级项目办公室（简称项目办），负责组建粤东、粤西、粤北及珠三角 16 个地区协同督导中心（简称地区中心）。经过大半年的筹建与推动，最终建立了"双百""项目办—地区中心—社工站"三级专业支持网络平台（简称"三级网络"），系统推动以协同督导、课程开发、参与式培训、专业制度建设、项目管理等为重点的成人继续教育模式，逐步培育一支稳定的、扎根一线的本土化专业社会工作人才队伍。[⑤]"双百"开花结果"保专业"的具体做法如下。

第一，协同督导。不同于传统"主客二元"的教学督导方式，"双百"采取"师徒制""传帮带""互为主体"的协同督导模式，即将督导者称为"协同督导者""协同行动者"或"同行者"[⑥]，要求协同督导者必须深入一线与社会工作者相伴同行"一起做"，像"师傅带徒弟"那样亲自带着社会工作者"做起来"，使他们在实践中锻炼成长。具体做法是组建一支由高校社会

① 张和清：《广东社工"双百"计划的政策实践、行动研究和成人教育》，http://www.shuangbai-plan.org/research/13343/，2019 年 10 月 8 日。

② 据"双百"内部数据统计，第一批"双百"社会工作者上岗时，专业社会工作从业人数为 204 人，占总人数的 22.13%；持证社会工作者为 289 人，占总人数的 31.34%；第二批"双百"社会工作者上岗时，专业社会工作从业人数为 161 人，占总人数的 21.93%；持证人数为 174 人，占总人数的 23.71%。

③ 2019 年 8 月 10 日省民政厅慈善事业促进和社会工作处郑章树处长在广东社工"双百计划"督导管理办法落实会议暨同行者协力成长营上的讲话整理稿。

④ 广东省民政厅：《广东省民政厅关于做好"双百镇（街）社会工作服务五年计划"启动阶段有关工作的通知》（粤民函〔2017〕43 号），2017 年 1 月 9 日。

⑤ 《广东社工"双百"打通为民服务"最后一米"》，http://smzt.gd.gov.cn/zwzt/sgdwjs/gdsgsbjh/content/post_3088720.html，2020 年 9 月 21 日。

⑥ 张和清：《落地生根——扎根社区的社会工作》，http://www.shuangbai-plan.org/research/13392/，2017 年 4 月 18 日。

工作专业教师和珠三角资深社会工作者组成的专（兼）职协同督导团队，每名协同督导者负责2~9个社工站点，采取持续不断贴身陪伴的工作方式与一线社会工作者共同面对社情民意，大家一起走村（居）入户，共同制订服务计划，定期不定期反思介入过程及效果，从而保证一线社会工作者的专业成长。此外，协同督导者还负责挑选社工站“资深社工”担当内部督导，在“共学”过程中培育社会工作骨干。①

“双百计划”启动之际，便吸引了一大批志愿参与的兼职协同督导者，他们或是珠三角的资深社会工作者，或是高校社会工作专业教师，他们不仅有专业情怀，而且大多都有超过10年的从事社会工作实务教育研究经历。他们参与了第一批“双百”的招聘、简历筛选、面试、选点、筹备岗前培训等一系列工作。② 随着全省16个地区中心的建立③，许多资深社会工作者和专业教师被聘请为专（兼）职协同督导者，他们奔波在各地区中心和社工站点，支持和推动“项目办—地区中心—社工站”三级专业支持网络的可持续发展。

作为一线社会工作者的专业相伴同行者，专（兼）职协同督导者通过每个社工站每月不少于12个小时的实地协同督导过程④⑤，主动融入社区，深层理解需求，与一线社会工作者共同面对实践中的困扰和挑战。尤其是社工站点最初入驻村居的一段时间，几乎所有问题都要由协同督导者协助解决。例如，协同督导者要面对因各级政府部门未厘清各自在落实“双百”中的有关权责而导致部分社工站的场地、合同、工资和设备无法落实的情况；要面对“年轻又有文化的社工，不少领导希望其能留在身边以减轻繁重的行政事务压

---

① 郑章树：《再困难也要坚持》，http://www.shuangbai-plan.org/research/13403/，2017年7月9日。

② 《谢谢你，同行者》，http://www.shuangbai-plan.org/data/13472-2/，2017年9月10日。

③ 2017年第一批“双百”启动共建立了15个地区中心；2019年第二批“双百”启动后增加到16个地区中心。

④ 《广东省民政厅办公室关于印发〈广东社工“双百”督导工作管理暂行办法〉》，http://smzt.gd.gov.cn/ygzw/zwgg/tzgg/content/post_2588620.html，2019年8月23日。

⑤ “双百工程”启动后要求协同督导者每月深入村居社区协同一线社会工作者的时间由“双百”中时的不少于12小时增加为不少于16个小时。

力而致使社工无法驻守村居"[1] 的状况；要面对因"社工小白"对扎根社区的不了解而导致驻村居工作无法开展等问题；也要面对岗前培训、陪伴社会工作者进驻站点、做好人员身心安顿等方面的难题。此外，协同督导者还"手把手""心对心"地带领社会工作者学会运用"三同"[2] "四大任务"[3] "十要十不要"[4] 等驻村居指引的策略。为此，近百名专（兼）职协同督导者昼夜奔波、舟车劳顿、日晒雨淋地出现在南粤大地的各"双百"社工站点，从陪伴一线社会工作者"三同"开始，逐步探索"双百"本土化的专业社会工作协同督导模式。

在近百名协同督导者的专业陪伴和有力支持下，一线社会工作者的服务逐渐获得人民群众和各级政府认可。同时，"双百"协同督导模式也得到肯定并制度化，如确定"持续、贴身的专业服务支持""协同社工站开展行动研究""陪伴社工共同面对服务对象"等督导原则，明文规定每个站点每月不少于 12 小时的实地协同督导时间。[5][6] 经过为期 4 年多的实践探索，"双百"通过协同督导者与一线社会工作者"做中学、学中做，实践出真知"的过程，

---

① 郑章树：《再困难也要坚持》，http://www.shuangbai-plan.org/research/13403/，2017 年 7 月 9 日。

② "三同"指的是同吃、同住、同劳动，就是深入社区民众的日常生活，与群众"打成一片"的群众工作方法。

③ "双百"要求驻村社会工作者首要完成的四个任务，包括建立关系、聚起人气、摸清情况、找到方向。

④ "十要十不要"指：一要驻村（居）入户与群众打成一片，不要上班下班等群众上门；二要逢人便问，亲近老人、孩子和妇女等民政救助对象，不要一脸严肃令人生畏（搭讪刷脸弱势优先）；三要多问什么怎么为什么，不要不闻不问视而不见（深度访谈）；四要打破砂锅问到底，不要一问一答做问卷（口述历史）；五要看见一举一动来龙去脉，不要蜻蜓点水浮光掠影（参与观察）；六要及时整理记下来（好记性不如烂笔头），不要过了就忘靠想象；七要用心用力跑起来，不要坐着不动无所作为（用脚画社区地图）；八要挖掘优势和资产，不要专看问题和不足（优势视角及人文地产景等社区资产地图）；九要有愿景规划和计划，不要想起一出是一出（计划与评估）；十要一起共同做事情，不要大包大揽假慷慨（组织与能力建设）。详细参见：《张和清：双百驻村工作十要十不要》，http://www.shuangbai-plan.org/research/13342/，2017 年 7 月 14 日。

⑤ 《广东省民政厅办公室关于印发〈广东社工"双百"督导工作管理暂行办法〉》，http://smzt.gd.gov.cn/ygzw/zwgg/tzgg/content/post_2588620.html，2019 年 8 月 23 日。

⑥ 《关于印发"广东兜底民生服务社会工作双百工程"实施方案的通知》，http://smzt.gd.gov.cn/zwgk/tzgg/content/post_3170650.html，2021 年 1 月 4 日。

强化了实际社会工作者的专业使命及价值感，提升了他们的专业能力，推动一大批“双百”社会工作者向专业人、职业人乃至事业人方向转化。

第二，课程开发与骨干网络共学。随着驻村居社会工作的持续深入推进，协同督导者和一线社会工作者迫切需要系统化专业知识体系的支撑。大多数“社工小白”面临专业基础知识薄弱的问题，而接受过专业训练又有实务经验的社会工作者则面临过往的实务知识如何与本土实践相结合的难题。如果仅靠类似“驻村居指引”这种简单的行为规范，是不足以内化和提升这些社会工作者的专业能力的，“双百”必须开展系统化专业培训。但是，对近千名社会工作者进行培训，当时最直接的有两个难题：一是“双百”点多、线长、面广，社会工作者专业水平参差不齐，而且已经开始驻村居工作，要开展恒常性的集中线下培训不是件容易的事；二是现有统编教材大多缺乏本土化专业实务案例，难以直接拿来用作在职培训教材。为此，“双百”项目办作出两项决定，一是自编培训课程资料，根据“双百”的实际情况进行课程开发；二是推动“三级网络”共学机制，推动“项目办—地区中心—社工站”的协同督导者与社会工作者共学专业知识。

“双百”项目办组织了第一次专业视频课程开发，由几名高校社会工作专业教师和资深社会工作者基于“双百”3 个多月驻村居实际情况和培训需求，结合广东社会工作十年发展状况和绿耕社会工作近二十年的实务探索，经过反复讨论、修改、试讲、试录等环节，开发了一套“双百”实务视频课程——《“双百”社工：实务（一）》。随后项目办推动“三级网络”进行线上视频课程学习，要求每个社工站每周都有固定的专业学习环节，期望将“三级网络”建成学习共同体，并将“三级网络”共学逐步制度化。自此，“双百”开始了“三级网络”学习型社群的共学机制建设，为“做中学、学中做”建立制度保证。

在“三级网络”团队共学建设阶段，各专（兼）职协同督导者主要侧重引导“双百”社会工作者学习专业知识体系，帮助社会工作者内化专业实务知识并做到“活学活用”，在实践与理论循环往复的过程中，社会工作者“从感性认识到理性分析，最终坚定而踏实地付诸实践"[①]，使社会工作者"从专业的自我认定开始，在实践与理论循环往复的过程中建立专业认同，树立专业自信，成为名副其实的专业人"[②]。但随着"双百"专业实践的逐步深入，仅是学习、内化专业知识体系已经远远不够，提升行动研究能力，进行本土实践经验总结提炼与实践模式的探索也迫在眉睫。因此，项目办逐步探索推动"三级网络"从团队共学向学习型网络社群方向发展，即"三级网络"共学机制不再停留在学习、内化专业知识体系，而是通过"三级网络"共同学习与共同实践，从而共同实现"双百"的使命、愿景和目标。借鉴中国灾后社区重建行动学习网络的经验[③]，"双百"于 2018 年 5 月启动了"项目办—地区中心"骨干行动学习网络，旨在以行动研究为主线，借助"实践—反思—理论—实践"循环往复的过程，通过案例研讨、共同阅读、集体行动等形式，将项目办、地区中心和社工站包括专（兼）职协同督导者和社会工作者在内的骨干凝聚起来，共同探索本土化专业实务经验。第一次骨干行动学习网络安排在韶关市张田社工站，来自"三级网络"的 27 名学员齐聚一起，遵循"做中学、学中做""老师即学生、学生即老师""经验是最好的教材"等成人教育理念，共同经历了专业理论文章阅读理解、先行者经验分享、实务模式反思、经验与理论对话等共学过程。骨干行动学习网络的做法得到学员们的高度认可，大家当即订立了以一年为一个周期的骨干行动学习网络契约。项目办、地区中心联动社工站前后连续开展了七期网络学习，在此过程中，"双百"学习型网络社群逐步形成，"三级网络"的凝聚力得到强化，协同

---

① 《"双百"社工第一次集体学习会剪影》，http://www.shuangbai-plan.org/information/13584/，2017 年 9 月 9 日。

② "双百"项目办 2017 年 9 月 7 日面向地区中心及社工站发布的《〈"双百"社工：实务一〉课程学习相关资料》之《写在课程前面的话》的内部通知。

③ 中国灾后社区重建行动学习网络是由南都公益基金会、福建省正荣公益基金会和深圳壹基金等公益基金会联合资助，广东绿耕社会工作发展中心主办的灾后社会服务人才支持项目。该项目以三年时间，凝聚建立中国本土的行动学习网络。该网络通过联结灾后社区服务的一线工作者、合作伙伴、研究者等通过定期、不定期的实习学习及网络聚会，学员之间彼此分享、共同梳理经验、集体研读文献等方式，系统研习、交流、总结及传承社会组织参与汶川地震、芦山地震、鲁甸地震等中国灾后社区重建服务的经验教训，从而建立了中国灾后社会服务学习型网络社区。

督导者和社会工作者的实务能力得以加强，达到双重能力建设的成人继续教育效果。

此外，骨干行动学习网络成员除了共学之外，还集体开发了“53111”[①]三讲实操课程[②]。当第二批“双百”207个社工站启动时，学习网络成员积极参与第二批社工站的“选点”和“选人”工作，还充当讲师向新入职的社会工作者宣讲“双百”价值理念和知识体系，“手把手”教授融入村居社区、开展个案救助和社区共治的各种实操经验与做法。

第三，核心示范点建设。在第一批“双百”驻村居工作紧锣密鼓展开了100余天后，项目办对200个站点的专业工作情况进行了汇总梳理，并依据站点是否落在村居、是否具有独立的群众工作阵地、人员是否配齐、是否按照专业指引开展工作、“四大任务”的进展情况等，将200个社工站分为优、良、差三个等级，开始采取点面结合、分类指导的方式持续跟进。为了进一步强化专业性，使“双百”专业上新台阶，2018年4月，项目办决定启动全省“双百”核心示范点建设，从200个社工站中选拔工作相对出色的站点，通过强化专业支持、培训及行动研究等方式树立“双百”标杆，旨在进一步提高核心站点的专业能力，引导其他站点学习、借鉴其中好的做法，并在专业本土化实践和发展方面推动“双百”站点之间形成“学比赶超”的局面。[③]随后项目办和地区中心工作员通过两个月30余次的社工站实地走访，最终在全省15个地市遴选出20个核心示范建设点。[④]

“双百”第一批核心示范点建设的启动，借助了项目办在梅州金山社工站举办“文化行动、社区教育、能力建设与社区共治发展”专业工作坊的契机。

---

① “53111”是“双百”“目标—计划—过程—结果”专业管理体系的执行机制，是五年愿景、三年规划、年度计划、月度计划和周计划及其执行机制的简称，该专业管理体系秉持社区为本、弱势优先的价值观，坚持问题导向、优势资产导向、专业理论方法导向，通过五年愿景、三年规划、年度计划、月度计划和周计划执行机制，推进扎根社区整合社会工作实务及其相关工作愿景、目标、计划的落实。

② 分别为《人民为中心的社区社会工作——个案救助与社区共治（社区发展）》《广东社工“双百计划”个案救助与社区治理（社区发展）齐头并进操作指南》《广东社工“双百计划”“53111”工具包——进一步完善“53111”的制定与落实》。

③ 项目办2018年4月14日第五期同行者协力成长营内部会议纪要。

④ 项目办内部关于核心示范点建设资料。

该次专业工作坊的主题是"口述文化教育"，项目办讲师以金山社工站为范例，运用参与式培训和现场实地示范等方式，"手把手"地带领参加工作坊的社会工作者学习入户访谈、口述整理等行动研究的实操方法。比如，如何将长者和妇女的口述资料书写成为社区文化教育素材，如何抓住机会开展社区教育、文化传承等口述文化行动，如何通过口述文化行动研究凝聚人心，发挥妇女、长者等群体留守人员的主体性作用，等等。以工作坊的示范作用为基础，金山社工站凭借文化行动，将妇女、儿童、长者等群体团结起来，共同推动社区共治发展，它后来成为广东"双百"首批建成的核心示范点之一。同时，项目办鼓励参加工作坊的社会工作者将在金山社工站学到的行动研究实操方法带回自己的社工站，因地制宜地进行专业实务探索。经过为期一年的全省核心示范点建设试验，许多社工站的专业工作初见成效，在全省范围内掀起"做中学、学中做"的专业学习热潮。

第一批核心示范点建设成果突出，很多站点的做法成为2019年项目办联合地区中心及社工站骨干共同开发的《"53111"实操课程》的案例，用于第一批"双百"社会工作者的能力提升培训和第二批"双百"社会工作者的上岗培训。例如，汕头东里社工站的"53111"实操经验、金山社工站的口述文化经验等，鲜活地展现核心示范点的做法和经验，标杆示范作用明显。在课程开发和培训的过程中，一批来自核心示范点的社会工作者脱颖而出，争当讲师，与项目办、地区中心骨干相互配合，共同参与"双百"新老社会工作者的培训，现身说法讲案例、讲理论、讲如何将实践与理论相结合等，极大地提升了"双百"培训能力和实际效果。①②

随着第二批"双百"的启动，第一批"双百"进入第三个年头，一些新的问题亟待解决：一是大部分社工站积累了丰富的实践经验，但有部分站点没有及时进行总结提炼，经验碎片化，甚至个别站点经验主义比较严重，致使难以实现专业性突破；二是随着社工站从200个扩展为407个，工作人员

① 《广东社工"双百"骨干行动学习网络第七次聚会》，http://www.shuangbai-plan.org/information/13491/，2019年4月17日。

② 《第一批广东社工"双百""53111"实操课程培训圆满结束》，http://www.shuangbai-plan.org/information/13539/，2019年7月25日。

增多和工作范围不断扩大，面临第一批“双百”如何实现“专业新突破”、第二批“双百”如何实现“专业零突破”的问题。这都迫切需要在梳理“双百”优秀案例基础上，总结提炼实务模式，形成反映本土专业探索成果的实务理论，以便指导下一步的实践。

借助第二轮核心示范点建设的契机，项目办推动各社工站社会工作者进行实践结合理论的行动研究和其案例书写。当时，通过站点申报、会议评审等方式确定了34个新的核心示范建设站点[①②]，希望通过34个核心示范点的示范作用带动其他社工站都参与案例梳理与书写中。项目办基于第一次核心示范点建设的经验，采用“手把手”的方式带领核心示范点的社会工作者学习书写，选择汕头东里社工站为解剖“麻雀”的对象，与它们的社会工作者共同进行“大事件梳理”[③]，对过去4年多的工作经验教训进行总结提炼，以便在实务工作中发扬优点，弥补不足，推动本土专业实务从经验向理论提升。2020年6月开始，“双百”又鼓励核心示范站点的社会工作者从专业理论的高度来反思实务经验，书写实务介入模式，以便对其他站点同类工作有指导价值。从大事件梳理到实践与理论相结合的行动研究[④]，“三级网络”社会工作者经历了集体培训、站点协同督导、朋辈共学等过程，大家共同梳理实务经验，对照经验选取相关的专业概念进行理论分析，经过共同总结、归纳、

---

① 2019年11月7日项目办面向地区中心及社工站发布的《广东社工“双百”2019年度至2020年度核心示范点申报的通知》内部通知。

② 2019年11月27日项目办面向地区中心及社工站发布的《广东社工“双百”2019年度至2020年度核心示范点建设名单公示》内部通知。

③ 大事件梳理是“双百”系统性回顾、总结、反思实践经验的方法和工具。其做法包括项目办或地区中心协同督导者协助社工站团队以“时间轴”将过去行动过程的大事件记录或标识在大白纸上，然后对过去零散的服务信息与行动经验进行集体回看、整理、讨论，由团队将共同认定的“大事件”标记在“事件轴”的相应位置，并在旁边记录团队对该事件共同认定的意义价值及经验教训等。通过“一页纸”的“大事件梳理”过程，社会工作团队不仅回顾完整的工作过程，而且从共同认定“大事件”及其经验教训中寻找今后的工作方向及方法策略。由此可见，“大事件梳理”既是回顾过去，展望未来，书写行动经验，也为“双百”之后启动实践结合理论的行动研究学习奠定了基础。具体参见本书附录：“双百”社工站大事件梳理（示例）。

④ 《广东社工“双百”实践与理论相结合骨干培训在佛山顺德举行》，http://www.shuangbai-plan.org/information/17201/，2020年6月10日。

认定后，逐步形成"双百"实务模式①。这种实践结合理论的行动研究及案例书写，提升了社会工作者本土专业实务理论水平，强化了社会工作者对"双百"特色和价值理念的认同，也为编写《"双百"社会工作概论》奠定了基础。

4 年多来，"双百"社工站由 200 个发展到 407 个，改变的是规模、范围和服务人群，不变的是践行党的群众路线，发挥社会工作专业优势全心全意为人民服务，做到卓志强厅长所强调的"专业的事由专业人做"。

三、造福社群"保民生"

"双百"立足"个人与社会"双重焦点推动保障和改善民生事业发展。因此，造福社群"保民生"是"双百"的专业特色。为了推动城乡社区逐步实现个案救助到社区共治协同发展的目标，"双百"造福社群"保民生"实践具有"三重境界"。

第一重境界：物质层面的个案救助。"双百"江门"凤女案例"就是社会工作者凭借党的惠民政策优势和驻村"三同"的"在场"优势，做到"精准识别、精细服务"，逐步落实"两不愁三保障"②。语言和自理能力发育迟缓的凤女，7 岁仍未上学；母亲肢体一级残疾，生活不能自理；60 岁的父亲忙于生计，无暇照顾和教育孩子。每次父亲外出做工都被迫将凤女关在笼子里，以免凤女被人侵害。此外，凤女家卫生条件恶劣，40 多年的泥砖房破旧不堪。尽管凤女一家已经获得低保和残疾人"两项补贴"③，但并未享受医疗和教育救助。很显然，凤女一家并未完全落实"两不愁三保障"福利。在基层党委的领导和民政部门的支持下，"双百"社会工作者发挥驻村入户的优势，精准识别凤女及其家庭的困难情况，通过对其父亲、外公和邻里的多次探访，深入评估凤女一家的问题及需求，通过链接医疗资源对凤女进行智力残疾等级评定，申请残疾人"两项补贴"和入读特殊教育学校资格，使凤女

---

① 2019 年 10 月 29 日项目办内部核心示范点建设讨论会议记录。

② 《习近平谈"两不愁三保障"》，http://politics.people.com.cn/n1/2019/0418/c1001-31035730.html，2019 年 4 月 18 日。"两不愁"即不愁吃、不愁穿，"三保障"即义务教育、基本医疗、住房安全有保障。

③ 残疾人"两项补贴"指困难残疾人生活补贴和重度残疾人护理补贴。

的社会福利及受教育权益得到保障。此外，社会工作者还链接社会及公益慈善资源，联动党员志愿者等为凤女一家赠送生活必需品，解决其“吃、穿”问题；通过残疾人联合会为凤女的母亲和大姨申请多功能护理床，解决她们上厕所的问题；最难得的是社会工作者整合政府部门、慈善组织和企业资源，对凤女家的危房进行改造，保障其住房安全。

在“双百”，还有很多像凤女家庭这样的困难群众和特殊群体需要物质层面的个案救助。社会工作者依靠驻守村居的“在场”优势，充分发挥国家兜底民生保障的政策优势，将国家最宝贵的福利资源链接到社会最需要的困难群众，维护底线公平正义，这是“双百”在物质层面通过个案工作“保民生”。

第二重境界：精神层面的社会－心理支持与陪伴。除了个案物质救助，“双百”个案工作“保民生”还体现在社会工作者从精神层面对困难群众提供社会－心理支持与陪伴。清远“小枚的案例”体现了社会工作者对个案的社会－心理支持与陪伴。性格内向的小枚因各种琐事与同学产生矛盾诱发精神分裂症，她独自在家自我封闭长达 3 年。小枚平时不按时吃饭，很少与家人说话，每天依靠看电视和玩手机度日……社会工作者了解情况后，开始与她接触，当她在学校的遭遇和所受的委屈得到倾诉后，她长期压抑的心情得到释放。取得小枚信任之后，社会工作者开始链接医疗资源，为她提供免费精神治疗药物。经过社会工作者 6 次引导，小枚终于踏出了家门，这距离她上一次踏出家门已经 3 年多了。社会工作者陪伴小枚在自家门口种菜，参加村里的广场舞、运动会等活动，慢慢地小枚开始与别人和睦相处，也会分享快乐，渐渐地恢复正常的人际交往能力。在小枚的案例中，社会工作者综合运用人本主义同理、倾听、接纳、关怀、鼓励和支持等专业技巧，并通过资源链接和参与社会活动等途径，帮助小枚重建社会交往功能，重塑生活信心。

小枚的案例启示“双百”，相比个案的物质救助，社会工作者社会心理支持与陪伴更能够帮助服务对象恢复社会性功能，这是“双百”在社会－心理层面通过个案工作“保民生”。

第三重境界：社会层面的社区共治发展。物质、精神层面的个案救助都是社会工作者单方面助人的公益行为，而“双百”的第三重境界是社会层面的社区共治发展——强调社会工作者应该从个案救助的公益性迈向社区共治及可持续发展的社会公益，通过发展性社会工作达到社区增能赋权和主体性发展。例如，“双百”S市D镇社工站立足于社区文化优势资源，以樟林文化作为切入点，通过与社区骨干共同挖掘社区文化、打造林园公共空间、共同开展文化活动等凝聚一支社区骨干队伍。同时，以社区文化讲堂——“年代一堂课”作为契机，促进骨干带动社区留守老人、留守妇女等群体，为社区留守儿童开展“第二学堂”活动，让原本待在家中的老人及妇女走出社区，发挥他们的特长，向儿童传播社区的文化与历史，激发社区不同群体的内生动力，促进代际联结、社区互助和社区支持网络，形成“社区共同体”。在此基础上，社会工作者充分引导“社区共同体”共同关注社区的困难群众及公共议题，推动社区的可持续发展。

S市D镇社工站的案例体现了“双百”第三重境界——社会层面社区共治发展的社会公益价值，社会工作者期望通过增能社区自治力量，将城乡社区建设成为“老有所养、幼有所教、贫有所依、难有所助、鳏寡孤独废疾者皆有所养”的社群共同体。

第三节　“双百”专业价值观与《“双百”社会工作概论》简述

“双百”落地生根“保一线”、开花结果“保专业”和造福社群“保民生”三大文化特色，实际上反映了“双百”专业价值观。

一、“双百”专业价值观

第一，弱势优先的价值观。“双百”的第一个文化特色是落地生根“保一线”。所谓“保一线”，既表现在确保每一名一线社会工作者和协同督导者都驻守村居，落地生根，也表现在确保驻村居社会工作者深入人民群众日常生活，打通兜底民生服务和社会治理的“最后一米”。无论是驻守村居还是“最后一米”服务都必须体现社会工作弱势优先的价值观。在这里，弱势优先价值观有两层含义：一是服务对象弱势优先；二是服务区域弱势优先。前者是指社会工作聚焦困难群众和特殊群体的问题需求，最大限度为老弱病残、鳏寡孤独、“三留守”等边缘困难群众提供兜底民生保障服务；后者是指社会工作聚焦边缘社群，通过组织与能力建设的赋权策略，推动社区共治发展。

第二，社区为本的价值观。“双百”的第二个文化特色是开花结果“保专业”，其重要特色是要坚持社区为本。这一方面表现在每一名“双百”一线社会工作者和协同督导者都必须坚守村居社区阵地，从社区及其服务对象的问题需求、优势资产出发，确定社会工作介入目标计划和方法策略，依靠社区内生动力，推动村居社区个案救助与社区共治协同发展。另一方面，“项目办—地区中心—社工站—村（居）民”更应组成学习型社群，在“四重”能力建设中共创美好社区和幸福生活，实现“双百”愿景。社区为本的价值观既反对外来工作者代替社区村（居）民解决问题，也反对将村（居）民视为被解决问题的客体，唯有通过社区主体能力建设的过程，将困难群众和特殊群体转化为推动社区改变的主体力量，才能形成社区互助共治的文化氛围。因此，“双百”所谓开花结果“保专业”的内涵是指社会工作专业性实践的最高境界应该是培育社区内生动力，提升社区自觉意识，共创社区内源性可持续发展。

第三，社会公正的价值观。2014 年国际社会工作者联盟在澳大利亚召开的国际社工联会员大会，将社会工作定义为：“社会工作是以实践为基础的职业，是促进社会改变和发展、提高社会凝聚力、赋权并解放人类的一门学科。社会工作的核心准则是追求社会公正、人权、集体责任和尊重多样性。基于社会工作、社会学、人类学和本土化知识的理论基础，社会工作使人们致力于解决生活的挑战，提升生活的幸福感。”① 毫无疑问，“双百”社会工作作为全球专业社会工作的一分子，必须遵守社会公正的价值观。事实上，“双百”4 年多的本土实践充分证明，每一名社会工作者都遵循了社会公正的普遍价值观，才能够秉持弱势优先、社区为本的价值观，从个案救助与社区共治协同发展的角度，最大限度推动广东省乃至全国社会公正事业的发展。

---

① 《2014 国际社工联会员大会举行　调整社会工作定义》，http://chinasocialwork.cn/content/841，2014 年 7 月 10 日。

二、"双百"社会工作概论简述

2020 年 11 月，广东省五部门联合发文实施"广东兜底民生服务社会工作双百工程"，"双百计划"转变为"双百工程"。为了确保"双百工程"沿着"双百计划"闯出来的具有中国特色的本土专业实务发展道路继续进步，省民政厅和项目办着手撰写《"双百"社会工作概论》，使"双百"的经验和做法能够得到继承并创造性地运用。首先，经"三级网络"历时一年的讨论、修订，形成了《"双百"社会工作概论》的书写框架；其次，通过层层选拔，系统培训，组成了一支由"三级网络"共 26 人组成的《"双百"社会工作概论》书写小组；最后，通过层层压实责任，不断写稿、催稿、改稿、校对，终于赶在"双百工程"启动之际得以公开出版。

《"双百"社会工作概论》作为一本社会工作实务理论教材，既遵循了国际社会工作专业的普遍准则，又与当前国内外公开出版使用的社会工作概论教材有所不同，具有以下特色。

第一，区别于国内外许多社会工作概论教材。《"双百"社会工作概论》不是遵循假设验证的实证逻辑——从国际社会工作概念、理论出发演绎社会工作知识体系，而是立足"双百"实务经验，遵循发现的逻辑，从案例归纳总结出本土的经验性知识，再与国内外公认的社会工作概念理论进行对话，进而从案例的理论分析中提炼"双百"实务理论知识的本土内涵和方法技术，因此，本书是案例主导的本土化专业社会工作概论教材。因为是一本案例主导的实务理论教材，读者在使用时，必须从梳理社会工作实践案例开始，带着对案例背后的经验性问题、议题和实操的思考，认识和理解相关的概念、理论、实务模式和方法技术，并在案例理论分析的基础上进一步理解相关概念及实务理论的本土内涵和实务模式。期望"双百"本土专业知识体系系统性总结能够起到抛砖引玉的作用，推动中国社会工作实践与理论的螺旋式上升，逐步实现社会工作落地生根、开花结果、造福社群的价值使命和社会公正。

第二，《"双百"社会工作概论》是所有"双百人""做中学、学中做，实践出真知"行动研究的结晶。尽管最终执笔的作者只有 26 人，但从案例生产到概念理论分析等环节，所有“双百人”都是作者。同时，《“双百”社会工作概论》也是政社合力共同“书写”的结果。从这个意义上说，《“双百”社会工作概论》应该是从省民政厅厅长、处长到市民政局、县民政局、镇（街）政府、村（居）委会各级领导干部，尤其是“项目办—地区中心—社工站”“三级网络”和广大村（居）民齐心协力“把学问写在祖国大地”的成果。

第三，《“双百”社会工作概论》的内容充分反映了“双百”的文化特色。本书绪论关于“双百”缘起和文化特色的阐述，展现了“双百”社会工作历史发展脉络和专业价值观，目的是使每个“双百”从业人员能够深入了解“双百”历史，内化“双百”专业价值观。

第四，《“双百”社会工作概论》包括了“双百”社会工作文化价值、实务模式、人才培养等方面的核心知识体系，由“总论”“实务”“人才”上、中、下 3 篇 11 章组成。上篇“总论”共 4 章内容，主要是以“双百”为例，系统阐述“双百”缘起与文化特色和价值观以及《“双百”社会工作概论》简述、中国特色本土化专业社会工作发展道路的核心因素、社会性和实务模式，旨在使社会工作从业人员在中国社会工作政策实践和社会文化脉络下理解中国社会工作的社会性本质，熟练掌握和运用个案救助与社区共治协同发展的本土实务模式。中篇“实务”共 5 章内容，主要是借助“双百”典型案例及实务理论细致入微阐述“实务流程”“整合方法”“个案救助”“‘五位一体’社区可持续发展”“社会工作伦理”的具体做法及实践策略，帮助一线社会工作者提升实务实操技能，并能够创造性地加以运用。下篇“人才”共 2 章内容，主要是针对协同督导者和一线社会工作者如何在“双百”“做中学、学中做”的行动研究脉络下实现专业成长的案例分享和理论指引，理解社会工作实践过程同时也是本土化专业人才成长的过程，专业实践没有“底线”，专业共学成长也无止境。

思考题：

1.“双百”的文化特色及专业价值观分别有哪些？你如何理解“双百”文化特色及专业价值观的形成的过程？

2. "双百"文化特色及专业价值观对社会工作实践及本土化的意义是什么？

3. 阐述"双百"弱势优先、社区为本价值观与国际社会工作社会公正价值观的相互关系。

第二章　中国特色本土化专业社会工作发展道路

教学基本要求：

1. 了解中国专业社会工作发展的困境；
2. 理解中国特色专业社会工作核心因素本土内涵；
3. 理解中国特色本土化专业社会工作核心因素相互作用的机制。

随着中国进入新时代，党和国家高度重视提高保障和改善民生水平，加强和创新社会治理体系与治理能力现代化，使中国社会工作专业发展获得难得的机遇。然而，当前专业社会工作存在专业发展核心因素界定不清晰的问题，这制约了中国特色社会工作的可持续发展。本章将通过“双百”实务案例分析，在深度剖析中国特色本土化专业社会工作发展道路的核心因素的基础上，提出中国特色社会工作实践应该围绕政策实践、行动研究、成人继续教育和互为主体四个核心因素展开。这四个核心因素在专业实践中相互促进、缺一不可。

第一节　中国专业社会工作发展的困境

专业社会工作在中国发展已有30余年，但目前仍然面临以下四方面的发展困境。

其一，社会工作在打通国家兜底民生保障和社会治理政策“最后一米”方面发挥作用有限。政策实践尤其是社会建设和民生领域涉及利民、惠民政策的落实，与人民群众切身利益息息相关。然而，在我国专业社会工作发展过程中，并未将政策实践作为重要的专业方法加以运用，社会工作的教学研究、实务工作、绩效考核等并未充分纳入政策实践的内容，导致社会工作政策实践与现实需求存在较大落差。一方面，基层社区出现大量经济社会发展矛盾，民生和社会福利领域有大量通过落实政策解决各种社会问题的需求，然而“基层没人办事、没钱办事、没阵地办事、不方便群众办事的现象依然很多”[①]，社会政策的瞄准偏差较为普遍[②]，许多政策的落地实施甚至存在“最后一米”的障碍[③]。另一方面，许多社会工作机构及其服务没能主动精准对接国家兜底保障和社会治理政策，无形中削弱了社会工作的服务范围和能力；而一些社会工作机构服务“活动化”“指标化”等生存策略非但没有赢得专业发展空间，反而招致服务困境；[④] 诸如“坐班等服务对象上门”“送服务下乡”这种以社会工作者为本的工作方式脱离群众、“不接地气”，社会工作者难以精准识别服务对象的问题和需求并提供相应精细化的服务。社会工作在打通福利政策服务“最后一米”方面未能充分发挥作用。[⑤]

其二，我国社会工作理论与实践、教育与实务结合不紧密。社会工作作为一种服务人类的职业与其所依托的环境具有不可分离性[⑥]，扎根于中国复杂的国情，并充分整合运用本土与非本土社会工作文化价值和相关技术，对我国社会工作的本土化尤为重要[⑦]。然而，源自西方国家经中国港台地区“植

① 《贯彻落实党的十九届五中全会部署　提高基层治理水平》，http://www.mca.gov.cn/article/xw/mzyw/202011/20201100030550.shtml，2020 年 11 月 17 日。

② 李棉管：《社会救助如何才能减少贫困？——20 世纪末至今的中国社会救助研究》，载《社会建设》2018 年第 4 期。

③ 《省民政厅王长胜副厅长在潮州市第六届“岭南社工宣传周”启动仪式暨“双百计划”宣讲会上的讲话全文》，http://www.shuangbai-plan.org/protal/5559/，2017 年 3 月 20 日。

④ 黄晓星、熊慧玲：《过渡治理情境下的中国社会服务困境——基于 Z 市社会工作服务的研究》，载《社会》2018 年第 4 期。

⑤ 张和清：《“双百社工”是“驻村”不是“下乡”》，http://www.shuangbai-plan.org/research/13389/，2017 年 6 月 17 日。

⑥ WALTON R G. Indigenization and authentication in terms of social work in Egypt [J]. International social work，1988，31 (2).

⑦ 殷妙仲：《专业、科学、本土化：中国社会工作十年的三个迷思》，载《社会科学》2011 年第 1 期。

人”内地的社会工作专业理论、实务模式及统编教材等并没有完成本土化过程[①]，社会工作专业的发展悬浮于实践，社会工作理论的建构对实践的吸纳明显不足[②]，“教育先行”话语下的中国社会工作教育与研究无力回应中国特色社会工作的实践特质[③]。

其三，大量非社会工作专业背景从业人员与滞后的成人继续教育[④]。由于高校社会工作毕业生就业的专业对口率低[⑤]，从业的专业社会工作者持续流失[⑥]，社会工作人才队伍建设区域发展不平衡[⑦]等原因，社会工作行业催生了大批非科班出身的社会工作实际从业人员。如何对未经社会工作专业教育的从业人员进行有效的成人继续教育，已经成为推进我国社会工作可持续发展必须解决的现实问题。退一步讲，要使社会工作实务体现本土化专业性和不可替代性，无论是科班出身或非科班出身的从业人员，都需加强成人继续教育。

其四，定位不准的政社关系[⑧]使社会工作难以实现社会性和专业性。在我国，依靠政府结合既有体制机制开展社会工作是社会工作本土化发展的现实选择。然而，在政府购买社会工作服务法律体系和运作机制不完善的情况下[⑨]，专业社会工作者在现有社会福利体系中没有相对独立的组织身份[⑩]，往

① 张和清、闫红红、尚静：《社区为本的农村社会工作实务模式探索——国内外农村社会工作研究文献的综述》，载《学海》2019 年第 2 期。

② 侯利文：《教育先行抑或实践引领：再思社会工作理论与实践的关系》，载《社会工作与管理》2020 年第 1 期。

③ 向荣：《创新、共融、整合：突破当下社会工作教育困境的路径探索》，载《中国农业大学学报》（社会科学版）2017 年第 3 期。

④ 参见本章第三节“成人继续教育”的相关概念的界定。

⑤ 曾守锤、黄锐、李筱：《社会工作本科毕业生就业问题研究：一个批判性回顾》，载《华东理工大学学报》（社会科学版）2014 年第 6 期。

⑥ 王文晶、甘颖：《高校社会工作专业毕业生就业问题研究》，载《现代教育科学》2016 年第 7 期。

⑦ 《省民政厅王长胜副厅长在潮州市第六届“岭南社工宣传周”启动仪式暨“双百计划”宣讲会上的讲话全文》，http://www.shuangbai-plan.org/protal/5559/，2017 年 3 月 20 日。

⑧ 本书所称的“政社关系”主要指基层政府与社会工作之间的关系。

⑨ CHAN C K, JIE L. Contracting social services in China: the case of the integrated family services centres in Guangzhou[J]. International social work, 2017, 60 (6).

⑩ 李昺伟、陈安娜：《中国社会工作实践社会公平正义的现状与未来》，载《专业的良心——转型时代中国社会工作的守望》（李昺伟主编），北京·社会科学文献出版社，2014 年版。

往成为政府的“伙计”而非伙伴。为获得政府承认，社会工作本土化越来越朝“实用专业主义”方向发展[①]，这一方面可能导致社会工作组织出现“行政多于服务”的风险，使其失去社会性[②]；另一方面社会工作者与服务对象的关系可能越来越呈现为服务与被服务的主客二元关系，甚至有些服务对象沦为社会工作者完成服务指标的工具[③]。

上述发展困境是当前我国社会工作被诟病总体专业水平不高、不可替代性不足以及与非专业社会工作相比缺乏“性价比”优势等[④]问题的重要原因，也是制约专业社会工作在地方层面的制度化建设水平和可持续发展的障碍[⑤]。要使我国专业社会工作健康持续发展，必须结合中国国情，深入总结和反思社会工作本土实践经验，探寻一条既能够突破上述专业可持续发展的困境，又有助于社会工作取得专业合法性[⑥]和不可替代性的中国特色社会工作本土化发展道路。本章基于“双百”4年多的实践探索，以H市D街道“双百”社工站（以下简称D街道社工站）为例，总结政策实践、专业实践、教育实践、互为主体的政社关系和服务关系四个因素在“双百”社会工作实践的重要性，以此探寻关系中国特色本土化专业社会工作发展道路的核心因素。H市D街道地处城乡接合部，兼具中国城区社会工作和农村社会工作特色，社工站成员既有科班出身的社会工作者，也有非科班出身的专业“小白”，然而，经“双百”4年多的专业化建设，该社工站成为省级核心示范点，还接受过中央电视台《新闻调查》栏目的采访报道，因此，该社工站可作为深入研究的典型案例。

---

① 雷杰、黄婉怡：《实用专业主义：广州市家庭综合服务中心社会工作者“专业能力”的界定及其逻辑》，载《社会》2017年第1期。

② 郑广怀、向羽：《社会工作回归“社会”的可能性——台湾地区社会工作发展脉络及启示》，载《社会工作》2016年第5期。

③ 郑章树：《再困难也要坚持》，http://www.shuangbai-plan.org/research/13403/，2017年7月9日。

④ 关信平：《全面领会党的十九大报告对新时期社会工作发展的重大意义》，载《中国社会工作》2017年第34期。

⑤ 关信平：《论当前我国专业社会工作的制度建设》，载《国家行政学院学报》2017年第5期。

⑥ 社会工作的专业合法性（legitimacy）一般指社会工作具有不可替代的专业性，处于一种被服务对象、利益相关方及社会认可的状态。参见童敏、周燚：《从需求导向到问题导向：社会工作“中国道路”的专业合法性考察》，载《社会工作》2019年第4期。

第二节 “双百”专业核心因素本土化实践

“双百”是广东省民政厅为了推动全省社会工作均衡发展，解决政策服务“最后一米”障碍问题，促使社会工作者扎根村居，服务社区居民的一种新模式。与此同时，“双百”也有破解社会工作本土化发展难题、探索中国特色专业发展道路的目的。

按“双百”的管理办法，社工站实行双重管理，诸如站点活动场所、办公条件、与社会工作者签订劳动合同等行政事务归乡镇（街道）政府负责，社工站站长一般由乡镇（街道）领导兼任；而社工站的专业发展、人才队伍建设等则由“双百”项目办及地市协同督导中心统一运作，每个社工站配备专（兼）职协同督导，负责跟进日常工作并陪伴一线社会工作者专业成长。H市D街道“双百”社工站是第一批“双百”200个驻村居社工站之一，成立于2017年7月。该站最初配备6名社会工作者，其中2名有社会工作专业背景或经验，其余4名是完全没有接触过社会工作的“小白”。根据“双百”选点要求①，D街道社工站确定在人口稠密、国有企业集中、民政服务对象较多的Z社区。Z社区是D街道办事处所在地，位于H市的中心位置。D街道有6个行政村、4个社区，总人口82000多人，仅Z社区（居委）内就有12000多人。②

一、打通福利政策和社会治理政策“最后一米”

Z社区虽然位于H市政治、经济和文化中心地带，然而，社会工作者走访发现，社区内仍然有困难群众没能获得国家兜底民生保障政策救助，社区治理的许多“痛点”和“难点”长期存在。打通福利政策和社会治理政策

① 2017年3月广东省民政厅发布“双百”社工站选点文件，规定了“双百”站点“落在村居、问题导向、方便群众”的选点原则。

② D街道社工站社区评估的行动研究报告。

“最后一米”，既是广东省民政厅推动“双百”的初衷，也是“双百”社会工作赢得服务对象和基层政府认可的关键一步。

（一）打通福利政策“最后一米”

机械厂（化名）是Z社区内四大破产国有企业之一，职工小区部分居民因企业破产而失业，一些职工因年老多病且未能享受国家福利救助而陷入贫困，厂区环境卫生状况恶劣。经过入户和深层接触，社会工作者发现那些困难群众之所以未得到民政部门的救助，是因为他们并不清楚自己应该享受何种政策救助，也不明白应该找哪个部门申请救助，加之许多福利救助需要网上申请，他们根本不懂如何操作，有的居民甚至因身体残疾无法出门。为此，社会工作者通过“扫楼”的方法逐家逐户上门了解情况，并将居民基础信息逐一登记建档造册。同时，社会工作者联合街道“医保办”工作人员和残疾人专职委员在职工小区内开展民政政策宣讲活动，宣传国家福利政策的相关信息。经过“扫楼式”全覆盖摸底调研（社区评估行动研究），社会工作者在职工小区里共识别出困难群众和特殊群体19人（户）；其中符合低保政策救助的1户；符合办理残疾证的4人；孤儿2人；高龄与独居长者11人；单亲家庭1户。[①] 在对困难群众建档造册的基础上，社会工作者及时跟进，开展精细化的专业服务，包括物质救助、社会心理支持、能力提升和社会融入服务等。随后，社会工作者将这种“精准化识别、精细化服务”的专业模式及做法在Z社区所有职工小区推广。

（二）打通社会治理政策“最后一米”

由于企业破产造成居民生产生活方式转变、社区管理模式变迁以及公共意识的日益淡薄等原因，机械厂职工小区的社会治理“痛点”和“难点”很多，生活垃圾随处可见，堆积如山，小区内“三留守”群体生活环境恶化的问题也非常严重。此外，小区礼堂和篮球场年久失修，居民缺乏公共空间和

---

① D街道社工站《个案救助服务次数记录表》中的《D街道社工站“覆盖式摸底”精准识别数据表》。

公共生活的问题也十分突出。

为了解决社区环境卫生和公共生活上的问题，打通社会治理政策“最后一米”障碍，社会工作者运用专业方法采取一系列行动。首先，举办社区公共活动聚集人气、搞好与居民的关系，如居民比较喜闻乐见的活动包括广场舞、流动电影放映等。其次，借助入户深度访谈的方法摸清职工小区环境问题的现状、成因及其居民对改善环境卫生的意见。发现环境卫生差的主要原因是小区缺乏管理、环卫设施不足、环保意识薄弱、无人愿意牵头处理等。同时也发现，居民不但对环境卫生差深恶痛绝，而且都希望改善卫生状况，都愿意参与环境整治的行动。经过对职工小区“扫楼式”的居民信息摸底、民政政策宣讲，尤其是对困难群众成功开展个案救助之后，社会工作者获得群众的信任并建立关系网络。再次，争取相关部门的支持。社会工作者向街道办和市“创文办”“爱卫办”反映环境问题并提交环境问题评估报告，赢得政府各部门和街道办、Z 居委会、市“义工团”的支持。最后，开展环境卫生整治并建立社区环境卫生监督管理机制。在社会工作者的联动下，居民开展了大规模社区环境卫生清理整治行动，同时，为确保环境卫生问题得到根治，社会工作者多次召集居民座谈会，最终采用表决的方式通过《机械厂垃圾清理维护居民协议书》，同时，民主选举产生社工站推荐的由社区骨干成员组成的机械厂垃圾卫生监督队。从此，居民形成定期清理垃圾、开展卫生整治的意识和制度，不仅使社区环境卫生得到根本的改善，而且提升了居民的环保意识和公共参与精神。正如机械厂的刘叔所说：“厂内原来到处是垃圾和鸡屎，幸得有社会工作者介入，我们现在的环境卫生与以前不一样了，而且人的卫生观念也得到了不同程度的提高。”

在机械厂案例中，由于企业破产造成职工小区居民的福利供给和社区管理模式变迁，加之破产清算纠纷引发干群关系紧张等原因，社区内居民对下岗工人及其家庭有许多社会偏见。在管理失序、社会排斥等多重因素的作用下，国家福利救助政策资源难以精准有效地输送到机械厂职工小区有需要的困难群众中，社区治理政策也难以助力社区问题的改善。D 街道“双百”社会工作者运用专业行动研究的方法，将国家民生兜底福利保障政策导入困难社群，代表党和政府把惠民、利民政策资源和社会心理关怀输送到最有需要的困难群众的“灶头、炕头、心里头”，维护底线公平和正义，帮助服务对象重拾生活信心。同时，通过整合“创文”“创卫”“人居环境整治”等社会治理政策资源，发挥社区骨干的作用，提升居民的参与能力，促使共建共治共享的社会治理真正落实到基层社区。

二、行动研究方法策略的运用

社会工作者之所以能够打通福利政策服务和社会治理政策的“最后一米”，与有效运用行动研究的专业方法和本土化策略息息相关。

（一）行动研究在政策实践“最后一米”的运用

为确保行动研究切实可行和专业有效，“双百”强调社会工作者驻守村居的工作模式，在与社区民众“三同”的过程中践行党的群众路线。D街道“双百”社会工作者根据“双百”驻守村居行动指引，遵循弱势优先和“发现本土”的行动逻辑，以社区为本，“用脚画社区地图”，有效地开展社区评估的行动研究。首先，通过群众喜闻乐见的文娱活动（广场舞、露天电影等），消除社区居民的戒备心理，建立信任关系。其次，凭借聚起人气的力量将社区的公共空间、历史文化、人情世故、困难群众与特殊群体的问题、需求以及优势资产“装进社会工作者心里”，并外化为社区问题地图、社区资产地图、民政对象分布图、服务对象家庭信息服务表等，形成社区评估行动研究报告。再次，制定社工站五年愿景、三年规划、年度计划、月度计划和周计划执行机制，即“53111”。最后，依据“53111”开展个案救助与社区共治，从而推动社区可持续发展。

上述完整的专业行动研究过程包括社区评估行动研究、服务过程的反思性行动研究和社会工作者及其团队从业历程的反身性行动研究。借助专业行动研究的方法和策略，社会工作者不仅准确识别个体及社区存在的问题，而且参与识别社会政策干预的社会需求，分析社会政策对人的影响，评估社会政策的显性及隐性目标达到的程度，并在既定目标未实现时确定可行的纠偏行动。在专业行动研究过程中，社会工作者实际扮演了社会政策分析师、社会政策评估者[①]、社会政策输送者、社会资源整合者、社区网络组织者及社区参与平台搭建者等角色，使兜底民生保障政策能够精准分配与输送到位，使社会治理各项政策资源落实到特殊社群。

（二）行动研究在专业知识本土化和社会工作者团队专业化中的运用

行动研究不仅有助社会工作者科学化、专业化地发现问题、解决问题，实现社会工作服务目标，还能够推动本土化社会工作理论知识的生产，使“双百”社会工作者团队逐步实现专业化，不断强化职业认定。

D街道社工站团队最初介入机械厂职工小区时，本想通过改善环境卫生来打开工作局面，于是，按照自己对社会工作专业的理解和想象，制定了通过打造“观影区”公共空间、环境长廊和召开居民会议等方式推进“共建互助自治绿色家园”的社区发展计划。然而这一方向和介入路径在实践中遭遇严重挫折，如居民参与积极性不高，甚至部分居民在座谈会上当众质疑社会工作者的动机。社会工作者团队经过集体反思，认识到只有获得专业合法性，方能推动社区发展计划，因此将介入方向和路径调整为提供民生兜底保障政策服务。最后的结果也证明，做好民生兜底保障政策服务使社会工作者获得社区民众的信任与支持，也为推进社区共治发展的计划创造了条件。这种在行动中总结经验教训、纠正偏差的做法，极大地促进本土化专业实务理论和模式的深化与发展。

随着实践的深入，与日俱增的专业问题与挑战倒逼D街道社会工作者团队补齐专业知识碎片化的短板，社工站建立健全学习机制，积极地对实践经验进行及时的总结、反思与提炼，不断与学习到的概念和理论知识对话，撰写本土专业实践案例，开发本土专业课程，等等。通过这样的反思性行动研究过程，社会工作者团队实现了本土化的专业能力提升。另外，社工站在团队建设中采用内部“谈心”、书写个人从业心路历程等方式，不断探究生命意义、专业价值、服务关系与角色等，使每个社会工作者从生命历程和职业生

① YELAJA，SHANKAR A. Social policy practice［J］. Journal of education for social work，1975，11（3）：101－106.

涯的角度进行反身性行动研究，不断作出职业认定，从而完成向职业人的转化①。

三、“做中学、学中做”的成人继续教育

行动研究既是实现工作目标的专业方法，也是社会工作者获取专业知识、实现专业知识本土化的途径。面对大量非科班出身的“小白”，同时也为了专业人才（科班出身的社会工作者）更好地实现专业本土化发展，“双百”十分重视“做中学、学中做”的成人继续教育，在实践过程中培养人才、提高队伍专业素质和能力，不断内化专业价值观。“双百”成人继续教育主要通过“三级网络”“目标—计划—过程—结果”专业管理体系跟进管理和协同督导培训机制来推进。“双百”主张不同经验的社会工作者之间的关系应是保罗·弗雷勒（Paulo Freire）所说的“互为师生”协同督导关系，协同行动的督导模式应遵循约翰·杜威（John Dewey）“做中学”的成人继续教育理念；主张放下专家和知识分子的身段，走进社区民众的日常生活世界，向民众学习，向社区学习，向同行者学习，向生活学习；主张建设学习型社群支持网络，在实践与理论循环往复的过程中培养本土化的专业社会工作者。具体的做法：一是总结经验教训，及时调整工作策略和方法；二是发掘种类多样的学习方式拓宽社会工作者视野，寻找有效推进工作的新思路；三是通过实践经验与理论知识对话，不断书写实务案例或研发本土化专业课程。

D街道社工站除了积极参与项目办、地区协同督导中心的专业培训之外，还完善站点内部专业学习机制，包括社会工作者自学、站点内部共学以及跨区域互访学习等。社会工作者凭借撰写专业案例、参与“三级网络”专业备课、以“双百”讲师身份“传经送宝”等途径，专业素质和能力提高迅速。科班出身的阿霞在行动反思的过程中意识到社会工作必须在实践中学习，从居民日常生活的急难问题出发，以社区为本，才能够把好事做成美事；阿敏曾在街道办服务窗口工作，经过4年多的“双百”实践，她认同社会工作理

① 张和清：《落地生根——扎根社区的社会工作》，http://www.shuangbai-plan.org/research/13392/，2017年4月18日。

念和情怀，从“小白”变成专业能手，赢得居民的口碑；会计专业毕业、曾经从事过特殊教育的阿婵刻苦钻研“双百”实务课程，及时总结经验教训，撰写的案例在省“双百”公众号和《中国社会工作》杂志发表，专业进步迅速，还被选拔为“双百”实务讲师，影响越来越大。据统计，D街道社工站在2019年全国社会工作师考试中，有3人一次性通过中级社会工作师考试，1人考取初级社会工作师[①]，站点6人有5人持证上岗[②]；站点团队集体以项目管理、社区共治、个案救助3个主题书写了3套本土专业课件，1人被选拔为“双百”项目办讲师、3人成为地区中心讲师。可以说，“双百”人才队伍是在应对困难和挑战的实践中成长起来的。

四、坚持互为主体的政社关系和服务关系

坚持互为主体的政社关系和服务关系，是“双百”社会工作者能够打通福利政策服务和社会治理政策“最后一米”的重要前提。同时，社会工作者能否做出专业不可替代性、专业能力能否得到成长，都有赖于健康顺畅的政社关系和服务关系。

（一）坚持互为主体的政社关系

由于“双百”社工站实行的是双重管理，D街道社工站在人、财、物等行政事务上接受街道办事处管理，而街道办事处领导最初对“双百”社会工作者的专业定位和性质并不了解，加上街道事务繁杂，经常要求社会工作者到街道办事处做录入数据、打扫卫生等杂事协助工作，导致社工站开展的专业服务计划被搁置，越来越陷入街道办事处繁复的行政事务而丧失专业主体性。而当社会工作者因坚持“双百”专业服务理念对协助行政事务工作不够积极时，街道工作人员就会表现出对社会工作者的不满，双方关系一度紧张，虽然经协同督导介入有所缓和，但社会工作者还是很难拒绝街道工作人员的

---

① D街道社工站2019—2020年度总结报告。

② 除了2019年有4人考取社会工作者职业水平证书外，另外有1名社会工作者在上岗时就持有社会工作师证书。

安排，隔三岔五被抽调到街道办事处打杂[1]。好在社会工作者没有放弃自己的专业服务工作，且不断主动向街道领导汇报社工站的工作，当在机械厂所开展的精准化识别和精细化服务困难群众和特殊群体的工作赢得群众口碑时，尤其是关于厂区环境问题的评估报告引起市环卫处和爱卫办的重视后，街道办及相关部门开始重新认识社会工作者的专业服务。当社会工作者联动政府部门和社区居民将厂区环境问题彻底治理后，街道工作人员意识到社会工作专业服务有其不可替代性，社会工作者与街道办的关系得到明显改善，从此，街道社会事务办主任（站长）不仅拒绝其他部门借用社会工作者的请求，还支持社会工作者按照站点计划做好服务群众的专业工作。

由此可见，在政社关系中，社会工作的专业合法性要靠社会工作者提供优质专业服务赢得民心来获取。只要专业社会工作者扎根村居打通为民服务和社会治理“最后一米”，就有可能在互为主体的政社关系中做出专业不可替代性，才能避免专业依附性发展的问题。

（二）坚持互为主体的服务关系

在社会工作者与服务对象的关系中，社会工作者的目标是帮助服务对象解决问题，工作中稍不注意，就容易出现越俎代庖的现象，将服务对象客体化。例如，D 街道社工站最初介入机械厂职工小区，围绕环境卫生问题提出了一个“共建互助自治绿色家园”的社区发展计划。尽管社会工作者也做了摸底调查、与社区居民建立信任关系的工作，但是，由于工作方向和改善环境的计划基本是社会工作者的主观愿望和认识，导致居民的参与度不高。虽经社会工作者的努力，工作有缓慢进展，却引起部分居民的质疑。社会工作者方才意识到，嘴上虽然强调社区为本，但在实际工作中还是以工作者为本，改善环境卫生的计划并未从居民的真正需求出发。于是，社会工作者团队暂停改善环境计划，重新开展全小区的入户调查，以摸清社区居民对环境卫生整治的意愿和要求。

---

① 街道办相关负责人认为街道总人口 8 万，仅有 6 名民政干部处理民政事务，他们还要兼顾精准脱贫、乡村振兴、环境卫生、污水处理、征兵、河长制等各种临时性任务。

在新一轮的入户调查中，社会工作者吸纳了社区骨干，利用社区骨干有威望且熟悉社区情况的优势开展入户调查，很快摸清了社区居民对改善环境卫生的意见和要求，并根据社区居民的意见形成行动方案。J叔是机械厂老职工，见证了机械厂社区的发展变化，有了他的帮助，社会工作者弄清了社区环境卫生问题的来龙去脉，使入户访谈达到事半功倍的效果，摸清了社区居民在环境卫生问题上的需求和要求。由于环境卫生整治方案充分体现了社区居民的真实意愿，且增能了像J叔这样的社区骨干积极参与，当社会工作者再次动员居民参与环境卫生整治行动时，有越来越多的社区居民主动参与进来，最终使卫生整治达到各方都满意的效果。增能社区骨干和发展社区组织，是服务对象实现主体性的重要途径，能够确保个案救助和社区治理工作落到实处。

可见，在开展社会工作服务时，如果只有社会工作者的主体性，没有服务对象的主体性，往往工作很难推进，有时还会好心办错事。因此，社会工作者在与服务对象的互动过程中必须践行互为主体的服务关系。有了服务对象的主体性，社会工作者开展社会工作服务时才有正确的方向和动力，而运用专业方法和策略实现服务目标则是社会工作者的主体性的体现。社会工作者在提供专业服务时，要时时警觉自己的服务必须坚守“社区为本”，而非“社会工作者为本”，只有“社区为本”赋权增能，形成互为主体专业服务关系，才能避免专业依赖性发展的问题。

总之，作为省级核心示范点，D街道社工站只是“双百”本土化专业发展的一个缩影。“双百”4年多的实践，通过精准化识别、精准化服务，将党和国家宝贵的民生兜底福利资源链接给边缘困难群众，推动社区发展，在实践中做出专业不可替代性，同时，培育了一批坚守村居社区倾心为民众服务的专职社会工作者，赢得社会的赞誉以及各级政府和民政部门的认可。

第三节　中国特色专业社会工作核心因素本土内涵

"双百"实践经验凸显了政策实践、行动研究、成人继续教育和互为主体四个核心因素的本土实务价值，它们在中国语境下具有其本土内涵。

一、政策实践

作为一种社会工作实践方法，政策实践的源头可以追溯到社会工作产生时代，并在20世纪80年代中期被西方学者所重视和倡导。詹森（Jansson）把政策实践界定为"利用思维工作、介入和价值澄清，发展、通过、执行和评估政策"①。卡明（Cummins）等指出政策实践是"利用社会工作技巧提出政策建议和改变政策，以便实现社会和经济公平的目标"②。盖尔和韦斯（Gal和Weiss）指出，政策实践是一种旨在影响社会政策的社会工作介入。③ 马凤芝认为，我们在借鉴政策实践的国际经验时应保持一种批判的或文化敏感的立场，立足本国国情，建构中国特色的政策实践理论和实践体系④。在我国，最早提出社会工作政策实践属性的学者是雷洁琼。雷洁琼认为社会工作有广义和狭义之分，所谓广义的社会工作是指制定和实施社会政策，举办社会福利事业，从事福利机构的管理，而社会救济则属于狭义的社会工作。从发展社会福利事业的角度着眼，她认为社会工作者要有创建、组织和管理社会福利事业和解决具体问题的知识和能力。由于当时民政工作的很多内容属于社会工作范围，雷洁琼甚至认为"民政工作是具有中国特色的社会工作"⑤。实际上，基于社会公正和"人在环境中"（Person in environment）的价值理念，

---

① 马凤芝：《政策实践：一种新兴的社会工作实践方法》，载《东岳论丛》2014年第1期。

② 马凤芝：《政策实践：一种新兴的社会工作实践方法》，载《东岳论丛》2014年第1期。

③ GAL J，WEISS I. Policy-practice in social work and social work education in Israel [J]. Social work education，2000，19（5）：485—499.

④ 马凤芝：《政策实践：一种新兴的社会工作实践方法》，载《东岳论丛》2014年第1期。

⑤ 王思斌：《雷洁琼的社会工作思想与实践》，载《社会工作》（南昌）2004年第9期。

政策实践一方面可以弥合社会工作个人改变与社会改革、微观实践与宏观实践之间的分野[①]；另一方面也可以助力党和国家提高社会福利政策的瞄准效率、保障水平和长效减贫[②]，助力共建共治共享的社会治理格局的形成，实现社会工作的专业价值并获得专业合法性。

因此，中国特色社会工作政策实践侧重于将现有社会政策福利资源精准对接到最有需要的困难群众，促进民生保障和社会治理政策在社区层面落地生根，以及在政策实践的基础上完善社会政策，甚至建议出台适切社区社会文化脉络和民众生活需求的新社会政策，促使党和国家的社会政策实践最大限度造福社群及边缘困难群众，推动公平正义的社会建设。

基于“双百”实践，本书认为中国特色本土化专业社会工作政策实践的本土内涵是指社会工作者充分发挥紧密联动政府部门、熟悉社会政策的优势和长期驻村入户与服务对象信任关系的“在场”优势，深入评估现有社会福利政策目标达到的状况，协助各级政府部门将社会福利政策精准而有效地输送给有实际需要的服务对象，并通过精细化的专业服务提升政策保障水平，充分运用社会政策资源解决服务对象民生兜底和社区治理的社区社会问题。社会工作者还要基于政策实践状况，从专业角度建议修订、完善及出台新的相关社会政策措施，最大限度地为服务对象提供更人性化的政策实施方案，促使社会福利政策与社区发展更好地维护和促进社会公正的目标。

二、行动研究

行动研究是基于对主流实证研究的反思而建立和发展起来的一种社会工作行动研究范式，它集实践、研究、教育、改变于一体，其本体论和认识论的基本主张、研究目标和研究方法都与社会工作的内在特质非常贴近。[③] 行动研究是一种实践与理论相结合的研究，是在行动过程收集资料、合作探讨、

① 马凤芝：《政策实践：一种新兴的社会工作实践方法》，载《东岳论丛》2014 年第 1 期。

② 李棉管：《社会救助如何才能减少贫困？——20 世纪末至今的中国社会救助研究》，载《社会建设》2018 年第 4 期。

③ 古学斌：《道德的重量：论行动研究与社会工作实践》，载《中国农业大学学报》（社会科学版）2017 年第 3 期。

反思批判、自我反省，不断解决问题，实现目标的本土化专业方法，旨在不断改善实践，形成行动过程理论与实践的螺旋式上升。[①]

从实践的角度来看，行动研究的内容可以分为社区评估的行动研究、行动过程的反思性研究和行动者反身性研究三个类别。社区评估的行动研究，是一个与社区民众及相关方建立信任关系、摸清社区问题和优势资产情况、聚集社区人气并与社区民众一起制订长远规划与短期行动方案的过程；行动过程的反思性研究则是对行动方案的目标、计划、过程和结果的持续检视、反思、评估和优化的过程，以推动新一轮的行动更有效地进行；行动者反身性研究则是行动者对其自身的生命历程和职业生涯的反身性研究，以更好地安顿身心，进行职业认定[②]。从知识生产的角度来看，行动研究可以分为三个步骤：第一步，行动、归纳与总结（概括化），即行动者将行动及时地进行归纳、总结与梳理；第二步，行动、提炼与总结（概念化），即行动者对其行动进一步提炼，并对行动进行概念化；第三步，行动、介入模式与总结（理论化），即行动与理论进行对话，通过行动研究（服务过程及结果）生产出新的契合本土特色的行动知识和介入理论模式，从而更好地指导实践[③]。

因此，行动研究的本土内涵是一种集研究、评估、教育和实务于一体的社会工作专业实践。社会工作行动研究既包括社区评估行动研究，也包括行动过程反思性研究和行动者专业自我成长的反身性研究。行动研究的过程是社会工作者与服务对象建立信任关系、分析理解社区问题及优势资产，制定愿景—目标—计划，并对实践过程进行总结反思，以推动本土化专业社会工作实践及知识体系生产的过程。

三、成人继续教育

为了解决学校教育“获得知识”与行动知识的割裂状态（知行不一），

---

① 《毛泽东选集》第一卷，北京·人民出版社，1991 年版，第 296—297 页。

② 张和清：《落地生根——扎根社区的社会工作》，http://www.shuangbai-plan.org/research/13392/，2017 年 4 月 18 日。

③ 张和清、廖其能、许雅婷：《“双百计划”实务模式探究》，载《中国社会工作》2018 年第 19 期。

约翰·杜威提出“做中学”的思想，主张让学生从经验中学习，通过解决问题来学习。他认为学习者首先面临某种实际的疑难情境，他们通过反省性思维来分析、思考问题，提出可能的解决方案，运用理智对各种假设进行推敲，用行动进行实际检验。[①] 作为一个面向社会现实问题的开放的实践活动，社会工作应该用杜威和唐纳德·舍恩（Donald Schon）等人提出的实用主义哲学作为一线专业实践能力核心模式，并整合实证主义科学研究结论来发展专业能力。[②] 虽然杜威“做中学”的思想最初只是针对正规学校的儿童教育，但同样适用于社会工作的成人继续教育，因为成年学生在开始学习时已有人生阅历，推动他们学习的内在动机来自他们在生活上、家庭里或工作上遇到的问题和困难。因此，成人学习是一种自我导向的主动学习，教师（督导）扮演的是促进者（facilitator）的角色，而不是专家。[③]

而具有能力建设内涵的另类批判教育学，同样非常适合以培养一批能承担解决社会问题的实务工作者为己任的社会工作教育。[④] 批判教育学反对储存式教育（banking education），提倡提问式教育，将传统主客二元的师生关系代之以互为主体的师生关系，双方在共同成长的过程中共同负责任。[⑤] 批判教育学将教育学视为一种文化、政治、权力的实践，将教育的过程与改造主观和客观世界的过程合二为一，最终创造出一个更好的人性化生活环境。在这种概念及意图下，教育的过程必须将主体带往自我与社会的增能赋权，使之参与社群生活，开启自由、解放、正义的可能性。[⑥] 这与强调道德实践与政治

---

① 张建伟、孙燕青：《从“做中学”到建构主义——探究学习的理论轨迹》，载《教育理论与实践》2006 年第 7 期。

② 郭伟和：《杜威哲学教育思想对社会工作专业教育的影响》，载《中国社会工作研究》2019 年第 1 期。

③ 马丽庄、吴丽端、区结莲：《社会工作跨境专业督导——山东经验》，北京·社会科学文献出版社，2013 年版。

④ 古学斌：《三重能力建设与社会工作教育》，载《浙江工商大学学报》2011 年第 4 期。

⑤ 保罗·弗雷勒：《受压迫者教育学》（方永泉译），台北·巨流图书有限公司，2003 年。

⑥ 胡春光：《批判教育学：一种反压迫的文化论述和民主教育实践》，载《教育研究与实验》2010 年第 1 期。

实践属性的社会工作本质高度契合。[①] 受批判教育学启发，在强调能力建设的社区发展中，教育者、学生（社会工作者）、民众从对话式教/学情境中知觉自己的主体，在彼此对话中建构社区发展的实践知识，共同促进社区的转化。[②]

总之，中国本土脉络下社会工作的成人继续教育，是一种面向社会工作实际从业者的职业继续教育。它基于成人学生已经具备人生阅历和实用性学习动机等特点，立足具体实践过程，采取提问－反思性教学理念，促使教育者（协同督导者）、学习者（社会工作者）、服务对象（社区民众）在具体实践场域“做中学、学中做”“实践出真知”，通过共同实践、对话反思、不断阅读等循环往复的学习过程，实现实践知识的理论提升，并在专业成长过程中推动民生兜底保障服务和社区可持续发展。

四、互为主体

胡塞尔指出，主体意识是主体与他人交往而形成的。哈贝马斯更是开创了“交往理论”，强调互为主体关系中沟通与共识的重要性。[③] 在主体交往的过程中，双方通过对话超越个体有限的视界从而达到一种新的、更高层次的理解，而作为人的存在状态的理解使主体性真正获得合法性的地位。[④] 有学者认为，真正的主体只有在主体间的交往关系中，即在主体与主体相互承认和尊重对方的主体身份时才可能存在。[⑤] 弗雷勒强调沟通对人们成为真正的人的重要意义，认为阻碍沟通的发生就会将人贬至“物”的地位，而逃避沟通会把他人都只当成某种客体。他指出，对话是人与人之间的邂逅，是以世界为

---

① 朱志强：《社会工作的本质：道德实践与政治实践》，载《华人社会社会工作本质的初探》（何国良、王思斌主编），台北・八方文化企业公司，2000 年版。

② 刘晓春、古学斌：《解放/被解放？——谈批判教育学与社会工作社区发展教育》，载《中国社会工作研究》（第五辑）（王思斌主编），北京・社会科学文献出版社，2007 年版。

③ 王树人：《关于主体、主体性与主体间性的思考》，载《江苏行政学院学报》2002 年第 2 期。

④ 潘德荣：《诠释学：从主客体间性到主体间性》，载《安徽师范大学学报》（人文社会科学版）2002 年第 3 期。

⑤ 郭湛：《论主体间性或交互主体性》，载《中国人民大学学报》2001 年第 3 期。

中介、目的是为世界命名的一种创造的行动。基于爱、谦卑以及对人性保有高度的信心，对话会形成一种对话者之间水平式的互信，并在这种互信的气氛中促成了对话者在命名世界的行动中进入亲密伙伴关系、一种互为主体的实践关系。①

在中国的本土实践脉络中，社会工作的互为主体，主要是指在社会工作者与各级政府部门、社会组织及社区民众等利益相关方的交往与互动过程中，相互承认并尊重对方主体身份的互动过程，核心是政社关系的互为主体和服务关系的互为主体。政社关系的互为主体，旨在避免社会工作依附性发展；服务关系的互为主体，旨在避免社会工作依赖性发展。

第四节 中国特色本土化专业社会工作核心因素相互作用机制

广东“双百”实践证明，只有将政策实践、行动研究、成人继续教育和互为主体的政社关系及服务关系作为核心因素加以践行，才能发挥社会工作化解社会矛盾、解决社会问题、推动社会公正的初衷。

一、政策实践是社会工作行动研究和成人继续教育的根基

党的十六届六中全会作出“建设宏大的社会工作人才队伍”决定以来，从中央到地方各级政府相继出台了一系列政策，确保社会工作专业发展，目的是通过引入专业社会工作促进社会福利和社会治理目标实现。由此，政策实践必然成为专业社会工作的出发点、行动依据和核心内容之一，而作为核心因素的行动研究和成人继续教育必须依据政策实践的需要探索本土化的方法和策略，同时，要适时将实践中产生的切实可行的本土化专业方法和策略变成政策措施，指导和规范行动研究和成人继续教育的发展。

① 保罗·弗雷勒：《受压迫者教育学》（方永泉译），台北·巨流图书有限公司，2003年版。

以“双百”为例，广东省民政厅推出“双百”，是为了贯彻落实党的以人民为中心的发展思想，聚焦脱贫攻坚、乡村振兴战略，而更直接的目的是发挥社会工作在打通民政服务与社会治理“最后一米”的作用，以及破解广东省社会工作区域发展不平衡的瓶颈。为此，广东省民政厅在人力物力保障以及协调各级政府部门关系方面，出台一系列政策法规和具体实施办法；在实践中不断总结经验教训，将各种行之有效的行动研究和成人继续教育的方法和策略，诸如“与群众打成一片”的驻守村居行动研究理念方法、“做中学、学中做”等成人继续教育等做法适时转化成为政策文本，并指导和规范“双百”实践，保证专业实践和人才发展有法可依。因此，“双百”政策实践体现在三个层面：第一，国家社会建设及社会工作领域的大政方针的贯彻执行；第二，广东省民政厅有关“双百”政策法规的实施；第三，“双百”专业协同督导管理办法的落实等。以上三个层面政策的层层落实，促使“双百”政社关系、专业人才、知识体系、专业实践落地生根、开花结果、造福社群。

实践证明，政策实践是社会工作行动研究和成人继续教育的根基，如果没有党的十九大精神和民政部政策法规的指引，没有广东省各级政府部门人力物力及相关规章制度的落实，没有基层政府部门的协调配合，没有督导的实地协同和专业培训等，就不可能有驻守村居以人为本社会工作的行动研究、专业实践、专业培训及协同督导人才计划的具体落实。总之，社会工作实务与社会政策实践是相互支撑、互相促进、协同共进共赢的相互依存关系：一方面，社会政策实践需要社会工作积极作为；另一方面，社会工作实践和发展离不开社会政策的指引和各级政府部门人力物力的保障。

二、行动研究是政策实践和成人继续教育的基本途径

社会工作行动研究的本质是以人（服务对象）及其日常生活为本的实践研究，旨在通过社会工作者扎根社区，在行动过程中对村（居）民日常生活进行深度理解评估，从而制订以人为本切实可行的行动计划并付诸实施的过程。行动研究有助于达成两个行动目标，促成社区三个层面的改变。两个目标包括：一是社会工作者行动研究的过程就是将国家福利和基层治理的政策文本通过社会工作者的政策实践得到落实的过程（打通“最后一米”）；二是

社会工作者自身在行动过程中逐渐转化（内化）为本土化专业人才。三个层面的改变包括：一是社会工作者行动反思的过程逐步打通政策之间的壁垒，将已有的社会福利和社会治理政策精准化对接困难群众及社区发展，解决社区民生保障和社区治理的“痛点”和“难点”。二是社会工作者在行动研究过程中发现许多政策漏洞或空白，凭借与各级政府部门的信任关系逐渐影响政府完善政策，或者将社会工作者的做法纳入新政策。社会工作者在行动研究中扮演社会政策分析师、社会政策评估者、政策顾问、社会政策发展和社会政策倡导者等角色[①]，在行动研究中落实、完善与创新政策，使行动研究成为政策实践的基本途径。三是凭借行动研究的过程，使一大批未接受社会工作专业学历教育的“社工小白”和接受过社会工作专业教育的“实务小白”，通过“做中学、学中做”的成人继续教育过程，逐步成长为本土化的专业社会工作人才。

在政策实践和成人继续教育过程中，“双百”逐渐形成自己独特的行动研究方法和策略，具体包括四个方面：一是问题及其原因的个案家庭社区评估；二是行动过程的反思性研究及纠偏；三是基于行动过程的职业生涯反省和对专业的认同；四是根据“目标—计划—过程—结果”专业管理体系以及“社区问题及其社会根源决定社会工作者介入的社会目标（做什么），社区优势资产决定社会工作者介入的行动策略（怎么做）”的原则，制定清晰的“53111”执行机制，并借助社工站“甘特图”[②] 等工具严格落实工作计划，实现工作愿景目标。同时，由于社会工作政策实践是一个动态而复杂的过程，这就要求专业行动研究的理念、理论、模式、路径、方法及策略必须保证在密切联系群众、服务群众的基础上进行政策实践。因此，“双百”要求社会工作者一定要驻守村居社区，强调社会工作者与社区民众“三同”，以此改变以往社会工作者在办公室“坐班”或满足“下乡”完成任务指标的做法。“双百”坚信，

---

① YELAJA, SHANKAR A. Social policy practice [J]. Journal of education for social work, 1975, 11 (3).

② 甘特图（gantt chart）又称为横道图、条状图（bar chart），其通过条状图来显示项目、进度和其他时间相关的系统进展、内在关系及其随着时间进展的情况，实现“一页纸”的项目进度管理。https://baike.baidu.com/item/%E7%94%98%E7%89%B9%E5%9B%BE/113232?fr=aladdin。

只有扎根社区，才能做到精准化专业识别，从而提供精细化专业服务；只有扎根社区，才能密切联系群众，充分把握社情民意，采取专业的方法组织群众，推动共建共治共享的社会治理格局在社区落地生根；只有扎根社区，才能通达政策服务“最后一米”，既推动政策的落实，也发现政策执行过程中的问题，促进政策的完善（包括建议出台新政策），真正体现中国共产党“不忘初心、牢记使命、全心全意为人民服务”根本宗旨和“以人民为中心的发展思想”理念。

另外，由于行动研究具有“做中学、学中做”“实践出真知”、实践与理论循环往复螺旋式上升等特性，因此，行动研究就成为本土化专业社会工作人才培养（成人继续教育）的有效途径。一直以来，社会工作都在“科学知识指挥实践”的思维逻辑下发展，实践智慧、实践技巧、个案经验及个案介入的特殊性等未经过科学程序验证的本土实务知识被排除在专业知识范畴之外。[①] 而行动理论鼓励从研究专业介入的日常实践工作开始，从中发掘专业知识在特定时空中呈现、将道德信念及价值判断等元素糅合成行动的原则，通过行动后的反省，发掘行动中使用了什么知识，也暗藏了一些默会知识（tacit knowledge）[②]。在“双百”“三级网络”的共学机制中，行动研究对参与式培训和协同督导的过程和效果发挥重要作用，基于行动研究的实务经验案例书写和理论反思促使百余名社会工作者凭借“做得好”“写得好”“讲得好”蜕变成为行动研究者、“双百讲师”“实务骨干”。

三、成人继续教育是政策实践和专业行动研究落地生根的人才保障

无论是政策实践，还是社会工作专业行动研究，都需要人去落实。社会工作者的个人理想情怀、专业能力和行动意志等方面的特质是否与政策实践和行动研究的要求相契合，关系到专业行动研究能否有效推进、政策实践能否落地生根。因此，在一个政策实践和社会工作行动研究具体项目的推进过程中，不能缺失对相关人员的成人继续教育，只有将成人继续教育与政策实

---

① 何国良：《久违的实践研究：创造社会工作学的路向》，载《中国社会工作研究》2017年第2期。

② 何国良：《久违的实践研究：创造社会工作学的路向》，载《中国社会工作研究》2017年第2期。

践、行动研究同步进行，才能确保本土化专业人才培养达到预期的目标。成人继续教育是政策实践和专业行动研究落地生根的人才保障。

“双百”启动后，存在两个突出问题：一是招录的社会工作者接近八成没有专业背景，大多是缺乏专业训练的“社工小白”；二是许多社会工作者没有扎根社区的心理准备，以为参加“双百”就是“坐办公室”，甚至认为是“到政府上班”。这些问题的存在严重影响到“双百”项目的有效推进，甚至与项目预期目标发生偏离。为此，“双百”秉持行动研究“做中学、学中做”“实践出真知”的理念，在政策实践、行动研究的过程中培养专业人才。

具体而言，首先，“双百”的政策实践与人才培养是双向互动的。从选点开始，省民政厅联动地市局、县市局、乡镇（街道）政府、行政村居（含自然村居）等各级政府部门和基层组织，将“双百”的“选点”“招录”“入点”“培训”“服务”“协同督导”“监察评估”等所有专业和行政工作都通过具体的实践过程，变成一系列政策法规及专业理念方法落地生根的过程，正是依靠政策实践过程，“双百”的政策体系、专业知识、项目管理等在实践过程中逐步得到完善。可以说，“双百”的成人继续教育是通过所有社会工作者（包括参与“双百”的各级政府官员）为期3年的一系列政策实践和行动研究落地生根的过程潜移默化发挥作用。例如，一线社会工作者协同各级政府选点，落在村居的过程促使社会工作者和政府官员逐步内化扎根社区的理念和社区工作方法。此外，社区为本要求专业的和非专业的社会工作者必须从零开始，扎根社区，置身困难群众日常生活，凭借行动研究的过程赢得民心，协同督导得到专业成长。职业成就感促使许多社会工作者及协同督导转变观念，将实践与理论相结合，自觉学习契合本土的专业知识，撰写实务案例，提升专业能力。

其次，“双百”行动研究的策略和方法遵循从行动到案例书写、理论反思，再回归实践的循环往复过程。“双百”要求每一个社会工作者对自己和站点的行动研究进行案例书写和理论反思，并不断归纳、总结、提炼，甚至概念化、理论化实践经验。从中产生了大批优秀案例、培育了百余名“能做、能写、能讲”的实务讲师，促使“三级网络”407个站点的社会工作者形成“传帮带”的专业学习和实践运用的优良学风。

"双百"的专业培训课程和协同督导模式主要采用系统性实地（站点）参与式培训和"师徒式"相伴同行协同督导的形式。4 年多来，"双百"逐步集体开发并完善了本土化专业社会工作课程体系，内容包括驻村居社会工作者如何与服务对象建立信任关系，如何做好社区评估行动研究，如何推动"目标—计划—过程—结果"专业管理体系建立，如何做好个案救助与社区共治专业服务等。凭借实地系统培训，解决专业实践碎片化的问题；凭借与社会工作者每次 12 个小时相伴同行，达到协同督导与社会工作者"双重能力"提升；凭借驻守村居"三同"，实现社会工作者与服务对象互为主体的状态。这种同行的督导模式已经纳入广东省民政厅印发的《广东社会工作者"双百计划"督导工作管理暂行办法》。据统计，第一批"双百"社会工作者参加 2018 年全国社会工作者职业水平考试通过人数为 312 人，通过率为 48.15%，超出全省通过率 26.6 个百分点。

四、政社关系和服务关系互为主体是专业性和社会性的前提条件

如何摆正政府与社会工作的关系，是社会工作发挥专业作用的前提条件。朱健刚等在一个政府购买服务项目的个案研究中，对将专业社会工作者吸纳到街道的权力网络所产生的外部服务行政化和内部治理官僚化等问题进行了分析，指出看似表面光鲜的社会工作，实际上在街区权力体系中逐渐式微，专业影响力难以彰显。[①] 对社会工作组织与政府的关系，方英从政府职能转变和现代社会福利服务转型需要出发，认为要从"依赖关系"走向平等基础上的"伙伴关系"[②]。在中国现有体制下，互为主体的政社关系是发挥社会工作专业优势的前提。一方面，政府的主体性体现在制度的顶层设计为社会工作发展创造专业空间和自主发展机会，在涉及社会工作发展规划、建设等方面负起主要责任。具体来说，一是制定社会工作发展的方针、政策，并负责监督执行；二是在党建、财政、人事、督导体系建设等具体制度上做好安排，

① 朱健刚、陈安娜：《嵌入中的专业社会工作与街区权力关系——对一个政府购买服务项目的个案分析》，载《社会学研究》2013 年第 1 期。

② 方英：《从英国经验看社会工作发展与 NGO 及政府的关系》，载《社会建设》2015 年第 4 期。

保障社会工作朝职业化、专业化方向发展。另一方面，社会工作的主体性体现在专业服务领域负主要责任，代表党和政府发挥政策优势提供社会工作专业服务。具体来说，一是社会工作者运用专业的理论和方法能动地提供专业性服务；二是社会工作所提供的专业服务是有成效的。①

在D街道社工站的案例中，基层政府履行其在政策资源、行政协调等方面的保障职责，给予社会工作发挥专业作用的空间；社会工作者发挥“在场”优势在专业领域精耕细作和持续改进，双方各司其职，优势互补，最终才能在兜底民生保障和基层社会治理方面取得优良的成效，受到人民群众好评。由此可以看出，互为主体的政社关系对于社工站发挥专业作用至关重要。

如何定位社会工作与服务对象的关系，是社会工作体现社会性的前提。如果将社会工作者与服务对象的关系定位为“治疗”与“被治疗”的“医患”关系，将服务与被服务的关系看作是主客二元关系，那么，实际上就是将服务对象的问题个人化，把服务对象看作是被动地接受帮扶的救助对象，这样往往造成服务对象形成“等、靠、要”的依赖心理，强化他们的无力感和依赖性②，这既与社会工作助人自助、能力建设和依靠内生力量可持续发展的理念相悖，也不利于从根本上解决服务对象的问题。因此，社会工作与服务对象之间也应该是互为主体的关系。具体来说，一是社会工作者要置身服务对象的生活世界，去理解他们的生活处境，共同寻找解决之道；二是社会工作者在与服务对象相伴同行的过程中，运用优势视角和资产建设策略，激活他们的能力，使其主体性呈现出来。社会工作者与服务对象互为主体的关系是相互成就的，在双方的协同行动的过程中，社会工作者和服务对象实现双重能力建设。社会工作的目的是要激发服务对象的主体性，而服务对象凭借主体性力量实现自我发展则是社会工作实现社会性的结果，是社会工作主体性的体现。驻守村居社区是实现社会工作与服务对象互为主体关系的前提条件，但在实践中，既要防止“等服务对象上门办事”的做法，也要防止社

① 张和清、廖其能：《乡镇（街道）专业社会工作发展中互为主体性建构研究——以广东“双百计划”为例》，载《社会工作》2020年第5期。

② 张和清：《社会工作：通向能力建设的助人自助——以广州社工参与灾后恢复重建的行动为例》，载《中山大学学报》（社会科学版）2010年第3期。

会工作服务“下乡”的做法。由于在与服务对象的互动关系中，社会工作者本身具有先赋优势，服务对象不自觉地会视之为高高在上的专家，因此，社会工作者必须注意放下专家的身段和专业的优势，以平等的姿态融入服务对象的日常生活。当社会工作者扎根村居社区，在与服务对象相伴同行的过程中充分体现互为主体的共生关系，就能保证社会工作的社会性优势，从而做出专业性。[①] 在D街道社工站的案例中，如果社会工作者没有在座谈会上遭受社区民众的当众质疑，没有反思所谓“共建互助自治绿色家园”原来是社会工作者强加给机械厂职工小区居民的蓝图，或许机械厂职工小区“环境改善计划”的受挫与失败将变得“不明不白”，也不可能有之后兜底性个案救助和社区治理的成功推行，居民的能力建设和社区可持续发展也无从谈起。

总之，中国特色本土化专业社会工作发展道路是政策实践、专业实践和教育实践“三重实践”的产物，彼此互为主体，相互促进，良性循环。

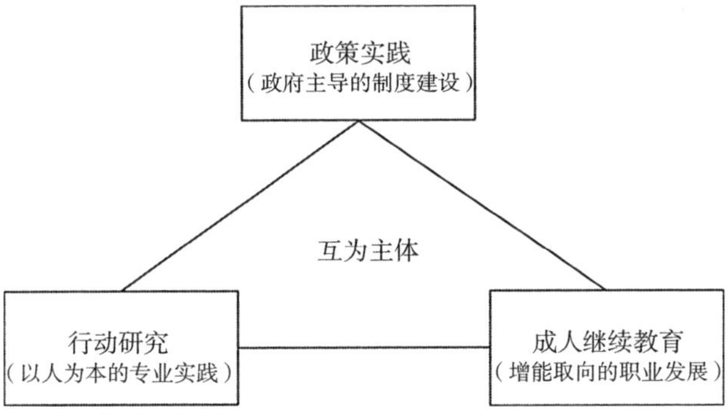

图2－1　“三重实践”相互作用机制及社会工作本土内涵

由图2–1可见，政社关系和服务关系的互为主体是保证社会工作专业性和社会性的基础，政策实践确保社会工作行动研究、专业实务模式得以发展、专业人才得到成长，行动研究是政策实践、社会工作者实务和专业人才发展的途径，专业人才是政策实践和专业行动研究实务模式持续发展的保障。政府、社会工作者、服务对象构成的实践共同体应该是互为主体的共生关系。

① 张和清、廖其能：《乡镇（街道）专业社会工作发展中互为主体性建构研究——以广东“双百计划”为例》，载《社会工作》2020年第5期。

习近平总书记2016年5月17日《在哲学社会科学工作座谈会上的讲话》指出：“只有以我国实际为研究起点，提出具有主体性、原创性的理论观点，构建具有自身特质的学科体系、学术体系、话语体系，我国哲学社会科学才能形成自己的特色和优势。”[①] 总书记讲话对于社会工作的学科体系建设具有重要指导意义。“双百”的实践充分证明，必须走出一条中国特色社会工作实践道路，这条道路应该体现中国特色社会工作的本土内涵，即在坚持党的领导的前提下，政府主导制度建设，社会工作践行以人为本的专业实践，依靠增能取向的职业发展，在互为主体的政社关系和服务关系过程中确保政策实践和专业实践落地生根、开花结果、造福社群，共创幸福生活。

思考题：

1. 探索中国特色社会工作实践模式的意义是什么？

2. 对本章案例提及的社工站发展起到关键性作用的因素有哪些？其作用分别是什么？

3. 你如何理解中国特色专业社会工作核心因素的本土内涵？

4. 中国特色本土化专业社会工作核心因素相互作用机制是怎样的？

---

① 《习近平：在哲学社会科学工作座谈会上的讲话》，http://www.xinhuanet.com//politics/2016-05/18/c_1118891128_3.htm，2016年5月18日。

第三章　中国本土化专业社会工作社会性

教学基本要求：

1. 了解中国社会工作社会性发展困境；
2. 了解社会工作社会性的本土实践内涵；
3. 理解扎根社区社会工作的社会性建设策略方法。

在党和国家提高保障和改善民生水平，加强和创新社会治理的部署中，社会工作是社会治理体系和治理能力现代化建设的重要参与力量，通过发挥社会力量参与基层社会治理的作用，体现社会工作在社会治理体系和治理能力现代化建设中的价值。然而专业社会工作仍然面临的社会性缺失的问题，制约中国特色社会工作可持续发展。本章将通过“双百”实务案例，深度剖析中国特色本土化专业社会工作社会性本土内涵和实践策略，指出社会性作为专业社会工作的本质属性，体现在重视服务对象问题的社会根源分析，以“人与环境”双重焦点确定介入目标、方法策略，重视社会性基础设施建设和社区资产建设在发挥人的社会性功能方面的作用。

第一节　中国社会工作社会性发展困境

社会工作产生伊始，工作焦点的社会性面向就是其显著特征。这一传统始于 19 世纪末 20 世纪初的西方慈善组织会社和睦邻运动，社会工作的先驱们或重视社会关系的调适，或强调社会改革的重要性。[①]

随着社会工作借用现代主流学科（尤其是医学、心理学等）知识体系，逐渐形成个案工作、团体工作和社区工作等专业方法之后，出现个人治疗和社会改革两大介入取向理论和实务模式并存的局面，支撑起社会工作的专业地位，并使社会工作在20世纪中叶的现代专业之林拥有一席之地[②]。自此，个人治疗和社会改革成为社会工作两大介入取向，并始终作为社会工作发展的焦点议题和传统延续。然而，随着社会工作专业化发展日益追求微观个体治疗取向，甚至以私人执业的方式服务于中产阶级的时候，社会工作开始远离边缘困难群众，放弃了帮助穷人的使命，在社区和政策层面致力回应剥削、歧视和压迫的努力越来越少，因而被一些学者指责为“不忠的天使”[③]。有学者认为，虽然社会工作承诺社会公正（social justice），但在实践中，社会公正仅被当作定义社会工作的修辞或关键术语[④]。甘（Kam）指出：“如果这个职业还想保留‘社会工作’这一名称，那么就必须强调恢复它的社会性质。如果没有社会维度，职业很容易忘记社会公正理想。”[⑤] 对此，近年来国际社会工作不少学者不断发出回归社会工作社会性的呼声，呼吁重拾关注困难群众权利和社会公正的传统[⑥]。

社会工作重返“社会”不仅是一个全球性议题，在中国，也成为本土性的焦虑[⑦]。张和清认为，目前引入中国的主流社会工作专业知识和方法技术是功能主义取向的，它强调问题个体化，缺乏运用社会学想象力对个体问题的

---

① 刘振、徐永祥：《专业性与社会性的互构：里士满社会工作的历史命题及其当代意义》，载《学海》2019年第4期。

② GREENWOOD E. Attributes of a profession [J]. Social work, 1957, 2 (3).

③ SPECHT H, COURTNEY M E. Unfaithful Angels: How Social work Has Abandoned Its Mission [M]. New York: The Free Press, 1994.

④ OLSON J J. Social work's professional and social justice projects: discourses in conflict [J]. Journal of progressive human services, 2007, 18 (1).

⑤ KAM P K. Back to the "social" of social work: reviving the social work profession's contribution to the promotion of social justice [J]. International social work, 2014, 57 (6).

⑥ IASSW、IFSW：《社会工作专业的全球性定义》，https://www.iassw-aiets.org/wp-content/uploads/2015/11/SW-Defination-In-Chinese1.pdf。

⑦ 刘振、徐永祥：《专业性与社会性的互构：里士满社会工作的历史命题及其当代意义》，载《学海》2019年第4期。

社会根源进行分析，难以推动中国社会转型和改变社区贫困及不可持续发展的状况。[①] 郑广怀、向羽则针对政府强力推动“嵌入式发展”的专业模式，指出社会工作追求专业性不能以放弃社会性为代价，不能扭曲对社会公正使命的追求，并建议参照中国台湾地区社会工作发展经验，采取“自上而下”与“自下而上”相结合的方式推动社会性回归。[②] 陈立周认为，转型时期的社会工作树立“保护社会”的思维，以社区为平台积极推动社会建设，是一种具有现实意义和实践空间的发展路径。[③]

总体而言，国内外社会工作界关于社会性回归的讨论主要集中在重拾对社会公正的承诺、回应社会变迁的社会问题和提供社会保护等方面，也认同回归社会工作的社会性关乎社会工作的本质属性和专业合法性问题。尽管学界和实务界对社会工作社会性回归的重要性以及社会性与专业性的关系有一定的讨论，但大多停留在学理或概念层面，至于在中国政策及专业实践背景下探讨社会工作回归社会性的具体内涵及其实践策略等问题则很少涉及。

“双百”自2017年启动以来，一直推崇重拾欧美慈善组织会社和睦邻运动坚持社会工作社会性的传统，采用“入户”与“驻村”的方式密切联系服务对象[④]，以个案救助与社区共治协同发展“双重焦点”开展实务。本章基于“双百”C市J镇社工站为协助服务对象回归社会的社会性实践案例，探讨在中国政策实践和专业实践过程中社会工作社会性的内涵，认识社会工作社会性实践的方法、策略。之所以选择J镇社工站为案例，是因为其是“双百”省级核心示范点，驻村社会工作者介入服务对象小东及其家庭、社区的过程中展现了社会工作的社会性价值（2020年9月央视《新闻调查》深度报道了这个案例）。本章案例资料来源于J镇社工站的个案原始记录；协同督导者对社会工作者、服务对象等有关方进行的深度访谈；协同督导者在协同督导整

---

① 张和清：《社会转型与社区为本的社会工作》，载《思想战线》2011年第4期。

② 郑广怀、向羽：《社会工作回归“社会”的可能性——台湾地区社会工作发展脉络及启示》，载《社会工作》2016年第5期。

③ 陈立周：《“找回社会”：中国社会工作转型的关键议题》，载《思想战线》2017年第1期。

④ 张和清：《“双百社工”是“驻村”不是“下乡”》，http://www.shuangbai-plan.org/research/13389/，2017年6月17日。

个个案开展中的参与式观察等。

第二节　社会工作社会性视角下的个案救助

本节以“双百”C市J镇社工站为例，完整阐述社会工作社会性视角下的个案救助过程。在摸清本案例社区概况和个案情况的基础上，深入剖析案例的问题及其社会原因，深度描述“双百”社会工作者协助服务对象重拾社会性的介入过程，进而理解个体问题与社会环境有着怎样的关联，认识社会工作者如何从社会性目标和策略角度介入，实现服务对象社会性功能重建的。

一、案例背景

（一）社区概况

J镇位于粤东地区的C市，是C市和S市之间的交通枢纽。J镇Y村有512户，总人口2422人，包括谢厝、余厝、赖厝和吴杨联4个自然村，从北到南连成一线，村落交通方便，村道与镇道相连，皆铺设混凝土路面，村民日常通过骑电动车的交通方式至附近村庄集市中心购买日常生活用品、农业生产资料，或乘车到市区购买生活所需。当地居民属潮汕民系，本地通用方言为潮汕方言潮州话。村民收入主要以耕作养殖、生意经营以及务工为主，其中务工人数占87.3%，务工地点主要包括在附近城镇、珠江三角洲或福建等周边城市地区。J镇和Y村具有丰富的正式和非正式组织，包括村委会、妇女联席会、C区志愿者联合会J镇分会以及每个自然村所设的老人组等。潮汕地区有着浓厚的尊老敬老传统，宗族里的老人的威望一直未曾动摇。基于一直以来尊老敬老的传统，社区成立了较多老人组、老人社等老年人相关的社区社会组织。老人组除提供老人的休闲、娱乐场所外，还帮助村里调解民事纠纷，倡导和协助修桥、筑路、造公厕、造林绿化、保护文物等公益事业。

2017年7月“双百”第一批社工站启动后，Y村被选为J镇社工站驻地。[①] J镇社工站配有6名社会工作者，其中有1人持有社会工作师证，4人持有助理社会工作师证，团队成员皆为潮汕本地人。

（二）服务对象概况

小东（化名）生长在一个低保单亲家庭。2018年12月，J镇社工站社会工作者在为民政对象送“爱心餐”时发现了这个本该读初一却已经辍学3个月的男孩，于是开始对小东及其家庭的了解和关爱。小东，男，15岁，看上去有点驼背，成绩全班倒数，没有玩伴，因此不想上学。据了解，尽管小东完成了小学义务教育，但基本不识字，五六年级的时候开始经常既不上学又不请假，由于小东家没有电话，老师只能托其他同学转告让他回校读书[②]。小东父亲52岁，性格老实，身体羸弱，是一家的依靠，以前靠打工（建筑施工）和低保救助金维持一家生活，自从患重病（胃穿孔）之后，由于身体比较差，不能外出打工，只能在家做点手工勉强支撑，家里的生活变得更为艰难。母亲是外乡人，在女儿出生不久后便离家出走，至今下落不明。家中还有76岁的奶奶，左脚变形行走不便，患有眼疾，视力较差，长期卧病在床，还有高血糖，每个月需要200多元的药费开支（部分药可以报销）。另外，小东还有一个13岁的妹妹，正在读小学六年级。

小东辍学后，除了偶尔帮爸爸在家做点手工活外，其他时间基本都在家发呆、睡觉、看电视，几乎不外出。妹妹虽然没像小东那样辍学，但在学校过得并不快乐，因为个人卫生习惯不好而常常遭受同学们的排斥，很少与大家交流，习惯独来独往。因为家庭贫困，兄妹俩在村中被人看不起。小东极少与人交流，实在绕不开别人的问话时，回答也声若蚊蝇、含糊不清，“笑”是他最常用的回应方式。亲戚、老师、同学对小东的评价是自卑内向，不爱说话，不与外界交流，性格孤僻，没有朋友。“智商低”“智障”是小东在生活中常被标注的形象。针对小东的辍学，学校、村干部多次上门劝说，但都

① 2018年广东社工“双百计划”J镇社工站社区评估的行动研究报告。

② 2019年1月11日社会工作者对小东所读小学的校长和老师所作的访谈。

无功而返，父亲对此也无力管教，默认了他的辍学。

自评估小东及其家庭的社会问题后，社会工作者便把帮助小东复学、回归正常健康的社会生活作为社工站的重点工作内容。为了使长期封闭的小东回归正常健康的生活状态，社会工作者以社会工作社会性视角为指导，系统分析小东一家及其社区面临的社会文化问题，通过长期生活化陪伴和社会资源链接等专业方法重塑其社会支持网络，共建包容性社区，逐步实现社会工作助人自助、增能赋权的社会价值。

二、社会排斥、边缘化与非正常化对待

J镇社工站的社会工作者们利用民间捐赠，每月一次为民政服务对象赠送“爱心餐”。2018年12月在赠送“爱心餐”的时候，社会工作者们第一次见到辍学在家的小东。围绕小东的辍学问题，社会工作者多次入户走访，并在村干部、邻居及其亲属中展开调研，发现小东及其家庭的困境与社区社会排斥、边缘化和非正常化对待有很大关系。

（一）社会排斥与边缘化

小东一家居住在该村的老厝区，老村生活设施不足、生活环境较差，居住的地方由于住户较少，而且水沟较浅，垃圾较多，无人愿意清理，导致水沟堵塞，排水困难，影响正常生活。夜晚巷道没路灯，下水道常年堵塞，严重影响人员往来，成为被遗忘的角落。而小东一家居住的房屋也比较暗，家具简陋、老旧，没有衣柜，衣物随意堆放，家中物品摆设凌乱，地板较脏，养猫的碗随意摆放，地上散落着一些鱼骨。没有卫生间，大小便都使用痰盂，然后倒到鱼塘里，淋浴则是在门口右侧拉起的两块沥青布里解决。由于小东家没有电话等通信设备，他们很少与外界交往联系，也使社区居民、老师同学乃至亲朋好友等几乎没有机会接触他们，久而久之社区便对小东一家产生误会和偏见，他们遭受许多负面标签，受到社会的排斥。

小东则被大多数人认为是“智力障碍者”。据了解，从小到大，除了学校和家庭，小东几乎没有社会交往，周围人逐渐对他产生偏见乃至排斥，社区的朋辈、学校的老师，甚至小东自己都认为自己智商有问题，是个“智力障

碍者”。例如有一次社会工作者邀请兄妹二人跟其他青少年志愿者一起参加送春联活动。在送春联的过程中，由于送错了一份，导致少了一份。于是社会工作者便让小东回村委会帮忙拿春联。等了好一会儿，小东还没有回来，因此就有青少年志愿者说“小东是智力障碍者，会不会拿呢?!”等话[①]。整个社区只有一个伙伴愿意跟小东玩耍，仅是因为这个伙伴跟小东一样有个“外乡人”的母亲。而小东父亲主要被标签为“老实人”“比较贪心”。比如，有一次他主动跟小东中学班主任提出要交书本费，并问老师“书本费要多少钱”，还不知道义务教育阶段是免书本费的，由此，老师认为他是个“老实人”[②]；而邻居说小东父亲把一杆已经卖给自己的旧秤又要了回去，因为他觉得卖 40 元不合算。邻居认为他比较贪心。多数村民认为这个家的人都是“智障”：爸爸老实、无用，哥哥智障，妹妹好吃。村民大多把小东家庭困难的原因归咎于小东家庭成员自身，认为不值得帮助。正如最关心小东的堂姐所说：“如果说你自身条件比别人差的话，别人是根本就连看都不会看你的。”

社会排斥和边缘化是指一定的社会成员或社会群体在一定程度上被排斥在主流社会关系网络之外，处于边缘位置，不能获取正当的经济、政治、公共服务等社会资源的过程或状态[③]。“居住旧村”“贫困家庭”“外乡人”等负面标签强化了社区里的人对小东一家的排斥，造成他非常自卑。即使在学校，小东也是独来独往，无法融入群体学习生活。另外，小东生活在单亲家庭，从小缺乏母爱，而父亲和奶奶由于健康状况、自身能力和观念的局限，无法给予小东正确管教和监护，导致小东无法通过家庭教养习得对社会、世界和现实生活的认知，他对外部世界缺乏亲密感和安全感。在与家庭成员的互动中，小东也是被排斥的“弱者”，家里的大小事情爸爸一般都交给妹妹处理，虽然是哥哥，但小东却经常被“强势”的妹妹“欺负”，妹妹常常在与哥哥的较量中显示自己的见多识广。在社会工作者组织的送春联活动中，妹妹怀疑小东不敢送春联给村民，而试图“帮”他送。因此，小东在家庭中基本处

① 2019 年 1 月 24 日个案跟进记录。

② 2019 年 2 月 2 日社会工作者对小东所在中学副校长、班主任的访谈记录。

③ 熊光清：《新生代农民工社会排斥问题分析——基于五省市的实地调查》，载《学习与探索》2014 年第 6 期。

于“失语”的状态。

> 我感觉我爸不喜欢我，他每次生气，会冲我来，也会砸东西，他不会向妹妹发脾气。而我妹妹一旦做错事，也都会说是我的错。我有时在学校被欺负，跟爸爸说，说了也没用，他不会去帮我解决。（2020 年 11 月 6 日协同督导者对小东的访谈）

自我排斥是在社会排斥中不断被建构和生成的社会映射，是一种被外部排斥所同化的自我矮化和自我疏离①。在经历了社区环境及家庭内部的双重排斥后，小东对外部世界缺乏自我存在感、安全感和价值感，小东的自我效能感较低，在与他人交流过程中声音弱小、表达含糊，不敢正视他人的眼神。在长期的排斥与自我排斥过程中，小东逐渐脱离社会，他还不敢融入校园，为了自我保护，他经常表现出对社会的自我疏离，自我退缩到远离社区的自我封闭的空间里。

> 我说话声音小，是因为胆量小，也没人跟我说话，社区的人都说我比较傻，我奶奶和爸爸说我小时候头被撞了，头脑可能有点问题。我躲在家里，不敢去学校，是因为同学跟我说话时，他们也会说我傻，我也怕考试考不好。（2020 年 12 月 2 日协同督导者对小东的访谈）

经过深入调查，社会工作者发现小东实际上遭受了社区、学校、家庭和自我的四重排斥，这造成小东逐渐从正常的社会生活中被边缘化，龟缩在与世隔绝的自我保护空间，使其作为一个正常人的社会性功能缺失，并遭受到非正常化和边缘化的社会对待。

（二）非正常化对待

多重社会排斥除了使小东逐渐被边缘化之外，也使他遭受到非正常化对待。例如在多次走访的过程中，小东的爸爸和奶奶当着小东的面一直强调

---

① 于森、陶兆铭：《被排斥与自我排斥的身份认同——一项深圳市残疾青年的经验研究》，载《青年研究》2017 年第 4 期。

“小东的脑子不好用，学不会，脑子比别人差，所以成绩不好”。在与小东一家“三同”种地的过程中，社会工作者发现父亲跟小东谈话多带批评语气：“不要锄这个地方的草……别老是一会儿锄这个地方一会儿锄那个地方……我以前叫你做什么事你就没有去做”等。这对小东做事的积极性造成较大的挫伤，也更加强化了小东负面的自我认同。

而在学校里面，为了防止小东受到周围同学的欺负或伤害，老师警示其他同学不要随意“碰”小东，尽量避免与他接触和交流，小东成了老师的“重点保护”对象。

> 字不会写、话讲不好、成绩最差，教他的老师都觉得很无奈。他在班里不会捣乱，同学们不会欺负他，就是智商有点问题，同学们就是不喜欢跟他一起玩。平时与同学交流很少，基本都是一个人。总之，在同学眼中，小东是个“特殊的人”。（2019 年 1 月 11 日社会工作者对学校负责人的访谈）

另外，在重视应试教育的教育体制中，考试成绩往往是评估学生的重要标准，小东带着“智障”的负面标签，难以适应学校的应试教育和管理要求。这样，“智障读不了书”“个人不适应学校的教育”就成为合理化辍学的原因。因为慑于《中华人民共和国义务教育法》关于所有适龄儿童、少年必须接受义务教育的法律规定，又无奈小东的自行辍学，学校只能与小东父亲协商，在达成“共识”的基础上订立“免责协议”。而“共识”就是小东由于自身和家庭的原因无法适应学校环境，自愿放弃上学，也使小东辍学有合理的理由使各方免责。由此可见，学校、社区、家庭共同形塑了小东辍学的现实，造成其社会排斥和自我排斥的现状。

三、重拾社会性的社会工作介入过程

“双百”社会工作者坚持社会性视角介入小东的个案，但介入过程并不顺利。社会工作者在持续跟进个案的过程中不断进行总结与反思，并因应服务关系的状态和个案救助进展适时调整介入目标和策略，逐步取得服务对象小东的信任，在理解其问题的症结及根源的基础上挖掘和运用个人、家庭、社区的优势资产，协助小东重拾社会性功能。

（一）一厢情愿的“社会化”尝试

刚接触小东时，J站社会工作者简单地认为，只要跟小东及其家人好好地“说道理”就可以说服小东改变想法，解决小东的问题。因此，社会工作者将协助小东复学作为介入目标，主要采取劝导的方式，但效果并不理想。2018年12月，为争取小东下学期能够复学，社会工作者走访了小东家庭，发现小东家里没有卫生间，大小便常年用痰盂，洗澡的地方是几块破烂的沥青布搭成的小棚子，家里满地垃圾。社会工作者们商量后认为，卫生间是家庭必要的生活条件，如果帮助小东家建一个卫生间，从改善居家环境入手，就能与小东一家建立信任关系，有利于协助小东顺利复学。

于是，社会工作者链接基层政府、村委会和志愿服务等资源为小东家筹建卫生间。为了节约成本，社会工作者亲自上阵，既是“设计师”也是“泥瓦匠”，还动员小东爸爸一起施工。一个多月，功能相对完善的卫生间终于建成了。当时正值春节期间，为了给小东一家增加一些生活的仪式感，社会工作者还一起帮助小东家搞了个卫生大扫除，链接社区布艺商铺资源帮助家庭安装吊顶布等，期望他们一家有在新家过年的感觉。但卫生间的建成和居家环境的改造，并没有出现社会工作者们预想的使小东一家过上正常生活的结果。相反，社会工作者在春节后探访时发现小东一家根本没有使用卫生间，还是延续一直以来已经熟悉了的生活方式。究其原因，他们认为卫生间太干净了，要把它保护起来，免得弄脏。而家里的卫生状况也恢复到原来的样子。而且小东家人对于社会工作者修建的卫生间好像并不领情，甚至连“谢谢”都没有说过一句。更令社会工作者失望的是，答应春节后复学的小东突然反悔了。社会工作者个案介入的热情和积极性受到了沉重的打击。

这样的结果促使社会工作者反思：“卫生间”的需求到底是谁的需求？小东家深层的社会需求到底是什么？为什么小东一家不领情？在站点督导的带领下，社会工作者作了深刻反思，警觉到“卫生间”的需求其实只是社会工作者将自己理解的正常生活标准和需求投射到小东一家，并没有意识到小东失学及其家庭生活困难背后存在社会排斥、被边缘化和非正常化对待等深层次社会问题。而社会工作者“自以为是”单方面为小东一家提供物质救助，或者以社会工作者自己想象的社会生活标准推动小东恢复所谓正常的社会性功能，根本不可能真正解决小东及其家庭所面临的核心问题。因此，社会工作者要从社会性的角度理解服务对象所面临的问题表象背后深层次的社会根源，才能激活其优势资产，与服务对象共同面对社会生活的挑战。

（二）生活化陪伴与社会性支持

反思失败的教训后，社会工作者决定重新评估小东及其家庭的问题和需求，采用生活化陪伴的方式深入小东的日常生活，体会其家庭现实问题的社会处境，全面评估他们的优势资产。社会工作者制定了隔日一次走访的频率，有时每日接触小东2～3次，每次走访均做好详细记录，以便对个案的过程、进展、成效等及时进行观察、反思，以及作为与协同督导沟通个案的媒介。在具体的生活场景中，社会工作者与小东建立起信任关系，协助小东解决诸多生活难题。例如，陪伴小东选购过年新衣、办理电子学生证等。有一次小东说自己有点腰痛，开始坐在门槛上，后来坐在沙滩椅上。由于房内没有合适的、可以坐的东西，社会工作者就蹲下与他交谈，告诉他劳累过度或者睡觉太多都可能引起腰痛，提醒他要多活动，锻炼身体。① 后来小东就逐渐形成早睡早起的生活习惯。通过生活化的陪伴服务，社会工作者对服务对象生活处境感同身受，形成“同理”与“同在”的专业关系。

> 有一天夜晚，我（社会工作者）和小东一家一同观看电视剧《好先生》，小东的妹妹开心地说，他们昨晚一家子被里边的剧情弄得开怀大笑，随后一家子都很自然地露出笑脸，那个场面很温暖，让我很难忘。这是我第一次近距离、长时间地与他们接触和交流，我觉得应该以平常心、平等的心态、朋友的身份与他们接触，交流的话题应该轻松、自然、贴近生活。我感受到他们的生活也有属于自己的快乐，他们从影剧中得到了共鸣，那一刻他们没有烦恼，只有喜悦，那是一种家人团聚的欢乐，

① 2019年3月6日社会工作者家访记录。

也是简单生活的美。(2019 年 3 月 20 日社会工作者走访记录)

另外，通过“三同”走进小东一家的日常生活世界，社会工作者更能与小东打开“话匣子”，加深对小东问题需求的理解。

他要剥花生，社会工作者便留下来帮助他，又让他找了两张小凳子让社会工作者坐，边剥边聊了起来。社会工作者闻到一股不好的味道，问他是不是衣服没有洗？小东说是沟渠的味道。社会工作者又问他的头有没有用洗发水洗？他表示很久没有了。当我们讨论如果要从做工与种田中选一个要选哪个时，他犹豫了一会儿后表示还是想做工。社会工作者表示如果他愿意的话可以帮他找找附近有没有合适的手工让他做，他低头笑笑点头表示愿意。……剥的花生有一些不同颜色的（深紫色），服务对象说要挑出来另外种，品种不同。(2019 年 3 月 28 日社会工作者走访记录)

通过这次走访，社会工作者观察到，小东已经开始愿意主动做家务，且有一定的动手能力和思考能力，这是一个较好的开始。但在家居整洁方面，小东还是没有形成一个良好的习惯，对复学依然缺乏动力。

另外，在日常生活化的陪伴过程中，社会工作者也深入发掘和激发小东及其家庭、社区被忽略的优势、能力和资产。例如，社会工作者经过一段时间的接触，发现小东虽然认字少，只会写自己的名字，但随着信任关系的建立，他能够与社会工作者进行正常的沟通和交流。而且他还会做手工，动手能力强，做事认真细心，有责任心，基本的收拾和打扫卫生都可以做到。还发现小东父亲是一个勤劳的人，很疼爱孩子。社会工作者每次去家访，小东父亲都在干活，尽管干得比较慢；自从社会工作者帮忙改造卫生间后，小东父亲开始对家里的厨房改造有了想法；对小东复学的事，小东父亲是支持的，他认为小东现在年龄还小，锄头还拿不好，不能耕田，应该去上学；虽然小东缺乏母爱，但父亲和奶奶负责对其生活起居进行照顾，家庭功能基本正常。大伯与小叔都住在村里，当小东一家有事时，都会提供力所能及的帮助，如小东大伯接到学校打来的电话，都会代为转告相关信息；小叔家庭经济较为宽裕，会分担奶奶生病的药费并对小东一家提供适当的经济支持。村口小卖部的阿姨见到小东也会关心他的生活情况；邻居大姐都愿意提供机会让他动手锻炼，并让自己的孩子跟小东做朋友。小东的堂姐（小东大伯的女儿）是小东兄妹小时候的玩伴、最信任的人，她认为小东并不是智力障碍，只是理解能力比一般人弱一些而已，并基于自己过去与小东两兄妹接触的经验，建议社会工作者采用多陪伴、平等对待的方式与小东兄妹接触交流。

在发现小东的优势和能力后，社会工作者充分运用优势视角来促进小东的成长和进步。在一次家庭探访中，社会工作者发现小东能看懂所捐赠柜子的安装说明书，还自己动手完成了安装。基于小东动手能力比较强的优势，社会工作者邀请他到社工站组装书架，与其他孩子一起完成剪纸作品等。社会工作者会敏锐地观察小东的每一个小进步，并及时给予肯定和欣赏，从而慢慢增强小东与人交往的信心。通过挖掘小东的动手能力，利用这一优势强化其社会交往功能，不仅增强他的自信心，而且促进小东与其他朋辈群体的社会互动能力。当小东的社会性功能恢复方面有所进步，他开始信任社会工作者，主动跟社会工作者打招呼，愿意积极参与各类社区活动（打乒乓球等），逐渐融入社区公共生活。随着小东及其家庭的日常社会生活的改变，他们不再是孤独的个体，而是社会性的主体。

（三）打造公共空间共创社会生活

在与小东建立信任关系后，社工站成为他在社区的“第一落脚点”。社会工作者充分利用小东主动到社工站聊天参加活动的契机，对他进行社会常识教育，增强他的社会认知能力和社会生活兴趣。

> 小东最近每天都会来社工站一次，他觉得我们是他的好朋友，社工站也成了小东经常光顾的属于他的社区空间，虽然那是我们驻点的办公场所，还不是服务场地。我们社会工作者会通过电脑教会他认识他所在社区的各个自然村的相关照片，问是否有熟悉的人和景，他显得很有兴趣，我们又赠送一个吊饰给他，里面有毛主席画像，社会工作者询问是否认得是谁，他想一想，用普通话说是毛主席。（2019 年 3 月 20 日社会工作者工作记录）。

除了社工站之外，社会工作者利用社区内废弃多年的旧房子为孩子打造的儿童活动室也成为小东经常光顾的地方。在活动室里，除了可以阅读图书，社会工作者还举办诸如环保手工、人际交往、文化传承等小组和社区活动。社会工作者每次举办活动都会邀请小东兄妹参加。丰富多彩的儿童活动为小东兄妹创造了与其他儿童和平相处的机会，进一步增强他们社会交往的能力，帮助他们逐渐融入社区青少年大群体。

2019 年暑期，社会工作者结合潮州本土文化，通过链接教育资源，在村小学连续开展潮汕文化主题活动。小东和妹妹等民政对象也受邀参加活动。在文化课堂中，授课老师多次鼓励小东兄妹克服困难，参与课题实践活动。当他们与其他小朋友同台表演的节目得到在场师生的热烈欢迎时，小东露出自信的笑容。社会工作者发现小东虽然上课不太听讲，但他还是会充满好奇地翻书，社会工作者提醒他读书的时候要读出声来。小东很担心被老师叫到，在社会工作者和老师的鼓励下，小东终于站起来朗读，老师又请小组的同学一句一句地带他读，最终把整首诗完整地跟读了一遍。

社会工作者说：“真的比平时任何时候都读得好，说得清晰，让我很意外。谢谢老师提供了这种机会给这样的弱势孩子，鼓励他战胜自己，表现自己，被老师和同学所认可，在课堂被感知，被认知，提升个人的自我存在感，这都是来自社区或他人的承认的体现。”（2019 年 8 月 10 日社会工作者工作记录）

正是“互动”“温暖”“鼓励”的课堂氛围，使小东对学校、教学、学习有了新的认知和理解。他第一次感受到被他人承认和关爱的滋味。

另外，社会工作者还借助社区活动和志愿服务的契机，多次在青少年中开展互帮互助、自尊自强的社区关爱教育。倡导青少年关心和帮助困难群众，尽量推动其他青少年与小东交往和互动。更重要的是，社会工作者也利用各种机会向社区成员说明情况，澄清大家对小东的误会与偏见。

有一天遇到村里的阿姐，她说感谢社会工作者这么好，总是来关心他们家（小东家），但他们家总是怪怪的。我们连忙澄清，小孩平时与外界的人接触少，胆子有些小，但智力是没有问题的，小孩家庭情况比较特殊，从小妈妈不在身边，更需要大家的关心。(2019 年 7 月 21 日社会工作者工作记录)

社区公共空间为小东及其家庭提供了社会联结的机会和场所，小东通过公共参与，获得朋辈群体的了解、接纳和支持，从而提升了自我存在感。社会关系可以强化身份的认同感，确信和意识到自己是一个有价值的人，是一个共享相似的利益和资源的社会群体的成员，不仅为个体提供了情感支持，还为个体对某些资源的适用提供公共承认[①]。

（四）恢复教育性社会功能

经历了半年多的相伴同行和专业介入，小东逐步重拾自信，一方面恢复对周围人的信任；另一方面也得到了周围人的接纳，逐步融入社区社会文化生活中。然而对于复学，小东还没有明确地表态。令社会工作者感到惊喜的是，距离开学还有一周的时间，小东突然告诉社会工作者自己要复学了。

晚上，小东来到跳广场舞的地方，告诉社会工作者，自己想去读书了：前晚洗澡，洗着洗着突然觉得想读初二初三。还说一定要让他妹妹学自行车，不然以后上学，他不可能一直载她去的，因为载她就会骑得很慢，过马路也得仔细观察比较久，这样可能会导致上课迟到，他可不想上学迟到。社会工作者告诉他回去想清楚，确定是想读了，就得坚持两年读完；想清楚后周二的时候也可以到社工站找我们。他好像想得很仔细了，说可能需要我们帮忙联系老师，连书包要去洗干净、买本子这些事都想好了。……从他说的话也觉得他想的事情也挺周全，会打算，很有自己的想法，而且比较坚定，有做哥哥的感觉。他的一些观察能力、学习能力、接受能力还是不错的，而且表达能力明显增强了不少，也敢于表达了，即使旁边有人在跳广场舞，他说不清楚话的次数没有超过 5 次，基本上每一句都会大声说出来，而且表达得也挺清楚。(2019 年 8 月

① 林南：《社会资本：关于社会结构与行动的理论》（张磊译），上海人民出版社，2005 年版。

22 日社会工作者工作记录）

关于小东的改变，社会工作者感触颇深，也很欣慰。

“我们也在不知不觉中跟进了 8 个月，虽然知道孩子有进步，但听到他读书的想法后我们都很激动。感触还是很深的，还好我们没有放弃。有些事情是潜移默化的，我们社会工作者抱着接纳与尊重的态度去与服务对象接触，并提供机会让他们融入社区，提供社会心理支持，相信服务对象是有改变的意愿与对美好生活的向往的，并且是能够朝着好的方面发展的。”（2019 年 8 月 22 日社会工作者工作记录）

由此可见，经历了潮汕文化课中完整的诗朗诵并得到老师和同学们的肯定后，小东对于集体学习生活恢复了信心，这成为推动小东复学的关键性事件，但更为重要的是，社会工作者一直坚持相信服务对象，没有放弃。

入学只是恢复小东教育性社会功能的第一步，为了防止小东因不适应校园学习生活环境而再次辍学，在小东上学后，社会工作者及时跟进他入学的情况，一方面鼓励小东坚持读书和多交朋友；另一方面也特地拜访小东的班主任，与其沟通小东的学习情况，以便日后更好地合作支持小东的学业。通过自身努力和大家的协助，小东很快适应了校园生活，也有了不少朋友课间一起打篮球、踢足球等。有一些女生也愿意和他玩，会跟他借东西。小东的社会交往和学习能力等社会性功能逐渐得以恢复。

他在赖厝休息室时，跳广场舞的妇女有时问他一些问题，他回答的声音很大，（表达）清晰，不像之前那样羞涩、腼腆，不太惧怕与别人的对视和接触，看出自信大方了不少，有明显进步。他来跳广场舞的地方，主要目的也是想打乒乓球，不只是单纯地来看看。社会工作者除了自己和他打球，也会让他和其他孩子一同打球，这也增加了他与社区其他孩子的接触机会。（2019 年 9 月 11 日社会工作者工作记录）

经过社会工作者持续的介入，小东发生的变化有目共睹。小东叔叔指出：“现在觉得他（小东）的脑子也转得比较快，比较灵光。”而小东婶婶也表示

“（小东）好像现在就比较会说话了，别人问也会说，还有一些事开始懂了，出门也有了朋友。”而小东也感觉到自己在自我意识和主体意识方面的较大转变。

> 有一次他跟我说，他觉得自己有“两条命”：一条是“不好的命”，在一次差点儿发生交通事故的过程中死去了。现在剩下的是“好的命”。小东生命意识的觉醒和对未来社会生活的向往，具备了自主的社会属性和社会主体意识。（2020 年 10 月 9 日社会工作者工作记录）

第三节　社会工作社会性的本土内涵

19 世纪末的欧美慈善组织会社和睦邻运动分别从社会关系和社会改良两个角度开创了社会工作社会性介入取向的传统。美国慈善组织会社的代表人物玛丽·埃伦·里士满（Mary E. Richmond）把人格的发展作为社会个案工作的中心思想，这里的人格既包括一个人的天赋和个体，还包括通过教育、经验、人际交往等社会化过程所习得的一切。她指出社会传统以及每天生活的环境成为人们的一部分，一个人的人格既受亲友系统的影响，也与其所生活的社区和机构密切相关。因此，她认为：“个案社会工作包括了发展人格的过程，这个过程是指在个人性格受影响后，有意识地调整人与人、人与社会环境之间的关系。”[①] 因此，在里士满看来，社会工作的介入对象定位为服务对象的社会关系。而美国睦邻运动代表人物简·亚当斯（Jane Addams）则认为，助人职业的核心是社会改良，倡导在环境中解释和应对社会问题，指出要想改善个人和家庭的生活状况，就必须改变他们所处的社会环境和生活条件，比如改善居住区的基础设施建设，改善劳动生产的政策条件等。[②] 由此可见，被视为社会工作两大源头的慈善组织会社和睦邻运动都强调社会工作应关注问题的社会原因以及介入的社会性目标。

---

① 玛丽·埃伦·里士满：《个案社会工作导论》（刘丹主译），上海·华东理工大学出版社，2018 年版，第 83 页。

② 张威：《简·亚当斯的古典社会工作理论》，载《社会工作》2019 年第 5 期。

社会工作学界围绕社会性内涵展开过持续的讨论，目前主要有三种代表性观点：一是认为社会工作的社会性指社会工作要重拾社会公正的传统。其中比较有代表性的甘基于社会公正的价值指引，提出社会工作社会性内涵的“6S”框架，包括：社会关怀及意识（social concern and consciousness）；社会的困难群众为主要服务对象（socially disadvantaged groups as the priority）；社会环境的影响（social context）；社会建构个人问题（social construction）；社会改变（social change）；社会平等（social equality）。[①] 二是社会工作的社会性是一种社会保护机制。陈立周认为，社会工作实质是一种由民间力量自主发动的社会保护运动，目的是抵抗市场对社会的侵蚀，因此社会工作的社会性体现在社会工作承担着保护社会的任务。[②] 三是认为社会工作的社会性意指对社会关系的强调。陈锋、陈涛认为：社会性就是人和人交往和联系的属性品质，只要投入人与人的相互交往和联系中，就会产生“社会的”现象；若社会工作使这种人与人的相互交往和联系增强，就强化了人们的社会性，也体现了社会工作自身的社会性价值；社会工作的社会性，小到两个人之间，中到不同规模的群体乃至组织之间，大到整个社会的制度或结构。[③] 而何国良则认为，关系是社会工作理论与实践的本质，倡导一种关系为本的非正式的社会工作方法，践行社会工作关怀的介入目标。[④]

虽然学界对社会工作的社会性尚未有明确统一的概念，但研究者多角度的界定，丰富了社会性的内涵，也拓展了社会工作践行社会性的可能。然而，即便是依据社会公正、社会保护和社会关系等角度所作的界定，在实践层面仍然存在如何操作才能实现专业的社会性价值的问题，尤其是在我国新时代政策实践背景下，亟须探寻社会工作社会性功能的内涵及其实施策略等问题的答案。

社区作为村（居）民的日常生活世界正好处于微观个人/家庭与宏观环境

---

① KAM P K. Back to the “social” of social work: reviving the social work profession’s contribution to the promotion of social justice [J]. International social work, 2014, 57 (6).

② 陈立周：《“找回社会”：中国社会工作转型的关键议题》，载《思想战线》2017 年第 1 期。

③ 陈锋、陈涛：《社会工作的“社会性”探讨》，载《社会工作》2017 年第 3 期。

④ 何国良：《“关系”：社会工作理论与实践的本质》，载《社会建设》2021 年第 1 期。

的接触面（interface），一方面社区政经结构、社会文化和生态环境深刻影响个人/家庭的思维模式和行为规范；另一方面个人/家庭的能动性又反作用于社区政经结构、社会文化乃至生态环境，因此，社区日常生活是分析和践行社会工作社会性实践最恰当的场域和落脚点[①]。关于社区的社会性，孙立平从社区发展的角度作过相关论述，他指出，社区作为一种以地域为基础的社会生活的共同体，是一种社会性的存在。[②] 他认为，社区的社会性至少包含三层含义：社区认同、社会交往与社会关系、社区组织等。其中，社区认同是共同体的基础；社会交往与社会关系是认同感和归属感形成的重要条件；社区组织是人们从事社区活动的保障。社区发展包括社区建设和社区发育两个层面，前者侧重于社区中的设备和设施、正式的管理机构以及有意设置的处理社区事务的机制等方面的发展，发展的时间相对比较短；而社区发育主要侧重于社区的文化与人文环境、人际关系、志愿团体的发展，发展的时间相对较长。

受孙立平关于社区社会性论述的启发，结合甘等学者对社会工作社会性的讨论以及“双百”实践的探索，本书认为，扎根社区社会工作的社会性建设应当被界定为：在社会公正价值理念的引领下，将个人问题置于社区的社会环境进行社会历史根源分析，尤其强调社区认同、社会交往、社会组织等对个体问题的形成及其解决的影响，并借助社区社会性功能重建、社会性基础设施建设、社区社会组织培育、社区社会文化氛围营造等社会性力量，强化社区公共社会生活的软硬件建设，从而促进个人问题的社会性改变，共创包容和谐的社区发展。

第四节　扎根社区社会工作的社会性建设

本节结合“双百”对小东回归社会的个案救助和对社会工作社会性本土内涵的界定，从扎根社区社会工作实践模式的角度来探索社会工作社会性建

① 张和清：《中国社区社会工作的核心议题与实务模式探索——社区为本的整合社会工作实践》，载《东南学术》2016 年第 6 期。

② 孙立平：《社区、社会资本与社区发育》，载《学海》2001 年第 4 期。

设的具体策略和方法。

一、个人即社会：个体问题的社会性介入

在“双百”J镇社工站小东复学的个案介入过程中，社会工作者的服务逻辑经历了从社会工作者为本的个体性改变到服务对象为本或社区为本的社会性介入。当社会工作者采取工作者为本或将问题个体化归因的时候，很容易将小东不去上学归结为是其“不想上学”或“不愿上学”，将问题归咎于服务对象个人的主观意愿不足，往往以“责备受害者”的态度采用个别化辅导（帮扶）的介入方式，从而解决服务对象的问题。这种个体归因及解决问题的介入方法是“去社会性”的结果[①]；而从服务对象或社区为本的视角出发，社会工作者发现小东之所以“不愿上学”有诸多社会原因，其中社区、学校的社会排斥和家庭、自我逐步内化的负面社会标签是小东辍学的根本原因，因此，不能单纯“责怪受害者”。发挥社会学的想象力，社会工作应该关注边缘困难群众的社会困苦，尤其要将个人困苦与社会环境相互影响关联起来思考，分析问题产生的社会根源，从而通过社区为本的综合介入策略促进社会进步。[②] 关于小东的案例，表面上他的辍学和独来独往是个体及其家庭的问题，但深层次社会原因是社会交往匮乏，邻里、校园朋辈群体交流缺失，社区非正常化对待等诸多社会排斥、边缘化的结果。小东在社区、学校等场合面临着社会关系断裂和社会性功能丧失的状况，逐步失去作为一个完整社会人的存在。

社会性介入强调必须打破微观、中观与宏观社会工作相互割裂的实务取向，采取扎根社区整合社会工作实践模式，立足服务对象日常生活，推动社会公正价值导向的社会工作实践。因此，无论宏观政策实践、中观社区工作，还是微观小组个案工作，从价值观的视角介入都是为了促进社会公正[③]。只要

---

① 李伟、惠筱：《自由主义与社会工作的“去社会化”》，载《重庆工商大学学报》（社会科学版）2021 年第 1 期。

② 郭伟和：《后专业化时代的社会工作及其借鉴意义》，载《社会学研究》2014 年第 5 期。

③ KAM P K. Back to the “social” of social work：reviving the social work profession’s contribution to the promotion of social justice［J］. International social work，2014，57（6）.

对个体问题的原因分析是社会性的，那么社会工作者介入过程和结果必然是社会性取向的。在扎根社区的社会工作中，我们倡导将个体和家庭的问题放置于社区的社会生态系统中，并运用“人在环境中”的双重视角进行整合的社会性的问题/需求和优势/资产评估，制订社会性改变的目标计划，促使社会工作坚守社会性介入过程，重拾个人即社会的价值理念。

二、社会工作的专业目标：社会性功能的重建与回归社会

如前所述，从社会性的视角出发，社会工作的专业目标应该是完善人的社会性功能，促使边缘困难群众回归社会。从小东这个案例来看，社会工作者通过生活化的长期相伴与小东同行，首先，与小东及其家庭、邻里、学校、社区重建了深刻的信任关系，促使信任作为社会资本在社会工作者与服务对象的社会交往和社会关系方面发挥催化作用。其次，社会工作者基于信任的社会交往关系为小东融入社区和重返校园奠定了坚实的基础。凭借与小东及其家庭的信任关系，社会工作者引导小东参与社工站和社区公共空间的活动，将他的活动范围从家庭扩大到社区，促使小东融入朋辈群体，成为社区社会成员。再次，发掘小东动手能力强的优势，社会工作者利用各种社区活动的机会鼓励小东展现优势，从而获得他人的认可，增强自信心。最后，因为小东越来越自信，小东与其他儿童恢复正常的社会交往，走出家门融入社区，他有了自己的朋友和社会生活。与此同时，借助各种生活化、情境化的社会交往活动，小东积极展示自己的能力，社会工作者乘机当着村民的面表扬小东并澄清误会，逐渐消除社区对小东的各种负面标签和偏见，小东开始回归正常的社区社会生活。当小东主动提出复学的愿望后，社会工作者立刻联合基层政府和学校共同介入，使其成功复学并逐步适应校园生活，恢复其教育性的社会功能。由此可见，“双百”社会工作者凭借驻村长期陪伴带来的信任关系，不仅重建了服务对象小东的亲属、邻里、学校等正式和非正式社会支持网络，还借助网络和信任等社会资本的力量，逐步恢复小东的家庭功能和社会功能（如人际交往、复学等），帮助小东兄妹俩逐步摆脱孤立无援及绝望的社会处境，逐渐步入正常化的学习生活轨道，重拾生活希望。简言之，小东的社会性功能重建具体表现在人际信任、社会交往、社会活动、社会关系

和社会角色等方面的社会性功能重建和回归社会。

社会工作在重建人的社会性功能的实践中，最重要的是正常化对待服务对象的问题，以优势视角重新审视边缘困难群众被忽视的与生俱来的潜能并推动增能赋权的社会工作。这需要社会工作者深入服务对象日常生活，从他们细致入微的生产生活细节、生命历程、社会文化处境去了解和爱，给予包容性的社会支持。同时，面对服务对象的个体问题，社会工作者秉持问题外化或社会化的视角，借助“人在环境中”理论，通过“人”与“结构”的双重干预促进社会发展，提升人的福祉①。社会性功能重建是综合介入个体和社会环境，重点在于恢复服务对象的社会关系，维护他们公共参与的社会权利，使其具备社会行动的能力，从而促使社会环境更好地满足人的社会生活需要，进而达到保护和发展困难群众社会性功能的目标。

由此可见，社会工作者既不同于医生医治人们身体创伤，也不同于心理治疗师疗愈人们的心理伤害，社会工作者是凭借改变不合理的社区社会关系（如歧视、社会排斥等），从而改善边缘人群的现实社会文化生态处境，促使人与环境的关系变得更加包容、和谐和美好。

三、社会工作视角下的社会性基础设施建设

伴随中国工业化、城市化进程，许多传统乡村社区消失或者“空心化”，城乡社区普遍出现公共场所私有化、文化遗产商业化的社会现象，严重影响着社区居民的公共参与、社会互助和文化认同②，社区仅是人们“寄居性”生活的地理空间，社区里的人成为缺乏社会交往、社会关系薄弱、社区认同低下的“原子化”个体③，社会性逐步丧失。关于如何解决城乡社区缺乏公共生活空间问题，陈涛提出社会性基础设施（social infrastructure）建设的概念，他认为，乡镇（街道）社工站及社会工作人才队伍的建设是加强城乡基层尤

① 吴越菲：《反贫困社会工作的传统范式与当代面向——以“社会工作者—贫困者”专业关系为中心的考察》，载《社会工作与管理》2020年第5期。

② 张和清：《中国社区社会工作的核心议题与实务模式探索——社区为本的整合社会工作实践》，载《东南学术》2016年第6期。

③ 孙立平：《社区、社会资本与社区发育》，载《学海》2001年第4期。

其是乡村地方社会性基础设施建设、补足社会性基础设施短板的重要举措。就社会性基础设施建设的内容而言，有硬件和软件的社会性基础设施，前者主要指物理空间及其配套设施等有形的实体和物质资产（如社工站、社区公共空间、文娱康乐设施等）；后者主要包括社会组织、社会资本、民本精神等无形的、精神的资产和资本。[①] 这一主张与孙立平关于社区建设和社区发育的内涵是一致的。由此，对社区层面的社会工作社会性实践来说，社会性基础设施建设是必不可少的环节，是社会性实践最基础的平台和载体。

打造和活化社区公共空间是社会性基础设施建设的重要策略之一，其意义还体现在建筑环境、社会价值和公共领域等方面。社区公共空间的打造和活化，不仅改善了环境，还为居民公共参与创造机会，巩固新形成的本土社区公共性，为乡村社会治理持续发展奠定基础[②]。因此，社区物理性公共空间的打造（如社工站和公共服务站），为社区民众的社会交往和互动提供了平台和载体，同时还起到聚起人气、联结社区民众的桥梁和纽带作用。此外，除了硬件建设（物理空间）之外，社会性基础设施建设的软件建设——组织及人力再造才是社会工作社会性建设的核心，因为社区社会组织是社会性价值得以有效体现的重要支撑力量，没有社区社会组织，社区公共空间等硬件基础设施将形同虚设，社会工作的社会价值和公共性也无从谈起。从小东的案例来看，J 镇社工站所打造的社区儿童公共空间，成为促进小东社会性功能重建的重要硬件性、社会性基础设施，为小东的社区社会交往及社会生活提供了平台和载体。而社工站发育的潮汕文化兴趣班、社区学堂、以广场舞队为基础的社区志愿服务队等小组及其活动，则是促进小东社会性功能重建的重要的软件性、社会性基础设施，为小东参与社会交往和社会生活提供了组织保障。由此可见，在社会工作社会性实践的过程中，社会工作者、社工站本身就是社会性基础设施的组成部分，同时还肩负打造公共空间、培育社区社会组织、促进良好的社区社会文化氛围的形成等社会性基础设施建设的任务。

---

① 中国社会科学院大学陈涛教授 2020 年 11 月 9 日在广东社工“双百计划”发表的题为“固本强基，梦想可及”的讲座。

② 向羽、袁小良、张和清：《“双百社工”在乡村社会治理中何以可为》，载《社会工作》2020 年第 4 期。

社会性基础设施建设的重要目的之一是培育社会资产。按麦克奈特（McKnight）和克雷茨曼（Kretzmann）的观点，社会资产由网络、规范和信任等社会资本构成[①]，是相对于物质资本和人力资本的一种无形资产形式。社区为本的社区发展，就是通过挖掘与运用社区社会资产实现对社区边缘困难群体的赋权。因此，协助困难群众培育社会资产、消除对边缘困难群众的社会排斥、建设包容性和谐社区，本身就是社会工作社会性基础设施建设的应有之义。

总之，在推动中国本土化专业社会工作社会性实践的过程中，须继续秉承社会工作“双重焦点”的介入模式，既要坚持个体社会心理支持的微观介入，也要坚持社会发展的宏观介入，打破微观实践与宏观实践之间的壁垒，充分依循“个人的就是社会的”理念，在对边缘困难群众的问题评估时保持社会性归因，在此基础上设定社会性功能重建的介入目标，并进行持续、系统地跟进。同时，要重视社区社会性基础设施建设，积极发挥村居社工站及社会工作者团队在社区社会性基础设施建设上的主体作用，并与社区民众一起打造社区公共空间，孵化社区社会组织，培育社会资产，将社区建设和发展成为彰显服务对象社会性的和谐家园。

思考题：

1. 社会工作回归社会性的意义是什么？
2. 本章社会性视角下个案救助案例的经验教训是什么？
3. 社会工作的社会性内涵指什么？
4. 扎根社区社会工作的社会性建设重点和策略是什么？

---

① 张和清、杨锡聪等：《社区为本的整合社会工作实践：理论、实务与绿耕经验》，北京·社会科学文献出版社，2016 年版，第 47 页。

第四章　中国本土化专业社会工作实务模式

教学基本要求：

1. 了解中国社会工作专业合法性困境；
2. 了解扎根社区整合社会工作实务框架；
3. 理解日常生活实践与扎根社区实务模式建构的重点与策略。

中国社会工作教育恢复重建已有30余年的历史，但是，专业社会工作仍然面临合法性困境，难以在民生保障和创新社会治理中发挥应有的使命和作用。本章在分析“双百”实务案例的基础上，提出中国特色本土化专业社会工作实务模式，以此回应党和国家对社会工作发展的期望和要求。中国特色本土化专业社会工作必须扎根城乡社区，秉持深度理解服务对象日常生活问题与优势资产的理念，整合运用本土化专业方法，推动个案救助与社区共治协同发展，促使国家福利政策保障和社区发展协同推进。

第一节　中国社会工作专业合法性困境

与欧美和中国港台地区不同，中国社会工作走的是一条自上而下的专业化发展道路[①]，具有“教育先行引领专业发展”和“政策导向引领服务实践”

① 郜宪达：《社会工作价值与伦理：中国本土化的解释》，载《专业的良心——转型时代中国社会工作的守望》（李昺伟主编），北京·社会科学文献出版社，2014年版。

的双重发展特征[①]。在缺乏本土教材、案例、课程和专业教师的背景下，我国社会工作教育沿用了欧美和中国港台地区相关理论及其经验[②][③]，实际上培养的是去情境化具有实务技能的社会工作人才[④]。而政府主导的社会工作服务直接引进的是中国港台地区甚至欧美国家专业服务的做法，形成了以“三大方法”“服务为本”“临床辅导”等功能主义取向的专业实务模式。[⑤] 这种功能主义取向的实务模式又与社会工作从业者在政府购买社会工作服务背景下寻求专业的认可及生存空间的行动逻辑有关。雷杰等在对广东省高校和实务界相关学者、专家访谈研究后发现，为了维护与政府和谐的购买服务关系并获得专业身份和地位，“实用专业主义”倾向成为专家、学者对社会工作专业能力体系的判定逻辑，明显具有“犬儒思想”“去政治化”和“技术化”等特征。[⑥] 黄晓星等通过对家庭综合服务中心的研究进一步指出，“活动化”和“指标化”的求生策略，导致“三大方法”在社会服务层面更多是流于形式的“指标式应付”，如个案工作强调“陪伴与资源链接”，小组工作更多强调一群人在一起进行兴趣类文娱活动，社区工作则沦为社区活动，而“三大方法”相关的理论和概念并未在服务过程中得以充分体现。[⑦] 这种为了社会工作专业生存而采取的方法策略，不但没有增强社会工作的专业合法性，反而成了社会工作专业自主性发展的障碍，也使社会工作难以实现社会公正的价值使命，致使不同行动主体对专业服务颇有微词，社会工作发展陷于合法

---

① 任文启：《新发展阶段的社会工作：把论文写在服务为民的实践中》，载《社会与公益》2020 年第 10 期。

② 阮曾媛琪：《我和中国社会工作教育一起走过的 30 年》，载《中国民政》2018 年第 23 期。

③ 张和清、杨锡聪等：《社区为本的整合社会工作实践：理论、实务与绿耕经验》，北京·社会科学文献出版社，2016 年版，第 9 页。

④ 李昺伟、陈安娜：《中国社会工作实践社会公平正义的现状与未来》，载《专业的良心——转型时代中国社会工作的守望》（李昺伟主编），北京·社会科学文献出版社，2014 年版。

⑤ 张和清、杨锡聪等：《社区为本的整合社会工作实践：理论、实务与绿耕经验》，北京·社会科学文献出版社，2016 年版，第 9 页。

⑥ 雷杰、黄婉怡：《实用专业主义：广州市家庭综合服务中心社会工作者“专业能力”的界定及其逻辑》，载《社会》2017 年第 1 期。

⑦ 黄晓星、熊慧玲：《过渡治理情境下的中国社会服务困境——基于 Z 市社会工作服务的研究》，载《社会》2018 年第 4 期。

性困境。[1]

当前盛行的功能主义取向的专业实务模式有将社会工作窄化为“三大方法”的趋势，而“三大方法”又被简化为咨询服务、团体游戏和社区活动等能够量化的指标体系。从国际社会工作者联盟于2014年在墨尔本将社会工作的专业使命定位为“促进社会改变和发展、提高社会凝聚力、赋权并解放人类”角度讲，传统社会工作个案、小组、社区工作方法与社会发展需求及整体性解决社会问题的要求不匹配，两者存在明显“错位”[2]，限制了专业社会工作在改善民生、解决服务对象日常生活困扰，尤其是推进经济社会可持续发展等方面的作用，也难以回应全球化背景下我国社会转型出现的社区衰落问题[3]。因此，社会工作要想体现“以人民为中心的发展思想”，在“社会建设”“脱贫攻坚”“乡村振兴”“绿色发展”“改善生活品质”等国家发展布局和战略[4]中赢得专业发展空间，就必须克服“活动化”“指标化”“三大方法”等表面化服务的积弊，探索扎根社区整合社会工作实务模式，最大限度地协助党和政府在民生保障和基层社会治理等方面摆脱各自为政的实施困境[5]。

因此，探索和建构既符合中国国情，适切人民群众对美好生活向往，又不偏离社会工作专业国际通则的本土化专业社会工作实务模式，是实现中国社会工作专业使命，体现社会工作专业性、合法性的重要议题。本章将以“双百”S市D镇社工站为例，采取行动研究的方法收集资料，深度剖析扎根社区整合社会工作实务模式的特征及其实践策略。之所以选择D镇社工站为例，一方面是因为D镇兼具城乡特色，在社区类型上具有代表性；另一方面

---

① 童敏：《中国本土社会工作发展的专业困境及其解决路径——一项历史和社会结构的考察》，载《社会科学辑刊》2016年第4期。

② 侯利文：《社会工作知识论基础的再认识——兼论社会工作的实践转向》，载《学习与实践》2019年第5期。

③ 张和清：《中国社区社会工作的核心议题与实务模式探索——社区为本的整合社会工作实践》，载《东南学术》2016年第6期。

④ 《中国共产党第十九届中央委员会第五次全体会议公报》，http://www.12371.cn/2020/10/29/ARTI1603964233795881.shtml，2020年10月29日。

⑤ 《贯彻落实党的十九届五中全会部署　提高基层治理水平》，http://www.mca.gov.cn/article/xw/mzyw/202011/20201100030550.shtml，2020年11月17日。

是该社工站一直采取“双百”所推崇的扎根社区的社会工作模式开展日常驻村工作，并逐渐将站点建设成为“双百”省级核心示范点，在个案救助与社区共治两大专业发展方向整合推进方面具有较强的示范效应，站点的典型案例在2020年8月曾经被中央电视台《新闻调查》栏目采访报道。因此，对站点相关案例进行完整而深度的剖析，对探索扎根社区整合社会工作实践具有典型性和深入性。本案例资料来源于D镇社工站的社区评估行动研究报告、相关案例的原始记录、个案总结报告、站点发展“大事件”梳理的原始材料等。

第二节　扎根社区的实务案例

本节完整呈现一个扎根社区的实务案例。首先，了解“双百”D镇社工站案例相关背景和基本情况（包括站点所处的地理位置、历史文化、社区人口和社区社会组织，以及服务对象蓉姐的基本情况）。其次，认识“双百”社会工作者对服务对象的问题和优势资产整合评估分析的过程和结果。最后，深入理解“双百”社会工作者整合介入的过程和成效。

一、案例背景

（一）社区概况

坐落在潮汕地区D镇的H村三面环山一面向海，是一个典型的城乡接合部农村社区。H村始建于明嘉靖三十五年（1556年），曾是明清时代赫赫有名的粤东第一大港，也是粤、闽籍华侨出海的第一站。当地有丰厚的文化底蕴，其中颇有特色的是“红头船”[①] 文化。旧时艰苦拼搏的人们乘着“红头

① “红头船”是潮汕地区华侨华人远渡重洋拓殖海外的远洋商船，是联通古代海上丝绸之路的重要纽带，指清代潮州与南洋（东南亚一带）航运远洋船队所用帆船，这些船因船头油刷朱红色而得名。详细参见：https://baike.baidu.com/item/%E7%BA%A2%E5%A4%B4%E8%88%B9/2424674?fr=aladdin。

船”乘风破浪到海外谋生，从国外带回来经验和财富，回报家乡，村中的老人协会、幼儿园等建筑都是由归国华侨捐资所建。昔日繁荣的古港促进了当地饮食业的发展，潮汕美食基本等同于H村美食。古港兴盛时期，万商云集，各地小食随着商人来到古港扎根发展。除了较有当地特色的猪脚饭、鼠曲粿、绿豆糕之外，还有菜头粿、无米粿、青叶粿、潮汕朥饼、黄金卷、屐桃包、油追、卵粿、地豆方、香酥虾饼、春卷，等等，这些糕粿饼食在昔日古港都有专门的店铺或小贩生产经营。即便是现在，每逢春节、元宵、社日、端午、中秋、冬至等节庆，村民都会忙碌起来制作各种特色小吃。另外，H村宗祠文化浓厚，有黄、朱、叶三个宗祠理事会。宗祠文化不仅凝聚宗族、繁衍子孙，而且弘扬先人兴学育才、乐善好施的精神。遗憾的是，社会工作者在社区走访中发现年青一代对村史及本土文化不太了解也不重视，中青年妇女对于本土美食文化的了解也较少，传统文化面临传承断层的困境。正如村中能人带着遗憾口气说：“我们村名人辈出，有说不完的历史故事，但是以前的人文化水平有限，只是口口相传，却始终没有专门的人去整理记载，随着老一辈人的渐渐离世，这些历史恐怕要埋没在历史的尘埃中了……”[①]

据2017年统计，H村户籍人口共有3583人[②]，其中40%的村民以务农为生，40%的村民从事手工业和制造业，其他人经营小商铺生意或外出务工。村里的困难群众主要有低保39户、五保8人、残疾人50人、困难妇女18人。村委会、宗祠理事会、老人协会和精神疾病防治中心等组织会为村里的困难群体提供一定的支持服务。“双百”D镇社工站于2017年7月正式成立，以H村作为驻村站点，站点配有6名社会工作者（其中有3名社会工作者为社会工作专业背景），所有社会工作者均为潮汕本地人。

（二）服务对象概况

本案例的服务对象蓉姐（化名），40岁，是H村的一名低保户妇女，与丈夫育有一子一女，儿子上初中一年级，女儿上小学五年级。原来夫妻俩在

① D镇社工站2018年社区评估的行动研究报告。

② D镇社工站社区评估的行动研究报告中2017年度H村户籍登记的人口数据。

县上以经营卤味食品为生。两年前，蓉姐的丈夫突发脑梗，并检查出患有多种其他疾病，四口之家遭受沉重的打击。经过几个月的住院治疗，丈夫的病情得到了控制，却留下严重的偏瘫后遗症，丧失了劳动能力，后被鉴定为二级肢体残疾。家庭的担子整个压在蓉姐一人身上，但她因照顾丈夫无法外出工作，家庭没有了收入来源，家里的支出不减反增，除了家庭日常生活开支和义务教育阶段两个孩子的教育费，还加上丈夫每月到市区的复诊费用和日常的药费……家庭的经济入不敷出，蓉姐说“感觉天都塌下来了”。在村委会的协助下，蓉姐虽获得了低保救助，但这也只是缓解了一些经济压力。

社会工作者第一次遇到蓉姐时，她感到无力面对家庭的变故，很自卑。但经过社会工作者两年的相伴同行，蓉姐的家庭生活不仅得到改善，她还被选举为社会工作者培育的“蝴蝶花”妇女互助小组（以下简称妇女小组）副队长，实现了从“受助”到“自助”再到“助人”的蜕变。

二、日常生活问题和资产评估

自 2017 年 7 月驻村以来，D 镇“双百”社会工作者经常出现在 H 村的田间地头、大街小巷和邻里家中，在村民聚集的榕树下、巷道中、花园里与村民一起下棋、做手工钩花、喝茶聊天、跳广场舞等。平时社会工作者还会开展政策宣传活动，组织制作春卷和包饺子等村民喜闻乐见的活动，并积极参与宗亲祭祖和“迎老爷”游神等民俗活动。即便在晚上，社会工作者也不定期地走村入户，与村民一起看潮剧、夜访民政对象。与其他“双百”站点一样，D 镇社会工作者按照“双百”驻村指引与村民“三同”，走进村（居）民的日常生活，按“建立关系、摸清情况、聚起人气、找到方向”的要求寻找专业工作的突破口。

社会工作者第一次接触蓉姐缘于一次“走进您的生活，聆听您的心声”的民政对象定期探访。探访中，由于彼此不熟悉，蓉姐比较戒备，闲聊中很少涉及家庭情况，但社会工作者还是获知蓉姐的女儿渴望上课外辅导班，却因家庭经济困难上不起的信息。于是社会工作者邀请蓉姐的女儿参加社工站组织的“年代一堂课”社区学堂活动。社区学堂除了课业辅导外，还包含了兴趣小组、文明礼仪学习和安全教育等内容。这在一定程度上缓解了蓉姐关于女儿作业辅导的困扰，极大降低了她对社会工作者的戒备。在与社会工作者的互动中，蓉姐对社会工作服务有了深入的了解。经过 3 个月定期的上门探访和耐心陪伴，社会工作者逐渐获得了蓉姐的信任，她愿意跟社会工作者倾诉家庭的烦恼，并与社会工作者一起解决困难。社会工作者采用参与观察、深度访谈等方法对蓉姐面临的问题、需求及优势等有了全面深入的了解。

（一）问题及需求评估

通过走进蓉姐日常生活世界进行深入观察和了解，“双百”社会工作者对蓉姐面临的问题和需求做了以下评估。

首先，个体层面：独自面对生活的心理压力。蓉姐最大的困扰是丈夫突然偏瘫后，家里的一切需要自己独自面对。她不仅要照顾丈夫和孩子的生活起居，还要面对一日三餐的经济压力。经常为了顾及丈夫和孩子的情绪不敢坦露自己的心声，只能躲在厕所里大哭。由于突遭变故成为低保户，蓉姐自认为“低人一等”，多次跟社会工作者说“人没有工作、没有钱，一无所有的时候就会被人看不起”。因为在回到村里生活、每天在家里照顾丈夫的两年时间里，蓉姐极少与其他村民接触交往，甚至与同一巷子的邻居都互不往来，几乎没有朋友。

其次，家庭层面：独自面对家庭重担，入不敷出。蓉姐一家的收入来源仅仅依靠每月 560 元的低保补贴和她每天 20～30 元钩花的手工收入，这满足不了一家人的正常开支，更何况丈夫每月的医药费就要几百元，家庭生活常常是捉襟见肘，经济压力很大。而且家庭的情感支持功能也很薄弱，每个家庭成员都是独自默默面对压力和悲伤，缺乏深入沟通和情感互动。

最后，社区层面：独来独往。由于丈夫卧床在家需要长期贴身照顾，蓉姐很少与外人接触，给村民的印象是“没有出门工作，不愿意奋斗，是一个比较懒惰的人”。但同时社会工作者也发现蓉姐较少与人接触的客观原因是，大多数和蓉姐一样的中年妇女因忙于家务或做手工钩花赚钱很少出门。另外，妇女们告诉社会工作者，以前逢年过节妇女都会聚在一起做粿品（美食），现在粿品商品化后妇女们也就很少聚会了，“现在年轻人认为传统美食制作过程较为复杂，宁愿掏钱购买也不愿意亲手制作。年幼的一代更是不知道哪些美食是H村本土的传统特色”，老一代的妇女对小吃文化的传承很是担忧。况且，妇女们现在连聚会的公共空间都没有了，再也难以依靠共同制作美食来维系相互之间的感情。某妇女对社会工作者说：“村中的两幢楼，是在老会长的主持下由乡贤捐款修建的，本来经过协商，第一幢楼要给男性老年人使用，第二幢楼作女性老年人的活动场地，但是（第二幢）不知道怎么就被改变用途了，现在我们这些‘老姿娘’（女性老年人）也没有什么地方可以去，跟那些‘老打埠’（男性老年人）待在一起又怕被人说（闲话）。”同时，村中也没人组织相关的文化活动，有的妇女说：“乡里没人组织活动，也没地方去（没有活动场所），后生人做后生（年轻人有年轻人的活动），老人胶己孤禄叩（年长者感到孤独与无用），恁啊是有块地方好往去歇住好哪（要是你们有组织活动，无论什么都好）。”

（二）个人、家庭和社区资产评估

在评估蓉姐的需求和问题的同时，社会工作者也觉察到她个人及其家庭、社区有许多被人们忽视的优势和资产。社会工作者发现，蓉姐虽然身处困境，但她心态较为坦然和安稳，为人勤劳好学，勇于面对生活挑战，一直积极寻找出路，期望改变窘迫的生活处境。由于蓉姐本人和丈夫都掌握着维持生计的卤鹅技艺，蓉姐一直在考虑重拾卤味生意，希望通过线上平台做卤鹅生意，以改善家庭生计。[①] 另外，她也渴望能走出家门结识朋友，获得社会支持，拥有自己的社会生活空间。

在家庭层面，即使经历了重大的变故，蓉姐的夫妻关系和家庭亲子关系仍旧和谐如初，他们共同面对、相互扶持、共渡难关。蓉姐的丈夫不仅积极接受治疗和康复训练，还鼓励妻子参与社区活动，结识朋友。而且蓉姐勇于承担家庭重担，她不仅承担照顾教育子女的角色，还挑起家庭生计的重担，子女也变得更加懂事和独立，放学自行回家，不再像以前一样需要蓉姐接送，并主动参与帮助父亲的康复活动，如儿子陪同父亲走路做康复训练，女儿在

① 蓉姐丈夫的卤味技艺是其年轻时在比较有名的卤味餐馆打工偷学，后来在夫妻俩共同经营熟食店的过程中，经过不断钻研，他们掌握了复杂的制作流程，并积累了一定的熟客。

生活中帮助父亲传递一些他无法自行拿取的生活用品等，孩子们都在力所能及地承担家务劳动。

在社区层面，首先，当地老一代妇女热衷于传统美食的制作，社会工作者可以利用制作粿品的机会将妇女们连接起来形成相互支持角色。H 村有“时节做时粿”的风俗，原是拜神供品的粿品既是社区的特色美食，也是妇女们的拿手技艺。尽管年轻妇女不懂做粿品，但她们仍有学习制作粿品的兴趣，也期望了解传统美食习俗背后的意义。大多数老年妇女心灵手巧，她们不仅对自己做粿品手艺充满自信，而且十分愿意传承和分享手艺。其次，由于位于沿海地区，H 村历史上就是多灾多难的台风地区，造就了社区互助传统和善堂文化。[①] 最后，尽管妇女的公共空间被男性“占领”，但村中还有不少闲置的老建筑，可用于打造成为妇女公共活动空间。

三、整合的介入行动

基于个人、家庭和社区问题需求及优势资产的评估，社会工作者确定了整合介入的目标和行动策略，并对个案进行了持续的专业跟进，获得了较好的专业成效。

（一）个体及家庭层面介入

社会工作者给予蓉姐社会－心理支持和创业支持，帮她重燃家庭生活的希望。针对蓉姐的心理压力和自卑感，社会工作者通过同理、接纳、尊重等人本关怀与陪伴，提供情绪疏导和社会－心理支持，并通过叙事（讲故事）的方式，挖掘优势，从而增强蓉姐的自信心和自我认同感。同时，鼓励蓉姐参与社区活动和妇女互助小组，实现自我社会价值，改变村民对她的负面印象，推动蓉姐从受助者向助人者的转变。而在叙事增能的过程中，社会工作者也提升了蓉姐丈夫的自信心，促进了家庭沟通、情感支持和生计发展。

社会工作者的具体做法是：经常上门探访蓉姐，关心她的日常生活、身

① D 镇在 1922 年经历了一场特大的灾害——“八二风灾”，当时社区内活跃着一群民间的慈善人士协助赈灾，或协助打捞埋葬尸体，或热心施粥救助。

体状况、情绪变化等，鼓励蓉姐倾诉生活的不幸，排解压力。除此之外，社会工作者也经常陪伴和鼓励蓉姐积极参加社区义诊志愿活动、时节美食活动、妇女互助小组等，提升其走出家门、走入社区和扩大社会支持网络的意识和信心。在参加活动或小组的过程中，社会工作者注意发挥蓉姐的优势，采用提问等方式让平时沉默寡言的蓉姐获得更多的表现和表达自我的机会，并对她的积极参与和意见表达给予及时的肯定，让其他妇女和社区民众看到她的优点，从而增强别人对蓉姐的理解和正面评价。为了加深对蓉姐家庭的了解，社会工作者运用口述史方法，对蓉姐及其丈夫开展生命历程叙事，社会工作者引导夫妻俩讲述过去经营卤味摊档创业谋生克服困难的经历，总结生意成功的经验，使他们意识到自身所拥有的优势资产，重拾生活信心。之后，社会工作者发挥资源链接的作用，帮助蓉姐链接省妇女创业技能培训资源，提升她网络运营能力和网络销售技巧，支持成立卤味线上店铺，重拾卤味生意。社会工作者鼓励蓉姐结合 D 镇百姓美食平台、居民微信群等进行线上宣传，借助传统节日扩大销售渠道，实现线上微创业，最终家庭收入相比创业前增加了 1 ~2 倍。因此，社会工作者通过社会 - 心理支持和生计赋能，不仅使蓉姐的家庭收入增加，缓解其家庭经济压力，而且帮助蓉姐融洽家庭关系，融入社区。

（二）社区层面介入

社会工作者发现蓉姐等民政对象一般不愿意走出家门接触社会，于是尝试举办社区活动，有意识地引导蓉姐等民政对象融入社区。例如社会工作者先是邀请蓉姐担任社工站组织开展的素食日活动志愿者，借此机会让她尝试走出家门接触更多的人群。活动刚开始时，蓉姐还是比较腼腆的，通过相互认识环节后，蓉姐开始与周边的妇女交谈，尤其是蓉姐女儿和其他儿童在活动中积极活跃的表现激发了蓉姐的融入欲望。妇女们一边制作美食一边分享自己的日常生活，活动结束后，妇女们还自主建立了一个日常交流分享群。然而，社会工作者了解到，蓉姐只是在活动时跟新认识的朋友互动，活动过后就缺乏联系，关系比较浅，蓉姐自觉她们只是“临时朋友”。实际上，社会工作者在活动中也观察到社区存在民政对象妇女和其他妇女“两拨人”的现状，她们“各做各的”，民政对象处于边缘弱势的状态。社会工作者告知蓉姐社工站正在筹备妇女骨干培育小组活动，邀请她参加，蓉姐开始比较犹豫，但是在社会工作者的鼓励下表示愿意努力参与小组活动。

为打破“两拨人”的隔阂，推动社区妇女支持网络形成，社会工作者从有意识组织“两拨人”都乐意参加的社区义诊、美食等兴趣活动，到组织和发育妇女互助小组，形成稳定的互帮互助的关系。在这一过程中，蓉姐逐步走出家门，融入社区，拥有稳定的社会支持网络。在小组活动的过程中，社会工作者为蓉姐创造表现自我的机会，让其他妇女看到蓉姐的优点，从而理解、包容和支持她。刚开始参加妇女小组活动时，蓉姐表现比较安静，大多时候是一个沉默者，静静地听着组员们的表达，只是偶尔发表一点意见。小组活动结束后，社会工作者从与蓉姐的交流中了解到，她担心自己发言时会过多吸引别人的目光，觉得自己不应该在台前扮演主要角色（指过多表达）。了解到蓉姐的想法后，社会工作者在小组活动的进行过程中就特别关注蓉姐的表现，对她每一次主动发言给予及时的肯定，同时逐渐将她的兴趣点与长处挖掘出来展示给大家，以此增强她的自信心。渐渐地蓉姐在小组活动过程中发言越来越多，与组员之间的相处也更加融洽，在社区活动和互助小组中与10余名妇女保持良好的互动及信任关系。在社会工作者的陪伴和引导下，通过日常茶聚联络感情，社区弱势妇女不仅抱团取暖，还互相关心与帮助，形成社区互助网络。例如，曾经当过老师的妇女骨干陈某主动帮助蓉姐的女儿辅导功课，减轻蓉姐子女教育方面的压力，而蓉姐教会陈某制作腐皮卷，助力陈某微创业。妇女小组成员蓝姨（化名）说：“以前经常看到阿蓉、阿玉（化名）这些人从我家门口经过，但都不认识，只知道她们家离我家不远，现在都认识了，从来没想到还能一起活动，一起做小食。”蓉姐也在这一过程中结识到朋友，她说：“参加活动认识了几个朋友，有一个玉姐，她家离我家比较近，经常有走动。其实，自己一开始参加活动的初心不怎么好，都是奔着利益去的。我觉得自己是低保户，目前没有工作，看能不能得到一些物质的帮助，或者政策方面的帮助，帮助自己重新走出家门。我自己以前没有什么朋友，通过参加活动认识到好朋友，也是自己的一分收获。”

蓉姐渐渐成为社区活动的积极分子，最后还变成社区活动的骨干。在打造公共空间的过程中，蓉姐积极参与，成为带头人。打造一个属于妇女自己的公共空间是妇女们一直期待的事情，但始终存在无场地可用、不知如何着手和没信心等问题。出于对社会工作者的信任及对公共空间打造的渴望，蓉姐作为3名主动参与的妇女骨干之一，在社会工作者的动员下为妇女公共空间场地选址积极奔走，最终落实了公共空间的选点任务。在设计、布置公共空间的过程中，蓉姐积极建言献策，充分发挥其在家庭生活中的智慧，呼吁大家“废物利用”，把自家闲置的家具等物件捐出来公用。蓉姐乐观的心态、富有建设性的想法和积极的行动，鼓舞了社会工作者，调动了其他妇女参与的积极性，最终通过共同努力成功打造妇女公共空间。由于在打造公共空间过程中发挥了模范带头作用，蓉姐被妇女互助小组投票选举为副队长。在社会工作者的陪伴引导下，妇女们建立公共空间管理制度（包括场室清洁卫生管理和空间的宣传推广机制等），并依托妇女之家开展美食文化活动，将H村传统的绿豆糕、红粿品等美食文化挖掘出来，向全村展示了妇女团结友爱、自立自强、互助公益的精神风貌，推动更多边缘弱势妇女从私领域迈向公共生活。蓉姐带头的妇女小组通过参与义诊活动为村中弱势长者提供志愿服务，赢得了周边村民对她们的正面评价，这使蓉姐更加自信。在“粿品文化手工坊”之成果展示活动中，蓉姐自信地接受了S市电视台“今日视线”栏目的采访。蓉姐从沉默、不善表达，到大胆表达，再到积极主动参与社区志愿服务，甚至在接受电视台采访时侃侃而谈，这是一个不断摘下社区负面标签的增权赋能的成果。在妇女小组的带领下，不仅社区美食文化得到传播，妇女及家庭生计得到改善，社区志愿服务精神也得以弘扬。妇女小组的互助精神激活了社区“公益心”[①]，推动社区共治落地生根。

总之，通过“双百”社会工作者整合的专业介入，蓉姐不仅增强了自信心，提高了创业技能，建立起社会支持网络，同时也改善了家庭关系，家庭经济收入、情感支持、亲子教育等家庭功能得到恢复和加强。更为难得的是，通过公共空间的打造以及社区文化资产的运用，蓉姐及与蓉姐情况相似的一

① 《社工们这样打通民政服务“最后一米”》，https://mp.weixin.qq.com/s/ExdHbB6q1ndA4tiea8YNzw，2020年8月10日。

群社区妇女逐渐从家庭私领域走进社区公领域，自助互助意识和能力逐步增强，社区守望相助和特色美食技艺等传统文化得到了弘扬与传承。

第三节 扎根社区整合社会工作实务框架

基于第一、第二节关于社会工作专业合法性困境和“双百”实务案例的阐述，本节将进一步梳理扎根社区整合社会工作实务框架的理论依据，旨在论述扎根社区的社会工作者必须通过介入服务对象日常生活从而实现专业合法性的实务逻辑。

一、西方社会工作实务模式的发展脉络

林万亿在梳理社会工作实务模式发展脉络时认为，方法分立和综融（整合）途径是两个重要阶段。20 世纪 60 年代之前，社会工作专业方法是从 19 世纪末期的“友好访问”和睦邻运动发展为个案工作（20 世纪初）、团体工作（20 世纪 20 年代）、社区组织（20 世纪 30 年代末）、社会政策和社会行政（20 世纪 40 年代）等五大传统社会工作方法。但是，这五大方法是各自分立的，社会工作者可偏好其一，不要求娴熟掌握和运用其他方法。受社会工作追求专业化的影响，单一方法（尤其个案工作）主导社会工作发展长达半个世纪。20 世纪 60 年代，出现了称之为综融途径（generalist approach）的社会工作取向，也被译作“通才”或“整合”取向。这是因为受社会系统理论的影响，认为每个人同时存在于不同的社会体系中；面临的大部分问题是多层面的；有效的介入经常是大体系改变的结果；预防与改革通常要经由超越个人、家庭、小团体的层次才能彻底有效。因此，要求社会工作者必须运用更宽广的知识与技巧协助服务对象[①]。综融的实施（generic practice）也称整合方法，是“打破传统个案工作、团体（小组）工作、社区组织分立的方法，而将

① 林万亿：《当代社会工作：理论与方法》，台北·五南图书出版股份有限公司，2013 年版，第 61—62 页。

各种方法统合成为一种可以回应服务对象所面对复杂的问题与情境的方法”①。

从社会工作实务模式的发展脉络来看，服务对象所面临的问题和情境始终是专业方法整合运用的依据，专业方法作为工具应服务于问题解决和情境改善这一目的，将目标、问题、方法及实施过程整合的专业方法的使用。

二、扎根社区整合社会工作实践的价值和依据

针对中国社会工作专业合法性的困境，童敏等认为要警惕西方“你找我”的、抽离日常生活的、实证主义“科学化”理论逻辑指导下的类型化和标准化服务逻辑的局限性，倡导一种“我找你”的、主动走进服务对象日常生活（家庭、社区等）的场景实践。这种实践的专业合法性来自专业能够帮助服务对象有效地应对日常生活所遭遇的问题，专业服务的界限、目标和基础始终对接服务对象日常生活的困扰，专业方法和理念的运用始终以问题解决为依归。② 这样的倡导，意味着中国社会工作实践依据应从专家为本的需求导向转向服务对象或社区为本的问题导向。

以服务对象及其问题为本，就必须扎根社区。首先，在社会生态系统中，社区作为人们日常生活的场域，恰好处于微观个体与宏观环境之间的接触面。作为结构的社会政经脉络（包括自然环境）是通过社区民众的日常生活方式塑造人们的思维模式和行为规范的，同时，个体的能动性反过来又深刻地影响着社区的社会文化氛围和自然环境的变迁。当我们将个体的问题和困扰放在社区的脉络加以评估和分析的时候，就可以广泛地与社区的政治、经济、社会、文化和环境相关联，也使社会工作从公共参与、生计发展、邻里互助、文化多元、环境友好等维度思考整合性介入的方向与策略（包括个体改变和社区改变）③。其次，从资产为本社区发展（asset-based community develop-

① 林万亿：《当代社会工作：理论与方法》，台北·五南图书出版股份有限公司，2013 年版，第 145 页。

② 童敏、周燚：《从需求导向到问题导向：社会工作“中国道路”的专业合法性考察》，载《社会工作》2019 年第 4 期。

③ 张和清：《中国社区社会工作的核心议题与实务模式探索——社区为本的整合社会工作实践》，载《东南学术》2016 年第 6 期。

ment）的行动策略来看，社区本身也蕴含着丰富的推动问题解决的优势资产，包括：个人的资产、天赋和才能；社区居民自发组成的团体；政府、企事业和商业部门等正规单位；社区内的土地、建筑物、社区空间和资金等有形资产；关系（将个人、家庭连接成稳固的支持网络）；等等。[①] 最后，社区也是政策实践的重要场域。在欧美，社区成为当代福利国家改革和现代化政策制度设计的基础和实施场域。[②] 在我国，城乡社区更是被视为“党和国家许多政策措施落实的‘最后一公里’”[③]。

由此可见，无论是从理解服务对象的问题、困扰及其根源，以及运用优势资产可持续地解决这些问题和困扰，还是从政策实践的高度来看，社区都是社会工作最为重要的落脚点和实践场域。只有回归社区这一服务群众的基本平台，才能促使社会工作在社会建设及社区发展中实现服务基层群众的使命[④]。毫无疑问，构建扎根社区的社会工作实务模式无疑是践行“以人民为中心”发展思想的有益探索。

三、扎根社区的实务逻辑

根据对扎根社区整合社会工作实务模式价值和理论依据的分析，结合“双百”D镇社工站蓉姐的案例，社会工作者只有扎根社区，深入服务对象日常生活世界，才能精准识别到服务对象的存在，并对其个人、家庭和社区的日常生活问题需要和优势资产进行充分的评估和运用，整合地介入和解决服务对象日常生活问题，并最终赢得服务对象、当地政府和社会公众的认可，取得专业合法性。由此可见，中国社会工作实务困境的突破和专业合法性的建立，有赖于社会工作者融入社区日常生活，有效解决社区民众的生活问题。

---

① 张和清、杨锡聪等：《社区为本的整合社会工作实践——理论、实务与绿耕经验》，北京·社会科学文献出版社，2016年版，第46页。

② 保罗·斯特普尼、基思·波普尔：《社会工作与社区：实践的批判性脉络》（邓湘漪、陈秋山译），台北·心理出版社股份有限公司，2011年版，第63—83页。

③ 《努力开创城乡社区治理新局面》，http://theory.people.com.cn/n1/2017/0613/c40531-29335344.html，2017年6月13日。

④ 李昺伟、陈安娜：《中国社会工作实践社会公平正义的现状与未来》，载《专业的良心——转型时代中国社会工作的守望》（李昺伟主编），北京·社会科学文献出版社，2014年版。

而深度理解服务对象生活困境、充分运用社区优势资产回应民众对美好生活的向往，则是本土专业社会工作的合法性来源（见图4–1）。

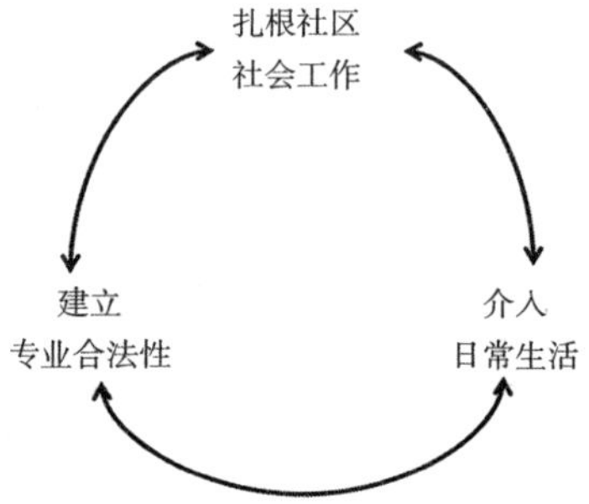

图4–1　扎根社区的实务逻辑示意图

第四节　日常生活实践与扎根社区实务模式建构

关于为何要扎根社区（民众日常生活世界），如何通过日常生活实践推动服务对象的深层改变，日常生活批判理论给予社会工作实践非常有益的启发。D镇社工站蓉姐的案例充分体现了社会工作从日常生活出发，深度理解服务对象的问题需求和优势资产，并在此基础上整合运用社会工作专业方法策略，从而达到“人与环境”的双重改变。

一、扎根社区：日常生活的社会工作视角

（一）日常生活的深度理解

20世纪30年代法国哲学家亨利·列斐伏尔（Henri Lefebvre）在马克思异化理论和辩证法学说的基础上首创日常生活批判理论。他认为日常生活的诸多元素，如工作、闲暇、家庭生活和私人生活构成了一个整体[①]，并作为一个整体对日常生活作出解释：“日常生活从根本上是与所有活动相关的，包含

① 亨利·列斐伏尔：《日常生活批判》第一卷（叶齐茂、倪晓晖译），北京·社会科学文献出版社，2018年版，第39页。

所有活动以及它们的差异和它们的冲突；日常生活是所有活动交汇的地方，日常生活是所有活动在那里衔接起来，日常生活是所有活动的共同基础。正是在日常生活中，产生人类和每一个人的关系总和有了整体的形状和形式。在这个整体的形状和形式中，产生现实整体性的这些关系得到了表达，成为实现。”①

列斐伏尔指出，人们与自己的家庭、邻居和自己阶层的人生活在一起，貌似熟悉他们，但熟悉不一定是已知，熟悉的往往遮蔽了人们的双眼，熟悉依赖于明显的身份，依赖于对身份的信任（或轻信）。② 郑震指出，日常实践的熟悉性体现为“得心应手”“司空见惯”“熟视无睹”，日常实践的熟悉性容易在理所当然的表象中忽视日常实践的社会历史生成，并产生对现实盲目信仰及合理化实践中的暴力。③ 在列斐伏尔看来，日常生活乃是我们辩证地批判进入最深刻的、最直接的外部世界与社会世界的汇聚地，也是人类的本性欲望的所在地与入口处，人们的各种权力潜能都由此而形成和发展，并得以具体地实现④，然而，日常生活并不是铁板一块，而是包含了复杂的矛盾和多种可能性。列斐伏尔建议在日常生活的研究中，在研究者与所研究对象之间必须保持一种批判的立场，必须主动地跳到日常生活之外来观察和批判日常生活，在“后撤一步”中把握日常本身⑤。由此可见，日常生活既具有整体性、基础性、熟悉性和高度重复性等特征，也带有一定程度的麻木性、压制性，并暗含着无限的可能性。只有走进人们的日常生活世界，并有意识地抽身出来采取批判的立场，才能对生活其中的人们进行整体性深入理解，从而深刻把握日常生活的矛盾和各种改变的可能性。

---

① 亨利·列斐伏尔：《日常生活批判》第一卷（叶齐茂、倪晓晖译），北京·社会科学文献出版社，2018 年版，第 90 页。

② 亨利·列斐伏尔：《日常生活批判》第一卷（叶齐茂、倪晓晖译），北京·社会科学文献出版社，2018 年版，第 13—14 页。

③ 郑震：《论日常生活》，载《社会学研究》2013 年第 1 期。

④ 刘怀玉：《日常生活批判的瞬间、差异空间与节奏视角——以列斐伏尔为例》，载《哲学分析》2016 年第 6 期。

⑤ 黄继锋：《日常生活与马克思主义——列斐伏尔的“日常生活批判”》，载《教学与研究》2006 年第 3 期。

日常生活视角下的社会工作实践，要求社会工作者通过驻守村居的方式保持日常生活的“在场”优势，通过与服务对象一起参与熟悉性、重复性和基础性的日常实践，与服务对象在亲切而熟悉的生活世界建立信任关系。同时，社会工作者要在深入服务对象日常生活的基础上发挥社会学想象力[①]，才能与服务对象一起洞察、反思与分析那些“得心应手”“司空见惯”“熟视无睹”等被合法化的行为表象背后的社会历史脉络、价值信念乃至实践意义等，从而综合评估分析服务对象及其家庭、社区所面临的深层问题需求、优势资产及改变的可能性等。D 镇社工站蓉姐的案例中，社会工作者就是扎根蓉姐的日常生活，通过经常性地出现在蓉姐家庭场景，并与她及其他社区妇女一起开展契合当地文化特色、群众喜闻乐见的活动，才能融入蓉姐及其家庭和社区其他妇女的生活世界，进而深入理解蓉姐消沉、低迷、独来独往等行为背后的社会历史根源（如社会排斥、男女不平等）。同时，社会工作者还通过生活化的相伴同行发掘蓉姐及其社区妇女群体的优势资产，运用生活化的专业力量重塑个体的能动性及社会性功能。

（二）从日常生活推动深层改变

基于日常生活实践的特征分析，郑震进一步指出：“只有当一项改革政策所倡导的观念真正进入民众的日常生活之中，也就是在民众广泛的共同实践中被不断地重复，从而转化为人们高度熟悉和共同分享的同在的信念的时候或者说信念化为民众的存在，而不是作为对象被加以权衡，这一政策才可能真正地获得有效性。”[②] 因此，除了代表党和政府把社会福利和社会治理政策精准输送到千家万户，社会工作者还要促进公平正义、助人自助、互助友爱、社区自治等政策理念与专业价值深入人心，使之成为人们日常生活实践的一部分。

列斐伏尔认为，日常生活变革的目标是终结异化的社会并恢复人的主体

① 张和清认为社会学想象力的最大魅力在于从历史的维度，将个人生活经历与社会结构的批判关联起来，既分析社会结构对个体的权力宰制，又从日常生活的经验事件察觉个体的能动性与未来解放的可能性。具体参见：张和清《知行合一：社会工作行动研究的历程》，载《浙江工商大学学报》2015 年第 4 期。

② 郑震：《论日常生活》，载《社会学研究》2013 年第 1 期。

性，以及对创造性和想象性生活的塑造[①]。因此，最终能否消解服务对象日常生活困扰，关键在于能否协助服务对象重拾主体性，共创丰富多元的美好生活。在D镇的案例中，社会工作者通过扎根社区（驻村）日常生活发现服务对象蓉姐，在“三同”的过程中觉察蓉姐的喜怒哀乐和生活困苦，从而瞄准其家庭生活问题和优势资产等，激活她的自信心、主体性和公益心。正是依靠生活化的陪伴、支持和能力建设，社会工作者将蓉姐从日常生活私领域推向社区公共生活世界，通过参与社区公共服务，推动社区发展，从而实现其个人的社会价值。

社会工作者只有扎根社区民众的日常生活世界，才能深层同理服务对象的生活问题，同时发现服务对象日常生活的优势资产等，从而最大限度激活社区民众内生动力，实现个人和社区双向改变。

二、“双重焦点”的整合实务模式

既然日常生活实践涉及社会且是社会生活的基础，那么服务对象日常生活的改变或社会工作介入的焦点必须是整合的，这与社会工作强调“人在环境中”个人与环境系统的双重改变（“双重焦点”）的理念高度吻合[②]。“双重焦点”整合实务模式，一方面着眼解决个人的问题和困扰，有助于获得或增强社会工作的合法性；另一方面也从造成个人问题和困扰的社会历史根源推动社会变革，从而回应党和国家对社会工作在保障和改善民生、加强和创新社会治理、推进国家治理体系和治理能力现代化方面提供重要基础支撑的厚望[③]。可以说，在日常生活的视角下，“双重焦点”的整合实务模式既符合国际社会工作倡导回归社会工作的社会性使命[④]，也能够响应我国新时代背景下政策实践的社会工作实务取向。

---

① 黄继锋：《日常生活与马克思主义——列斐伏尔的“日常生活批判”》，载《教学与研究》2006年第3期。

② 李伟：《社会工作何以走向“去社会变革化”？基于美国百年社会工作史的分析》，载《社会》2018年第4期。

③ 《实施“双百工程”筑牢民生服务底线——访广东省民政厅党组书记、厅长卓志强》，http://epaper.shehuiwang.cn/epaper/zgshb/2020/12/08/A03/story/496330.shtml，2020年12月8日。

④ IASSW、IFSW：《社会工作专业的全球性定义》，https://www.iassw-aiets.org/wp-content/uploads/2015/11/SW-Defination-In-Chinese1.pdf。

（一）整合的问题分析和介入目标

由于日常生活视角的个体生活问题具有社会历史脉络和整合性特征，因此，社会工作者必须从个体—家庭—社区—社会文化整合的视角评估、分析和介入社会问题，而不能割裂和静态地看待服务对象的问题。在蓉姐的案例中，社会工作者通过生活化的相伴同行，不仅看到蓉姐及其家庭存在自卑心理、缺乏朋友和经济困难等问题，而且从个人、家庭和社区层面对蓉姐的问题进行综合分析。例如，评估个人心理压力源于家庭变故，而家庭困难是因为缺乏社区支持网络等。正是通过整合的问题评估分析过程，社会工作者确定整合的介入目标：从个体层面为蓉姐提供社会－心理支持，开展能力建设；从家庭层面帮助蓉姐维护良好的家庭关系，支持其增加生计收入；从社区层面引导蓉姐参与社区活动，邻里互助，逐步融入社区公共生活等。

（二）整合的资产评估与介入途径

国内外许多社会工作学者偏向于从科学助人的角度理解社会工作，认为“社会工作是以利他主义价值观为指导，以科学的知识为基础，运用科学的方法助人的职业化的服务活动”[①]。科学助人范式的社会工作虽然强调“助人自助”，但在实践中往往容易变成强化社会工作专家角色的“工作者为本”的助人服务，在突显专家角色的过程中，强化了受助者的依赖性和无力感[②]，同时也忽略了受助者自身及其社会文化环境（包括自然环境）所蕴含着的丰富的解决问题的资源和本土实践智慧。整合资产评估和介入就是将个体问题及其优势资产置于社区社会文化脉络，从结构与个体互动关系的视角，致力于激活社区内生动力。资产为本的社区发展强调资产为本、以内部为焦点和人际关系网络作为驱动力量等三个关键元素，为社会工作扎根社区充分运用社区资产协助服务对象应对生活挑战提供了一个可行的实践策略。

---

① 全国社会工作者职业水平考试教材编委会：《社会工作综合能力（中级）》（第9版），北京·中国社会出版社，2020年版，第2页。

② 张和清：《社会工作：通向能力建设的助人自助——以广州社会工作者参与灾后恢复重建的行动为例》，载《中山大学学报》（社会科学版）2010年第3期。

由于社区资产涵盖了个人、团体、正规单位、有形资产和关系等多个层次[①]，因此，社会工作者围绕服务对象所进行的社区资产评估是整合的，从资产出发制定的行动策略和介入途径也是整合的。

“双百”个案救助与社区共治协同发展的实务模式（图 4–2），就是通过个案救助既保障困难群众的福利权利，又通过能力建设的过程促使被助者成为助人者（邻里互助），甚至成为推动社区发展主体力量。同时，社区共治的目标除了推动社区可持续发展之外，还必须借助社区自治的力量共建互助友爱的社区，促使社区成为“老有所养、幼有所教、贫有所依、难有所助、鳏寡孤独废疾者皆有所养”的共同体。

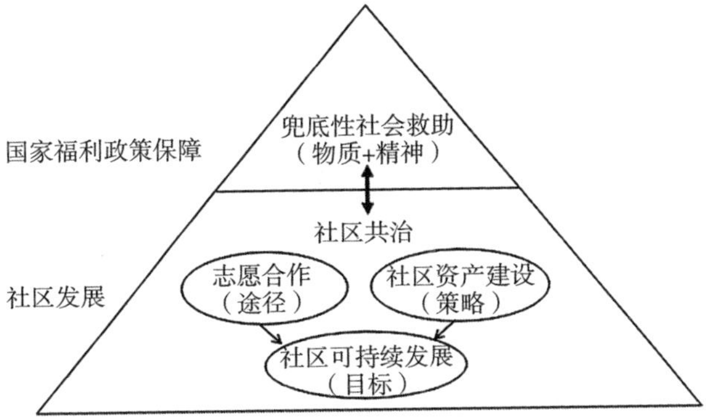

图 4–2　个案救助与社区共治协同发展实务模式

在蓉姐的案例中，首先，整合社会工作方法的运用充分考虑服务对象及其生活环境所蕴含的社会资源和本土智慧。针对蓉姐的问题，从个体微观和社会宏观“双重焦点”综合评估、整合社会工作方法介入。从微观来看，着眼协助蓉姐及其家庭解决问题，激活能动性；从宏观来看，则是以社区为本，整合蓉姐个人（家庭责任心、改变生活的愿望等）、家庭（卤味技艺生意经验、夫妻相互关心与支持等）的优势资产，借助社区社会文化资产（粿品文化、互助传统、闲置公共空间等）优势实现个案救助与社区共治协同发展。其次，社区资产建设是实现“双重焦点”介入的策略。社会工作者以优势视

① 张和清、杨锡聪等：《社区为本的整合社会工作实践：理论、实务与绿耕经验》，北京·社会科学文献出版社，2016 年版，第 45—46 页。

角将蓉姐的家庭问题置于资产建设的角度进行分析和介入，通过重建个人及家庭的社区支持网络，重拾蓉姐一家的自信心，点燃生活的希望。在打造社区公共空间、开展公共活动的过程中，有意识加强蓉姐的能力建设，促使她从家庭走向社区，与其他妇女一起推动社区发展（培育妇女组织、推动生计发展、打造公共空间、传承美食文化、激活公益心服务社区等）。当蓉姐逐渐走出生活困境后，反过来还帮助其他民政对象，尤其是成为妇女互助小组骨干后，还将自己家的卤味技艺传授给其他困难家庭，协助更多的困难群众自力更生，脱贫致富。

（三）整合专业方法的本土运用

林万亿认为整合取向的实务模式虽然没有明确划分个案工作、团体工作与社区工作，但并不表示社会工作者在服务服务对象时不能保有与个人、团体、社区互动等概念，或与个人一起工作、与团体一起工作、与社区一起工作的概念。[①] 换言之，在扎根社区整合取向的社会工作实务模式中，“三大方法”的专业工作内容并非相互割裂，而是在整体性协助服务对象解决日常生活问题时所需要运用到的专业方法要素。强调整合取向的实务模式并不是要抛开个案、小组、社区等专业方法“另起炉灶”，而是要改变社会工作价值目标与专业方法使用之间本末倒置的做法，回归到社会工作“以人为本”的初衷，作为社会工作百余年实践与理论探索积累的专业遗产，“三大方法”应该被珍视、传承和创新发展。

另外，作为西方现代主义的一项发明[②]，源自西方文化的社会工作专业方法虽然有助于回应现代社会变迁所带来的个人和社会问题，但在非西方国家或地区是否适用，始终存在不同意见[③]，因此，社会工作理论方法的本土化一

---

① 林万亿：《当代社会工作：理论与方法》，台北·五南图书出版股份有限公司，2013 年版，第 145 页。

② GRAY M，COATES J，HETHERINGTON T. Hearing indigenous voices in mainstream social work [J]. Families in society，2007，88（1）.

③ PAYNE M，Modern social work theory：a critical intreoduction [M]. Macmillan Educarion LTD，1991.

直是学术界的热点话题[①]，尤其是涉及社会工作文化敏感性的议题对专业本土化很有价值[②③]。2014 年在墨尔本召开的国际社会工作者联合大会关于社会工作的定义指出，社会工作是跨学科和跨专业的，其研究及理论的特点是具有可应用性和开放性，社会工作的知识体系应该吸纳包括具体实践环境的特点、西方理论和本土化的知识。[④] 因此，当采取扎根社区整合社会工作实务模式开展专业实践时，需要注意同时汲取专业的和本土的助人自助方法，还需要有将西方的理论、方法与本土经验、传统结合，实现“中体西用”的实践智慧。

在蓉姐的案例中，“双百”社会工作者的介入行动，一是运用了个案工作的人本主义、叙事增能等理论模式；二是遵循了小组工作社会目标模式（妇女公共空间建设）和互惠模式（妇女互助小组）的核心要义；三是运用了社区工作的组织、动员、领袖培育等社区工作方法。同时，社会工作者还整合运用了不少本土的助人、互助方法及文化、空间资源，开展契合本土文化情境、更有成效的专业服务。例如社会工作者充分利用蓉姐夫妻俩的卤味技艺和时下流行的线上微商平台，帮助蓉姐再次成功创业，并鼓励蓉姐在社区志愿服务中将其卤味技艺传授给其他困难家庭，改善家庭生计。另外，社会工作者还借助当地传统美食文化——粿品文化的社会凝聚作用，通过社区公共空间开展活动，协助社区妇女从家庭“私领域”走进社区“公领域”，扩大社会资本，提升社会地位。可以说，社会工作的“三大方法”以及本土方法被整合地运用到协助蓉姐走出困境的行动中。

总之，采取日常生活的社会工作视角有助于整合评估服务对象的问题和资产，从而设定本土化专业介入目标和行动策略。“双百”立足国家福利政策保障和社区发展两个基本维度，逐步摸索出个案救助与社区共治协同发展的实务模式。如图 4-2 所示，国家福利政策保障是基本兜底性社会救助，具体

---

① 卫小将：《社会工作本土化研究之阐述》，载《学习与实践》2012 年第 5 期。

② YIP K S. Indigenization of social work an international perspective and conceptualization [J]. Asia Pacific journal of social work and development, 2012, 16 (1): 43 – 55.

③ 古学斌、张和清、杨锡聪：《专业限制与文化识盲：农村社会工作实践中的文化问题》，载《社会学研究》2007 年第 6 期。

④ IASSW、IFSW：《社会工作专业的全球性定义》，https://www.iassw-aiets.org/wp-content/uploads/2015/11/SW-Defination-In-Chinese1.pdf。

包括物质救助和社会－心理支持两个层面；而社区发展在当前中国社会治理的语境下也可以称为社区共治，社会工作者通过社区居民志愿合作的组织途径和社区资产建设的策略实现社区可持续发展的目标。最后需要说明的是，“双百”扎根社区社会工作实务模式只是初步探索的结果，该模式尚处于摸索阶段，仍然需要本土社会工作者实践结合理论深入探索、逐步完善。

教材第二、三、四章主要分析了中国特色社会工作的专业发展核心因素、社会性和实务模式等三个涉及中国本土专业社会工作发展的重大议题。这三个重大议题及其相互关系构成中国特色社会工作实践模式的雏形。我们认为，只有把政策实践、行动研究、成人继续教育和互为主体等作为中国特色本土化专业发展道路核心因素来践行，才能促进我国社会工作专业和行业的可持续发展。“双百”社会工作社会性的重要性在于，只有做出社会性才能做出专业的不可替代性，专业、职业和事业才成为可能。最后，“双百”个案救助与社区共治协同发展的实务模式充分体现了社会性质，重拾了社会工作的“社会”本质。中国特色社会工作实践必须充分发挥党和国家高质量社会发展及其社会政策优势，立足本土社会文化处境，有效回应并解决国家兜底民生保障、社会治理（发展）“最后一米”障碍问题，从而彰显中国社会工作的专业价值和社会性，重建专业合法性与可持续发展。

思考题：

1. 中国社会工作的专业合法性困境有哪些？
2. 本章实务案例取得成效的关键是什么？为什么？
3. 如何理解扎根社区整合社会工作实务逻辑？
4. 日常生活视角对扎根社区的社会工作实务模式建构有何启发？

中篇：实务

第五章　扎根社区整合社会工作实务流程

教学基本要求：

1. 了解“双百”社工站落地生根的实务过程；
2. 学习扎根社区整合社会工作的实务框架；
3. 理解和把握扎根社区整合社会工作的实务流程；
4. 理解和把握“双百”实务流程与管理体系的关系。

第一节　“双百”社工站落地生根

一、H 镇社工站的基本情况

H 镇社工站位于广东省西北部的山区县，属于粤、桂、湘三省（自治区）交会处。H 镇所在县不同地域的居民语音和语调差别很大，有“上坊话”和“下坊话”之分。当地民众遇到重大决定有“择日子”的习俗，祠堂文化较为深厚，宗族关系对个人和家庭有一定影响。H 镇是 H 县第一大镇，也是县城所在地，主要讲“下坊话”。按 2017 年统计数据，该镇下辖 32 个村委会和 11 个社区居委会，总人口 156486 人，低保 743 户 1690 人，特困人口 272 人。[①]“双百”落地之前，H 镇社会工作发展比较薄弱。据社会工作者了解，H 镇有两个注册社会工作机构，其中一个因为没有业务而被注销。因此对于

① 《社区评估的行动研究报告》H 镇社工站 2018 年版，第 10 页。

H镇的政府干部、村（居）委工作人员、村（居）民来说，“双百”项目和社会工作是一个新生事物。H镇社工站共设置7个社会工作岗位，通过统一招聘录用和岗前培训，社会工作者于2017年7月正式上岗。除其中1名社会工作者是外嫁媳妇之外，其余均为本地人，他们对当地的方言和文化较熟悉。

社会工作者上岗后，镇街以“落在村居、问题导向、方便群众”为原则，综合考虑社会工作者的食宿、安全、交通等因素，最终确定X社区为H镇“双百”社会工作服务区域，并把社工站的落脚地定于H镇敬老院旁。X社区是一个农转居社区，由5个自然村组成，共25个居民小组，1800～2000户家庭，总人口约13000人，其中农业户口约6000人，非农业户口约7000人。[①]随着城镇化发展，X社区还有外镇移民自建房聚居区、商品房小区以及为安置“水上人家”建立的水运新村保障房小区、某国有企业职工安置房等。通过社会工作者驻村“三同”，做好“四大任务”等群众工作方法，社会工作者选定X社区问题较集中的自然村GT村及较弱势的水运新村保障房小区作为重点服务范围。

通过4年多持续不断开展工作，H镇社工站社会工作者逐步做到个案救助与社区共治协同发展，促使困难群众、特殊群体服务及其社区面貌发生很大改变。2020年6月起，H镇社会工作者在继续做好驻村工作的基础上，“以点带面”，将专业服务逐步辐射到X社区相邻的L行政村。H镇社工站落地生根造福社群的过程是“双百”站点发展的“缩影”，鉴于该社工站在“双百”社会工作实务模式探索中具有典型性，本章以H镇社工站的社会工作服务为例，深入剖析“双百”扎根社区整合社会工作实务流程。

二、落地生根：互相熟悉相互信任

社会工作对于当地居民来说是新生事物，因此，“双百”社工站刚开始落地社区时并不顺利。2017年7月1日，H镇社工站7名驻村社会工作者正式进村工作。然而社会工作者在入户探访的过程中，经常被村民误认为是大学

---

① 《社区评估的行动研究报告》H镇社工站2018年版，第11页。

生进村开展社会调查，甚至有村民认为社会工作者是进村搞推销的。当年轻人骑摩托车看见社会工作者和老人家聊天时便大声吆喝：“你们是干什么的！”有些带孩子的老人一看到社会工作者便赶紧把孩子带走。有一次，社会工作者偶遇一位挑东西的驼背阿婆，便上前帮老人拿东西，阿婆邀请其进家喝茶时，却被阿婆的儿媳妇恶语赶走……那段时间，无论是年轻人、老人，还是中年妇女，都对突然出现在村里的社会工作者表现出明显的防备甚至抵触。村民的冷淡态度和反感表现对刚驻村的社会工作者打击很大，他们开始怀疑驻村工作的意义，质疑自己是否适合做社会工作，团队士气一度很低落。这时，协同督导者发挥了重要作用。协同督导者进村与社会工作者共同学习项目办下发的“双百”驻村居指引，还亲自带领他们入户“三同”，完成“四大任务”并结合中秋节、重阳节、国际志愿者日等节庆契机开展群众喜闻乐见的游园活动等。此外，协同督导者带领社会工作者深入敬老院陪老人家聊天、看医生、一起打扫环境卫生等；陪同民政对象办理救助政策补贴；与村民及困难群众一起种菜、浇菜和摘菜；与 GT 村妇女共同打造公共空间，一起跳广场舞等。在协同督导者引导、陪伴、示范下，“双百”社会工作者通过各种融入群众的方式，走进村民的日常生活，逐步获得困难群众和特殊群体的信任、理解和支持，赢得立足之地。

例如，社会工作者从村民口中得知村里有一位跳舞达人 Z 姐，在一次夜间驻村探访过程中，刚好碰到 Z 姐正与几位妇女在村民家门前的空地跳广场舞，于是社会工作者也加入跳广场舞的行列，并在休息时与其搭讪闲聊。社会工作者了解到 Z 姐平常在镇上坚持跳舞，但因为镇上交通不便，便与几个邻居筹钱买音箱开始就近在村里跳舞，但当时村民跳舞的积极性并不高，而且受制于村里依山而建的特殊地理条件，很难找到一块平地跳舞，Z 姐发展广场舞队的想法遇到困难。了解情况后，社会工作者陪同 Z 姐找到村干部反映诉求，最终协商同意将村里停车场作为临时跳舞的场地。之后，为了促进更多妇女跳广场舞，社会工作者制订“三同陪伴计划”，即社会工作者每周至少安排两个晚上的时间在村里陪伴 Z 姐和妇女们一起跳广场舞，乘机宣传带动更多的村民参与。随着该计划的顺利执行，跳舞的妇女由最初的六七个人发展到 20 多人的妇女广场舞队。借助拓展广场舞队的契机，2018 年 2 月，在村委会支持下，社会工作者与妇女骨干将村里郭氏旧祠堂前的荒地打造成为妇女跳舞和村民娱乐的公共空间。经过“三同式”驻村相伴同行和公共空间打造，社会工作者与GT村妇女的关系日益加深，彼此终成为无话不谈的好朋友。

> 通过“三同”（同吃、同住、同劳动）的服务模式，慢慢地融入村子这个大家庭，和村民熟络起来……每天我们入户走访的时候，村民都很热情地邀请我们到家里吃饭，还把家里的“好东西”都拿出来招待我们……尤其是十一婆最打动我的心，每次见到她，她都会问我：“饿不饿？我煮玉米/煎糍粑给你吃。”待我如同女儿一般。渐渐地，我进GT村就有了一种回家的感觉，每个村民都是我的长辈、兄弟姐妹。（H镇社工站个人年度总结报告）

总之，面对“局外人”的困境，H镇“双百”社会工作者采取人类学“浸入式”的田野工作模式①，在与村民“三同”落地生根的过程中，将社会工作做进村民生产生活里，植入村民风土人情中，从而做到互相熟悉、相互信任，获得立足之地。

三、深度理解：精准化识别与社区评估

深度理解分析服务对象及其家庭、社区的问题/根源及其优势/资产等，是扎根社区社会工作者进行服务对象精准化识别、精细化服务的前提和基础。

（一）精准化识别服务对象

小永（化名）是社会工作者入户排查民政对象基本情况时发现的。他已经是15岁的少年，但看起来却很瘦小，其父亲两年前去世，患有肢体残疾的母亲在外流浪，小永自初一辍学在家沉溺于网络游戏已经两年，他长期独自一人躲在房间里玩游戏，几乎不与村里人沟通，住在隔壁的伯父伯母虽然同情他，但也颇有怨言，说他“从不叫人，很不懂事”。社会工作者入户探访

① 约翰·奥莫亨德罗：《像人类学家一样思考》，北京大学出版社，2013年版，第70页。

时，小永看见外人立刻躲进房间里，瘫痪躺在长椅上的祖母担心孙子长期这样“以后就不会与人说话了!”临走时，祖母祈求社会工作者：“你们能不能留下来陪小永吃顿饭，就算是简简单单的白饭也好啊，很久没有人陪他吃过一顿饭了。”为了与小永建立信任关系，打开工作局面，社会工作者决定回应祖母的要求，尝试进行一次真正的“三同”。为了这次“三同”，社会工作者做了充分的准备工作，包括基于小永家条件有限，将吃饭简化为包饺子，并自备餐具材料等。了解到小永还有个姐姐的情况后，社会工作者就以吃饭为名邀请其素未谋面的姐姐一起过来参与家庭聚餐。

简单的一餐饭，小永经历了从“刚开始见到社工就低头”到“逐渐露出笑容”、从开始的退缩到主动参与的转变。社会工作者一边包饺子，一边了解到小永更多的家庭情况。原来小永与姐姐同父异母，而姐姐又有自己的家庭和工作，日常负责帮小永代管救助金，偶尔抽空回来看他，给他生活费；奶奶瘫痪长期卧床，平时由大伯父一家负责照顾；小永辍学是因为在学校被同学嘲笑；因为不想麻烦大伯父一家，他平时都是一个人泡面或者煮饭时蒸上两条香肠就吃一整天；最让他开心的事情是玩游戏。借助轻松的氛围，小永知道了7名社会工作者的名字。当饺子出锅的时候，社会工作者鼓励小永把做好的饺子送一份给大伯父一家品尝，大伯父一家也露出了笑容。社会工作者借助“三同”在较轻松自然的场景下与小永及其家庭建立信任关系，通过参与式观察，尤其是借“一餐饭”的契机深度理解小永及其家人所面临的困难及其根源，也感受到他们一家人的真情实感及抗逆力。

小永一家的状况一定程度上反映了许多边缘困难群众的现状，尽管大多数困难群众和特殊群体能够得到国家福利政策的物质救助，但在物质救助的精准化识别和精细化服务方面还存在许多空白和偏差需要弥补。此外，小永一家除了物质的需求之外，他们还有许多社会心理和精神需求很难得到满足，他们融入正常的社会生活，发挥其社会性功能更是难以实现。幸运的是在H镇民政事务办和村委会的支持下，社会工作者对包括小永家庭在内的所有民政对象进行精准化识别，实行“一户一档”建档立卡，社会工作者每次探访后都必须完成《访谈记录表》，并存放到民政对象个人档案里，最后汇总形成

《民政对象家庭信息服务表》[①]。与此同时，社会工作者将该社区在册或不在册的民政对象及其社区问题资产等逐家逐户标注在社区地图中，形成民政对象社区分布图、问题地图、资产地图等，实施“挂图作战”。当社区边缘困难群众一旦被识别并符合国家福利救助政策条件时，社会工作者就会联动政府及其社会资源进行精细化帮扶，做到精准施策。此外，社会工作者还通过深入分析社区问题和优势资产等，推动社区共治发展。

（二）精准化识别社区问题与优势资产

对社区问题及其根源进行深度理解和分析，对社区优势资产进行充分挖掘和运用，是开展扎根社区整合社会工作的实务基础。H 镇社会工作者从“三同”入户“用脚画社区地图”开始，对水运新村保障房小区的特殊群体——“水上人家”存在的问题及其资产进行精准化识别。社会工作者刚开始接触这个群体时，发现居民对外人很警觉，对基层政府有怨气，社区工作很难开展。2018 年上半年，尽管驻村社会工作者对“水上人家”的历史文化有了初步了解，但对社区问题及其资产的发掘很有限，难以确定社区工作的突破口。鉴于此，协同督导者对社会工作者进行了指导，对开展入户访谈和社区评估提出许多具体建议。

> 要深入了解居民的家乡（如平南、蒙山、本地人）、民族（汉族或壮族）；了解文化习俗（如平南、蒙山、本地有什么文化习俗、重要节日、特色饮食等）；现今的生计、工作情况；家庭情况；对水运新村小区环境卫生的看法；居民对社区管理的看法；对成立居民小组的看法等，还应该确定详细社区评估行动研究计划。（社工站 2018 年 1 月 29 日会议记录）

社会工作者开始反思前期活动存在不接地气的问题，制订详细的访谈计划，从“水上人家”传统文化和族群文化进行深度探访。例如，以 H 镇元宵节活动为契机，社会工作者聚焦“文化达人”进行口述访谈，深入挖掘“水上人家”的老照片、船歌碟、竹编制品、美食等背后的历史文化故事。未承

---

① 具体参见本书附录：服务对象家庭信息服务表。

想，口述访谈促使大家争相拿出自家的“宝贝”来展示，讲述老物件背后的历史故事。之后，社会工作者利用水运新村已有的公共空间鼓励“水上人家”“文化达人”表演多年未唱的船歌对唱，吸引小区楼盘内大部分居民观看，甚至有不少人从外地专程过来参加活动。此外，现场有不少观众用手机录制了船歌视频，并发送朋友圈及家族群里，引起更多人对“水上人家”的关注。在水运新村举办船歌演唱会，不仅唤起“水上人家”的集体记忆，而且改变了居民对社会工作者的认识，之后再走访社区时，居民直言以往对社会工作者有误会和提防。船歌对唱活动为社会工作者后续开展社区工作奠定了坚实的基础。①

随着与水运新村（居）民日益熟悉，社会工作者开始深入了解“水上人家”的历史变迁和现实困境，发现 H 县水运公司因为经营不善于 2001 年宣布解体，导致船队职工从“单位人”变成“社区人”。“水上人家”上岸后面临着生计发展、生活适应和社区管理等方面的难题。经过深入社区评估的行动研究，社会工作者逐步理解“水上人家”面临的问题及其根源，包括船队解体后因为安置而引发的干群关系疏离，“水运新村”保障房小区管理经费缺乏，包括迁居后“水上人家”复杂的同事、姻亲、邻里关系和人情面子等因素，致使新社区无人愿意牵头管理，社区治理难以落实。与此同时，社会工作者也了解到“水上人家”尚存的优势资产，诸如居民具有艰苦奋斗、团结友爱、勤劳节俭的优良传统。尽管因为搬迁到楼盘小区单家独户居住，居民的生产生活方式转变及其互动减少，但许多居民期望能够重温往日生活的快乐、延续昔日的优良传统。

总之，随着组织结构及权力关系的改变，“水上人家”公共生活式微，传统文化衰落，出现文化传承和身份认同危机，逐步陷入“社区问题多、无人带头解决、依赖政府、干群关系疏离”的不良循环。与此同时，居民有改变的愿望，但不知从何入手。

---

① 《社区评估的行动研究报告》H 镇社工站，2018 年 6 月版。

四、“目标—计划—过程—结果”专业管理体系与精细化专业服务

“双百”依据“目标—计划—过程—结果”专业管理体系推进扎根社区整合社会工作实务，而“53111”又是专业管理体系的执行机制，因此制定和落实好“53111”对社工站的专业发展来说至关重要。

（一）“53111”的制定[①]

“双百”怎么做？“社区说了算”。也就是说，社区的问题及其根源决定介入目标，优势资产决定介入策略[②]。因此，作为推进“双百”实务的“53111”执行机制必须在对社区问题及其根源，对社区优势资产作准确评估的基础上，依据社区评估行动研究结果制定而成。根据“双百”的价值理念、愿景和H镇社工站社区评估的行动研究报告，社工站确立站点发展的五年愿景，然后利用SWOT[③]分析工具，分析社工站以及驻点社区所存在的优势、劣势、机会和威胁，从而商讨出站点发展的三年规划和相关行动策略，并将其细化为每年的目标和执行方案，最终制定出站点专业发展的“53111”执行机制。H镇社工站的“53111”执行机制内容包括X社区民政服务对象精细化服务、GT村和“水上人家”社区发展以及站点人才培养等四大部分。在“水上人家”社区的案例中，根据前述社区评估行动研究结果，社会工作者发现“水上人家”困难群众与特殊群体存在社会支持网络不足、社区凝聚力低下、村（居）民关系疏离、互惠文化式微等问题。根据这一判断，社会工作者、村（居）民会同基层民政干部共同确定站点的三年规划目标为：“对民政对象及困难群众进行精准化专业识别及精细化专业服务，培育村（居）民自助、互助组织，搭建社区支持网络，使驻村区域内所有的民政对象得到社区照顾及发展。”依据“水上人家”的优势，制订了个案救助与社区共治协同发展的

---

① 具体做法参见本书附录六、附录九的相关图示。

② “双百”《“目标—计划—过程”的跟进管理与评估操作指南》（2018年版）。

③ SWOT分析是指综合考量组织的优势（strengths）、劣势（weaknesses）、机会（opportunities）及威胁（threats），以确认组织可利用的策略活动范围。详细参见黄源协：《社会工作管理》，上海·华东理工大学出版社，2018年版，第78—83页。

三年策略规划，主要包括民政政策宣传、民政对象排查、社区支持网络建设、“水上人家”文化传承、社区互助组织培育、社区共治发展等介入计划的设定。而社工站第一年的工作目标和计划主要聚焦在民政服务对象的精准识别、信任关系建立、政策落实以及社区问题、优势资产的评估和挖掘等方面的工作。

为了使“53111”在落实当中得到各方的配合和支持，社会工作者还联动了基层政府、村（居）委会及服务对象各方达成共识以便采取共同行动。2018 年 8 月，社工站社会工作者主动联系县民政局、镇（街）政府、村（居）委会、村（居）民相关方召开“53111”商讨会，就如何共同落实“水上人家”的“53111”进行了充分讨论，大家在介入目标和方法策略等方面达成了共识，形成协同行动、共同达成目标的意愿。经过各方多次沟通、商讨，H 镇社工站的“53111”最终定稿。4 年多来，凭借“53111”执行过程的不断完善，H 镇社工站克服“想起一出是一出拍脑袋做事”和“按三大方法数量指标体系做事”的局限，迈向“目标—计划—过程—结果”管理评估的专业发展道路，逐步做到“完成四周计划，月度目标逐步达成；完成十二个月计划，年度目标逐步达到；完成三年计划，五年愿景逐步实现”的社区导向、服务对象导向、问题导向、目标导向、优势资产导向、专业方法策略及理论导向的本土化专业社会工作。

（二）“53111”的执行

“53111”确定之后，为了确保 H 镇社工站的日常工作不偏离计划目标，一方面严格按照“53111”跟进、管理与评估执行情况；另一方面切实落实个案救助、社区共治、人才培养和协会运营[①]四大板块的工作。具体做法是每个社工站必须依据“53111”愿景目标计划完成周计划—月度计划—年度计划，逐步实现三年规划及五年愿景。为了保证各项计划落实，站点社会工作者运用周、月及年度计划完成情况总结会等方式，确保各项工作得到落实。此外，

---

① “双百”社工站落地生根之后均注册成立乡镇（街道）社会工作与志愿服务协会，成为具有独立法人资格的社区社会组织。

“双百”也强调协同督导者依据实际情况，协同站点依据“甘特图”落实进度，确保计划及时纠偏调整，逐步实现既定目标。

在“53111”执行机制下，H镇社工站的本土专业实务工作得到落实，取得较好的服务效果。例如，2018年7月，经居民转介社会工作者接触到一户特殊群体家庭，该家庭的L伯为67岁退休职工，患有糖尿病、高血压等多种疾病，其40岁的继女患有精神障碍。两人住在一幢破旧的自建房里，但L伯有拾破烂的习惯，一楼大厅及楼梯堆满各种废品，生活环境较差。入户评估该家庭情况后，社会工作者将该家庭确定为特殊个案跟进，并把该个案及时纳入新年度“53111”个案救助板块。社会工作者将个案工作跟进目标和计划具体分解到月度及周计划的内容中，并通过工作例会及时评估和调整进度，确保站点各个板块计划统筹分工，顺利落实。在2018年11月的第二周例会中①，社会工作者对L伯家庭个案上一周跟进情况进行回顾和总结，并制订下一周个案跟进计划：

> 2018年11月5日下午，派出所致电社会工作者表示个案L伯继女的户口本需补齐两项资料，分别是诊断证明和生活照一张。因L伯没有联系方式（此前已商讨好一起办理好其继女的户口本），其后社会工作者协助服务对象到县三院收集诊断证明，送到派出所并拿到其继女的户口本，又与服务对象一起协助其继女进行身份证照片拍摄并到城中派出所进行补办。下周计划：2018年11月14日社工陈、李跟进咨询个案L伯继女评残事宜。（社工站2018年11月第二周例会记录）

2018年12月初的例会中②，社会工作者对11月个案整体跟进情况进行回顾，并基于11月个案工作的情况修订12月的个案跟进目标和计划。

> 社会工作者持续跟进L伯家庭，按计划协助服务对象完成政策咨询

---

① 社工站的周例会一般安排在每周周一上午，社工团队首先回顾、梳理、总结和反思上周工作计划执行情况，再基于上周工作目标达到情况商讨或调整本周具体的工作计划。

② 社工站的月例会一般安排在每月第一周，社工团队首先回顾、梳理、总结和反思上月工作计划执行情况，再基于上月工作目标达到情况商讨或调整本月具体的工作计划。

和申请，本月通过联动县三院，已协助服务对象继女顺利入院诊治，院方已经初步确诊其为二级精神残疾，但下一步的评残、诊治，需要下个月初再与服务对象到三院办理残疾等级评定等手续后商讨决定……本月，协同督导者及“双百”项目办片区专员一起现场协同跟进和总结梳理个案工作方向，社会工作者反思此前采用理性情绪治疗模式（“ABC 理论”）[①] 分析服务对象行为背后的不合理想法，忽略了对服务对象个人价值观和主体性的关注，协同督导者提议社会工作者可尝试采取人本主义理论视角继续跟进，对服务对象给予更多的接纳和陪伴，充分发挥服务对象优势和潜能，更好地处理自己的事务。下个月计划：协助服务对象帮其继女完成残疾证、低保救助、家属补贴等政策申请，跟进居家环境及身体健康的改善。（社工站 2018 年 11 月度例会记录）

依据“53111”的持续跟进，经过近一年的个案工作服务，L 伯家庭个案救助社会工作取得明显效果，达到将 L 伯继女送医院治疗、居家清洁、社会心理支持、社会支持网络搭建和生命急救等各项既定的危机介入目标。2019 年 6 月，社会工作者与协同督导者对 L 伯个案工作进行整体性的回顾与评估，商讨决定可以阶段性结案，并将个案跟进转为恒常家庭探访与跟进。通过“53111”周、月例会及阶段性个案工作反思，社会工作者围绕目标、计划持续、系统、深入地推进个案救助板块工作，协助服务对象系统解决问题。

“双百”实务模式除了个案救助之外，更是强调做好社区共治，从而激发服务对象的主体性，推动整个社区可持续发展，而“53111”对于保障社区可持续发展取得良好效果尤为重要。例如，经过一年多社区共治发展计划的有效落实，社会工作者在“水上人家”小区培育了由 12 名核心骨干组成的“扬帆起航”团队，协助社区骨干成功举办“扬帆起航、共度新春”等多场群众喜闻乐见的社区文化活动。“水上人家”社区发展计划之所以取得成功，其重

---

① 理性情绪疗法模式是由美国心理学家艾里斯（Albert Ellis）基于自身多年的临床经验提出的，他坚信一个人如果能够保持理性的信念，就不可能产生情绪困扰，行为也就不会出现偏差。理性情绪治疗模式认为，有效的帮助方式是对服务对象的非理性信念系统进行质疑，即对非理性信念进行识别和辩论。详见许莉娅主编：《个案工作》（第二版），北京·高等教育出版社，2013 年版，第 204—205 页。

要的法宝是充分培养和发展社区居民的主体性。积极推动社区民众参与“53111”的制定、推行和执行。例如，在2019—2020年度的社区工作总结及计划会议中，社会工作者充分吸纳社区骨干的意见和建议，从社区为本理念出发制订新年度社区共治发展计划，包括募集体现“水上人家”文化的物品、手工艺品、旧照片、书画等，布置社区公共活动室，开展重阳节社区敬老活动等[①]。最难得的是社区居民主动参与目标计划制订和具体行动，他们自主管理社区文化活动室，与社会工作者一起定期探访并服务社区民政对象等困难群体，积极推动“水上人家”文化保护、传承和共治，发动居民共同改善社区的环境卫生等。GT村的驻村社会工作者以妇女工作为主线，培育妇女广场舞队，提升妇女公共参与能力，不仅提升妇女文化生活的自信心，还推动妇女参与村庄公共治理。正是依靠社会工作者与社区骨干坚守“53111”，H社工站逐步实现“对民政对象及困难群众进行精准化专业识别和精细化专业服务，培育村（居）民自助、互助组织，搭建社区支持网络，使驻村区域内所有的民政对象得到社区照顾及社区发展”的三年总目标和五年愿景。

由此可见，面对H镇村居社区类型多样化和错综复杂的民生保障和社区治理发展问题，社工站点如果没有“目标—计划—过程—结果”专业管理体系与精准化、精细化专业服务保障，社会工作者是不可能做到个案救助与社区共治协同发展的。

第二节　理论和相关概念的界定和实务运作框架

正如本书第二章对行动研究概念界定时所指出的，行动研究既是推动专业实践有效开展的过程，也是本土化专业社会工作知识体系生产的过程。从H镇社工站落地生根的历程和本土化专业实务模式探索的过程，我们发现“双百”实务运作框架包括以下三个核心因素：扎根社区整合社会工作、行动研究和社会工作管理。

① 2019年6月14日H镇社工站“扬帆起航”团队年度总结暨团队建设活动总结表。

一、相关理论概念界定

（一）扎根社区整合社会工作

依据本书总论的界定，扎根社区整合社会工作强调社会工作者要扎根城乡社区，深度理解服务对象日常生活问题与优势资产，整合运用本土化专业方法，推动个案救助与社区共治协同发展，促使国家福利政策保障和社区发展协同推进。扎根社区背后的理论基础是社区为本。社区为本的介入可追溯到19世纪的睦邻运动，社区社会工作具有注重与民众的合作、发展其非正式网络、强调提前介入、关切预防性的行动、渴望能利用与增加地方资源以及为共同的利益而实现社区成员增能[①]。张和清等认为，社区社会工作就方法论而言，必须坚守社区为本的理论视野；就实务方法而言，应该采取“整合社会工作”的方法策略，包括整合的社工角色定位、整合的资产评估和整合的社会工作方法。社区社会工作或社区重建的实务策略应该是“立足城乡社区和社区支持网络建设，选择生计、社会文化生活或环境等其中某一项公共议题作为社区工作的突破口或‘爆发点’，在与社区居民相伴同行的过程中，致力于激活社区民众的自助与互助能力，逐步达到社区公共参与、生计发展、邻里互助、文化多元、环境友好的‘五位一体’美好社区重建的目标”[②]。在“双百”脉络下，除了社区发展之外，扎根社区整合社会工作更强调个案救助与社区共治协同发展。

（二）行动研究

正如本书第二章对行动研究概念界定时所指出的，“双百”认为社会工作行动研究既包括社区评估行动研究，也包括行动过程反思性研究和行动者专业自我成长的反身性研究。行动研究的过程是社会工作者与服务对象建立信

---

① 保罗·斯特普尼、基思·波普尔：《社会工作与社区：实践的批判性脉络》（邓湘漪、陈秋山译），台北·心理出版社股份有限公司，2011年版，第141—143页。

② 张和清、杨锡聪等：《社区为本的整合社会工作实践：理论、实务与绿耕经验》，北京·社会科学文献出版社，2016年版，第26—27页。

任关系、分析理解社区问题及优势资产，制订愿景目标计划，并对实践过程进行总结反思，以推动本土化专业社会工作知识体系生产，它是集研究、评估、教育和实务于一体的社会工作专业实践。古学斌指出，行动研究是实用取向的，我们所创建的知识也是为了实现我们的专业目标，行动研究者在每一个实践阶段（包括需求评估、行动方案制订、方案的执行、行动的评估反思和总结）都会致力用最适合在地文化和民众的方法，更好地理解服务对象的问题和需求，让民众真正参与和实现能力的提升。[①] 古学斌认为，行动研究的步骤就是，行动研究者首先要发现问题，评估问题、实践的困境，然后运用相关实践理论与模式共同制订方案与计划，并在细致观察与记录的基础上，不断地对行动进行反思与评估，以更好地推动新一轮的行动。张和清指出，社会工作者首先必须具备社区实践的感受力，并在此基础上发挥社会学想象力，分析理解个人困扰和社区问题的社会历史根源，盘点社区优势资产，与民众一起寻找改变困境的突破口，共创美好社区和幸福生活。[②]

由此可见，行动研究的过程与社会工作的实务过程具有高度的相通之处，“行动研究的过程其实就是一种社会工作实践，不同之处是行动研究中行动者是有意识地对自我、对自我所处之社会位置、情境、社会经济政治的环境结构，对自己在某一社会情境下的行动或实践，对自己行动和实践所产生的影响所进行的自主研究，从而探索和总结什么样的实践知识可以带来有效的改变、更好促进民众增能、回应民众的需求、挑战不平等的权力关系”[③]。因此，行动研究是最具有社会工作性格的研究范式。[④]

（三）社会工作行政管理

社会工作行政/管理被认为是社会工作组织成员用来将组织社会政策转变

---

① 古学斌：《道德的重量：论行动研究与社会工作实践》，载《中国农业大学学报》（社会科学版）2017 年第 3 期。

② 张和清：《知行合一：社会工作行动研究的历程》，载《浙江工商大学学报》2015 年第 4 期。

③ 古学斌：《道德的重量：论行动研究与社会工作实践》，载《中国农业大学学报》（社会科学版）2017 年第 3 期。

④ 古学斌：《道德的重量：论行动研究与社会工作实践》，载《中国农业大学学报》（社会科学版）2017 年第 3 期。

成社会服务输送的社会行动过程，其基本的过程包括计划、组织、人事、指导、控制。[①] 社会工作管理与企业管理不同在于，它不是为了管理而管理，而是为了服务对象以及工作者，被视为社会工作的后勤工作，以协助工作者“条理”工作，让社会工作者有效推动专业[②]。社会工作管理的本质聚焦于社会工作组织和社会工作者如何优化服务输送的程序，组织动员工作人员的充分参与，提高服务输送的效率和效果，同时也是在增加社会工作人群服务的确定性，有助于社会工作的责信（accountability），从而增进社会工作优势。因此，管理是一种积极主动而非消极被动的作为[③]。值得一提的是，强调社会工作者对行政或管理能力的掌握和运用，不代表要将社会工作实务推向“管理主义”，为追求成本效益而牺牲困难群众权益的境地[④]，而是强调可以援引愿景、使命和目标导向的管理工具，如策略性规划、方案管理、工作分解结构等。

1. 策略性规划

规划（planning）是社会工作管理必要功能之一，也是管理功能之首，菲尔德（Field）将规划界定为“构思一种所期待之未来情境，发展和安排资源以实现这种状态之有效方法的过程”，好的规划能使工作的进行有明确的方向与目标作为遵循，否则可能陷入混沌的工作局面，既造成资源浪费又无法完成组织目标[⑤]。策略性规划（strategic planning）是组织规划中的一种，是组织制定长远目标以及达到这些目标的主要政策和行动计划之过程。它强调动态性与变迁取向，采取使命信念，以未来的愿景作为现在的决策蓝图，积极地因应（proactive）情境变化，强调创新性与创造性，是一种连续性、持续性的过程、效能（effectiveness）取向。策略性规划的程序包括：①确认组织当前

---

① 雷克斯·A. 斯基德莫尔等：《社会工作概论》（詹宜璋、沈琼桃校阅，古允文审订），台北·学富文化，2002 年版，第 160 页。

② 黄源协：《社会工作管理》，台北·扬智图书出版公司，1999 年版；载《社会工作管理》（王明凤、黄志坤），台北·华都文化，2010 年版，第 11 页。

③ 王明凤、黄志坤：《社会工作管理》，台北·华都文化事业有限公司，2010 年版，第 14 页。

④ 王明凤、黄志坤：《社会工作管理》，台北·华都文化事业有限公司，2010 年版，第 427 页。

⑤ 黄源协：《社会工作管理》，上海·华东理工大学出版社，2018 年版，第 67 页。

的使命、目标以及策略；②分析外在环境（确认机会和威胁），同时分析内在条件（确认优点和缺点，即 SWOT 分析）；③形成管理策略；④执行管理策略；⑤结果评估。[①]

2. 方案管理

在强调绩效与责信的时代，受管理学的影响，社会工作组织需要以管理的理念进行方案设计。一般而言，方案（programme）是指为达成组织预先设定的目标而事先安排好的一系列活动设计。在社会工作领域，方案又称社会服务方案，它是社会工作者提供专业服务的方法之一。黄松林认为，社会服务方案是一种有系统、有规划的计划文件，它的形成从社会问题及需求出发，设定服务的目标，并选择适当的介入策略和设计有效的服务内容，建立评估的机制，期望能够解决或改善社会问题。[②] 黄源协认为，社会工作方案是指“针对所欲解决的社会、家庭或个人问题，或为满足社区或社会居民的需求，经过对该问题或需求的环境脉络的分析，并检视相关社会资源后所拟订的一套计划，进而据以采取具体的行动，以完成社会工作机构所应执行的任务或所欲达到的目标”[③]。社会服务方案具有解决社会问题、事先妥善规划与设计以及需要一套评估目标达到结果的评估方式等特征，方案管理尤为重视方案的规划与评估，以发挥社会服务的绩效[④]。从横向上理解，方案由投入（inputs）、方案活动（programme activities）、产出（outputs）、成果（outcomes）和影响（impacts）所组成。而从纵向上看，可以理解为是一个开始、规划、执行、管控和结束的生命周期[⑤]。

3. 工作分解结构

工作分解结构（work breakdown structure，WBS）作为项目/方案管理的基

① 王明凤、黄志坤：《社会工作管理》，台北·华都文化事业有限公司，2010 年版，第 30—31 页。

② 王明凤、黄志坤：《社会工作管理》，台北·华都文化事业有限公司，2010 年版，第 357—359 页。

③ 黄源协：《社会工作管理》，上海·华东理工大学出版社，2018 年版，第 350 页。

④ 王明凤、黄志坤：《社会工作管理》，台北·华都文化事业有限公司，2010 年版，第 357—359 页。

⑤ 黄源协：《社会工作管理》，上海·华东理工大学出版社，2018 年版，第 350 页。

石之一，被认为是项目/方案管理众多工具中最有价值的工具之一。它是以可交付成果为导向的工作层级分解，创建 WBS 是把项目可交付成果和项目工作分解成较小的、更易于管理的组成部分的过程，它将项目的总体任务分解成为一组同步并且越来越明确的任务。WBS 由 3 个关键元素构成：工作（work）——产生有形结果的工作任务；分解（breakdown）——是一种逐步细分和分类的层级结构；结构（structure）——按照一定的模式组织各部分。[①] 工作分解结构给予人们解决复杂问题的思考方法，具有化繁为简、获得任务清单、细化项目计划、落实任务权责和便于跟踪监测项目等作用。工作分解结构分为以下四个层次：第一，确定项目的主要交付成果；第二，在第一层次分解的基础上确定完成项目的具体任务；第三，再根据具体任务确定子任务；第四，确定完成各项子任务所需要进行的具体活动，细化以测量绩效和验证的结果。

经由策略性规划、方案管理及工作分解结构等管理工具的运用，有利于社会工作者在社区工作中，通过深入评估服务对象及其家庭、社区的问题及优势资产，设定未来愿景和改变目标，并围绕这些愿景和目标制订长远规划及短期计划，层层分解为达到最终成果所要进行的任务和活动，并开展有效的方案管理，最终提高社会工作实务的确定性和目标的可及性，使社会工作的价值使命得以落地生根。

凭借扎根社区整合社会工作的实务模式，参照社会工作管理的相关理念和工具，结合行动研究的方法，通过 4 年多专业实践，“双百”探索出具有本土特色的“目标—计划—过程—结果”专业管理体系。顾名思义，该专业管理体系强调目标、计划、过程、结果的有机统一、持续跟进和管理评估，即以目标为导向制订实施方案，按照方案推进实务进程，注重对实践过程及其结果的评估，以便达成愿景和目标。

“‘双百’怎么做，社区说了算！”社区的问题及其原因分析决定社会工作者的介入目标，社区的优势资产决定社会工作者的介入方法与策略，因此，“双百”的实务目标及其方法策略均来源于社区民众日常生活，这就体现了社

---

① 罗峰：《WBS 在社会工作项目管理中的应用研究》，载《社会工作》（学术版）2011 年第 3 期。

区为本的专业理念，同时也说明“双百”社会工作秉持问题导向、优势资产导向和专业理论方法导向，而这一切都必须依靠社区为本的行动研究得以实现。

结合社区评估的行动研究，“双百”确定个案救助与社区共治协同发展的五年愿景和三年目标，依据前述的策略性规划、方案管理和工作分解结构等概念工具，“双百”要求社工站将5年愿景（5）、3年规划（3）继续分解为可操作、可执行、可实现、可度量的年度（1）、月度（1）和周目标（1）及其相应的实施方案（“53111”）。“53111”被定位为专业管理体系的执行机制，通过该执行机制对“项目办—地区中心—社工站”“三级网络”实施专业跟进、管理与评估，促使扎根社区整合社会工作实务模式及其专业实务愿景、目标、计划得以落实。

二、扎根社区整合社会工作实务运作框架

上述相关理论概念是构建“双百”扎根社区整合社会工作实务运作框架的理论依据。首先，“双百”实务运作框架秉持社区为本的理念，坚持扎根社区整合社会工作实务模式，强调凭借社区资产和内生动力达到解决社区问题和推动社区可持续发展的实务目标。其次，“双百”实务运作框架以“目标—计划—过程—结果”专业管理体系及“53111”执行机制强化社会工作管理及实施，确保扎根社区整合社会工作实务模式贯穿于社会工作者的日常工作中并得到长效落实。这一管理体系凭借问题分析确定介入目标，基于优势资产分析确定行动方案，依靠过程及其结果的评估监测，确保专业实践不脱离目标，从而实现以人为本的专业发展。最后，行动研究作为实务运作框架的方法支撑，一方面社会工作者借助行动研究方法深入摸清社区问题资产情况，找准服务目标和策略，并支撑“53111”在动态变化的实务情境中得以有效实行；另一方面，社会工作者在服务过程中运用行动研究方法进行实务总结与反思，促使社会工作理论方法得以落地生根并在本土实践处境下得以有效运用，最终确保扎根社区整合社会工作实务模式下的“53111”执行机制的有效性。

总而言之，在这一运作框架中，扎根社区整合社会工作实务模式由行动研究方法支撑，通过“目标—计划—过程—结果”专业管理体系及“53111”执行机制的具体运作，确保“双百”愿景目标的实现。这从而也规定了扎根

社区整合社会工作的实务流程必须以问题、目标和优势资产为导向，通过科学的专业服务管理，整合组织内外人、财、物、力，增强目标实现的可靠性，提高问题解决的有效性，保证社会工作服务有效输送，从而提升专业服务的责信和合法性。

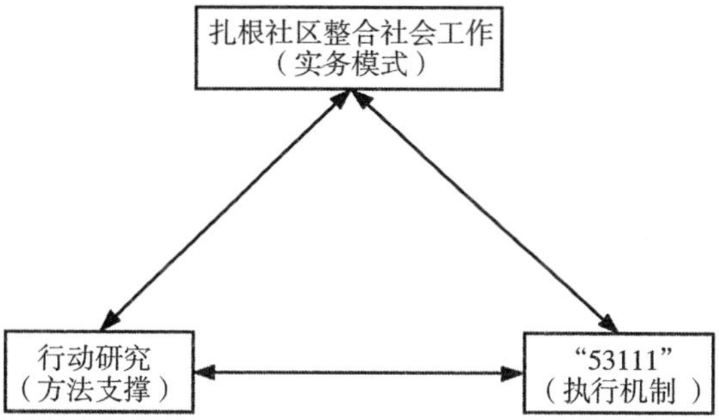

图 5-1　扎根社区整合社会工作实务运作框架图

第三节　扎根社区整合社会工作的“双百”实务流程

在“双百”扎根社区整合社会工作实务运作框架下，逐步形成了“双百”特色的实务流程和具体操作步骤。

一、“双百”社会工作实务流程

扎根社区整合社会工作“双百”实务流程在实践中借鉴了社区社会工作实务流程做法。从现有文献来看，社区社会工作的工作流程分为六个阶段：熟悉环境，收集资讯；缔结关系，进行评估；组织、规划以及建立伙伴关系；在与社区成员的共同合作之下介入；动员团队资源（使用者以及工作人员）进行增能；研究与评估。[①] 也有学者认为工作流程包括七个阶段：进入社区；找出相关议题；决定议题之优先顺序；发展出行动策略；执行；转介；参与

① 保罗·斯特普尼、基思·波普尔：《社会工作与社区：实践的批判性脉络》（邓湘漪、陈秋山译），台北·心理出版社股份有限公司，2011 年版，第 157—158 页。

者和社区进行研究/评估。[①] 由此可见，六阶段论和七阶段论有较多的相似之处，都强调进入社区时熟悉环境、收集信息和建立信任关系的重要性，同时需要对需求和资源进行全人式（holistic）的评估，按照社区成员关心的议题发展出行动策略和方案，通过与社区成员共同合作执行计划，最后评估计划实施的过程和结果。很显然，这些有关“流程”的论述都对“双百”社会工作确定实务流程提供了有益的借鉴。

同时，打通为民服务政策的“最后一米”是“双百”重要的实务工作，需要将兜底民生保障和社会治理政策实践纳入“双百”实务流程，这使扎根社区整合社会工作实务流程有自己的特色。在借鉴社区社会工作实务流程相关论述的同时，扎根社区整合社会工作“双百”实务流程又在“双百”政策实践的本土探索和思考的基础上，逐渐形成了具有“双百”特色的实务流程，主要包括五个阶段或实施步骤：“三同”“四大任务”；精准化专业识别；落实福利保障政策；精细化专业服务；推动社区共治发展（见图 5-2）。

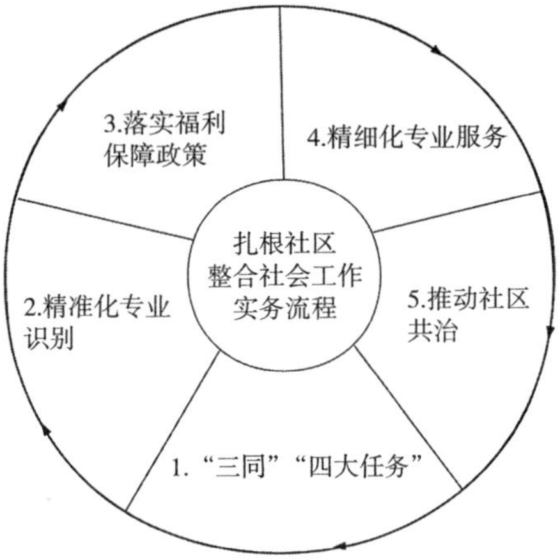

图 5-2　“双百”实务流程的五个步骤[②]

① 保罗·斯特普尼、基思·波普尔（2008）基于 Yoo 等人（2004）协同合作的社区增能过程的六个步骤，扩增为七个步骤的流程。参见保罗·斯特普尼、基思·波普尔：《社会工作与社区：实践的批判性脉络》（邓湘漪、陈秋山译），台北·心理出版社股份有限公司，2011 年版，第 150—152 页。

② 关于“双百”实务流程还可以参看本书附录二：“双百”服务全流程图。

（一）凭借“三同”“四大任务”融入服务对象日常生活建立信任关系

如果说扎根社区是欧美社会工作的传统，那么它也是中国社会工作长期立足于本土“熟人社会”的必要前提条件。正如H镇“双百”刚进入社区时，并不被当地居民所信任和接纳，导致社会工作者难以发挥专业优势。因此，与服务对象建立信任关系成为社会工作者进入社区的必要条件。有学者认为与服务对象建立关系最好的方法是融入服务对象的日常生活，“如果我们能在服务对象吃饭、生活和娱乐的地方找到他们，如果我们能在对他们有意义的系统中遇到他们，并理解他们的文化信仰和实践的相关性，那么我们的实践将与他们的需求相关。”① “双百”自启动至今始终强调必须回归社会工作的初心、价值、使命和担当，参考欧美社会工作开创者以及民国时期乡村建设运动先驱们扎根平民社区，要求“双百”社会工作者驻村首要任务是与服务对象进行“三同”（“同吃、同住、同劳动”），开展驻守村居的“四大任务”（建立关系、聚起人气、摸清情况、找到方向），置身于民众的生活、工作和劳动场景，推动“双百”落地生根。② 值得一提的是，“双百”社会工作者开展“三同”“四大任务”必须遵循“十要十不要”③ 的实务原则，否则难以真正放下身段融入社区，并对服务对象及社区进行深度理解。在H镇的案例中，社会工作者通过驻村与村民一起种菜、摘菜、吃饭、跳广场舞、建设跳舞场地等“三同”“四大任务”方式，进入X社区村民日常生活世界，观察与了解村民的生活节奏和生产方式，并与社区民众建立了深厚的信任关系。

（二）精准化识别服务对象及其家庭社区问题资产，确定介入目标方法

社会工作实务涉及对服务对象困境的深层理解，是涉及个人强烈价值介

---

① GRAY M，COATES J，HETHERINGTON T. Hearing indigenous voices in mainstream social work [J]. Families in society，2007，88 (1)：64。

② 张和清：《“双百社工”是“驻村”不是“下乡”》，http://www.shuangbai-plan.org/research/13389/，2017年6月17日。

③ 具体内涵参见第一章相关注解。

入的道德实践[①]。社区为本社会工作实践更是强调社会工作者必须以“局内人”视角深层理解服务对象需要及社区问题资产及其根源等，并依靠民众和社区内生动力共同行动走出困境，迈向社区可持续发展。全人式的评估，采取“人在环境中”双重焦点看待服务对象的问题需要和优势资产等[②]，分析服务对象和社区问题及其社会历史根源，整合评估服务对象和社区的优势资产。“双百”将这种全人式的评估称为：“四大任务”（建立关系、聚起人气、摸清情况、找到方向），具体流程为：对困难群众和特殊群众及其家庭、社区进行精准化的专业识别，分析个案及社区的问题需求和优势资产；从问题及其根源出发设立介入目标，从优势资产出发确立行动策略；确定未来工作的方向，制订长期、中期和短期执行机制（“53111”）[③]。H镇社会工作者“用脚画地图”，积极参与村中的“大事件”（重阳节、外嫁女回娘家等活动），在识别困难群众和特殊群体的问题和需求的基础上，不仅确定介入民政对象等困难群众及其家庭的目标计划，更是联动基层政府、村（居）委会和社区居民共商社区共治及整体发展的计划方案。

（三）落实福利保障政策，打通为民服务“最后一米”

推动社会政策实践是中国特色社会工作实务的重要内容，包括协助政策执行和反馈政策实践效果。有别于传统社会行政单纯执行政策，“双百”社会工作者除了链接政策资源提供服务之外，更强调对政策及其实施过程结果的反思，重视社会工作者与服务对象协同落实政策。[④] 在完成精准化专业识别的流程之后，社会工作者发挥打通政策服务“最后一米”的“在场”优势，将国家福利政策服务精准链接到困难群众和特殊群体“家里”，做到“应保尽

① 朱志强：《社会工作的本质：道德实践与政治实践》，载《华人社会工作本质的初探》（何国良、王思斌主编），台北·八方文化企业公司，2000年版，第99—101页。

② 保罗·斯特普尼、基思·波普尔：《社会工作与社区：实践的批判性脉络》（邓湘漪、陈秋山译），台北·心理出版社股份有限公司，2011年版，第157—158页。

③ 具体参见本书附录：“双百”社区评估逻辑图和“双百”“五位一体”社区问题评估分析表（示例）。

④ 向羽、袁小良、张和清：《“双百社工”在乡村社会治理中何以可为》，载《社会工作》2020年第4期。

保、应救尽救、应兜尽兜”，从而最大限度维护公平正义。据统计，H镇社工站为社区109户民政对象及边缘困难群众建档立卡，形成定期、分级、常态化、动态化跟进管理评估机制，将国家“低保”“特困”“两项补贴”“危房改造”等政策福利资源落实到位。

（四）借助政策资源提供精细化专业服务

在实现打通政策服务“最后一米”之后，“双百”社会工作者要在进一步提供精细化专业服务上做文章。众所周知，困难群众和特殊群体面临的问题往往都是综合性的，他们的需求也是多层次、多方面的，既有物质救助的需求，也有社会心理支持、能力提升、关系调适和社会融入等方面的需求。因此，社会工作个案救助除了链接国家社会福利资源进行物质帮扶之外，社会工作者还结合服务对象及其家庭的实际状况，提供社会心理支持、能力建设、关系调适、社会融入等精细化专业服务，以满足服务对象个别化和差异化的需求，体现“温暖”“同理”等人文关怀与社会心理支持。[①] 据统计，H镇社工站对31个特殊家庭及其个人提供人性化、精细化的专业个案服务，包括协助辍学青少年重返学校、提供未婚先孕少女社会心理支持、扶助精神障碍妇女重塑自信心、救助事实无人赡养老人、协助独居长者解决住房安全问题等。

（五）推动社区共治

扎根社区整合社会工作实践的终极目标是通过社区共治和村（居）民自治的过程推动村居社区可持续发展。因此，社会工作者注重增能社区骨干，培育社区社会组织及志愿者精神，通过推动社区参与机制的不断完善，提升社区的公共精神和主人翁意识，促使村居社区逐步形成“共建、共治、共享的社区治理（自治）格局”。“双百”社会工作者充分运用扎根村居密切联系群众的“在场”优势和联动基层政府落实政策的优势，以及本土的专业优势，

---

① 张和清：《从个案救助到社区能力建设——从两个案例看社会工作参与脱贫攻坚》，载《中国社会工作》2017年第25期。

致力在推动社区共治发展方面发挥重要作用。

“双百”扎根社区整合社会工作实务模式主张个案救助与社区共治协同发展，强调“个案救助治标，社区共治发展治本”的实务原则，认为只有“标本兼治”，尤其是重建民众主体性，社区才有希望，国家才会长治久安。因此，“双百”除了针对服务对象提供相应服务之外，还要增能赋权社区民众（服务对象），使依靠社区内生动力实现发展的愿望能够达到，最终逐步实现“公共参与、生计发展、社会互助、文化认同、环境友好”“五位一体”的社区可持续发展。[①] 例如在H镇社工站，社会工作者在执行介入方案时不仅注重社区居民的参与和能动性发挥，而且着力培育社区志愿互助组织，增强村（居）民的主体性和执行力，包括联同村（居）民共同商讨、制订和落实社区共治发展目标和工作计划，共同推动公共参与、生计发展、社会互助、文化认同、环境友好等社区发展愿景目标的实现。

实际上，在具体执行过程中，上述“双百”实务流程的五个步骤并非线性的实务过程，而是不断循环往复螺旋式上升的过程。在具体执行过程中各个流程有许多重叠和交叉之处，甚至会出现反复的情况。例如“三同”“四大任务”等不仅是社会工作者最初介入时必须遵循的工作流程，而且要根据具体的情境变化，始终贯穿于各个步骤之中。同时，每当社会工作者进入新社区开展工作，都应该重启这一实务流程。

二、“双百”实务流程与专业管理体系的关系

通过“双百”社会工作者4年多实践结合理论的探索，“双百”实务流程和专业管理体系的关系逐步清晰，这对专业实践及其成效发挥了重要作用。从形成的过程来看，“双百”实务流程和专业管理体系是社会工作者不断克服实务困境，充分运用行动研究探索出的一套专业实务运作机制。因此，从功能和作用而言，“双百”实务流程和专业管理体系是相互依存、缺一不可的，它们是共同发挥作用的（见图5-3）。

① 张和清、杨锡聪等：《社区为本的整合社会工作实践：理论、实务与绿耕经验》，北京·社会科学文献出版社，2016年版，第26—27页。

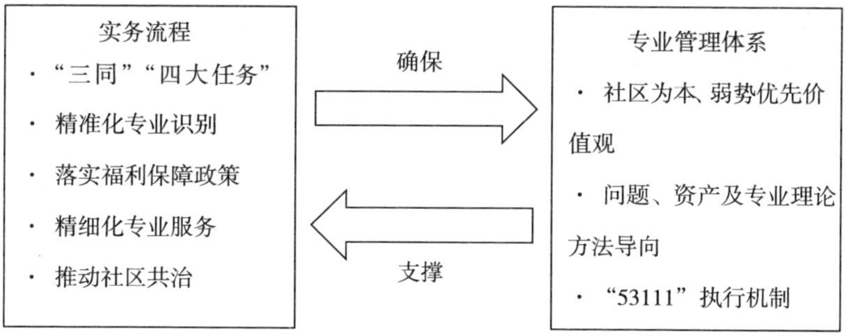

图 5-3 "双百"实务流程与管理体系关系示意图

（一）"双百"专业管理体系支撑"双百"实务流程有效运作

2017 年 7 月第一批社工站启动期间，为了使专业社会工作者在村居社区落地生根，"双百"强调驻守村居，深入开展"三同""四大任务"和"十要十不要"，却忽视了社会工作管理，从而导致有些社工站点启动半年服务管理薄弱，具体表现在有些站点缺乏规划和计划（"想起一出是一出"）、团队分工不明确、效率低下、服务碎片化和成效不明显等。为此，2018 年 1 月，"双百"开始建立"目标—计划—过程—结果"专业管理体系。该管理体系秉持社区为本、弱势优先的价值观，坚持问题、优势、资产导向，专业理论方法导向原则，通过"53111"执行机制对"项目办—地区中心—社工站""三级网络"实施专业跟进、管理与评估。经过后续 3 年多的不断调整、丰富完善，专业管理体系逐步成为"双百"实务流程有效运作的重要支撑。其支撑作用主要体现在以下几个方面。

首先，"双百"专业管理体系秉持社区为本、弱势优先的价值观，为实务流程奠定了价值指引。这就意味着"双百"社会工作者应当放下专家和知识分子的身段，主动融入社区民众，尤其是困难群众和特殊群体的日常生活，感受和理解他们的困苦、喜乐、愿望和希望，从他们的实际需要和具体愿望出发，与他们相伴同行，共同面对生活的挑战。基于这些价值理念，在实务流程中"双百"提倡驻守村居的首要任务是开展"三同"和"四大任务"，深入理解服务对象及其社区日常生活，并与社区民众共同制订反映他们利益、诉求和愿望的愿景规划和目标计划，鼓励他们一起参与计划方案的执行。

其次，“双百”专业管理体系坚持问题导向、优势资产导向、专业理论方法导向原则，以便于社会工作者在实务过程中发挥优势、纠正偏差、坚守住服务的初心和使命。也就是说，社会工作实务的推进必须找准服务对象所需解决的问题，并根据问题设立介入目标，向真正有需要的服务对象/家庭及社区提供持续的专业服务。而在解决问题的过程中“双百”提倡从优势资产出发，运用合适的专业理论方法深度回应服务对象的生活问题与挑战。因此，在实务流程中，“双百”强调精准化专业识别服务对象、问题根源和优势资产，并为有需要的困难群众和特殊群体落实政策，提供精细化的服务，着力推动社区问题的解决，建立健全社区共治的机制，培育社区骨干和社区互助组织，推动社区可持续发展。

最后，“双百”专业管理体系通过五年愿景、三年规划、年度计划、月计划和周计划的执行机制（“53111”）推动专业目标计划落实，因此“53111”可被视为将实务流程各项内容整合成为有机体的执行机制。无论是问题解决还是目标实现，都是一个循序渐进的过程，需要处理好长远目标与短期目标、阶段性工作规划与具体行动步骤、未来愿景与当下行动之间的关系。通过契合“双百”实务模式的社会工作管理工具（策略性规划、方案管理、工作分解结构、甘特图等）和行动研究的具体运用，“双百”专业管理体系保障社会工作者每日、每周、每月、每年的介入行动聚焦问题导向、优势资产、专业理论方法，力求在福利保障政策落实方面做到及时而精准，在精细化专业服务和社区共治中精耕细作，避免服务工作的短期化、浅层化、碎片化。

（二）“双百”实务流程确保专业管理体系落到实处

与此同时，扎根社区整合社会工作实务流程则使专业管理体系变得具体化和可操作化，将专业管理体系的理念、价值、原则和策略方法等嵌入社工站日常专业运作过程中，确保专业管理体系落到实处。

首先，“双百”依据“落在村居、问题导向、方便群众”的原则选点，将社工站选在困难群众和特殊群体相对集中、社区问题相对突出且方便服务对象的村居社区，这样做既体现了专业管理体系弱势优先的价值理念，也为社区为本的整合社会工作实践奠定了群众基础。其次，“双百”实务流程将

“三同”“四大任务”和“十要十不要”作为社会工作者驻守村居的首要任务，并将社区为本的价值理念具体化为一系列的行动任务和操作步骤，作为社工站社会工作者践行的基本职责。再次，实务流程中精准化专业识别体现了专业管理体系弱势优先、问题及资产导向的原则。只有精准化识别服务对象，才能确保国家福利政策资源真正惠及有需要的困难边缘群体，发挥“雪中送炭”的民生兜底作用。而且精准化专业识别还体现在对服务对象/家庭及其社区的问题需求和优势资产的准确把握，激活其内生动力，共同解决问题。最后，实务流程中落实政策、精细化服务和社区共治充分体现了弱势优先、问题和资产导向及专业理论方法导向原则，这也是“双百”专业管理体系及其“53111”执行机制的具体工作方向及基本服务内容，它能够确保“双百”社会工作者始终沿着“双百”专业发展的轨道前进。

总之，“双百”专业管理体系为实务流程提供了价值原则指引和执行机制参照，支撑实务流程有效运作；而“双百”实务流程则将具有理念性、原则性和抽象性的“双百”专业管理体系变得具体化、操作化和步骤化，并将“双百”专业管理体系的价值、原则、理念和运作逻辑有机地嵌入实务每一阶段的运作过程中，确保专业管理体系落到实处，是“双百”专业管理体系和运作机制发挥作用的重要载体。

思考题：

1. “双百”H镇社工站落地生根的过程给你的启示是什么？
2. 扎根社区整合社会工作实务框架的核心因素和内涵是什么？
3. 扎根社区整合社会工作实务流程有哪些步骤？
4. 你如何理解“双百”实务流程与“双百”专业管理体系之间的关系？

第六章　整合社会工作方法的本土运用

教学基本要求：

1. 理解整合运用社会工作方法协助困难群众和特殊群体改变的专业介入过程；

2. 理解个案/家庭工作、小组工作、社区工作、政策实践等专业方法的基本概念；

3. 掌握整合社会工作方法本土运用的原则和方法；

4. 掌握整合社会工作方法本土运用的实务模式。

社会工作实务要取得专业效果离不开专业方法的有效运用，而社会个案/家庭工作、社会小组工作、社区工作和政策实践等社会工作专业方法均产生于欧美国家，经由中国港台地区植入中国内地，这就必须在实务中从中国实际出发进行本土化运用，尤其是在社区层面运用整合社会工作方法实现助人自助。本章在剖析社会工作介入边缘弱势家庭以及推动所在社区改变的案例基础上，梳理相关专业方法的概念及研究成果，进而阐述“双百”社会工作者如何运用整合的专业理念、原则和方法，达到整合的介入效果，形成整合社会工作方法本土运用的实务模式。

第一节　实务案例：边缘弱势家庭和社区的蜕变

一、案例背景

Z 村是粤北地区 S 镇城乡接合部的一个自然村，由于村民绝大部分姓 C，因此该村也被村民称为“C 村”，该村具有城镇和农村的双重特点。村中有 160 户共 600 人左右，以中青年居多，老年人和儿童约占三分之一。村民主要的生计来源是种植蔬菜和外出务工，其中从事蔬菜种植的主要是中老年人，大多数青壮年劳动力选择外出务工，留守儿童、留守妇女和留守老人成为村中人口的主要组成部分。作为典型的单一姓氏宗族村落，Z 村的重大决策和纠纷调解多由辈分高的老人主持。村子一直有乡邻互助的传统，凡是村中有人家举行红白事，每户都会抽一人过去帮忙，但近些年因收入增加许多人家不在家中操办酒席，这一传统习俗也在渐渐消逝。

2017 年 7 月，“双百” S 镇社会工作服务站成立，5 名社会工作者进驻社工站，并以 Z 村作为阵地开始与村民相伴同行，共同推动个案救助和社区共治协同发展。驻村 3 个月后，社会工作者精准识别到服务对象莲姐（化名）一家。莲姐，45 岁，前夫意外身亡，与现任丈夫育有两个儿子，其中大儿子 12 岁，就读初中；小儿子 10 岁，患有二级智力残疾。莲姐夫妻俩收入不稳定，抚养两个小孩有一定的经济压力。两年前，丈夫开始对莲姐和小儿子实施暴力，不仅使用肢体暴力导致莲姐身体多处瘀伤并丧失部分劳动能力，而且扬言要伤害为躲避家暴而离家出走的莲姐。频繁的家庭暴力不仅造成家庭关系紧张，更导致莲姐失业、小儿子失学，全家陷入生计、生理、心理和社会关系等多方面困境。针对莲姐一家的情况，社会工作者对其家庭问题及其社会根源进行分析，并挖掘其优势资产开展一系列介入行动，使莲姐一家逐步摆脱经济困境和心理困扰。更进一步的是，“双百”社会工作者还致力于重建社区支持网络，营造互助友爱的社区氛围，在这一过程中协助莲姐从受助者成为男女平等的倡导者，并成为社区建设的骨干。

之所以以S镇社工站为例，一方面，因为S镇兼具城乡特色，在社区类型和专业发展成效方面具有典型性和深入性；另一方面，S镇社工站坚守“双百”实务流程和专业管理体系[①]，综合运用个案/家庭、小组、社区、政策实践等专业方法推动个案救助与社区共治协同发展，将站点建设成为“双百”省级核心示范点。本案例的资料来源于S镇社工站的社区评估行动研究报告、个案/家庭跟进记录、“增能困难群众，推进性别公正”项目资料，以及项目办专员对站点社会工作者的多次访谈记录。

二、整合的问题分析和优势资产评估

接触莲姐一家缘于社会工作者护送她外出走失的小儿子回家。在与莲姐家庭成员聊天、互动的过程中捕捉到一些信息，比如，小儿子说“爸爸总是会打我们”，与人接触时“莲姐闪躲的眼神”等。社会工作者初步判断“这个家庭可能存在家庭暴力等问题”。随后，为了不引起莲姐丈夫的戒备心，社会工作者以探望小儿子为由，多次上门探访陪伴，逐步获得莲姐的信任。通过参与观察、深度访谈等行动研究，社会工作者对莲姐的家庭问题及其原因有了更加深入的了解，也对莲姐一家许多不为人知的优势资产有了深入认识。

（一）莲姐家庭的多重困境

1. 个体层面：自卑、失业、遭受排斥

莲姐因为再婚、文化水平低以及生养智力障碍的小儿子等原因，感觉“在人面前抬不起头”。两年前，丈夫因为工作原因情绪不稳定，开始对莲姐和小儿子经常实施暴力行为。但是每次施暴后，莲姐都担心无力独自抚养两个儿子，不敢提出离婚，而选择忍气吞声。由于不了解婚姻法和反家庭暴力法，而且慑于政府相关部门工作人员的严肃，莲姐也不敢求助于法律法规。为了躲避家庭暴力，莲姐经常借住朋友家而不敢回家，但每次都很快被丈夫找到。丈夫还不允许莲姐外出工作，莲姐每次到城区打工都会被丈夫从工厂

① 详细介绍参见第五章相关内容。

“拖”回家。后因小儿子被特殊学校拒收，需要 24 小时有人看管，莲姐只能长期在家处于失业状态。因为在家里没有经济地位，莲姐情绪低落，没有自信；小儿子失学在家，还有智力障碍，被村民嘲笑为“智障者”，莲姐一家遭受到社会排斥。

2. 家庭层面：生活拮据、关系紧张、遭受家暴威胁

莲姐丈夫之前开过水泥搅拌车，也从事过装修门窗的工作，但往往是没钱时才会出去做事，工作很不稳定。莲姐曾经当过服务员、洗碗工，因丈夫不允许外出工作而失去了收入来源。莲姐一家人靠小儿子 300 多元的“残疾人护理补贴”和微薄且不稳定的临时工收入维持生计，家庭生活困难，孩子们常说“我们很久没有吃肉了”，还曾因为拖欠几个月房租被房东从出租房安置到旁边的杂物间。另外，丈夫经常因为生活费问题而与莲姐争吵，并对莲姐和小儿子施暴，家庭成员生活在恐惧和暴力的环境中。由于经常目睹家暴，两个未成年孩子与父亲关系紧张，小儿子曾对妈妈说：“他（父亲）为什么要打你!”大儿子也十分气愤父亲的暴力行为。由于莲姐经常在外逃避丈夫的家暴，导致两个孩子得不到正常的照顾，兄弟俩多数时候只能相依为命。

3. 社区人际关系层面：社会支持网络越来越薄弱

莲姐最初遭遇困境时，她曾尝试向娘家求助，却得不到父母的支持，反而被劝说：“老公是自己选的，忍一忍，将就着过吧!”也曾多次因家暴报警，可警察仅针对小儿子被丈夫扔进池塘的问题展开调查，且责令丈夫写不再违法的保证书，并不能阻止丈夫的暴力行为。后来莲姐遇到危机只能选择投亲靠友，但亲友们也会收到莲姐丈夫的“恐吓信息”。为了避免亲友受到伤害，莲姐逐渐疏远亲人朋友，她的社会支持网络越来越弱。

4. 社区性别文化层面：男尊女卑的社区文化氛围

尽管街坊邻居对莲姐的遭遇很同情，但都认为家庭暴力是私事，外人“不好插手”，也害怕“管闲事”遭到莲姐丈夫的报复。此外，Z 村男尊女卑传统文化观念较为普遍。例如，Z 村老一代人普遍渴望生育男孩，导致很多妇女在怀孕初期便会通过私人医院进行性别鉴定，甚至堕胎女婴。受重男轻女思想观念的影响，绝大多数留守妇女只关注家务劳动和照顾孩子，很少关心自身权益和自我发展，缺乏独立性，尤其缺乏经济独立，无形中也助长了

家庭暴力。同时，在男尊女卑的社区文化氛围下，家庭暴力被视为“家丑”“私事”，而不适合“外传”和外人“插手”，村民也缺乏反对家庭暴力的法律意识。

由此可见，莲姐的问题不仅表现为个人的生理（身体遭受暴力侵害）和心理（忧虑和恐惧的情绪反应）问题，也表现为家庭生计困难、暴力伤害等家庭问题；同时，莲姐个人及家庭的问题也与社区人际关系层面的社会支持网络薄弱和社区性别文化层面的男尊女卑的文化氛围有着密切关系。

（二）莲姐家庭的优势资产

尽管莲姐个体、家庭、人际关系和社区层面都存在一定的问题，但社会工作者也从优势视角出发，发掘莲姐一家及其社区存在的有助于解决问题的优势和资产。

从个体及家庭层面而言，莲姐有改变现状的强烈愿望，她希望通过离婚摆脱家暴的困扰，更希望自己和两个孩子过上正常的社会生活；同时，莲姐有很强的抗逆力和自力更生的能力，她为了家庭生计一边照顾小儿子，一边去米粉厂上夜班。莲姐和两个儿子相依为命，她对有智力障碍的小儿子不离不弃，大儿子也会主动照顾小儿子的饮食起居等。

从人际关系层面而言，社区有许多正式组织，包括妇联的妇女维权站以及公安、司法等相关部门，都能够协助莲姐及其家庭解决问题。同时，社区的非正式组织，包括 30 ~ 50 人的社区广场舞队、社工站培育的青少年志愿者服务队等，都有可能给莲姐一家提供一定的支持。

从社区及社会政策层面而言，社区邻里互助的思想观念和传统习惯仍然根深蒂固。当莲姐夫妻离家出走时，房东愿意帮忙照顾孩子，并为大儿子提供住宿。在社会工作者及公安干警介入“家暴”后，街坊邻居支持和鼓励莲姐和孩子勇敢面对生活，并提供力所能及的帮助。从社会政策层面而言，国家既有针对低保残障的福利救助政策，又有婚姻法、反家庭暴力法等法律法规保障妇女儿童的权益。

三、整合的目标策略和介入行动

（一）整合的介入目标和策略

通过对莲姐问题需求的深入分析，社会工作者发现莲姐的家庭困境不仅与个人自卑、丈夫暴力和经济困难等有关，也与社会支持网络缺乏、邻里互助传统衰落和男女平等意识薄弱等深层社会原因有关。因此，社会工作者确定个人/家庭和社区“双重焦点”的整合介入策略——“增能困难边缘群体，建设平等友好社区”，既对边缘困难群众个人/家庭层面进行物质救助及社会-心理支持，也在社区及社会层面重建社会支持网络，提升公共意识和政策法律意识，通过社会赋权建设互助友好社区。

为了实现以上介入目标，社会工作者发挥个体/家庭、人际关系、社区及政策层面的优势资产，综合运用个案/家庭工作、小组工作、社区工作以及政策实践等工作方法，促使莲姐一家脱离困境，并推动互助友好的社区建设。具体的实施策略是：

个体/家庭层面：通过平等、真诚的倾听和陪伴，建立信任关系，提升莲姐应对和解决问题的能力；通过生命故事的叙事及重构，挖掘莲姐及其家庭的优势，提升自信心和自我认同感；通过链接福利资源和落实男女平等政策，缓解莲姐家庭经济困难，解决夫妻婚姻纠纷等。

人际关系层面：通过陪伴和鼓励，提高莲姐运用正式组织（妇联、妇女维权站、公安局、司法局等）资源维权的能力，强化家庭的正式支持网络；通过成立妇女互助小组，推动家庭成员参与社区组织，建立社区互助网络。

社区层面：通过社区共治过程，推动邻里互助，促进社区对莲姐等边缘困难群众能包容共融；借助组织青少年、妇女等小组活动，倡导社区尊老爱幼和男女平等。

政策层面：通过落实兜底民生保障福利政策，为莲姐等困难家庭和特殊群体提供物质救助；通过落实婚姻法、反家庭暴力法等相关法律制度，保障困难群众的合法权益。

（二）个体/家庭—人际关系—社区等多层面增能

1. 莲姐：从退缩依赖到自尊自信

刚开始时，莲姐仍习惯采取躲避的方式被动应对问题和冲突，社会工作者鼓励她回家直面问题，并承诺与她共同面对困难。在社会工作者鼓励下，莲姐有了面对问题的决心。按介入计划，社会工作者首先陪伴莲姐解决孩子复学和离婚这两个最迫切的问题。在与相关部门沟通的过程中，莲姐显得极不自信，明显依赖社会工作者的帮助。在为小儿子申请复学时，面对校长询问相关问题，莲姐眼睛一直看着社会工作者，期待能代为回答。但社会工作者并没有直接替代莲姐去和校长沟通，而是耐心地鼓励莲姐，让她先尝试表达，再由社会工作者补充。在去派出所办理离婚手续的过程中，莲姐多次去派出所咨询相关问题，却总得不到有效的答复。有一次，她为了办理离婚手续再次去派出所，因为双方沟通不畅，加上民警表情严肃，莲姐委屈得哭了起来。社会工作者得知情况后赶到派出所，先是安慰莲姐，接着详细地告知莲姐各个部门的职能分工，“手把手”地教她如何沟通和表达自己的诉求。比如，当民警让她回家等几天再来的时候，社会工作者告诉她下次去问的时候，要问清楚“具体要等多少个工作日”。在社会工作者的不断鼓励和教导下，莲姐的自信心和解决问题的能力得到较大提升，后来到法院处理离婚判决、申请“低保”及孩子助学补贴等事宜都是莲姐独自办理。

通过陪伴、鼓励等方式提升莲姐自信心之外，社会工作者还聆听莲姐诉说生命故事，深入挖掘莲姐及其家庭的优势，增强其自我认同。在莲姐讲述外出打工过往、与前夫创业开发廊等生命故事的过程中，社会工作者不断给予她正向的鼓励，使她意识到自己是一个再困难也会坚持的积极女性。社会工作者经常赞扬莲姐对孩子不离不弃的责任心，肯定她是努力为孩子寻找出路的坚强女子。

在社会工作者持续陪伴和不断鼓励下，莲姐不再认为自己是一个被动的受害者。在一次以反家暴为主题的大型宣传活动中，莲姐积极参加到反家暴戏剧《我们与暴力的距离》的编剧和表演中，将自己的家暴经历以民众戏剧的形式表演出来，以此警示村民。正式表演前，社会工作者问莲姐是否介意公开家暴受害者的身份，莲姐肯定地回答："我不介意，做错的人不是我，我不怕。希望社区里面像我一样的人越来越少。"在表演的过程中，现场观众为莲姐的亲身经历触动，纷纷落泪，并给予莲姐热烈的掌声，莲姐自己也被感动得流下了泪水。

可见，社会工作者真诚的陪伴、温暖、鼓励，尤其是引导莲姐讲述生命故事、用戏剧的形式展示生命故事的做法，帮助莲姐释放了沉重的家庭压力，认识了生命的价值和力量，实现了赋能增权，使莲姐从一个陷于困境退缩无助的妇女成长为自尊自信的妇女榜样。

2. 家庭：缓解经济压力，恢复正常生活

莲姐因为小儿子失学在家，长期需要照顾的原因，无法出去工作。为了解决莲姐的后顾之忧，社会工作者多次陪伴她到市特殊学校咨询、沟通小儿子入学的事情，在镇政府的协调介入下，最终争取到特殊学校入学名额，得以就近进入特殊学校学习。小儿子入学后，莲姐一家搬到学校附近，莲姐还找到了一份晚上兼职的清洁工作。

解决了小儿子入学和自己的工作问题后，莲姐终于有了申请离婚的勇气，但丈夫不同意。于是，社会工作者陪伴莲姐到市妇联维权站反映情况，了解相关法律援助的途径，并一起拜访 S 镇司法所所长，请教如何在丈夫不出庭的情况下办理离婚手续等问题。经过两次上诉，莲姐终于拿到了离婚判决书，并争取到两个儿子的抚养权和丈夫每月 400 元的抚养费。离婚后，莲姐学会用法律武器保护自己，摆脱了长期遭受家暴的困境。

莲姐离婚后独自抚养两个儿子，家庭经济负担依然沉重。社会工作者从社会事务办等部门了解到莲姐一家三口符合申请低保的条件，并将相关申请条件和流程告知莲姐，莲姐由此申请到每月 700 元的低保金。很快，小儿子也享受了"困难残疾人生活补贴"，加上之前已有的"残疾人护理津贴"，共享受每月 400 多元的残疾人"两项补贴"。另外，社会工作者还协助莲姐根据《城乡义务教育学校的非寄宿家庭经济困难学生生活补贴》，成功为两个儿子申请到每年 950 元的补贴。社会工作者还通过妇联"单亲妈妈公益基金会"为莲姐免费申请了一年的医疗救助，极大地减轻了莲姐的经济压力。

3. 社区：营造平等友好的文化氛围

除了在个体/家庭层面介入莲姐及其家庭以外，还从社区层面介入，营造男女平等、互助友好的社区氛围也十分必要。为根除容忍家庭暴力的社会文化因素，避免家庭暴力祸及下一代，社会工作者从青少年、妇女等群体着手，把男女平等的社区教育纳入站点“53111”执行机制，持续推动社区文化环境的改变。

社会工作者利用社区妇女广场舞队的优势资产培育妇女互助小组，开展契合本土文化的男女平等的社区教育。例如，在妇女小组“艾糍祭清明”的小组活动中，社会工作者借助轻松自如的现场气氛，抛出男女平等的议题，引起妇女们热烈讨论。例如，社会工作者鼓励大家反思为什么会有“男主外、女主内”“养儿防老”“无论家中有几个女儿，都必须要有一个儿子”等思想，倡导“生儿生女都一样”的观念。在后续的戏剧工作坊中，妇女小组成员通过“民众戏剧”的形式直观感受妇女所处的弱势地位，进而意识到妇女之间应该相互扶持、共同进步。其间，莲姐还分享了自己的亲身经历，使其他妇女从中有所共情、受到鼓励，并为莲姐的勇敢和改变所感动。

与此同时，社会工作者以青少年活动为突破口，推动男女平等的社区教育。例如，举办倡导男女平等的青少年演讲比赛；组织青少年扮演“小记者”开展“有话说”活动，引导青少年及其家长重视男女平等问题；开展“家务劳动分工工作坊”，使青少年反思“男主外、女主内”观念；通过《劳动最光荣》的戏剧表演宣传家务劳动的价值；借助《妈妈超人》绘本活动，使青少年直接表达对妈妈家务劳动的尊重，倡导家庭成员共担家庭责任；通过“妈妈变装”活动，使妇女关注自己，使家庭成员（孩子及丈夫）看到妇女的个人需求；通过“好爸爸形象大赛社区宣传”活动，引导社区民众反思为何爸爸在家务劳动中缺失等现象。

总之，通过一系列社区教育活动，使青少年及其家长，尤其是女性对家务劳动中男女平等和女性价值等的议题更加重视和反思。

第二节　理论和相关概念的界定

上一节呈现了一个弱势妇女家庭在社会工作者的协助下走出生活困境的案例。案例中“双百”社会工作者针对服务对象面临的生活问题，分析问题背后的原因、挖掘可利用的优势资产，运用整合社会工作方法系统解决服务对象的问题。从案例的实务操作而言，社会工作者综合运用了个案/家庭工作、小组工作、社区工作和政策实践等专业工作方法。本节结合案例系统阐述个案/家庭工作、小组工作、社区工作、政策实践等专业方法的概念及其发展脉络，为进一步分析案例提供理论支撑。

一、社会工作方法概念的界定

（一）个案/家庭工作

1. 个案工作的发展脉络

个案工作起源于欧美国家，是因应工业革命以来诸多社会问题而产生的。1601 年英国政府出台的《济贫法》，规定要分区、分类对贫民进行救济，这为个案工作奠定了对个人和家庭进行救助的基础。19 世纪初，英国牧师查尔默斯（Chalmers）在反思《济贫法》产生的负面效应基础上，推崇一对一“友好访问”的个人化工作，强调重视受助对象的精神品德的塑造、个别性关怀、个人及家庭环境对个人问题的影响，以及公共救助的兜底性作用。深受查尔默斯理念影响的慈善组织会社注重对服务对象生活状况进行调查、记录及跟踪，并加强对友好访问员的训练和督导。这无疑为形成现代社会个案工作方法夯实了基础。1917 年，慈善组织会社代表性人物里士满在系统总结 20 多年慈善组织会社经验的基础上出版了《社会诊断》一书，标志着个案工作专业化和科学化的开始。20 世纪 20—40 年代，个案工作以精神分析和功能学派为主，一度展开了关于个案工作是诊断还是功能的争辩。1940 年，汉密尔顿（Hamilton）提出“人在环境中”的概念，形成了个案工作围绕个人与家庭的“社会－心理”分析及工作架构。80 年代后，基于生态系统理论，社会工作向整合的工作模式发展。90 年代后，受社会生态系统理论、女性主义、增能取向、后现代理论的影响，个案工作模式日趋多元[①]，形成包括人本主义模式、心理－社会治疗模式、认知行为治疗模式、理性情绪治疗模式、任务中心模式、危机介入模式、结构家庭治疗模式、萨提亚家庭治疗模式、叙事治疗模式等众多的个案工作介入模式。

2. 个案/家庭工作的定义

1922 年，里士满在《何为社会个案工作》中将个案工作定义为：“个案社会工作包括了发展人格的过程，这个过程是指在个人性格受影响后，有意识地调整人与人、人与社会环境之间的关系。”[②] 1949 年，鲍尔斯（Bowers）在《社会个案工作的性质和意义》中将个案工作定义为：“个案工作是一种艺术，这种艺术以人际关系的科学知识与改善人际关系的专业技术为依据，启发与运用个人的潜能和社区的资源，促使服务对象与其所处环境之间有较佳的调适关系。”[③] 王思斌主编的《社会工作概论》（第三版）将个案工作定义为：“社会个案工作是由专业社会工作者运用有关人与社会的专业知识和技巧为个人和家庭提供物质或情感方面的支持与服务，目的在于帮助个人和家庭减低压力、解决问题，达到个人和社会的良好福利状态。”[④] 2020 年版的中国社会工作者职业水平考试教材《社会工作综合能力（中级）》将个案工作定义为：“个案工作是指运用专业的知识、方法和技巧，通过一连串的专业工作，帮助遭遇困难的单个个人或者家庭挖掘和运用自身及其周围的资源，改善个人与社会环境之间的适应状况，实现对人的尊重和肯定的过程。”[⑤]

---

① 王思斌主编：《社会工作概论》（第三版），北京 · 高等教育出版社，2014 年版，第 97—98 页。

② 里士满：《个案社会工作导论》（刘丹主译），上海 · 华东理工大学出版社，2018 年版，第 83 页。

③ 鲍尔斯：《社会个案工作的性质和意义》，载《个案工作》（第二版）（许莉娅主编），北京 · 高等教育出版社，2013 年版，第 2—3 页。

④ 王思斌主编：《社会工作概论》（第三版），北京 · 高等教育出版社，2014 年版，第 96 页。

⑤ 全国社会工作者职业水平考试教材编委会：《社会工作综合能力（中级）》（第 9 版），北京 · 中国社会出版社，2020 年版，第 124 页。

从上述定义可以看到，个案工作虽然是以个人或家庭为服务对象，然而“人与环境”的双重焦点介入取向以及对服务对象问题和资源的共同强调成为学界的基本共识。由于家庭一直以来被视为社会工作者必须考察的对象和介入的焦点[①]，因此，个案工作与家庭工作密不可分。结合我国政策背景并基于“双百”实践，本书认为中国特色本土化专业个案/家庭工作的本土内涵是：社会工作者进入服务对象及其家庭的日常生活世界，在与服务对象建立信任关系并在对其产生深层同理共情的基础上，深度评估分析服务对象个人/家庭困境及其社会根源，并充分挖掘运用个人/家庭、社区和社会优势资产及国家福利政策资源，开展兜底性物质救助、社会－心理支持、能力提升、关系调适和社会融入等专业工作，达到个人/家庭与环境的和谐与调适。

（二）小组工作

1. 小组工作的发展脉络

与个案/家庭工作相似，小组工作方法的产生也与工业化过程中的社会问题紧密相连。小组工作可以追溯到 19 世纪英国人威廉·乔治（Willianm George）爵士对青年城市移民所组织开展的宗教性、娱乐性小组活动。19 世纪末欧美的睦邻运动是小组工作发展初期的重要形式，其目的在于通过小组动力帮助贫民改善工作和生活条件，并通过教育活动、娱乐活动和相互之间的经验分享，提高他们适应生活的能力。20 世纪 20 年代，小组工作方法被纳入大学课程中。到了 1946 年，小组工作正式被公认为社会工作的方法之一。20 世纪 60 年代以来，小组工作逐步形成具有影响力的社会目标模式、治疗模式和互动模式（又称互惠模式）三大理论模式[②]。

2. 小组工作的定义

1949 年，美国小组工作者协会指出：“小组工作者在小组中通过小组互动与方案活动达到个人的成长与社会目标的完成。其目的在于根据个人能力与

---

① 童敏：《社会工作理论：历史环境下社会服务实践者的声音》，北京·社会科学文献出版社，2019 年版，第 30 页。

② 王思斌主编：《社会工作概论》（第三版），北京·高等教育出版社，2014 年版，第117—118 页。

需求而促进个人成长，使个人与他人、团体与社会之间达到适应，促使个人有社会改良的动机，同时让每个人认识到自己的权利、能力与独特性。小组工作者参与团体的目的是为了使团体中的决策不是来自团体内或团体外优势的影响，而是来自知识、理念与经验的分享与整合。经由小组工作者的操作，协助团体同其他团体和社区建立关系，以培养负责任的公民，加强社区内不同文化、宗教、经济或特殊团体间的互谅，推动社会向民主的目标前进。”① 卡拉（Karla）等人认为小组工作指的是以小组的形式（两个人或更多的人）做人的工作的方式，以发展技能，通过顿悟促进个人的成长，改善个人的社会功能水平，实现社会性目标和完成既定的任务。小组工作的基础是人们对他人的需要和人际的相互依存性。小组工作可以有效地减少或消除社会互动的障碍，从而达到“社会的期望目标”②。何洁云等指出，社会工作实践将小组既当作过程也当作手段，它通过小组成员的支持，改善他们的态度、人际关系和他们应付实际生存环境的能力。这种方法强调小组过程及小组动力去影响服务对象的态度和行为。小组成员解决问题的能力和潜力是通过成员间的分享、相互分担和相互支持而发挥出来，当然，这是需要小组工作者按照既定的目标进行和指导的③。刘梦、张和清对小组工作的定义为：“小组工作是社会工作的工作方法之一，它在小组工作者的带领下，通过组员间的相互支持、充分互动和分享，激发组员的能力和潜能，改善组员的态度、行为，提升他们的社会功能性，解决个人、群体、社区和社会问题，促进个人、小组和社区的成长和发展，实现社会和谐、公平、公正发展。”④

从上述定义可以看到，小组工作具有目标性、组织性和互动性等特点，小组动力可以被视为一个实现个人成长、问题解决和民主参与的机制，它肯定每名组员的独特性和组员关系的平等性，在小组带领者的组织和引导下，

---

① 王思斌主编：《社会工作概论》（第三版），北京·高等教育出版社，2014 年版，第 118 页。

② MILEY K K，O'MELIA M，DUBOIS B L. Dubois，Generalist social work practice [M]. Boston，MA：Allyn and Bacon，1995：94.

③ 何洁云、谢万恒：《社会工作实践——小组工作》（王英译），香港·香港理工大学出版社，2002 年版，第 5 页。

④ 刘梦主编：《小组工作》（第二版），北京·高等教育出版社，2003 年版，第 6 页。

通过激发和运用每个小组成员的潜能、优势及资产，达到相互支持、需求满足和问题解决的目的，最终实现个人、团体和社区的改变。

（三）社区工作

1. 社区工作的发展脉络

在西方语境里，“社区”（community）最早是由德国社会思想家F. 滕尼斯（Ferdinand Tönnies）提出的，后被费孝通先生翻译为中文“社区”一词。在滕尼斯看来，“社区”是指那些有着相同价值观、人口同质性较强的社会共同体，其体现的人际关系是一种亲密无间、守望相助、服从权威且具有共同信仰和共同风俗习惯的人际关系。随着对社区研究的不断丰富和深入，有学者在1981年统计发现，有关社区的定义已经多达140多种。我国学者徐永祥认为“社区”不同于“国家”“城市”“社会群体”等概念，认为社区离不开人口、地域、组织和人际互动等基本要素，综合社区发展的历史进程和社区的相关理论，他对社区概念的定义是：“所谓社区，是指一定数量居民组成的、具有内在互动关系和文化维系力的地域性的生活共同体；地域、人口、组织结构和文化是社区构成的基本要素。”①

社区工作与个案/家庭工作、小组工作并列，被称之为社会工作直接服务的三大基本方法。关于社区工作起源，可追溯到19世纪末在欧美成立的慈善组织会社和社区睦邻运动。20世纪初期和中期，个案/家庭工作占据了社会工作的主流地位，社区工作只是一种协调机构、发展服务和管理的间接服务方法。直到60年代，社区工作才被普遍接受为解决社会问题的方法，并被正式接纳成为社会工作专业的第三种基本方法。同时，社区工作被英美政府当作反贫困的一种手段。到了80年代，社区工作在英美两国逐渐转为面向社会贫弱群体的社区服务或社区照顾模式，变成了一种辅助方法。美国学者罗斯曼1979年将美国社区工作的实践经验加以总结，提出社区工作三大模式：地区发展模式、社会计划（社会策划）模式和社会行动模式，成为西方社区工作

① 徐永祥主编：《社区工作》，北京·高等教育出版社，2004年版，第5—8页。

实践理论的典型范式[①]。

2. 社区工作的定义

徐永祥认为社区工作有广义和狭义之分：“广义的社区工作是指在社区内开展的以提高社区福利、促进社区和社会协调发展的社会服务或社会管理。因此，任何人或组织，包括政府、政党、各种社团以及企业等，只要在社区内从事的助人活动和服务，都可视为社区工作。狭义的社区工作则是社区社会工作的简称，特指专业社会工作机构及社会工作者关于社区工作的理论、方法、技能及其应用过程。作为专业社会工作的重要组成部分和基本方法之一，社区工作主要以社区和社区居民为工作对象或服务对象，通过专业社会工作者的介入，旨在确定社区的问题和需求，发掘社区资源，动员和组织社区居民实现自助、互助和社区自治，化解社区矛盾和社区冲突，预防和解决社会问题，从而促进社区服务质量、福利水平的提高和整个社会的进步。”[②] 王思斌指出：“社区工作是专业社会工作的一种基本方法，它以社区和社区居民为服务对象，通过发动和组织社区居民参与集体行动，确定社区的问题与需求，动员社区资源，争取外力协助，有计划、有步骤地解决或预防社会问题，调整或改善社会关系，减少社会冲突，培养自助、互助及自决的精神，加强社区的凝聚力，培养社区居民的民主参与意识和能力，发掘并培养社区领导人才，以提高社区的社会福利水平，促进社区的进步。”[③] 张和清等提出社区为本的整合社会工作实践的内涵：“立足城乡社区和社区支持网络建设，选择生计、社会文化生活或环境等其中某一项公共议题作为社区工作的突破点或‘爆发点’，在与社区居民相伴同行的过程中，致力于激活社区民众的自助或互助能力，逐步达到社区公共参与、生计发展、邻里互助、文化多元、环境友好的‘五位一体’美好社区重建的目标。”[④]

---

① 王思斌主编：《社会工作概论》（第三版），北京·高等教育出版社，2014 年版，第 138 页。

② 徐永祥主编：《社区工作》，北京·高等教育出版社，2004 年版，第 20 页。

③ 王思斌主编：《社会工作概论》（第三版），北京·高等教育出版社，2014 年版，第135—136 页。

④ 张和清、杨锡聪等：《社区为本的整合社会工作实践：理论、实务与绿耕经验》，北京·社会科学文献出版社，2016 年版，第 26—27 页。

从上述关于社区社会工作的定义可以看到，社区工作强调居民自助、互助和社区自治精神，围绕社区问题的预防和解决、社区社会福利水平的提高和社区社会的进步，社会工作者深入研究社区问题及其根源，充分挖掘社区优势资产，发动居民群众，培养社区骨干和组织，通过集体行动达到共同的愿景目标，实现社区的可持续发展。

（四）政策实践

1. 政策实践的发展脉络

相对于把焦点放在改变个人的个案/家庭工作、小组工作等微观或直接的社会工作实践，着眼于改变社会政策的政策实践是社会工作的一种新兴实践方法。作为一种社会工作实践方法，政策实践的源头可以追溯到社会工作产生时代，但直到20世纪80年代社会政策理论和实践因素才开始在专业中被重视和发展起来。社会工作才开始把社会政策理论和实践技术结合进社会工作实践。政策实践作为一个专业术语最早是在1984年《社会福利政策：理论与实践》一书中率先提出来[①]。

2. 政策实践的定义

蒂特马斯（Titmuss）认为政策具有行动取向和问题取向，社会政策具有行善的、再分配的和关切经济及非经济目标三大目标。[②] 马歇尔（Marshall）指出，社会政策是“政府用以直接影响市民福利的政策，其行动是提供服务或收入予市民。其核心因而包括社会保险、公共（或国民）援助、保健及福利服务、房屋政策等”。关信平在《社会政策概论》（第三版）中将社会政策定义为：“政府或其他组织在社会公平等价值目标的指导下，为了达到满足民众基本需要、解决社会问题，进而维护社会稳定和提高社会生活质量等社会目标而采取的各种福利性社会服务行动的总和。”[③]

作为社会工作领域的一个专门术语，政策实践指的是“利用思维工作、

① 马凤芝：《政策实践：一种新兴的社会工作实践方法》，载《东岳论丛》2014年第1期。

② 理查德·蒂特马斯：《蒂特马斯社会政策十讲》（江绍康译），长春：吉林出版集团有限责任公司，2011年版，第10—14页。

③ 关信平主编：《社会政策概论》（第三版），北京·高等教育出版社，2014年版，第12页。

介入和价值澄清，发展、通过、执行和评估政策”①。罗查（Rocha）从社区为本实践的角度，把政策实践定义为是利用倡导和社区实践技术，以社区、地方、州和联邦政府、机构、官僚机构和法院为目标，在多个系统层次上改变方案和政策的一种改变取向。② 诺曼（Norman）提出了社会工作者的五种政策实践模式及其角色：一是社会工作者作为政策专家，在这种模式中，社会工作者进行政策分析、协助制定社会政策或提供与政策过程有关的专业知识和技能。二是社会工作者作为外部工作环境的改变代理者，在外部环境中充当变革推动者的政策从业者可以是直接服务的提供者，也可以是参与倡导或参与变革活动的管理者，这些活动与他/她主要的社会工作角色无关，也不属于他/她受雇的组织。三是社会工作者作为内部工作环境的改变代理者，政策执行者是一个直接的服务提供者，因为他/她意识到代理政策不利于有效地提供服务，或者政策缺陷阻碍了已确定的服务对象需求的满足，而这些需求没有现存的政策。四是社会工作者作为政策渠道，这种模式中的政策实践者是将制定的政策转化为实践的纽带。五是社会工作者是政策本身。在这个模式中，政策实践者成为政策的化身或人格化了的政策。③ 由于，政策实践者的价值、原则和理论假设成为指引所提供之服务的性质和质量的实际政策，因此从这个意义上来看，社会工作所从事的诸多实践实际上是政策④。

有学者认为中国社会政策的快速扩展、社会保障制度的不断完善，以及民生福祉的不断提升，意味着中国也处在全球福利国家渐进发展的过程中。在全面建成小康社会和共同富裕的目标指引下，党和政府更加注重通过社会政策来帮助社会困难群众摆脱贫困并提升风险应对能力，满足人民日益增长的美好生活需要，共享改革开放的成果，在保障和发展民生的政策话语体系

① JANSSON, BRUCE S. Social welfare policy: from theory to practice [M]. California: Wadsworth, Publishing Company, 1990.

② ROCHA, CYNTHIA J. Essentials of social work policy practice [M]. New Jersey: John Wiley & Sons, Inc., 2007: 1, 5.

③ NORMAN L, WYERS. Policy-practice in social work: models and issues [J]. Journal of social work education, 27 (3).

④ 马凤芝：《政策实践：一种新兴的社会工作实践方法》，载《东岳论丛》2014 年第 1 期。

下构建具有中国特色的福利体制[1]。结合我国的政策背景并基于“双百”实践，本书对中国特色本土化专业社会工作政策实践的本土内涵定义为：社会工作者充分发挥紧密联动政府部门、熟悉社会政策的优势和长期驻村入户与服务对象信任关系的“在场”优势，深入评估现有社会福利政策目标达到状况，协助各级政府部门将社会福利政策精准而有效地输送给有实际需要的服务对象，并通过精细化的专业服务提升政策保障水平，充分运用社会政策资源解决服务对象民生兜底和社区治理的社区社会问题。社会工作者还要基于政策实践状况，从专业角度建议修订、完善及出台新的相关社会政策措施，最大限度为服务对象提供更人性化的政策实施方案，促使社会福利政策与社区发展更好地维护和促进社会公正的目标。

二、社会工作方法的整合运用

（一）社会工作方法的发展历史

社会工作专业化发端于 19 世纪 20 年代。1869 年慈善组织会社在英国伦敦成立，当时的济贫方法就是个案调查法。在 1930 年后，逐步引入弗洛伊德精神分析法，所以 1930 年前的社会工作原则上只能称为个案/家庭工作，其服务对象以个人和家庭为单位。1930 年之后，逐渐有小组工作出现，将小群体成员之间的互动作为手段，目的是促进小组成员的改变，小组工作通常作为教育、娱乐和人格塑造的工具运用于睦邻服务和慈善服务中。20 世纪 30 年代末，由于越来越多社会机构和社会方案进入社区，社区工作开始出现，服务手法的重点是分配社区资源、链接社区的服务体系以及改造社区。于是，个案/家庭工作、小组工作和社区工作三大方法成为社会工作的三种基本方法。20 世纪 40 年代末又引进社会行政或管理（administration）与研究（research）两种次级社会工作方法（secondary methods）[2]。

---

① 岳经纶、刘洋：《新兴福利国家：概念、研究进展及中国的启示》，载《中国社会科学评价》2020 年第 4 期。

② 林万亿：《当代社会工作：理论与方法》，台北・五南图书出版股份有限公司，2006 年版，第 45—47 页。

1951 年的《何丽丝与泰勒报告》（*Hollis Taylor Report*）建议采取“多方法实施取向”（multimethod practice approach）的社会工作教育，要求每一个学生必须同时会使用多种社会工作方法。但是当时社会工作为了追求专业化而采取单一方法运用。这种单一方法实施的传统主导了社会工作发展的前半个世纪[①]。实际上，西方社会工作的专业化发展一直面临一个难题：个案治疗服务与社区增能服务的割裂和冲突，使社会工作所强调的个人改变和环境改善两个方面相互割裂开来[②]。但是，在实际的服务中，由于人的问题的复杂性和所处场景的复杂性，个案治疗服务常常涉及社区的增能服务，社区增能服务也常常涉及个案的治疗服务，二者需要结合在一起整合运用。

到了 20 世纪 60 年代，在“系统论”的影响下，整合社会工作（generic social work）模式（又称综融过程模式）出现，强调个人与环境系统的双重改变。1964 年，美国加州圣地亚哥州立大学的教授们首先发展一个“全形的”（holistic）社会工作途径。该途径聚焦社会问题情景，是一种全方位的社会工作取向，将服务范畴扩大，从社会处置到社会行动。同时肯特州立大学的社会工作学院也用“社会问题焦点”课程取代“个人焦点”课程设计，学生被训练操作“整合”模型的社会工作，而不再是个案、小组、社区分立模型。[③]

随后，不少学者开始摆脱社会工作三大专业方法分立的传统思维局限，尝试走综合服务的道路，希望将不同的服务有机地整合起来。人类经验的丰富性和社会问题的复杂性必然驱使社会工作者放弃单一聚焦、松散行动的框架，转而探索更为系统和有效的整合服务方案。从世界范围看，以“迈向整合”为主要特征的社会工作服务正在形塑当下社会工作的实践氛围[④]。

---

① 林万亿：《当代社会工作：理论与方法》，台北·五南图书出版股份有限公司，2006 年版，第 46 页。

② 童敏：《中国本土社会工作发展的专业困境及其解决路径——一项历史和社会结构的考察》，载《社会科学辑刊》2016 年第 4 期。

③ 林万亿：《当代社会工作：理论与方法》，台北·五南图书出版股份有限公司，2006 年版，第 284 页。

④ 文军、吴越菲：《超越分歧：社会工作整合理论及其应用》，载《社会科学》2016 年第 3 期。

（二）整合的社会工作方法

整合方法又称为通用进程方法或综融方法。林万亿指出，所谓整合方法或综融方法是指打破传统个案工作、团体工作或社区组织分立的方法，而将各种方法统合成为一种可以回应服务对象所面对的复杂问题与情境的方法。在整合的实施方法之下，没有了个案工作、团体工作与社区组织三大方法，但是对服务对象的服务仍然有与个人互动、与团体互动、与社区互动等概念，或者与个人一起工作、与团体一起工作、与社区一起工作的概念[①]。

卡拉等人认为，整合方法为实现社会工作目标提供了一个现实途径。这一观点使社会工作脱离以个别对象或领域为着眼点的局限，转向对多重个人系统进行干预的广博范畴。整合取向的社会工作内涵十分丰富，考虑到个人问题与群体问题的相互作用，需要与多种多样的由人构成的系统一道工作。这些系统包括社会、社区、邻里等复杂的组织、正式群体、非正式群体、家庭和个人，目的是带来变革，最大限度地发挥社会功能。[②]

由此可见，整合方法强调从多元的角度去分析服务对象的问题，回应个人和社会问题的多面性，并采用整合的措施为服务对象提供多元化服务，打破传统三大方法的割裂使用局面。

（三）扎根社区的整合社会工作方法运用

优势视角对社会工作者看待问题和制定介入策略很有启发，该视角反对将服务对象及其社区问题化，认为问题的标签化对服务对象具有“蚕食效应”，重复次数多了之后，会改变服务对象对自己的看法和周围人对他们的评价。优势视角强调：每个个体、家庭、团体和社区都有优势；创伤和虐待具有伤害性，但也可能是挑战和机遇；与服务对象合作，我们可以更好地做好

---

① 林万亿：《当代社会工作：理论与方法》，台北·五南图书出版股份有限公司，2006 年版，第 285—286 页。

② MILEY K K，O'MELIA M，DUBOIS B L. and Brenda L. Dubois，Generalist social work practice［M］. Boston，MA：Allyn and Bacon，1995：10.

服务；所有的环境都充满资源。[①] 张和清等人根据云南绿寨的农村社会工作实践经验，提出优势视角下的农村社会工作的整合介入模式。他们认为，不同于“问题为本”和“工作者为本”的社会工作介入模式，优势视角下的社会工作反对将服务对象问题化，反对将“三大方法”彼此割裂地介入，强调从个人、群体、社区、社会政策等多层面整合运用社会工作的介入策略，充分体现“以人为本”的基本理念。[②] 换言之，优势视角下的社会工作介入应体现“以人为本”而非“方法为本”和“工作者为本”。另外，资产为本的社区发展模式强调“资产为本”“内部优先”和“关系驱动”等核心理念，立足社区内在需要和内生动力，借助外部资源力量，促进社区可持续发展。[③]

优势视角和资产为本的社区发展模式为扎根社区的整合社会工作实践提供了有益的借鉴。张和清认为，社区为本的整合社会工作实践，不是简单地采取相互割裂的微观社会工作方法和社区活动等提供服务，而是围绕社区发展的目标和计划，整合运用个案/家庭、小组、社区、政策等实务方法，推动个体及其社区可持续发展。社区为本整合社会工作旨在与社区民众共创公共参与、生计发展、邻里互助、文化多元、环境友好的“五位一体”社区可持续发展，因此无论理论视角、资产评估、角色定位，还是工作方法运用必然是整合的。[④]

---

① SALEEBEY D. The strengths perspective in social work practice [M]. Boston, MA: Allyn and Bacon, 2004.

② 张和清、杨锡聪、古学斌：《优势视角下的农村社会工作：以能力建设和资产建立为核心的农村社会工作实践模式》，载《社会学研究》2008 年第 6 期。

③ 张和清、杨锡聪等：《社区为本的整合社会工作实践：理论、实务与绿耕经验》，北京·社会科学文献出版社，2016 年版，第 45 页。

④ 张和清、杨锡聪等：《社区为本的整合社会工作实践：理论、实务与绿耕经验》，北京·社会科学文献出版社，2016 年版，第 33 页。

第三节　社会工作方法的整合运用

一、社会工作方法整合运用的原则

（一）问题及其根源分析决定社会工作的介入目标

功能主义取向的社会工作强调服务对象问题的个体化处置，这样的做法一方面缺乏运用“社会学想象力”[①] 对服务对象问题背后的社会根源进行深度评估；另一方面也没有把个人的改变置于其所处的日常生活场域中分析[②]。为了避免功能主义“头痛医头，脚痛医脚”实务模式的局限性，从“人与环境”双重焦点评估分析问题和介入非常重要。本章莲姐的案例就是从“个人/家庭—人际关系—社区—政策”等不同层面对服务对象的问题根源进行分析并据此制定介入目标，从而指引行动方向。

莲姐一家是“双百”社会工作者在社区走访过程中精准识别出来的服务对象。虽然莲姐遇到的问题是遭受丈夫的家暴，但社会工作者对个案的评估并没有局限在夫妻问题及其个人原因的分析，而是从“个体/家庭—人际关系—社区—政策”四个层面对问题进行整合评估。社会工作者对莲姐的评估分析是：个体层面，莲姐既自卑又无助，背后的原因与长期遭受丈夫家暴有关，也与再婚、教育程度低和育有智力障碍的小儿子的经历有关，更与经济地位低下和法律维权意识薄弱有关；家庭层面，家暴使家庭关系长期处于紧张状态，夫妻双方没有稳定持续的收入，丈夫缺乏就业积极性，妻子无法外出工作，家庭生活拮据、孩子照顾缺失；人际关系层面，莲姐缺乏有效的社

① 张和清认为社会学想象力的最大魅力在于从历史的维度，将个人生活经历与社会结构的批判关联起来，既分析社会结构对个体的权力宰制，又从日常生活的经验事件察觉个体的能动性与未来解放的可能性。具体参见：张和清：《知行合一：社会工作行动研究的历程》，载《浙江工商大学学报》2015 年第 4 期，第 98—103 页。

② 童敏：《中国本土社会工作发展的专业困境及其解决路径——一项历史和社会结构的考察》，载《社会科学辑刊》，2016 年第 4 期。

会支持网络，这与其因自卑不敢采用报警或离婚的方式争取合法权益有关，也与“老公是自己选的，忍一忍，将就着过吧”等家庭观念有关，致使她正式和非正式的支持网络失效；社区层面，街坊邻居对莲姐的家庭矛盾以及所遭受的家庭暴力无动于衷或不给予干预，是与“家务事”“家丑不可外扬”“外人不便插手”“清官难断家务事”“法不进家门”等社会文化氛围有关的[①]，致使家暴问题合理化并长期忍受丈夫的暴力虐待。在这四重困境的综合作用下，莲姐一家沦为“有问题”的边缘弱势家庭。

可见，个人/家庭问题并非只是“个体”的问题，背后有深刻的政治、经济、社会、文化根源，正是通过对服务对象问题症结的分析，社会工作者才能发现服务对象问题的社会根源，并依据“人与环境”双重焦点的介入取向，确定“增能弱势边缘群体，建设平等友好社区”的工作目标，从“个体/家庭—人际关系—社区—政策”层面整合介入莲姐及其家庭问题，取得良好的社会效果。

（二）优势资产分析决定社会工作介入方法策略

如果说分析服务对象的问题和根源是为了确定社会工作介入目标，使社会工作者明确“做什么”和“做成什么样”，那么，确定方法策略则是为了回答如何达到目标及社会工作者应该“怎么做”的问题。依据优势视角和资产为本的社区发展研究，社会工作者介入的方法策略应该来源于对服务对象及其家庭、社区的优势资产的评估分析，即从服务对象及其家庭、社区已有的优势资产出发（内部聚焦），通过人际关系网络以及联动社会政策资源协助个人/家庭、社区共同解决问题（关系驱动），最终实现“人与环境”的改变。

莲姐的案例中，S镇社工站在确立介入目标后，便深入挖掘服务对象莲姐及其家庭、社区的优势资产。例如莲姐本人性格坚强，具有自力更生的能力；两个儿子之间也能相互照顾，邻居经常给予一定的支持；社区有广场舞队和

---

① 周月清：《婚姻暴力：理论分析与社会工作处置》，台北·巨流图书公司，1995年版，第56页。

社会工作者培育的青少年志愿者服务队；社会工作者熟悉社会福利救助政策，与基层民政、妇联、学校、村委会、宗亲会等正式和非正式组织关系密切；社区客家宗族互助文化依然有影响力，等等。社会工作者在充分评估优势资产的基础上制订整合的介入计划，从不同层面介入实现目标。例如，社会工作者从个体层面疏导莲姐压抑的情绪，挖掘其个人和家庭的优势，引导母子参与社区的各类活动，提升他们的自信心和自我认同感，帮助他们融入社区；从家庭层面除了进一步强化母子之间的互动和支持外，还整合民政、妇联、学校等政策资源，协助莲姐办理离婚手续，对接其他相关社会资源进行兜底个案救助；从人际关系层面，推动邻里互助，不断扩大家庭的社会支持网络；从社区层面通过青少年和妇女小组作为切入点，利用客家文化开展各类邻里互助活动，倡导男女平等，逐步提升社区男女平等意识，促进社区包容共融。

总之，S 镇社工站成功介入莲姐的案例表明，社会工作者坚持问题导向的目标计划，资产导向的方法策略，四大专业方法整合运用的基本原则，就能够最大限度造福社群。

二、社会工作方法的整合运用

依据“目标—计划—过程—结果”专业管理体系，S 镇社工站社会工作者整合运用个案/家庭工作、小组工作、社区工作和政策实践四大专业方法对莲姐及其家庭进行深入系统的持续跟进，取得专业助人自助的效果。

（一）个案/家庭工作：人本主义和叙事增能

在个案/家庭社会工作层面，“双百”社会工作者主要运用人本主义和叙事增能实务模式进行专业介入。

人本主义强调每个服务对象都有潜能，都是积极的个体，都能够自我实现。社会工作者秉持亲切而接纳的态度，尽可能设身处地地理解服务对象的心情、观点、处境等，同时通过以人为本的互动沟通方法，向服务对象表达同理心及共情。在个案/家庭工作的整个过程中，社会工作者充当“镜子”的作用，让服务对象能在这面“镜子”中看见和听见自己，从而认识自己，突破自己。由于感受到社会工作者的同理和真诚，服务对象在毫无压力的情形下自由自在地表达感受，然后进一步了解自己，以至在新的方向下，采取积极的行动[①]。在莲姐的案例中，由于有社会工作者的长期陪伴，莲姐逐渐打开心扉并坦露受家暴的经历，在真诚和接纳的氛围中，莲姐意识到自己不再是孤立无援的“我”，而是相伴同行的“我们”。当莲姐因自卑而难以有效地与相关部门进行政策咨询时，社会工作者首先选择的是相信和激发莲姐的潜能，而不是代她行事，只是从旁鼓励和协助，使莲姐在独自面对和解决问题的过程中不断提高自身解决问题的能力，增强自信心。

叙事治疗模式以日常对话为基础，从多元价值视角出发，重新审视社会工作过程以及由此带来的工作关系和工作技巧上的一些变化，通过“故事叙说”“外化”“解构”等专业方法，使人变得更自主、更有动力[②]。莲姐的案例中，社会工作者借助莲姐对生命历程的叙事，挖掘具有特殊意义的事件并为其重新赋予意义，使莲姐意识到尽管身处家庭暴力的阴影中（“家庭暴力的莲姐叙事”），但自己仍然有改变和寻求出路的能力，增强自我认同。另外，邀请莲姐参加社会工作者组织的“社区戏剧工作坊”，一方面使社区居民看到一个绝不向家庭暴力低头的自立、自强的莲姐；另一方面也使莲姐在社区民众的鼓舞下获得更大的支持力量，强化自我认同（“积极进取的莲姐叙事”），重建生活和关系[③]。

（二）小组工作：互惠及社会目标模式

在小组工作层面，“双百”社会工作者主要运用互惠模式和社会目标模式的工作方法，通过团体动力协助服务对象解决问题。

互惠模式（或称互动模式）认为，在助人的过程中应该强调个人与社会的关系，其目标是使小组成员在社会归属和相互依存中得到满足，要在小组成员之间、小组之间和有关社会系统间，达到互助和开放。小组工作焦点既

---

① 林孟平：《辅导与心理治疗》，香港·商务印书馆，2000年版，第89页。

② 王思斌主编：《社会工作概论》（第三版），北京·高等教育出版社，2014年版，第108页。

③ 迈克尔·怀特、大卫·爱普斯顿：《故事·知识·权力——叙事治疗的力量》，台北·心灵工坊，2003年版，第53—56页。

在个人也在环境，通过个人与团体的互相影响增强团体功能。个人在小组中具有互惠的动机和能力，通过组织之间的联系达成共识并获得帮助，而社会工作者则扮演“调解者”和“使能者”的角色，使小组成员通过互相帮助而完成特定任务，并使他们借助这种经验更加适应社会。“面对面”的小组动力是此模式实施的基础[①]。在莲姐的案例中，莲姐的社会支持网络薄弱，而村中妇女群体被局限在家庭“私领域”，同样缺乏恒常聚会、表露心声和相互支持的平台与机会。因此，针对莲姐及社区妇女社会支持网络薄弱、男女平等意识薄弱等问题，社会工作者依托妇女广场舞队组建了妇女互助小组，通过茶话会、“艾糍祭清明”等传统美食制作和戏剧表演等喜闻乐见、轻松自在的小组形式，引导莲姐和社区妇女交流个人生命历程、家庭生活经验以及对男女平等问题的看法等，充分发挥小组动力，为社区妇女搭建自我表达和相互支持的平台，形成相互支持的网络，提升妇女们的男女平等意识。

社会目标模式源于社会小组工作的早期实践，以社区归属和社会整合为最终目标。此模式下，社会小组工作的主要目标是发展和提高小组成员的社会意识和潜能，同时也发展和提高他们实现社会变迁的责任心、社会能力及领袖才能，发挥小组成员的社区领袖作用促进社会变迁。该模式强调民主参与、成员达成共识和小组任务的达到，社会工作者在小组工作过程中扮演倡导者、引导者、使能者、资源提供者或榜样的角色[②]。针对Z村存在的家务分工不合理和家庭暴力等男女不平等现象，社会工作者深入分析此问题背后存在着男女平等意识薄弱和僵化的性别角色定型等原因。有学者认为婚姻暴力的防治工作必须从社会文化改变这一根源上预防，从两性权力平等的社会教育着手[③]。为了避免男女不平等的代际传递，并基于青少年群体处于社会化关键时期，“双百”社会工作者通过开展“青少年男女平等意识社会教育”的小组工作方法，综合运用青少年演讲比赛、“小记者”采访、“家务劳动分工工作坊”、《劳动最光荣》的戏剧表演、《妈妈超人》绘本活动等，激发青少

① 刘梦主编：《小组工作》，北京·高等教育出版社，2013年版，第78—83页。

② 刘梦主编：《小组工作》，北京·高等教育出版社，2013年版，第73—77页。

③ 周月清：《婚姻暴力：理论分析与社会工作处置》，台北·巨流图书公司，1995年版，第57页。

年对男女角色定型、男女不平等现象反思，通过青少年的社区倡导来激发社区成员对家务劳动中男性角色缺失的反思，倡导家庭成员共担家庭责任。

（三）社区工作：地区发展模式

在社区工作层面，“双百”社会工作者主要运用地区发展模式推动社区发展。

罗思曼（Rothman）认为地区发展模式是指假定社区的变迁可以乐观地通过当地社区居民在有关社区发展的目标决定和行动中的广泛参与来追求。徐永祥指出，作为一种社会工作的社区工作介入手法的地区发展模式，强调的是当地居民的民主参与、团结合作、自我帮助、自我组织起来，利用当地的资源、当地的知识和技术、当地的创举和领袖来解决当地的问题，促进当地的发展。地区发展模式的工作目标包含实质性问题的解决，以及在解决问题过程中所采取的解决问题的方法和当事人的解决问题能力以及社区共同体的团结合作精神等目标。[①] 在莲姐的案例中，“双百”社会工作者不仅仅针对莲姐的个体问题进行介入，还对其家庭功能和社会支持网络，乃至社区互助和性别文化氛围进行干预，期望能够防止再次发生家暴，杜绝此类事件在社区蔓延，推动互助友爱和谐社区建设。社会工作者采用尊重服务对象和村民主体性的做法，充分利用社区资源，以茶话会、戏剧表演、互助小组和社区倡导活动等形式激发和提升社区互助意识，使社区民众关注家庭暴力、男女不平等问题，推动社区朝男女平等友好的方向发展。

（四）政策实践：打通“最后一米”

政策实践是“双百”社会工作的特色，通过运用政策实践的原则方法，打通国家福利兜底保障政策“最后一米”障碍，使国家相关福利保障政策能够落实到服务对象身上，确保服务对象的合法权益，体现社会公正，使他们有走出困境、重拾尊严、追求新生活的基础保障。在莲姐的案例中，“双百”社会工作者发挥熟悉政策、熟悉需求、熟悉服务对象等优势，扮演了政策需

① 徐永祥主编：《社区工作》，北京·高等教育出版社，2004 年版，第 74—78 页。

求评估者、政策信息提供者和政策资源链接者等角色，化身政策渠道和载体，使政策文本转化为实践[①]，实现政策应有的价值目标。具体来说，“双百”社会工作者协助莲姐获得法律援助资源，成功办理离婚手续；告知莲姐离婚后可申请低保的政策信息，协助其申请低保；协助莲姐为儿子成功申请入读特殊学校资格，领取残疾人护理津贴和困难学生生活补贴等，使莲姐摆脱不平等婚姻枷锁，解除孩子读书后顾之忧，缓解家庭生计负担，恢复正常的工作和生活状态。

综上所述，“双百”社会工作者凭借个案/家庭工作、小组工作、社区工作和政策实践四大专业方法的整合运用，从个人/家庭、人际关系、社区、社会政策四个层面助力服务对象及其社区整体性改变。同时，社会工作者要时刻警觉“四大方法”不是目的本身，只是专业工具，“四大方法”须服务于“社区为本”“以人为本”的理念及价值观，无论采取何种方法策略，社会工作都必须以服务对象的福祉最大化作为专业目标，防止陷入“方法为本”“工作者为本”本末倒置的陷阱。

三、本土化支撑的专业方法

“双百”强调驻守村居进入服务对象日常生活的社会工作模式，重视通过社区评估行动研究方法“摸清情况、搞好关系、聚起人气、找到方向”。因此，社会工作专业方法必须有本土化的支撑，才能够适合本土社会文化情境和政经脉络，也才能够真正帮助服务对象战胜困难，自立自强。

（一）介入议题与方法本土化

从本章莲姐遭受家暴的案例来看，迄今为止，“男尊女卑”“家丑不可外扬”“法不进家门”等观念在中国仍然根深蒂固，家庭暴力被认为是“私事”，受暴者一般很少通过正式途径寻求解决问题。即使许多受暴者能够寻找家庭、亲友等非正式支持网络帮助，也会因为得不到实质性支持而最终选择

① NORMAN L, WYERS. Policy-practice in social work: models and issues [J]. Journal of social work education, 27 (3).

独自面对或采取容忍的态度。同时，尽管我国已经出台了反家庭暴力法等一系列相关法律法规保护家庭成员的权益，但限于家暴“不告不理”“可以进行调解”、举证难等司法介入困境①，加上家暴受害者主动求助少、反家暴配套设施不完善等诸多因素②，使相关法律难以有效保护当事人，因此，反家暴不是一个单纯的法律问题。社会工作者介入家暴议题时，既不能单纯帮助服务对象走法律途径，也不能仅凭社会工作传统的“三大方法”来解决问题，而是要将介入家暴议题和具体的干预方法融入本土社会文化处境，创造性运用契合本土文化的方法才能解决问题。在莲姐的案例中，社会工作者除了运用法律武器，还借助了“民众戏剧”等群众喜闻乐见的社区教育方式。此外，社会工作者还因地制宜协助莲姐解决短期、中期和长期的经济、安全、住房等现实问题，倡导、营造“男女平等友好社区”的文化氛围。

（二）实务理论模式本土化

社会工作实务理论模式的本土化尝试必须立足中国国情及本土政策文化情境才能落地生根。以“双百”政策实践为例，社会工作者必须打通民生兜底政策和社会治理政策的“最后一米”。基于中国国情和社会政策制定、执行、评估和变动等机制不尽相同，要求社会工作者改变或影响社会政策的途径亦会有所不同。③“双百”社会工作者的政策实践不仅将国家社会政策服务输送到最有需要的服务对象，而且必须熟悉当地基层政府政策运作的逻辑，因地制宜解决政策实践的部门壁垒和政策“痛点”“难点”等，促使政策执行最大限度造福困难群众和特殊群体，这需要社会工作者有政策执行的本土智慧。

（三）专业方法本土化

基于介入议题和实务理论本土化，“双百”要求社会工作方法必须适合本

---

① 周安平：《〈反家庭暴力法〉亟须解决的几个问题——对〈反家庭暴力法（草案）〉的分析》，载《妇女研究论丛》2015 年第 2 期。

② 刘淑娟：《增权理论视阈下针对妇女家庭暴力研究》，载《东北师范大学学报》（哲学社会科学版）2010 第 6 期。

③ 马凤芝：《政策实践：一种新兴的社会工作实践方法》，载《东岳论丛》2014 年第 1 期。

土社会文化及其政经情境，而且要求社会工作者必须从本土服务过程和行动研究过程建构本土化的专业社会工作方法。例如，“双百”强调驻村居社会工作者必须通过入户“三同”的方式进入服务对象日常生活，深入理解村（居）民所面临的生活处境，从而制定“53111”执行机制，而非“坐等服务对象上门”提供服务。另外，“双百”倡导社会工作者依靠“拉家常”“一起做事”等非正式的工作手法融入城乡社区，也强调采取群众喜闻乐见的生活化的方式开展社区服务，例如在宗祠举办长者“茶话会”等。因此，专业方法本土化必须契合不同地域、人群、风俗习惯、性别、权力关系等日常生活的社会文化及政治脉络，才能落地生根、开花结果、造福社群。

第四节　整合社会工作方法本土运用的实务框架

一、中国社会工作方法的本土化运用

中国社会工作的服务模式是从中国港台地区和欧美国家直接引进，逐渐形成“三大方法”为本的专业实务模式。但相互割裂的个案/家庭、小组、社区工作方法运用难以解决日常生活的整体性问题，更难以在本土文化处境中发挥作用，导致了专业合法性的困境。为了突破以上困境，需要本土化整合性工作模式的研究与实践。[①] 当前，我国社会工作方法的运用存在以下的误区。

一是三大专业方法被割裂地使用。朱健刚等学者研究发现，在我国政府购买服务背景下，社会工作机构得到快速发展并主要呈现出“空降型”“新瓶装旧酒型”“专业主义型”和“草根自发型”四种类型。[②] 政府购买社会服务起源于现代福利制度改革及其背后的新管理主义理念。新管理主义强调经济、

---

① 详见本书第四章中相关论述。

② 朱健刚、陈安娜：《社工机构的 NGO 化：专业化的另一种思路》，载《华东理工大学学报》（社会科学版）2014 年第 1 期。

效率及效益三个方面的价值，将市场引入社会服务中，将“社会工作的能力”定义为“达到所要求的标准”和“完成特定工作的技巧”[①]。为了满足服务协议中个案、小组、社区活动的量化指标要求以此争取机构生存的机会，个案、小组、社区三大专业方法被割裂地运用，甚至矮化为完成数量指标的工具，社会工作“促进人的幸福，实现社会公正”的使命和价值则不断弱化。

二是政策实践方法被忽略。政策实践作为一种社会工作实践方法并没有得到应有的重视。在社会工作学术界，虽然把政策实践（社会政策）纳入社会工作研究领域，但绝大多数学者并没有把政策实践作为社会工作实践的一种方法，只是把社会政策看作一种静态的制度框架，把社会工作看作是社会政策的传递系统[②]。在社会工作的教育实践中，与政策实践相关的内容也并没有受到重视。课程设置中只有社会政策的文本分析，而没有如何实施社会政策的内容[③]。在专业实践领域，专业实践先行间接推动了社会工作相关的政策发展。如，社会工作在汶川地震等灾害救援中得到了集中性的应用并得到政府和社会的广泛认可，间接推动了灾害社会工作等政策领域的发展[④]。但是总体上来说，我国社会工作发展过程中对政策实践方法的忽视是显而易见的，而社会工作对社会政策的影响则较为微弱。

在新时代人民对美好生活需要日益增长的背景下，我国社会工作实务模式亟须从“工作者为本”的割裂“三大方法”运用转变为“以人为本”的整合社会工作实践。首先，政策实践在实务中应当被重视起来，社会工作者应当发挥扎根社区的“在场优势”，打通兜底性民生保障和社会治理政策的“最后一米”。其次，在专业方法的运用原则上，应从指标体系导向转向问题、资产、目标、方法导向，社会工作者通过整合运用个案/家庭工作、小组工作、社区工作和政策实践方法，实现个人福祉和社会公正的双重目标。

---

① 乔世东：《新管理主义对社会工作的影响》，载《华东理工大学学报》（社会科学版）2004 年第 2 期。

② 马凤芝：《政策实践：一种新兴的社会工作实践方法》，载《东岳论丛》2014 年第 1 期。

③ YAN Miu Chung：《社会政策与中国社会的本土化》，载《社会工作》2017 年第 2 期。

④ 冯元、彭华民：《中国社会工作政策发展的背景、动力与价值》，载《中州学刊》2016 年第 1 期。

二、整合社会工作方法本土运用的实务框架

社会工作方法应该被定位为达到社会工作价值目标和解决社区社会问题的策略，即以价值目标为导向的实务方法。社会工作方法的运用如果缺乏社会性价值目标的指导，将失去灵魂和方向，相反社会工作价值目标若没有专业方法的支撑，也是“空中楼阁”。因此，价值目标与方法策略相互依存，缺一不可。结合相关文献理论梳理和“双百”实践经验，扎根社区整合社会工作方法不同于“方法为本”割裂运用社会工作方法技巧的介入模式，它强调专业方法的运用必须以价值、目标、问题、资产为导向。其中社区及其个体的问题与资产之间类似于钱币的“一体两面”，这就要求社会工作者既要从服务对象日常生活问题及其社会根源厘清“双百”的愿景及其介入目标，也要从服务对象及其家庭、社区的优势资产确定“双百”的介入方法策略，围绕目标和问题，整合地运用个案/家庭工作、小组工作、社区工作、政策实践等本土化专业方法，与服务对象共同激活优势，解决问题，逐步实现专业实践目标及愿景（见图6–1）。

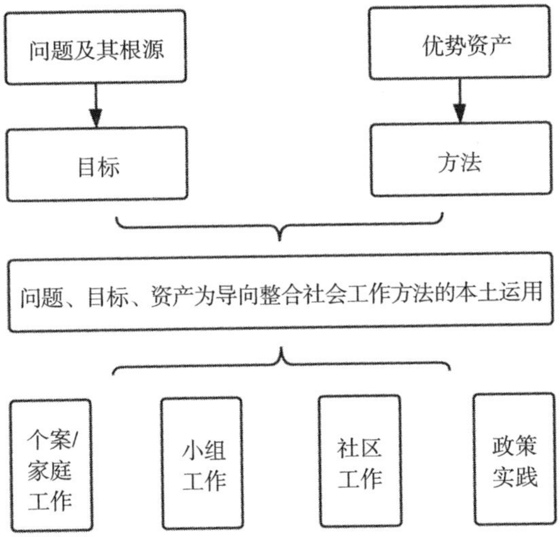

图6–1　整合社会工作方法本土运用的实务模式图

总之，“双百”整合社会工作方法本土运用的实务模式可以概括为以问题、目标、资产为导向整合“四大方法”的本土运用。具体而言，社区和个

体问题及其社会根源分析决定“双百”社会工作的介入目标，而社区和个体的优势资产决定“双百”社会工作的介入方法策略。基于共创美好社会的目标和方法策略，“双百”社会工作者整合运用个案/家庭、小组、社区及政策实践的本土化方法技巧，逐步达到落地生根、开花结果、造福社群的社会目标。

思考题：

1. 以S镇社工站为例，阐述“双百”问题、目标、资产导向整合社会工作方法的本土运用过程。

2. 问题及其根源分析和优势资产分析跟社会工作实务有什么关联？

3. 社会工作方法应该如何进行整合的本土运用？

第七章　社会工作个案救助

教学基本要求：

1. 掌握社会救助、个案救助、精准化专业识别、精细化专业服务的概念；
2. 掌握社会工作个案救助中精准化专业识别与精细化专业服务的关系；
3. 掌握社会工作个案救助的服务流程和核心因素；
4. 了解发展型社会救助在社会工作实践中的内涵。

第一节　"双百"个案救助实务案例

一、案例背景

C街道地处珠三角Z市D区的老城区，下设18个社区居委会，其中包括15个城市社区居委会和3个"村改居"社区居委会。D区政府网站2019年底的数据显示，C街道户籍人口为134767人，常住人口为200929人，在册低保家庭342户、特困人员21名、残疾人2698名[①]。C街道办事处设有社会救助窗口，配备4名社会救助经办人员和1名残疾人专职委员。其中，社会救助经办人员主要从事社会救助、民政服务等工作。残疾人专职委员跟进辖区内残疾人相关政策的落实和动态管理。从2013年6月开始，C街道设置了"幸

① 低保、特困和残疾人员的数据是截至2021年3月的数据，由C街道办民政事务办提供。

福加油站”项目[①]，社会救助经办人员每月1—15日通过社会救助窗口，给辖区内低保家庭和特困人员派发30元定额的生活用品。作为“双百”第一批社工站，C街道社会工作服务站（以下简称C街道社工站）于2017年7月正式挂牌成立，共配备7名一线社会工作者和一名专职协同督导者。在C街道党委政府的领导下，在Z市地区督导中心协同督导者的相伴同行和专业支持下，“双百”社会工作者与街道办民政、残联等相关部门密切配合，开展精准化、精细化的社会救助服务，并协同开展社区共治工作。本着“落在村居、问题导向、方便群众”的原则，C街道社工站服务点选在人口密集、民政服务对象相对集中、社区问题较为复杂的Z社区[②]。2018年12月开始，社工站的专业服务开始辐射到邻近的K社区[③]和X社区[④]。

本章讨论社会工作个案救助主题，之所以选择“双百”C街道社工站为例，是基于以下原因：第一，C街道社工站作为“双百”第一、第二批共407个站点中为数不多的城市社区站点，由于其辖区内社区类型多元而复杂[⑤]，从社区类型上来说具有综合性和典型性特征；第二，4年多时间，社工站所开展的精准化专业识别和精细化专业服务已经从第一个驻点社区辐射到另外两个社区，这种“做精做细做实一村居再逐步辐射”的经验值得总结和借鉴；第三，C街道社工站在个案救助方面有了一定的本土化探索和经验积累。从社会工作者上岗驻村居“三同”“用脚画社区地图”开始，到站点实现团队有效分工、完善探访机制、在加强政策学习的基础上制作受居民欢迎的政策宣传小册子、为服务对象建档立卡、制作家庭信息服务表、绘制服务对象分布图等，初步形成了一整套针对困难群众和特殊群体相对完善有效的精准化专业识别和精细化专业服务的工作机制，做出了典型个案救助案例。本章案例

① 幸福加油站是C街道民政部门在Z市多家爱心企业定向捐助支持下设立的慈善项目。

② Z社区内有众多国有破产企业、职工小区和自建房，历史文化底蕴浓厚。据2018年12月统计数据显示，Z社区常住人口数13978人，低保家庭52户，残疾人272人。

③ K社区是一个居住商贸综合型社区，据2020年12月统计数据显示，K社区常住人口有12860人，家庭17户，残疾人165人。

④ X社区为“村改居”（城中村）社区，据2020年12月统计数据显示，X社区常住人口有5767人，低保家庭6户，残疾人66人。

⑤ 社区内既有商品楼住宅小区，也有职工小区，还有城中村等。

资料来自C街道社工站的社区评估行动研究报告、个案记录、参与式观察、深度访谈等。

二、精准识别服务对象

最低生活保障人员、特困人员、困难和重度残疾人、生活无着流浪乞讨人员、留守和困境儿童、留守老人在内的民政重点服务对象以及贫困户等需要提供服务的人群[①]，是“双百”社会工作者的主要服务对象。找准服务对象是社会工作专业服务的首要工作，如何从辖区内20万人口中精准化识别出真正有需要的服务对象，成为C街道刚上岗的7名“双百”社会工作者面临的第一道难题。由于社区困难群众和特殊群体较多，他们中既包括在册的民政服务对象，也包括非在册的潜在救助服务对象和边缘困难群众。为了保证服务对象能够被精准地识别出来，得到及时有效的帮助，社工站按照“双百”服务指引，从做精做细做实Z社区开始，再逐步辐射到周边的社区。社工站社会工作者通过4年多的实践积累，逐步探索出一整套精准化专业识别的做法和实操工具。

（一）探访排查中识别服务对象

2017年上岗不久，社会工作者便有了精准化识别服务对象的意识，从Z社区居委会拿到民政服务对象的花名册，并根据该名册提供的服务对象家庭地址开始“扫楼式”入户探访，以了解服务对象目前的基本情况。然而，社会工作者最初的入户探访并不顺利，因为社区巷子老旧，部分门牌号顺序不连贯，加上社会工作者对街巷并不熟悉，花名册名单上的地址一时难以找到，致使探访效率低下。社会工作团队商讨决定探访排查的第一步从“认路”开始。

团队7名社会工作者分为三组从不同路线“认路”“用脚画社区地图”，

① 《广东省民政厅关于做好乡镇（街道）社会工作服务站建设运营示范项目申报工作的通知》，http://smzt.gd.gov.cn/zwgk/tzgg/content/post_1707442.html，2019年1月3日。

画出社区两幅地图：一是民政对象社区分布图[①]。通过亲身走访，社会工作者将所了解到的民政服务对象家庭地理信息标在社区地图上，然后结合居委会提供的社区网络图[②]，把相关信息描绘得更加清晰、准确。当所有在册民政服务对象入户探访工作整体完成后，社会工作者用不同颜色和编码代号将不同类别的在册民政服务对象的地理位置信息标记在社区地图上[③]，绘制成民政服务对象社区分布图。有了这幅社区图，社会工作者上门探访的准确率和效率得到极大提高。二是社区问题资产图[④]。社会工作者将社区走访时所发现的社区资源（如社区组织、便民服务点、居民聚集点等）和居民反馈的社区问题（如卫生问题和噪声“黑点”等）都标在社区地图上。两幅地图全都挂在社会工作办公室显眼的位置，便于社会工作者可视化地进行民政服务对象恒常探访和服务跟进。在协同督导者的指导下，社会工作者逐步建立起站点精准化识别的工作机制。

根据分布图中民政服务对象的密集程度，社工站将民政服务对象名单进行片区划分，采取“片区负责制”，由三个服务小组分别负责恒常探访及跟进管理。在驻守村居的过程上，社会工作者发现一些在册民政服务对象和政策边缘家庭需要动态识别和及时救助。例如X社区的环卫工人邓叔，妻子前几年确诊脑萎缩，逐渐丧失劳动能力，治疗花光了家庭大部分积蓄，被评定为智力四级残疾，女儿患有智力一级残疾（已享受单人低保）。社会工作者在X社区走访中从街坊邻居那里得知邓叔家是全社区最困难的家庭，于是在邓叔女儿的带领下来到邓叔家中。经过了解，社会工作者发现邓叔妻子随着病情加重，逐渐丧失了劳动能力，无法行走自理，具有长期使用轮椅和重新进行残疾类型与等级评定的需求。在社会工作者的协助下，邓叔妻子被评定为二级肢体残疾，成功申请了轮椅，并获得了重度残疾人护理补贴。像邓叔家庭

---

① 具体参见本书附录：“双百”民政对象分布图（示例）

② C街道辖区内的居委会采取网格化管理，将辖区分成多个网格，由居委会工作人员担任网格员，跟进该网格的行政事务。

③ 用不同颜色的小圆纸对应低保、特困和不同等级的残疾人，将各民政服务对象资料归档编号写在纸条上，根据民政服务对象的家庭位置贴在分布图的相应位置。

④ 具体参见本书附录九：“双百”社区问题与资产地图（示例）

这种潜在的救助对象在社区中为数不少，如果都要靠了解情况的街坊邻居来告知，这对社会工作者实现精准识别服务对象来说是比较被动的。而且在城市商品楼社区中，很多居民彼此之间较为陌生，缺乏信任，受“家丑不可外扬”观念影响，不会轻易说出家里的困难。为此，团队决定在全面探访在册民政服务对象的基础上，对 K 社区和 X 社区开展困难群众和特殊群体的全面排查工作。

（二）政策宣传中识别服务对象

随着上门探访量的增加以及对居民政策需求了解的逐渐深入，社会工作者发现居民对救助及福利政策信息普遍缺乏了解。对前期探访工作总结分析后发现，社区低保家庭多为“因病致贫”，他们的需求往往集中在稳定的经济收入、医疗救助和未成年人子女的教育费用上；残疾人对辅助器具以及纸尿裤、护理垫这类消耗品的需求尤为明显；老年人对高龄津贴、城乡医疗保险、“银龄安康”[①] 等政策关注度较高，但他们普遍文化程度较低，对福利政策申请条件及申办流程不熟悉。

根据对社区居民有关救助和福利政策需求的统计，社会工作者选取了居民关注程度较高的高龄老人津贴、最低生活保障、事实无人抚养儿童基本生活补贴、残疾人“两项补贴”等问题，从街道办民政部门和居委会收集到相关政策资料信息，制作成通俗易懂的政策宣传小册子，并发动社区热心居民一起开展政策宣传活动。在政策宣传过程中，社会工作者接触到廖女士，她是 K 社区的居民，因无劳动能力，家庭经济收入低下，想跟社会工作者咨询申请低保事宜。在与廖女士沟通的过程中，社会工作者发现她沟通能力有限，后了解到廖女士是精神三级残疾人。为了协助廖女士申请低保，社会工作者多次主动联系廖女士，解释申请的步骤以及需要提交的申请材料，同时联系到她的家属，在其家属根据要求递交相关申请资料后，社会工作者协助街道

① “银龄安康行动”，是广东省于 2014 年 4 月在全省启动的老年人意外伤害综合保险项目。详见《广东“银龄安康行动”：系好老年人风险防控安全带》，https://www.chinanews.com/sh/2017/06-29/8264962.shtml，2017 年 6 月 29 日。

办社会救助经办人员一同上门核查廖女士的家庭情况。最终帮助廖女士通过单人低保的申请。由此可见，救助政策宣传的过程也是识别服务对象的过程，这就需要社会工作者用心聆听、敏锐观察和具体行动。

（三）驻村居“三同”中识别服务对象

“双百”采取扎根村居的工作模式，强调社会工作者跟社区民众打成一片，在融入民众日常生活中去识别服务对象。这种做法有助于社会工作者发挥“熟人关系”在精准化识别服务对象方面的优势，提高识别的及时性、准确性和深入性，确保将最宝贵的国家福利资源链接到最需要的人群，维护底线公正。因此，与社工站点范围内的居民“混脸熟”“聊天搭讪”，并将其中的“热心人”发展成社工站动态了解困难群众和特殊群体问题需求和优势资产的“线人”，是社会工作者日常工作的重要内容。

有一次，社会工作者向肠粉小吃店老板娘介绍身份并派发站点宣传单后，老板娘说：“我每天都看到你们来回走动，感到奇怪，现在终于明白你们是做什么的了。”多次与老板娘聊天接触后，在一次社区探访途经小吃店时，社会工作者再次驻足与老板娘聊天，当问及是否认识一些困难群众时，她立刻向社会工作者介绍了3户困难家庭，还亲自带路探访了其中的1户。由此可见，社会工作者与社区居民在日常生活过程中相互熟悉彼此信任，不仅能够从“热心人”那里得知许多不为人知的有用信息，而且通过众多“热心人”可以像“滚雪球”一样接触到更多的服务对象。有一个小卖部阿姨，社会工作者与她“混脸熟”后，得知她有糖尿病史，需要定期服药，非常关心她的“血糖值”，每次经过小卖部都会与阿姨聊天，从她那里得知许多居民的信息。有一次，她告诉社会工作者她家附近有一名精神残疾者深夜被家人报警送医院治疗。知道这个消息后，社会工作者立刻电话联系该病人家属了解情况，并协助家人落实有关治疗的政策资源。

正是通过驻守村居，与村（居）民经常见面聊家常的日常生活接触方式，社会工作者赢得服务对象的信任，能够及时、有效、动态掌握服务对象的基本情况，做到精准化识别、精细化服务。

此外，在“三同”过程中，社会工作者还能够及时辨别服务对象日常生活中存在的社区问题。例如，Z 社区河基上的石阶梯是居民买菜、学生上学的必经捷径，每天经过的人流量比较大，曾经有老年人在上石阶时摔成重伤。社会工作者了解后，乘机在石阶旁设立咨询点，向过往行人征询如何防范石阶安全隐患的意见，经过为期两天的调研，获悉大部分居民的意见是在石阶两旁加装不锈钢扶手。社会工作者及时将调研结果反馈给 Z 社区居委会，不久，基层政府就在石阶旁增设了防护网和扶手。

据统计，自 2017 年 7 月到 2020 年 12 月，C 街道社工站为探访和服务过的低保、特困和残疾人等家庭建档立卡共 263 份，开展政策宣传 22 场 3300 人次，在 K 社区和 X 社区共上门排查了 180 户困难群众和特困家庭（2020 年 11 月至 2021 年 4 月）。在此过程中，社会工作者精准化识别并协助 12 名符合政策条件的困难群众申请低保；精准化识别并协助 51 户在册民政服务对象申请享受更多社会福利政策优待；精准化识别出 16 户不符合政策条件且“应退出政策”的民政服务对象；另外，精准化识别并为 257 户有需求的困难家庭链接资源，其中 121 户困难家庭获得物资和资金等资源扶助，136 户困难家庭获得社会工作者链接的志愿服务资源。与此同时，精准化识别 14 名虽不符合政策救助条件但处于困难边缘的家庭，并为他们链接社会资源和提供服务。

三、精细开展专业服务

在对服务对象进行精准识别的基础上，C 街道社工站“用心”“用情”地针对有政策救助需要和非物质服务需要的困难群众和特殊群体提供精细化专业服务，协助他们走出困境，追求美好生活。接下来，以社会工作者协助一名中年丧偶的单亲母亲对接低保政策救助，帮助她逐步走出丧夫之痛并重获新生的整个救助过程为例，阐述“双百”社会工作者是如何开展精细化专业服务的。

（一）“我们家困难，还有一家更困难”

社会工作者在社区开展福利政策宣传时遇到 5 位婆婆在家门口聊天，便主动过去派发政策宣传单，介绍与她们相关的福利政策服务。当社会工作者提及老年人中风致残满一年及以上的可以通过评残获得相应政策救助时，其中一位黄婆婆问了很多具体细节问题。经过社会工作者的讲解，黄婆婆大致了解该政策后表示：“我丈夫中风卧床一年多，是不是可以申请残疾人补贴?”社会工作者表示可以先入户探访了解一下情况，黄婆婆便带社会工作者到家中探望丈夫，恰好黄婆婆外嫁的女儿也在。社会工作者详细了解黄婆婆与丈夫的身体情况，初步评估丈夫符合评残条件，并详细介绍评残申请流程与相关福利政策。确认黄婆婆及女儿明白评残申请步骤后，社会工作者留下联系方式便离开了。

两周后，社会工作者再次上门跟进黄婆婆丈夫评残的进展情况，黄婆婆表示已经在申请了，并随之感叹：“我们家困难，还有一家更困难。”于是，黄婆婆领着社会工作者来到附近巷口，指着远处一户正在办丧事的人家说：“年初的时候，那个男人还好好的，现在一下子就没有了。”她表示自己并不太清楚具体情况，是女儿作为远房亲戚参加她家的丧事才听说她家的遭遇。去世男人的妻子叫丽姐（化名），考虑到她家正在办丧事，社会工作者打算过几天再上门探访。

（二）丧偶家庭借债过活

几天后，社会工作者主动上门探访丽姐家，向丽姐说明是得知其家里变故专门过来慰问的，当时丽姐还沉浸在丈夫病逝的悲痛中，只是哭诉丈夫去世的一些细节，她的婆婆则诉说了家里的经济困难。

丽姐 44 岁，无业，与丈夫育有一儿一女，儿子 7 岁，体弱多病，女儿 1 岁，留在娘家由外婆照顾。丽姐丈夫几个月前查出患有脑癌，患病期间先后两次向经济联社（生产队）借款共 17 万元用于住院治疗，但最终治疗无效于两周前去世。丽姐的公公去世多年，婆婆现已 70 多岁。目前丽姐与儿子、婆婆共同居住。结婚后，丽姐一直是家庭主妇，名下无存款和固定资产，没有正当营生。儿子经常生病咳嗽，开支较大，加上丈夫治病的大笔借款，家庭经济压力巨大。见到社会工作者时，丽姐和婆婆流着眼泪期望能够得到政府的经济救助。

（三）相伴同行申请低保

探访丽姐归来，社会工作者接到自称是丽姐亲戚（丽姐丈夫前妻的女儿）的电话，询问丽姐一家能否申请低保，社会工作者向她解释了有关申请条件和申请程序的政策，表示需要工作人员走访核实情况后才能够确定。数天后，社会工作者再次上门探访，询问丽姐和婆婆是否已经着手申请低保，她们说还没有申请，因为丈夫前妻的大女儿说她打电话询问过社工站，被告知她们不符合申请低保的条件。丽姐说她听到这个消息心里很不甘，觉得“我们家这么困难都申请不了低保，还有谁能申请呢?”她正打算去问清楚情况，没想到社会工作者就主动上门了。当丽姐明白信息传达有误，也感受到社会工作者真心关心他们一家时，她有了渡过难关的信心。于是，社会工作者立刻致电街道办事处社会救助经办人员。得知丽姐家庭基本符合申请低保资格，随后社会救助经办人员让社会工作者联系社区民政干部核实丽姐一家的借款是否属实。当协助完成核实丽姐家向生产队借款 17 万元的工作后，社会工作者立即转入协助丽姐在“粤省事”上提交低保申请。

由于申请低保的很多手续需要与手机号码相关联，而丽姐想继续使用丈夫生前使用过的手机号码，这样，将丈夫名下的手机号码过户到丽姐自己名下成为必须完成的重要步骤。另外，按 Z 市当时申请低保的相关政策规定，丽姐的低保申请手续还需要村委会、医院、学校、社保、供水、供电等部门开具的相应证明材料。然而社会工作者评估发现，丽姐既不熟悉手机号码过户办理手续，也不熟悉社区周边环境、办证窗口和各服务部门的工作流程，明显表现出缺乏与相关部门打交道的自信心和能力，无法单独完成复杂的申请流程。为了保证丽姐能够顺利申请低保，在与街道办社会救助经办人员和社区民政干部一同入户对丽姐家庭进行低保核查后，社会工作者陪同协助丽姐完成申请低保所需的一系列准备工作，包括手机号码过户，身份证、户口本等资料复印，到村委会开具丈夫 2019 年分红证明和 2020 年两次借款证明，到市社保局打印丽姐“无参保证明”，到市自来水集团打印近半年家庭用水缴费发票，到电网公司打印近半年家庭用电缴费发票，协助整理近半年家庭成员医疗支出（药费发票单），与儿子的班主任沟通开具在读证明等。最后，丽姐一家终于成功申请了低保，享受到每月600元的低保金和各项与低保相挂钩的政策福利[①]。为此，丽姐和婆婆非常开心，每当社会工作者路过丽姐家门时，她们一家都热情招呼进屋喝茶，还专门煲了凉茶送到社工站慰问社会工作者……

（四）持续陪伴走出“丧偶之痛”

在陪同丽姐到相关部门打印证明和发票的路途中，社会工作者发现丽姐眼睛通红，不断擦眼泪，赶快给她递上纸巾，鼓励她放松心情，表示愿意听她诉说。丽姐说：“我自己比较‘眼浅’（容易流泪）。现在儿子女儿整天都说要找爸爸，我晚上在床上想想又流泪。”在办理繁复低保申请手续的过程中，明显感到丽姐的焦虑和气馁，社会工作者给予鼓励的同时，陪着她一起办理完各种手续。

在办理低保的那段时间，丽姐几乎每周都来社工站聊天。尽管她只是过来咨询一些杂事，诉说自己的生活问题，但她的心情明显有好转。虽然谈到丈夫丽姐会情不自禁地哭出声来，但在社会工作者耐心陪伴和有效倾听下，她的情绪都会慢慢平复，逐渐敞开心扉诉说更多往事，她开始对未来生活有了期待。丽姐说怀儿子之前自己曾在商场销售服装，但怀孕后就失业了。她在丈夫眼中是一个什么都不懂的“小女人”，但丈夫特别宠她，包办了家庭的大小事务。在儿子三岁半前，在城市长大的丈夫还陪丽姐回娘家一起做农活，村里人都说丽姐有福气。现在家庭出现变故，丽姐妈妈很疼爱丽姐，愿意帮忙照顾年幼的外孙女。当谈及申请到低保后是否将女儿接过来一起生活时，丽姐表示婆家重男轻女思想严重，婆婆脾气不好，经常骂人，不想让她照顾女儿。娘家是丽姐的依靠，她在娘家坐月子，现在女儿由外婆照顾，她每天晚上都跟孩子视频交流。社会工作者既肯定娘家给予丽姐支持，又鼓励丽姐尝试发现婆婆的优点，改善婆媳关系。丽姐也意识到自己生病住院和在家休养期间，婆婆每天给她煲汤补充营养，也会细心照顾好孩子。现在婆婆常把吃剩的米饭晒干，等丽姐回娘家时带给亲家喂鸡……

---

① 后来丽姐因阑尾炎住院一个星期，凭借低保证减免很多医药费。

在陪伴丽姐办理低保手续的过程中，社会工作者给丽姐许多鼓励和支持。通过陪伴、共情、关怀和支持，社会工作者深刻理解丽姐及其家庭的生活处境，激活她的优势和家庭、社会支持网络，促使其逐步走出丧偶的哀伤情绪。

（五）“手把手”提升生活能力与自信心

由于被丈夫过度“保护”，丽姐对丈夫很依赖，导致她不熟悉周边环境，办事能力很差，甚至不会使用手机。例如，当丽姐到X社区办理丈夫户口销户手续时，村委会干部告知需要登录“粤省事”提前预约，否则现场排队要等很长时间。社会工作者协助丽姐上“粤省事”办理申请时，发现她使用的手机还是已去世丈夫的账户，根本无法登录预约。随后，社会工作者协助丽姐变更“粤省事”账户，更换微信实名制用户信息等，并教会她详细的操作流程，最终丽姐自己操作申请到下一周的排号。另外，丽姐还向社会工作者学会网上查询出行方式和常用的手机应用程序等。通过社会工作者持续的相伴同行，丽姐逐步掌握了各种现代信息应用技能，扩大了获取资讯信息渠道，提升了日常生活事务办理的能力，逐步增强了生活掌控感和对生活的信心。

迫于家庭经济压力，丽姐主动寻找工作。社会工作者为其提供各种就业信息，但由于工作时间与照顾孩子的时间冲突，丽姐最终没有去应聘。X社区有不少妇女从事环卫工作，从事环卫工作的街坊向丽姐推介了环卫工招聘信息。由于每天工作的时间相对较灵活，丽姐觉得比较合适并成功应聘了环卫工，试用期通过后每天有100元收入。在陪伴丽姐办理低保申请手续的过程中，社会工作者还与丽姐沟通关于购买社保和就业养老事宜。结合丽姐的实际情况，社会工作者跟她分析城镇职工养老保险和城乡居民养老保险的待遇区别与参保注意事项。告诉丽姐如若参加职工养老保险，意味着需要自费交社保费15年，虽然最终享受的养老待遇会更高，但也意味着未来面临更大的就业压力；而如果基于目前的低保身份，政府会为她购买最低档的城乡居民基本养老保险，虽然不用花钱，但最后只能享受最低档城乡养老金。丽姐听完社会工作者的分析后，表示自己有信心独自承担参保费用，希望尽量减轻儿女以后照顾自己的负担。此外，丽姐还积极为儿子争取助学金等。由此可见，在社会工作者的陪伴下，丽姐逐步具备了分析问题和规划生活的能力，更有勇气面对未来。

经过社会工作者长期陪伴与增能，丽姐从过去不敢与基层政府打交道，到后来勇于有理有据配合村委会为自己争取权益，丽姐蜕变了。正如社会工作者所说：“她现在的状态对比申请低保的时候改变挺大，从一个不会和村委会沟通，到现在经过社会工作者指引能够自己一个人积极主动完成。丽姐以前较少出门，现在她会主动跟邻居聊天，也不会因为婆婆说话声音大而害怕，她学会了平等地与人交流想法与看法。而且她现在跟社会工作者聊天也会有一种油然而生的自信。”

（六）链接资源减轻家庭教育压力

儿子的教育是丽姐和婆婆日常生活关注的焦点，但同时也是婆媳关系紧张的“主战场”。丽姐认为“孩子有个开心快乐的童年就好了”，但是婆婆却很看重孩子的成绩和分数，不让孩子出去玩，有时还会骂他不用功等。而儿子一定要丽姐陪在身旁的时候才会认真做作业，否则草率了事。丽姐很珍惜环卫工的工作，也很希望儿子能够独立学习和完成作业，如果儿子能够好好读书，以后就不用像自己一样辛苦。但限于自身受教育程度低，无法有效地辅导孩子的作业，非常苦恼。

社会工作者了解到丽姐辅导孩子功课的压力后，尝试帮助链接志愿者上门辅导功课。通过社工站的大学生志愿者介绍，社会工作者链接到当地高校大学生免费提供家教服务。志愿者与孩子共同确定辅导课程表，计划为期 4 个月，每周半天送教上门。社会工作者与志愿者分工合作，志愿者主要负责孩子的功课辅导，而社会工作者则负责跟丽姐及其婆婆分享孩子的家教方式等。例如，社会工作者与丽姐婆媳共同探讨如何看待孩子的学习成绩，大家逐渐认同不能仅看重成绩排名，而要帮助孩子养成良好的学习习惯。经过一段时间的上门辅导，辅之以家长对待学习的态度的转变，丽姐孩子的学习成绩有了提高，一家人都很开心。当孩子学习方面的压力减轻之后，围绕孩子教育问题的紧张婆媳关系也得到一定程度的改善。

第二节　理论和相关概念的界定

一、社会救助

（一）社会救助的缘起与发展

为因受灾、贫困等原因而陷入生存危机的社会成员提供必要的救助，在人类社会的发展进程中由来已久，包括原始社会末期氏族成员内部的相互援助，封建时代统治阶级赈灾、济贫，以及基于社会共存需要或宗教信仰的慈善救济行为，而以立法的形式确认济贫事业是政府的职责则是在1601年英国《济贫法》的颁布。此后一些欧美国家先后颁布类似的济贫法案。现代西方国家的社会救助已经成为整个社会保障制度的重要组成部分①。虽然随着社会保险制度的建立和发展，尤其是普惠型社会福利体系的建立和发展，社会救助的功能和作用一度被降低。然而直到现在，社会救助制度在全世界范围内逐渐发展，包括在发达国家仍然是一个非常重要的社会保障制度②。

在我国，社会救助是整个社会保障制度体系中最为传统的制度。早在几千年前我国就有社会救助制度的前身出现，即当时的官方向社会中贫困者和困难家庭提供帮助的制度。而我国现代意义上的社会救助制度则始建于中华人民共和国成立后。在中华人民共和国成立初期我国就建立了城市社会救济制度和农村五保户制度，但这两种制度只是针对“三无”人员，规模一直不大。社会救助制度真正大发展是在改革开放以后，尤其是在20世纪90年代的国有企业改革引发了大量的下岗失业和贫困问题后。为保障当时国有企业改革顺利进行，我国建立了城市最低生活保障制度，后来逐步发展了医疗救助、教育救助、住房救助、法律援助、自然灾害救助、流浪乞讨人员救助等

① 史柏年：《社会保障概论》（第二版），北京·高等教育出版社，2012年版，第201—202页。
② 关信平：《朝向更加积极的社会救助制度——论新形势下我国社会救助制度的改革方向》，载《中国行政管理》2014年第7期。

配套救助制度，社会救助范围则从城市困难群体逐步扩展到农村困难群体[①]。2014 年国务院颁布《社会救助暂行办法》（国务院令第 649 号），该办法将最低生活保障、特困人员供养、受灾人员救助、医疗救助、教育救助、住房救助、就业救助和临时救助这八项制度以及社会力量参与救助整合为一体，标志着社会救助已经成为我国一项基本的社会保障制度[②]。而中共中央办公厅和国务院办公厅于 2020 年 8 月印发的《关于改革完善社会救助制度的意见》，则对我国社会救助制度下一步改革的主要方向和具体任务提出了纲领性的要求[③]。2020 年 9 月民政部、财政部下发关于《中华人民共和国社会救助法（草案征求意见稿）》公开征求意见的通知[④]，社会救助国家立法指日可待。

（二）社会救助概念的界定

社会救助作为一个学术概念，有着多种不同的界定。关信平认为，在当代各国，社会救助是指“国家和社会向老弱病残和生活不幸人士等困难群众无偿提供款物救济的一种基本生活保障制度，一般包括基本生活救助、受灾人员救助、医疗救助、住房救助、教育救助等方面的救助”[⑤]。史柏年则认为，社会救助是“社会保障制度的基本组成部分，是指当社会成员陷入生存危机或不能维持最低限度的生活水平时，由国家和社会依照法定的程序和标准，向其提供满足最低生活需要的物质和其他援助的一项社会保障制度”[⑥]。全国社会工作者职业水平考试教材编委会在《社会工作实务（中级）》（第 10 版）中对社会救助的定义是：“在社会成员因个人原因、自然原因或社会原因致使

---

① 《社会救助暂行办法》（国务院令第 649 号），http://www.mca.gov.cn/article/gk/fg/shjz/201507/20150715848487.shtml，2014 年 2 月 27 日。

② 关信平：《朝向更加积极的社会救助制度——论新形势下我国社会救助制度的改革方向》，载《中国行政管理》2014 年第 7 期。

③ 中共中央办公厅、国务院办公厅印发《关于改革完善社会救助制度的意见》，http://www.gov.cn/zhengce/2020-08/25/content_5537371.htm，2020 年 8 月 25 日。

④ 《民政部　财政部关于〈中华人民共和国社会救助法（草案征求意见稿）〉公开征求意见的通知》，http://www.gov.cn/hudong/2020-09/08/content_5541376.htm，2020 年 9 月 8 日。

⑤ 关信平主编：《社会政策概论（第三版）》，北京·高等教育出版社，2014 年版，第 279 页。

⑥ 史柏年：《社会保障概论》（第二版），北京·高等教育出版社，2012 年版，第 199 页。

基本生活难以维持时，由政府和社会为其提供基本物质保障的救助制度。社会救助是社会保障体系的重要组成部分，是受到宪法保障的基本公民权利之一。它以家庭经济状况调查为基础，由政府和社会为陷入贫困的城乡困难家庭提供直接的物质救助和服务，帮助他们解决基本的生存问题。”①

从上述定义可以归纳出社会救助的基本特点：一是权利义务的非直接对应性。社会救助强调国家和社会对维护社会成员基本生存权利的责任和义务，它是援助贫困者、稳定社会的最后一道安全屏障。二是救助对象的限制性。社会救助的对象由法律规定，符合法定条件的成员才有享受救助的资格，且申请者需要被调查和甄别救助资格。三是救助程序的法定性。社会救助是法律规定的社会责任，救助对象必须履行一系列法定程序（书面申请、经济情况核查、公示等）才能获得社会救助的待遇。四是救助水平的低层次性。社会救助向救助对象提供最低生活需求和简单再生产的资金或物资，而非改善和提高其生活福利。五是救助手段的单一性。实施社会救助形式主要为资金或实物，缺乏非物质的救助手段②。

（三）社会救助类型及对象

按照《社会救助暂行办法》，我国的社会救助类型包括最低生活保障、特困人员供养、受灾人员救助、医疗救助、教育救助、住房救助、就业救助和临时救助八类③。具体而言，上述八类社会救助针对的对象和救助内容是④：

最低生活保障，主要保障对象为家庭人均收入低于当地最低生活保障标准且符合当地最低生活保障家庭财产状况规定的城乡贫困人口。

---

① 全国社会工作者职业水平考试教材编委会编写：《社会工作实务（中级）》（第 10 版），北京·中国社会出版社，2021 年版，第 277 页。

② 史柏年：《社会保障概论》（第二版），北京·高等教育出版社，2012 年版，第 199—201 页。

③ 未列入《社会救助暂行办法》但已有相关政策规定的救助类型有法律援助和司法救助。参见：全国社会工作者职业水平考试教材编委会编写：《社会工作法规与政策（中级）》（第 10 版），北京·中国社会出版社，2021 年版，第 44 页。

④ 详见《社会救助暂行办法》（国务院令第 649 号），http://www.mca.gov.cn/article/gk/fg/shjz/201507/20150715848487.shtml，2014 年 2 月 27 日。

特困人员供养，主要是保障孤苦无依的老年人、未成年人和残疾人的基本生存，通过家庭分散供养和机构集中供养的形式予以救助。

受灾人员救助，主要是对由于自然灾害而无法保证基本生活的灾民提供生活救助。

医疗救助，主要是对城乡低保、特困及其他特殊困难人口医保个人缴费部分进行补贴和医疗费用进行补助。

教育救助，主要是对城乡低保家庭成员、特困供养人员及残疾儿童受教育给予费用减免、发放奖助学金、给予生活补助或安排勤工助学等。

住房救助，主要是以提供廉价住房、住房补贴和危房改造等形式对城乡低保家庭、分散供养的特困人员予以救助。

就业救助，主要是以贷款贴息、社会保险补贴、岗位补贴、培训补贴、费用减免、公益性岗位安置等办法对城乡低保家庭中有劳动能力的失业人员进行救助。

临时救助，主要是对由于火灾、交通事故等意外事件，或因家庭成员突发重大疾病等原因造成基本生活暂时出现严重困难的家庭，或因生活必需支出突然增加超出家庭承受能力的低保家庭，以及流浪乞讨人员提供救助。

总而言之，社会救助对象主要包括因身体残缺、疾病、失业、入不敷出、自然灾害和社会事故等原因导致经济贫困，在基本生活、教育、医疗、住房、就业等方面存在困难，并且无法依靠自身能力或资源摆脱生活困境的特殊困难群体。

（四）社会救助主体

在我国，社会救助的责任主体主要是各级政府有关部门和村（居）委会。例如《社会救助暂行办法》第三、第四条规定：“国务院民政部门统筹全国社会救助体系建设。国务院民政、应急管理、卫生健康、教育、住房城乡建设、人力资源社会保障、医疗保障等部门，按照各自职责负责相应的社会救助管理工作。县级以上地方人民政府民政、应急管理卫生、教育、住房城乡建设、人力资源社会保障、医疗保障等部门，按照各自职责负责本行政区域内相应的社会救助管理工作。”“乡镇人民政府、街道办事处负责有关社会救助的申请受理、调查审核，具体工作由社会救助经办机构或者经办人员承担。村民委员会、居民委员会协助做好有关社会救助工作。”[①]

包括社会工作在内的社会力量被鼓励参与社会救助，但没有明确其在社会救助中的具体职责和参与方式。如《社会救助暂行办法》第五十五条只规定了“县级以上地方人民政府应当发挥社会工作服务机构和社会工作者作用，为社会救助对象提供社会融入、能力提升、心理疏导等专业服务”。然而，随着党和国家对保障和改善民生工作的日益重视，社会工作在参与社会救助方面的作用近年来也越来越受到重视。如2020年8月中共中央办公厅、国务院办公厅印发的《关于改革完善社会救助制度的意见》更加明确地强调了社会工作在参与社会救助中的角色，即“协助社会救助部门开展家庭经济状况调查评估、建档访视、需求分析等事务，并为救助对象提供心理疏导、资源链接、能力提升、社会融入等服务”。由此可见，社会工作逐步成为社会救助的重要主体之一。

二、社会工作与社会救助

西方发达国家对社会福利的定义与我国官方和学界对社会保障的理解较为相近[②]。国际通行的《社会工作辞典》（*The Social Work Dictionary*）定义社会福利为：“一个国家的方案、给付（benefits）与服务体系，以协助人民满足其社会、经济、教育与健康需求，此乃社会维持的基础。”[③] 有学者认为，一部社会工作发展史几乎就是一部欧美社会福利史或福利国家发展史的缩影[④]，而社会工作的起步则源于对现代社会救助的参与。

---

① 《社会救助暂行办法》（国务院令第649号），http://www.mca.gov.cn/article/gk/fg/shjz/201507/20150715848487.shtml，2014年2月27日，2019年3月2日国务院709号令修改。

② 关信平主编：《社会政策概论》（第三版），北京·高等教育出版社，2014年版，第274页。

③ Barker，p.：《福利国家的创建者：十六个英国社会改革先驱的故事》（洪惠芬、简守邦译），转引自林万亿：《当代社会工作：理论与方法》，台北·五南图书出版股份有限公司，2013年版，第13页。

④ 林万亿：《当代社会工作：理论与方法》，台北·五南图书出版股份有限公司，2013年版，第13页。

一般认为，现代社会工作缘起于19世纪后半叶西方宗教界人士对贫民所开展的慈善救济活动。在西方工业化快速发展的背景下，有鉴于家庭功能减弱、贫富悬殊等社会问题日益严重，西方宗教界人士号召教区民众出钱出力，开展关怀贫穷工人和照顾残疾人的活动，其中最具代表性的活动为慈善组织会社和睦邻运动，它们被公认是现代社会工作的两大源头。针对19世纪60年代商业危机背景下英国伦敦失业贫困需要救济人数过多，而私人救济机构发展异常蓬勃却缺乏相互协调，从而出现重复救济和“职业乞丐”等问题，慈善组织会社分片区设置志愿委员会（volunteer commission）主持救济分配，聘请志愿者对贫民家庭开展入户调查并建立个案记录，在开展科学化的慈善救助之余，还逐步发展出社会个案工作专业方法[①]。英国慈善组织会社的社会救助模式传播到美国并得到发扬，推动美国科学慈善的代表人物玛丽·埃伦·里士满总结其在慈善组织会社20年工作经验，出版《社会诊断》和《何谓社会个案工作》等书，里士满本人被认为是当代社会个案工作的创始人[②]。睦邻运动的兴起几乎与慈善组织会社同期，也是对当时城市贫困问题的回应。与慈善组织会社不同的是，睦邻运动先驱着眼于贫困问题的社会原因分析，将睦邻服务中心设于穷人集中居住地区，与社区穷人共同生活，在对社区贫穷状况充分调查的基础上为各年龄层群体提供多样化针对性的服务，包括设立托儿所、保健所、合作社等。与此同时，他们还培养居民自力更生、互助合作和为地方服务的精神，并促进不同文化族群者间共存共荣[③]。

佩恩（Payne）认为，现代社会工作还有一个容易被忽略的起源——《济贫法》，尤其是1834年济贫法修正案的实施和济贫院的建立，及济贫院组成的联盟所聘请的大批专职人员对无家可归儿童和离开济贫院的青少年进行探访、志愿者管理以及开展儿童保护和精神康复服务。而第二次世界大战后随着福利国家的兴起，国家社会工作（state social work）在英国逐渐发展起来。20世纪40年代末，受贝弗里奇报告及《国家健康服务法案》《儿童法案》

① 徐震、李明政：《社会工作思想与伦理》，台北·松慧有限公司，2006年版，第7—11页。

② 林万亿：《当代社会工作：理论与方法》，台北·五南图书出版股份有限公司，2015年版，第110—114页。

③ 徐震、李明政：《社会工作思想与伦理》，台北·松慧有限公司，2006年版，第7—17页。

《国家救助法案》等出台的影响，英国各地方政府纷纷成立了相应的社会服务部门，并聘请社会工作者提供儿童保护、长期照顾、残疾人服务、精神健康等社会服务。到了20世纪70年代初，地方政府社会服务部提供的社会服务成为当时英国社会工作实践的主导形式，英国社会工作发展达到了高潮。在国家社会工作的制度内，英国的社会工作服务由地方政府提供并受到相关法律的规管，但负责执行的社会工作者在提供服务的过程中仍然拥有较大的专业自主权，甚至被一系列社会服务领域的法案赋予了相应的法定权力与法定职责，是国家保护公民的社会权利的载体①。

现代社会工作关注如何确保每个社会成员都能获得基本正常生活的可能，这一理念与现代社会保障制度的目的高度吻合。无论现代社会工作的源头是慈善组织会社、睦邻运动，还是济贫院专职人员所开展的救济活动，抑或国家社会工作，都表明现代社会工作发端于对贫困、失业、残疾等社会边缘困难群体的社会救助/社会福利活动。甚至有学者认为社会福利制度是社会工作专业地位的合法性根源，社会工作则是社会福利制度理念、项目和服务的发送体系，是社会福利制度的有机组成部分。② 在我国当前日益重视保障和改善民生的语境下（兜底民生服务），社会工作参与社会救助的重要性将日益凸显。

三、社会工作个案救助

从社会工作服务范畴的角度来看，社会救助被认为是社会工作的重要服务领域之一。我国社会工作学界将社会救助社会工作定义为：“在社会救助领域，社会工作者根据社会救助的性质与特点，以社会工作价值理念为指导，以社会工作的专业理论为依据，采用社会工作专业方法与技巧，为社会救助对象提供专业服务的过程。这个过程包括物质方面的社会救助、精神层面的

① 雷杰、蔡天：《国家、社会与市场的交织：英国社会工作专业化发展回顾》，载《社会工作》2019年第4期。

② 夏学銮：《社会工作的三维性质》，载《北京大学学报》（哲学社会科学版）2000年第1期。

内在动力提升以及救助对象社会功能的恢复。”① 从上述社会救助社会工作定义来看，社会救助社会工作是融合了社会救助以及社会个案（家庭）工作两方面的性质和特点，既重视发挥社会救助政策资源在保障困难人群及其家庭民生兜底的作用，同时也需要发挥社会工作在非物质层面社会心理支持的优势，促进救助对象的自力更生和社会融入。

个案救助既强调救助和服务的单位为微观个体或家庭，又注重社会个案工作方法的运用，同时也明确了社会个案工作的方向和内容，也即是说社会个案工作不能脱离对社会底层困难群众和特殊群体的救助与关怀。结合“双百”4 年多的本土化专业实践和本土社会救助的特点，“双百”个案救助的特点就是精准化专业识别和精细化专业服务。其中精准化专业识别是指瞄准需要救助的服务对象，准确把握救助服务对象的政策需求和服务需要，通过“建档立卡”记录、汇总和分析服务对象各类信息，设定政策落实和服务的目标与策略。精细化专业服务既体现在根据救助服务对象不同层次需要的分层次跟进，也要针对不同类别救助服务对象差异性需要的分类别跟进。因此，“双百”个案救助是指社会工作者秉持以人为本、公平正义、弱势优先等社会工作价值观，发挥扎根社区、熟悉政策、熟练专业、与服务对象信任关系等优势，通过精准化专业识别程序和方法，找准需要救助和服务的对象，准确评估服务对象及其家庭的问题需求及优势资产，精准落实国家有关社会救助及社会福利政策，并按照分层分类原则为救助服务对象提供精细化的专业服务，逐渐实现从兜底民生保障到促进个体、家庭及社区发展的救助服务目标。

---

① 全国社会工作者职业水平考试教材编委会：《社会工作实务：（中级）》（第 10 版），北京·中国社会出版社，2021 年版，第 280 页。

第三节　精准化专业识别和精细化专业服务

一、为何必须精准化专业识别和精细化专业服务

（一）精准化专业识别的必要性

“保基本、兜底线、救急难、可持续”是我国统筹发展社会救助体系的总体思路[①]，解除城乡贫困群体的生存危机，让贫困人口获得最起码的生存保障，捍卫底线公平和国民的基本生存权，是社会救助制度的初衷[②]。然而，只有贫困者被纳入社会救助的保障范围之中，社会救助的反贫困作用才有讨论的价值，这就涉及社会救助的瞄准效率和瞄准机制问题[③]。反贫困政策的瞄准指的是某一项具体的反贫困政策是否能将所有贫困者纳入其中并将非贫困者排除在外，“漏保”和“错保”是两种典型的瞄准偏差[④]。有研究指出，近年来社会救助在日益重视精准认定的背景下，“错保”情况大幅度下降，但“漏保”情况仍然比较突出[⑤]，精准识别仍然存在障碍[⑥]。在本章的案例中，Z 市 C 街道“双百”社会工作者通过入户排查、政策宣传和驻村“三同”精准化识别并协助 12 名符合政策条件的困难群众纳入低保，精准化识别并协助 51 户困难家庭申请享受更多其他社会福利政策资源，精准化识别出不符合政策

---

① 中共中央办公厅、国务院办公厅印发《关于改革完善社会救助制度的意见》，http://www.gov.cn/zhengce/2020－08/25/content_5537371.htm，2020 年 8 月 25 日。

② 谢勇才、丁建定：《从生存型救助到发展型救助：我国社会救助制度的发展困境与完善路径》，载《中国软科学》2015 年第 11 期。

③ 李棉管：《社会救助如何才能减少贫困？——20 世纪末至今的中国社会救助研究》，载《社会建设》2018 年第 4 期。

④ 李棉管：《技术难题、政治过程与文化结果：“瞄准偏差”的三种研究视角及其对中国“精准扶贫”的启示》，载《社会学研究》2017 年第 1 期。

⑤ 关信平：《“十四五”时期我国社会救助制度改革的目标与任务》，https://mp.weixin.qq.com/s/jrNxmS1－_p6TmnPenxykfg，2021 年 4 月 25 日。

⑥ 孙远太：《社会救助运行机制的功能障碍与改进路径》，载《中国行政管理》2016 年第 10 期。

条件且“应退出政策”的民政服务对象户数共有16户。本书第二章H市D街道社工站案例中，社会工作者在Z社区机械厂经过“扫楼式”全覆盖摸底调研，共识别出困难群众和特殊群体19人/户，其中符合低保政策救助的1户，符合办理残疾证的4人，孤儿2人，高龄与独居长者11人，单亲家庭1户[①]。由此可见，目前我国社会救助依然存在一定程度上的瞄准偏差问题，精准化识别需要进一步加强。

之所以依然存在“漏保”和“错保”等情况，从申请对象角度来看，社会救助的获得强调救助对象的主动书面申请，但救助对象由于种种原因没有接触救助政策和获得政策救助的机会。具体来说，受限于政策信息获得渠道少、政策解读能力弱，不少救助对象缺乏对相关政策的充分了解，而且受贫困耻辱观影响，贫困者缺乏主动求助的积极性，并在求助过程中容易受到负面互动经验的影响，从而失去进一步获得政策资源的动力[②]。例如C街道社工站关于丽姐的案例中，面对繁复的申请步骤和办理过程中的不良互动体验，欠缺能力和自信心的丽姐曾数次想放弃低保救助申请。而从社会救助主体角度来看，按照目前的社会救助制度，基层政府社会救助人员一般只对主动申请者进行上门经济核查，以及对在册救助对象进行每年或每半年的上门经济核查，以尽可能杜绝“错保”情况出现。而在“漏保”方面因缺乏有效的瞄准机制和专业人员配置，难以做到对救助对象实际需要的主动发现、精准施救[③]。再者，我国的社会救助项目高度分散在众多政府部门，这种部门分割、多头负责的局面，容易造成各项救助政策无法有效衔接，使得各项救助项目之间出现交叉重叠与残缺遗漏并存的后果[④]。同时，社会救助标准相对固定和刚性，一些临界在救助标准之上但实际生活又较为困难的个人和家庭（相对

---

① 参见本书第二章第二节内容。

② 王思斌：《转型中的中国社会救助制度之发展》，载《文史哲》2007年第1期。

③ 关信平：《“十四五”时期我国社会救助制度改革的目标与任务》，https://mp.weixin.qq.com/s/jrNxmS1-_p6TmnPenxykfg，2021年4月25日。

④ 谢勇才、丁建定：《从生存型救助到发展型救助：我国社会救助制度的发展困境与完善路径》，载《中国软科学》2015年第11期。

贫困者），往往被排除在社会救助之外①。而且，在制度设计上医疗、教育、住房等专项救助基本上与低保挂钩，导致非低保对象很难获得专项救助，从而形成“悬崖效应”②。这种仅仅瞄准绝对贫困的救助，难以适应贫困主体结构变化，无法实现“应保尽保”的救助效果③。

由此可见，精准化识别不仅十分必要，而且对于真正发挥社会救助的民生兜底作用意义重大，可以说，精准化识别是社会救助发挥其救助功能的前提条件。精准化识别不仅要识别“漏保”和“错保”的对象，更要对处于救助条件边缘的相对贫困对象进行识别，使其获得政策和非政策的救助，从而维护底线公平正义。之所以称为“精准化专业识别”，是因为不仅仅要识别社区、家庭和个人，还要对个人、家庭、社区多层次、个性化的问题需求和优势资产进行专业的评估，为后续的精细化专业服务奠定需求评估和优势资产分析的基础。社会工作精准化专业识别有利于将民生兜底兜得更及时、更精准、更牢固。

（二）精细化专业服务的必要性

一直以来，社会救助政策较为强调对救助对象进行兜底性的物质救助，虽然近年来开始进行服务救助的政策呼吁，但总体而言我国的社会救助仍然停留在以生存型救助为功能的定位④，以物质救助为主要手段，以单向救助（或外援救助）为救助路径，难以促进困难个体和家庭自立、自强和可持续发展⑤。

从救助功能定位来看，目前我国的社会救助功能定位仍然停留在保障困

---

① 周沛、陈静：《新型社会救助体系研究》，载《南京大学学报》（哲学·人文科学·社会科学版）2010 年第 4 期。

② 关信平：《“十四五”时期我国社会救助制度改革的目标与任务》，https://mp. weixin. qq. com/s/jrNxmS1 - _p6TmnPenxykfg，2021 年 4 月 25 日。

③ 谢勇才、丁建定：《从生存型救助到发展型救助：我国社会救助制度的发展困境与完善路径》，载《中国软科学》2015 年第 11 期。

④ 谢勇才、丁建定：《从生存型救助到发展型救助：我国社会救助制度的发展困境与完善路径》，载《中国软科学》2015 年第 11 期。

⑤ 刘芳、徐兴文：《迈向发展型社会救助：新时代我国社会救助的困境与出路》，载《贵州师范大学学报》（社会科学版）2019 年第 3 期。

难群众的基本生活或最低生活，属于生存型的救助。这种生存型的救助采取的是一种物质给付式的事后补偿机制和“下游干预”，只能缓贫或者减贫，不能真正脱贫[①]。由于对社会救助对象的代际贫困干预不足，更谈不上切断贫困的代际传递[②]。而从救助手段来看，无论是最低生活保障制度还是临时性或专项性救助，其形式大多是货币补偿，社区救助及政府“送温暖工程”等活动也大多以物质性救助为主。随着经济的发展与社会的进步，贫困的原因是多方面的，除了物质性因素外，还可能包括社会排斥、文化心理失衡、社会参与机会的缺乏、权利的匮乏、可行能力的被剥夺、人力资本的低下以及社会资本的不足等。仅凭物质救助难以精准回应不同原因造成的贫困，一旦贫困者退出被救助行列，很容易返贫，甚至形成福利依赖[③]。从救助指向上看，低保以及专项救助等往往表现为“单向性”特征，即政府以社会救助主体的身份，给被救助者以物质（货币）救助，被救助者只要符合救助条件，就可以领取或补足到规定数额的救助金。这样的“输血型救助”，被救助者往往缺乏主动摆脱困境的积极性[④]。这种外援性[⑤]的社会救助，难以使救助对象自助和自立。

从Z市C街道案例来看，街道社会事务办设有社会救助窗口，配有若干名社会救助经办人员和残疾人专职委员，负责社会救助对象和残疾人群体的

① 谢勇才、丁建定:《从生存型救助到发展型救助：我国社会救助制度的发展困境与完善路径》，载《中国软科学》2015年第11期。

② 孙远太:《社会救助运行机制的功能障碍与改进路径》，载《中国行政管理》2016年第10期。

③ 谢勇才、丁建定:《从生存型救助到发展型救助：我国社会救助制度的发展困境与完善路径》，载《中国软科学》2015年第11期。

④ 周沛、陈静:《新型社会救助体系研究》，载《南京大学学报》（哲学・人文科学・社会科学版)》2010年第4期。

⑤ 我国社会救助方式的外援性，主要指的是“对贫困困难群众的社会救助与扶贫治理工作中，单纯依靠外部的知识、文化、技术、资金、政策等资源而进行的贫困救助计划，实乃‘授人以鱼’‘输血式’扶贫救助，忽略贫困群体及其社区本身存在的资源及其自身能力建设，特别是文化资源的充分挖掘与利用，这种基于发展主义视域下的外援性的发展与救助策略与思路，有时难免陷入贫困—扶贫—脱贫—返贫恶性循环之怪圈”。参见刘芳、徐兴文:《迈向发展型社会救助：新时代我国社会救助的困境与出路》，载《贵州师范大学学报》（社会科学版）2019年第3期。

相关管理工作。同时 C 街道还设置“幸福加油站”项目，每月给辖区内低保家庭和特困人员派发一定额度的生活用品。据 C 街道社会工作者表述，街道社会救助工作人员一般只关注在册的民政服务对象的政策落实情况以及基本生活的物质需求，而在册民政服务对象非物质层面需求的满足是他们职责之外的事情，更谈不上对非在册的边缘困难群众的困难解决。

鉴于我国社会救助功能定位和救助方式的局限性，社会工作参与社会救助理应从精细化专业服务上弥补单纯依靠自上而下单向性的物质救助的限制。因此，社会工作精细化专业服务，除了为困难群众精准链接社会救助和社会福利政策资源外，更要从促进服务对象发展的角度，在链接社会资源、提供社会心理支持、能力建设、促进社会参与、减少社会排斥等方面着力，以促进救助对象的自立、自强，达到助人自助、社会互助和社区包容等可持续发展的效果。

二、如何做到精准化专业识别和精细化专业服务

（一）“双百”个案救助的服务流程

基于“双百”4 年多的个案救助实践探索，结合包括 Z 市 C 街道社工站在内的 8 个省级核心示范站点[①]个案救助服务流程的梳理和归纳，确定“双百”个案救助服务流程是从精准化专业识别到精细化专业服务的过程，主要包括建立信任关系、全面摸清情况、确定服务对象、建立信息档案、制订服务计划、分类统筹跟进、结案后续跟进 7 个步骤或阶段（如图 7–1 所示）。

1. 建立信任关系

社会工作者需与基层政府相关工作人员（社会救助经办人员和残疾人专职委员等）、村（居）委会工作人员建立信任关系，从正式途径收集在册民政服务对象的花名册及相关基本信息，学习社会救助和社会福利政策。与此同时，社会工作者更要通过驻村居“三同”“四大任务”等实务流程，熟悉村居社区基本情况，与社区民众建立信任关系，从而“打成一片”。

① 这 8 个“双百”省级核心示范点分布在粤东、粤西、粤北和珠三角的城乡社区，其中乡镇社工站 5 个，街道社工站有 3 个。

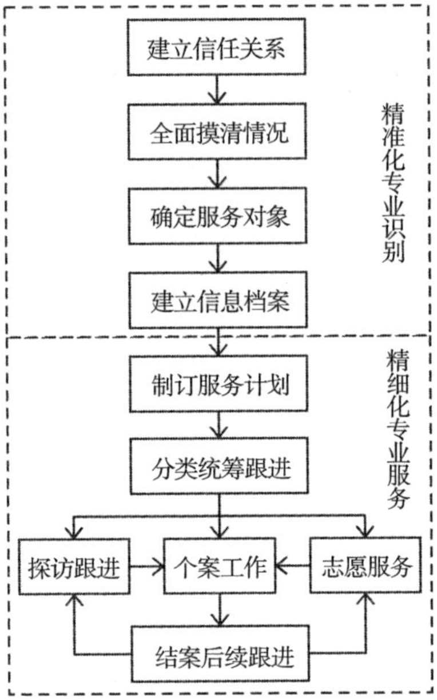

图 7-1　“双百”个案救助服务流程示意图[①]

2. 全面摸清情况

在基层政府相关工作人员和村（居）委会工作人员的协助下，社会工作者通过对在册民政服务对象的上门探访、政策宣传解读和驻村“三同”等方式主动发现和识别符合政策救助条件的服务对象，了解服务对象的家庭结构、工作/学习、健康、经济（收入和财产等）、居住等基本情况，并向服务对象的邻里、亲友、所在村（居）委会工作人员和基层政府相关工作人员多渠道核实其情况的真实性，深入评估问题、原因和优势资产。在全面摸清情况的过程中，社会工作者可以发挥社区热心居民和社区骨干熟悉村居、了解情况、民众信任等优势，提高及时发现服务对象的机会及概率。

3. 确定服务对象

对于有政策救助需求的潜在服务对象，社会工作者应向基层政府相关工作人员反馈其情况和需求，初步判断服务对象是否符合政策救助条件，并在有需要时协同社会救助经办人员上门核实服务对象的情况。对于最终符合政

① 也可以参见本书附录：“双百”个案服务操作指引。

策救助条件的，社会工作者应将其纳入精细化服务计划；对于不符合政策救助条件的服务对象，社会工作者应做好政策解释，并根据其实际需要纳入后续服务计划。

4. 建立信息档案

社会工作者将了解到的服务对象及其家庭的基本信息和需求情况按照“一人/户一档”的原则建立档案，并将在册服务对象和非在册的边缘困难群体的基础信息、需求信息及跟进情况录入服务对象家庭信息服务汇总表，将在册服务对象的社区分布情况绘入服务对象社区分布图。

5. 制订服务计划

在做好上述步骤后，社会工作者根据所在乡镇街道和服务点所在社区需要救助的服务对象的数量和需求情况，结合社工站社会工作者的数量和能力状况，制订站点整体服务计划①和个案服务计划②。根据服务对象问题需求的严重程度和紧急程度，进行分层分类的统筹跟进，确定哪些困难个人/家庭要采取个案工作方式跟进，哪些采取经常探访或通过志愿服务方式来满足其需要，并确定服务跟进的频率和团队分工，形成服务计划文档。

6. 分类统筹跟进

针对有政策申请需求的服务对象（包括符合救助条件的非在册困难群众和符合条件享受更多政策的在册服务对象），鼓励有能力的服务对象自主申请政策，陪伴和协助自信心或能力欠佳的服务对象一起申请政策。对于不符合现有救助政策条件却实际存在生活困难的非在册服务对象，通过链接社会资源和发起邻里互助等方式解决其眼前应急需求。在通过物质救助方式协助服务对象满足基本生活需求后，社会工作者更要以社区为本，以家庭为单位，根据每个服务对象/家庭的个别化、多层次的需要，从社会心理支持、增能赋权、生计发展、关系调适、社会资本建设等方面进行精细化服务，做到“因人/户施策”，协助服务对象从根本上走出困境。另外，对于生活状况较稳定、

① 即针对辖区内所精准识别出来的所有困难群众和特殊群体情况，制订有目标、有计划、有步骤地实现 100% 覆盖的整体服务计划。

② 指针对某个服务对象（家庭）的个案救助服务计划。

服务需求不明显的在册服务对象，社会工作者则可以通过定期上门/电话探访或联合社区志愿者开展服务活动等方式进行“覆盖式”服务。

7. 结案后续跟进

当以个案工作方式跟进的服务对象的生活问题得到解决，自助、互助能力得以提升，个案救助服务的目标已经达到时，可以与服务对象商讨结束个案救助服务，并商定未来跟进的方式和频率，如从个案跟进方式转为经常探访跟进或参与社区志愿服务活动等。个案跟进结束后，社会工作者需要定期电话及实地回访，进行成效的跟踪和巩固。当服务对象问题出现反复迹象时，社会工作者需要细致评估是服务对象对工作者的依赖，还是个案救助还没有真正解决问题，并重新评估是否需要再次开启新一轮的个案救助。当一些不可抗拒的因素出现时，也可以结束个案救助，如服务对象死亡、搬离本社区居住，或服务对象问题较轻可以自己解决而主动提出结束个案救助等情形。与此同时，社会工作者应该及时推动服务对象及其家庭参与社区共治与发展。

（二）精准化专业识别与精细化专业服务的关系

“双百”个案救助服务两大环节——精准化专业识别与精细化专业服务是紧密相连、相互促进的，它们之间的关系是：在精准化专业识别基础上的精细化专业服务，在精细化专业服务的过程中加深、动态精准化专业识别。

具体来说，精准化专业识别的过程，有助于社会工作者找准救助服务对象，体现底线公平正义和弱势优先的社会工作原则，同时也有助于社会工作者深入挖掘救助服务对象的问题原因和优势资产，从而为精细化专业服务指明方向、明确目标。同时，在精细化专业服务的过程中，社会工作者也能够持续深化、动态地评估救助服务对象的问题、需求和优势资产，反过来也有助于加深、加强精准化专业识别，从而又为更进一步的精细化专业服务奠定基础。尤其需要重视的是，只有提供精细化专业服务，社会工作者才能赢得服务对象及社区民众、基层政府相关工作人员和村（居）委会工作人员等的信任，通过他们的主动告知或转介，社会工作者能够更好地开展边缘困难群体的精准化专业识别，从而提高社会救助的瞄准效率。在本章案例中，C街道“双百”社会工作者通过对在册民政服务对象入户排查、政策宣传和驻村

“三同”等方式，协助符合条件的困难家庭申请享受相应政策救助，这些困难家庭获得救助后，往往会主动为社会工作者提供其他困难群众的信息，甚至直接带社会工作者上门了解情况。例如，通过社会工作者的政策宣传得知丈夫中风的情况可以申请残疾等级评定后，黄婆婆向社会工作者主动介绍比自家更困难的丽姐家庭。而社会工作者之所以能够对丽姐个人和家庭问题、困难、优势与资产进行深入了解则得益于社会工作者持续提供的精细化服务过程，而精准化专业识别的加深又反过来促使精细化专业服务做得更为精准。简言之，如果没有精准化专业识别，精细化专业服务将失去救助服务的合法性（瞄不准），而没有精细化服务跟上，精准化专业识别也容易落空（落不到实处）。

三、何以做到精准化专业识别和精细化专业服务

“双百”社会工作者之所以能够做到精准化专业识别，有赖于“双百”社会工作者立足镇（街）驻守村居所取得的政策优势、在场优势和信任关系优势，而精细化专业服务则有赖于专业知识体系的学习、内化和基于行动研究的专业方法的本土运用。

（一）政策优势

由于救助对象的限制性和救助程序的法定性，救助对象需要符合法律规定条件并通过主动书面申请、救助人员的经济核查、相关部门审批和社区公示等法定程序，才能最终获得政策救助。[①] 因此，熟悉政策和善于链接、运用政策资源，是社会工作者参与社会救助并发挥专业作用的前提条件。在本章C街道社工站案例中，基于对政策的熟悉和与街道办社会救助相关工作人员的紧密沟通和相互配合，一方面，社会工作者能够更好地在驻村居过程中精准发现服务对象可能的政策申请需求，更有针对性地宣传和解读救助政策内容，更准确地解答服务对象的政策疑惑；另一方面在社会工作者与街道社会

① 史柏年：《社会保障概论》（第二版），北京・高等教育出版社，2012 年版，第 199—201 页。

救助相关工作人员的紧密配合下，社会救助/福利政策的办理效率和政策资源的可及性更高。黄婆婆就是在社会工作者开展政策宣传活动中了解到相关政策、主动讲述自己丈夫中风后长期卧床和家庭基本情况的。基于对政策的熟悉，社会工作者立即评估黄婆婆丈夫的情况属于可以申请残疾人补贴的范围，并有针对地向黄婆婆介绍残疾人补贴政策的知识和办理流程，最后协助黄婆婆丈夫成功办理了残疾人补贴。

“双百”的政策优势得益于社会工作者定期开展的社会救助/福利政策学习，以及在日常工作中与街道办社会救助相关工作人员紧密的沟通、互动和合作。一方面，街道办及时提供最新的社会救助/福利政策信息让社会工作者及时学习与掌握；另一方面，社会工作者在服务过程中遇到政策疑难问题，也会及时向社会救助相关工作人员反馈并进行咨询，从而加深对政策的掌握。

（二）在场优势

建立完善主动发现机制、增强社会救助的及时性和有效性是我国社会救助制度下一步改革完善的目标之一[①]。要做到主动评估在册救助对象动态的生活需求，主动发现非在册绝对贫困和相对贫困群体的困难情况，必须充分发挥社会工作者的“在场优势”。“双百”摒弃社会工作者“坐班等服务对象上门”或以完成指标为目的的下乡服务模式，而是要求“双百”社会工作者立足镇街，深入村居，采取驻守村居的服务模式，通过“三同”“四大任务”等方式走进千家万户以及社区的每个角落，融入服务对象日常生活世界中。在此基础上，“双百”社会工作者还有计划地定期探访在册救助对象，全面排查边缘困难群众，并在宣传政策信息中了解服务对象的政策需求。凭借熟悉村居、熟悉服务对象、熟悉需求的优势，“双百”社会工作者主动发现有政策需求的服务对象，然后向基层政府反馈服务对象情况，并主动协助服务对象申请政策救助。在C街道社工站的案例中，“双百”社会工作者主动识别到X社区最困难的环卫工人邓叔家庭，并动态了解到其妻子脑萎缩后有重新评残

---

① 中共中央办公厅、国务院办公厅印发《关于改革完善社会救助制度的意见》，http://www.gov.cn/zhengce/2020－08/25/content_5537371.htm，2020年8月25日。

和申请轮椅的需求，最后协助邓叔妻子成功申请了轮椅，获得了重度残疾人护理津贴。还通过肠粉店老板、小卖部老板了解到更多有政策需要的困难家庭。另外，正是因为社会工作者“在场”，才能主动了解到老人在河基石阶摔伤的事故，并立刻根据参与式调查结果反馈至居委会和街道办相关部门，最终消除了特殊群体出行的安全隐患。这些都充分体现“双百”社会工作者凭借在场优势主动识别并及时救助服务对象的独特作用。

（三）信任关系优势

现代中国人际关系仍然重视人缘、人伦、人情[①]，有学者认为差序格局对中国的人际关系依然具有解释力[②]，现代中国社会被认为是半熟人社会或后乡土社会[③]。在重视相互关系和互惠的文化中，西方社会工作所强调的建立在保持专业超然基础上的人际关系容易让服务对象感到困惑。社会工作者只有与服务对象建立起一种相互归属的联系时，助人关系才有一个有效的基础。这种联系可能是基于宗亲、宗教或共享的人或地方的知识。[④] 建立在相互信任和尊重基础上的关系，对于创造有意义的改变至关重要。[⑤] 因此，我国社会工作参与社会救助，无论在精准化专业识别还是在精细化专业服务上，都离不开信任关系的建立与维持。例如在 C 街道社工站案例中，无论是肠粉店老板告知并带领社会工作者入户探访困难家庭，还是小卖部老板告知附近精神病人突然发作的情况，抑或享受政策帮扶的黄婆婆向社会工作者介绍比自己更困难的丽姐家庭，都充分体现了建立信任关系对社会工作精准化识别救助对象的重要作用。而在丽姐的个案救助介入过程中，信任关系更有助于服务对

---

① 翟学伟：《人情、面子与权力的再生产》，北京大学出版社，2018 年版。

② 余佳倪：《差序格局下社会工作专业关系建立的本土化探讨》，华中师范大学硕士学位论文，2013 年。

③ 贺雪峰：《新乡土中国——转型期乡村社会调查笔记》，桂林·广西师范大学出版社，2019 年版。

④ GRAY M，COATES J，HETHERINGTON T. Hearing indigenous voices in mainstream social work［J］. families in society，2007，88（1）.

⑤ BENNETT B，ZUBRZYCKI J，BACON V. What do we know? The experiences of social workers working alongside aboriginal people［J］. Australian social work，2011，64（1）：20—37.

象倾诉心声，让社会工作者能够深入地了解服务对象的实际困境和优势能力，有机会一步一步陪伴和鼓励服务对象逐步增强独立办事信心和掌握生活技能，最终使服务对象逐渐度过家庭经济危机，走出情绪低谷，重拾新生活。

这种信任关系优势来源于社会工作者对弱势优先和以人为本等社会工作价值观的践行，在对服务对象表达真诚、同理心和无条件关怀的过程中，让服务对象真切感受到社会工作者的真心和善意。例如在丽姐案例中，社会工作者积极关注丽姐完成申请低保的情况，当丽姐丈夫前妻的大女儿曲解和误传了社会工作者对有关政策的解答时，即刻上门找丽姐了解情况，让丽姐感受到社会工作者的真心实意，随后积极了解丽姐申请低保的实际困难，持续陪伴，“手把手”协助丽姐完成申请低保的每一个步骤，并鼓励她一步步掌握生活技能，让丽姐感受到社会工作者的尊重和温暖。

（四）专业知识体系的内化和专业方法的本土运用

政策优势、在场优势和信任关系优势可以说是精准化专业识别和精细化专业服务的前提和基础，然而个案救助之所以能够做到精细化，离不开社会工作者对专业知识体系的内化以及基于行动研究的专业方法的本土运用。一般认为，知识、价值和技能的“黄金三角”代表了当代社会工作专业化的最高成果，它们共同界定了社会工作专业，共同塑造了社会工作实践，是合格的社会工作者必备的看家本领，三者是完整的、不可分割的统一体系[①]。2014年在墨尔本通过的全球性社会工作定义强调了社会公正、人权、集体责任和尊重多样性为社会工作的核心价值观，指出社会工作应以社会工作理论、社会科学、人文科学和本土知识等多学科知识作为专业支撑，同时在实务中需要整合运用个案、小组、社区和政策实践等方法技巧，以“帮助改变人们及其所在环境，解决生活中的挑战，提升幸福”[②]。王思斌认为，社会工作对于

---

① 夏学銮：《社会工作的三维性质》，载《北京大学学报》（哲学社会科学版）2000年第1期。

② IASSW、IFSW：《社会工作专业的全球性定义》，https://www.iassw-aiets.org/wp-content/uploads/2015/11/SW-Defination-In-Chinese1.pdf。

社会救助的意义在于它的价值观和科学方法。由于现代社会救助工作相对以往的政府救助更强调以人为本，更强调服务，因此社会工作的理念与方法，尤其是有关促进服务对象能力发展的做法，对更好地开展社会救助就更具有意义[①]。因此，社会工作者要在个案救助中做到精细化服务，必须用社会工作专业知识体系武装自己，并运用行动研究方法做到在本土实践情境中因地制宜地对专业知识和方法的有效运用[②]。C 街道社工站日常工作中会利用周、月例会/学习会的方式，开展个案救助相关专业理论、方法和技巧的共同学习，并对各自跟进的个案进行研讨、总结和反思，相互分享个案跟进的心得体会和经验，并相互给予个案跟进下一步的意见和建议等。在协同督导者的专业支持下，通过一边做实务一边学理论、方法的过程，社会工作者逐步掌握从精准化专业识别到精细化专业服务所需要具备的基本专业知识方法和本土实践智慧，逐步理顺个案救助的流程步骤、优化工作机制。在丽姐的案例中，社会工作者自觉运用优势视角、人本主义和叙事增能等理论，坚持服务对象利益最大化原则，始终相信丽姐有能力，愿意与丽姐共同面对突发困境，通过口述/叙事纾解哀伤情绪，增强生活信心、生活技能，做好生活规划，陪伴家庭共同走出困境。

第四节　迈向发展型的社会救助

传统的社会救助因其功能定位于保障基本生存和生活，且采取单向的救助形式和单一的物质救助手段，缺乏对救助对象自助及发展的关注，被不少学者认为是生存型的具有消极性质的救助，难以起到真正脱贫的效果[③④]。随

① 王思斌：《转型中的中国社会救助制度之发展》，载《文史哲》2007 年第 1 期。

② 详见本书第二章和第六章的相关内容。

③ 谢勇才、丁建定：《从生存型救助到发展型救助：我国社会救助制度的发展困境与完善路径》，载《中国软科学》2015 年第 11 期。

④ 孙远太：《社会救助运行机制的功能障碍与改进路径》，载《中国行政管理》2016 年第 10 期。

着发展型社会政策的兴起[①]，我国不少学者开始提倡发展型社会救助[②]（或称积极社会救助[③]）。

从发展型社会政策视角来看，福利服务和安全网只有针对极端贫困或突发性贫困起到一定的短期解困作用，而在缓解贫困的战略中则只起到微弱的作用。发展型社会政策提倡者将社会政策视为影响人民生活和生计的一切计划及其相关措施，强调跨部门的、整合的、全面的生计支持，指出社会政策应追求消除贫困、社会保护、抵制社会排斥、促进人权甚至保护人们赖以生存的自然资源等理想或目标。[④] 国内有学者将发展型社会政策的内涵概括为四点：对劳动人群进行投资；强化社会抵御风险的能力；将发展的维度纳入政策设计框架；建立发展型的公共支出体系。[⑤] 李棉管认为，积极社会救助的核心思想是在保障贫困者基本生活条件的基础上更注重人力资本投资、社会资本投资和市场机会开发，将传统的“再分配型社会救助”转变为“社会投资型社会救助”，并提出积极社会救助在具体的制度设计上需要突出以下内容：“在坚持社会救助基本生活保障的基础上，给予贫困家庭中的儿童和老年人更多关注，对贫困家庭开展更多的支持性服务以提升其可行能力，在引入‘工作导向型福利’的过程中更注重劳动力的社会保护。”[⑥] 刘芳等将发展型社会救助概括为如下几个层面：救助理念的自助性、救助目标的发展性、救助方式的内源性、救助内容的全面性、救助对象的广泛性、救助主体的多元性、救

---

① 安东尼·哈尔、詹姆斯·梅志里：《发展型社会政策》，北京·社会科学文献出版社，2006 年版。

② 谢勇才、丁建定：《从生存型救助到发展型救助：我国社会救助制度的发展困境与完善路径》，载《中国软科学》2015 年第 11 期。

③ 李棉管：《社会救助如何才能减少贫困？——20 世纪末至今的中国社会救助研究》，载《社会建设》2018 年第 4 期。

④ 安东尼·哈尔、詹姆斯·梅志里：《发展型社会政策》，北京·社会科学文献出版社，2006 年版，第 9—12 页。

⑤ 张秀兰：《发展型社会政策：实现科学发展观的一个操作化模式》，Social Sciences in China 2004 年第 4 期。

⑥ 李棉管：《社会救助如何才能减少贫困？——20 世纪末至今的中国社会救助研究》，载《社会建设》2018 年第 4 期。

助权利与责任的统一性和救助体系的一体化。[①]

换言之，发展型社会救助是一种强调在保障救助对象基本生活的基础上，重点关注救助对象本人能力提升、社会资本建设和市场机会增加等自助互助发展议题，以推动贫困者最终能够自力更生，真正脱贫。与此同时，发展型社会救助还强调从“上游”干预，即对生命周期内某阶段特殊问题和需要进行干预，以防止因本阶段特殊需求没有满足而造成下一阶段发展机会受阻和贫困问题。例如从贫困儿童的营养、健康和教育进行“上游”干预，有助于预防他们成年后在劳动力市场中的不利地位和健康问题出现，保证他们能够持续地就业[②]。总之，发展型社会救助有助于帮助贫困者真正脱贫，从源头上阻止贫困的代际传递[③]，是一种具有前瞻性、发展性的社会救助取向。2020 年 8 月中共中央办公厅、国务院办公厅印发的《关于改革完善社会救助制度的意见》提出，要建立完善主动发现机制，创新社会救助方式，积极发展服务类社会救助，形成“物质 + 服务”的救助方式。而且还提到社会工作参与社会救助要“为救助对象提供心理疏导、资源链接、能力提升、社会融入等服务”[④]。这表明，我国社会救助制度的下一步改革已经开始朝向发展型取向迈进。

“双百”精准化、精细化的个案救助，因为具有主动发现、积极救助、“助人自助”以及“互助”等发展型取向特征，已经在一定程度上践行着发展型社会救助的倡议和理念。如本书第二章 D 街道社工站和本章 C 街道社工站所开展的“覆盖式”摸底调查、边缘困难群众的排查，以及在驻村“三同”和政策宣传中主动识别救助对象，都体现了主动发现的救助特征；而第三、第四、第五、第六章和第七章（本章）所分别提到的小东、蓉姐、小永、莲姐和丽姐的案例，都充分体现了社会工作者积极救助的姿态，都以争取服

① 刘芳、徐兴文：《迈向发展型社会救助：新时代我国社会救助的困境与出路》，载《贵州师范大学学报》（社会科学版）2019 年第 3 期。

② 徐月宾、刘凤芹、张秀兰：《中国农村反贫困政策的反思——从社会救助向社会保护转变》，载《中国社会科学》2007 年第 3 期。

③ 张浩淼：《拉美国家的社会救助改革及其启示》，载《新视野》2010 年第 4 期。

④ 中共中央办公厅、国务院办公厅印发《关于改革完善社会救助制度的意见》，http://www.gov.cn/zhengce/2020-08/25/content_5537371.htm，2020 年 8 月 25 日。

务对象利益最大化为己任，积极陪伴服务对象走完政策申请流程，最终享受到政策内外的资源，与此同时还积极回应服务对象非物质层面对美好生活的追求，协助他们走出困境；这几个案例还体现出“助人自助”“互助”甚至“上游干预”的特点，如莲姐和丽姐的案例明显体现了“助人自助”的特点，通过重拾解决自己生活问题的信心和能力逐渐走出生活困境；蓉姐的案例体现了增能赋权（成为妇女骨干）、增加市场机会（重拾生意增加收入）和建立社会资本（妇女互助小组）等特点；而小东和小永都生活在贫困家庭并辍学在家，社会工作者积极协助其复学，回归社会，消除社会排斥，具有明显的“上游干预”特点，否则他们成年后也容易延续上一代的贫困状态。

尽管如此，社会工作者如果只是单纯开展个案救助，很容易忽视直接或间接影响服务对象及其家庭问题产生的社会根源，同时也会忽视社区可持续发展对服务对象生计及其美好生活的根本作用。因此，“双百”坚持个案救助与社区共治协同发展的实务模式，旨在推动社区全面发展和社会整体进步，从而造福个体和社群。

思考题：

1. 社会工作与社会救助之间有何联系？

2. “双百”个案救助的内涵、实践原则和操作方法是什么？

3. 如何理解发展型社会救助？社会工作如何践行发展型社会救助的理念和模式？

第八章 “五位一体”社区可持续发展

教学基本要求：

1. 了解“双百”社区共治（发展）实务过程；

2. 掌握贫困、可持续性生计、社会发展、发展性社会工作等概念及理论视角；

3. 掌握“五位一体”社区可持续发展的本土内涵；

4. 掌握“五位一体”社区可持续发展的本土实践策略和参与主体的角色定位。

为了回应困难群众和特殊群体追求美好生活的需要，作为兜底民生保障服务的个案救助必不可少，但这样做只能“治标”，只有推动社区共治及可持续发展才能实现标本兼治的目标，因此“双百”推崇个案救助与社区共治协同发展的实务模式。本章首先介绍社区减贫的案例，并由此引出“五位一体”社区可持续发展的议题，进而阐述社区发展实务框架、本土含义、实践策略和参与者的角色定位等。

第一节 “双百”社区可持续发展实务案例

一、案例背景

S镇地处广东省西北部山区，位于南岭山脉南麓，属于喀斯特地貌，地下河交错分布，群山叠嶂，属于典型的瑶族支系排瑶聚居区，具有深厚的少数民族文化生活习俗。2019 年 2 月 2 日，S 镇被文化和旅游部命名为 2018—2020 年度“中国民间文化艺术之乡”，是当地民族风情旅游的主要景区之一。S 镇社工站于 2017 年 7 月设立并驻点在 S 村开展社会工作服务。S 村位于 S 镇中心位置，距离镇政府 0.26 千米，S261 省道贯穿而过，交通便利，下辖山溪、大埂、王墩、沙龙坪、沙龙河 5 个自然村。据 S 镇 2017 年户籍人口统计数据，S 村 99% 的人口是瑶族，属于典型的瑶族支系排瑶文化村寨，全村在册 799 户，2785 人。S 村 99% 的人口是农业户籍，以农业收入为主，近年来外出务工成为 S 村收入来源的重要组成部分。

之所以选择 S 镇社工站作为本章案例，是因为 S 镇社工站作为第一批“双百”社工站，严格按照“双百”的工作理念和实务模式开展驻村服务，在公共参与、生计发展、社会互助、文化认同、环境友好等方面均有不同程度的探索。S 镇社工站通过行动研究的方法，以妇女公共参与和能力建设为切入点，在困难群众和特殊群体个案救助的基础上，推动了社区“三留守”人员自助互助，增强了他们的社区文化认同感和传承意识。而随着妇女骨干个人能力、互助精神和环保意识的提高，妇女们进一步推动了可持续性生计和社区环境保护项目，助力 S 村逐步迈向政治、经济、社会、文化、生态“五位一体”社区可持续发展。另外，S 镇社工站也是“双百”省级核心示范点，开展的文化传承项目荣获省优秀案例一等奖。因此，选取 S 镇实务案例讨论“五位一体”社区可持续发展具有典型性和代表性。同时，由于 S 镇社工站服务点服务区域是“双百”为数不多的少数民族村落社区，本案例对我国民族社会工作和妇女社会工作的探索亦有所裨益。

二、生计困境与生计项目

（一）发展生计的优势与困境

“靠山吃山”一直是 S 村生计发展的重要特征。S 村属于喀斯特地貌，村内山多地少，有山地、坡地、林地面积 21105 亩，而耕地仅 2640 亩，其中水田 365 亩，旱地 2275 亩，人均耕地面积仅为 0.3 ~ 0.5 亩。一直以来，S 村经济收入主要是以农业生产为主，村民在水田种植双季稻，在旱地种植玉米、花生、黄豆和红番薯等农作物。双季稻的产量保证村民实现粮食自给自足的同时也能够通过销售余粮补贴一部分家用。S 村拥有丰富的山地资源，砍伐杉树和挖掘“山货”成为村民重要的经济收入来源，村民说：“山上有很多‘山货’，不同的季节有不同的‘山货’可以挖，像竹笋、土茯苓、灵芝、五指毛桃等，都是季节性的，还有‘苦斋婆’[①]，晒干之后会有人来收购……”[②] 喀斯特地貌造就相对丰富的旅游资源，使 S 镇成为旅游开发重镇。按照地方政府的旅游规划，期望利用本地独特的生态环境优势发展喀斯特地貌特色的观光旅游产业、瑶族文化节和农产品旅游文化节等，以推动经济发展。近年来，随着政府旅游开发项目的推进，前来 S 村旅游观光的人数逐年增长，这在一定程度上增加了村民的就业机会，也拓宽了农产品的销售渠道。

然而，这种以农业生产和“山货”采集为主要收入来源的生计模式具有一定的脆弱性，尤其在生产资源日益紧缺和资本进入的状况下，传统的社区生计发展模式难以为继。具体而言，喀斯特地貌使 S 村的地表水资源较为稀缺，村民只能依水源居住和生产。但近些年来，由于人口增多，农业生产用水和生活用水逐年加大。有村民为了增加水源流量，曾试图将附近唯一的泉眼挖大一些，结果却破坏了水源，原本从泉眼流出的地下水随着地下溶洞流向他处，导致泉水几近枯竭。由于整体水资源不足，旧村附近以前可以种植双季稻的水田目前只能在雨季来临后种植一季，这直接影响了村民的收入和生计。“以前种两季，稻谷多出来就拿去卖。现在只能种一季，只够自家吃了，就没得卖了。”[③] 另外，由于过度砍伐森林和挖掘“山货”，导致S 村丰富的森林资源和“山货”迅速减少，尤其在 2008 年冬季雪灾过后，村民因大量砍伐雪灾冻死或压断的树木，导致山地植被遭受破坏，水土流失严重，进一步降低了村民依靠砍伐木材和挖掘“山货”得来的经济收入。另外，政府开发的旅游项目缺乏门票收入和各种附加值消费，而且沿途景点被旅游开发商

① 苦斋婆是一种在粤北地区广泛生长的野菜。

② S 镇社工站村民（乐娘）口述，笔者录音整理。

③ S 镇社工站村民（乐娘）口述，笔者录音整理。

承包，普通村民无法进入景区销售土特产，他们的旅游收益很有限。

与此同时，伴随与外界联系的日益加强，现代城市生活及消费方式逐渐渗入S村村民的日常生活，手机、家用电器、机动车、盖大房子等日益成为村民的刚性需求，其他生活用品的需求也逐步增加并不断升级。有村民说：“就是用手机在网上买东西，像P多多、M团（电商企业）等，多的时候一个月会买十几次，主要是买一些日常用品、衣服、小孩零食这些，开支大啊……”[①] 而且伴随地方经济发展，也刺激村民建房、购房的热潮，再加上孩子教育、购买农药化肥、为儿女置办婚礼、举办隆重葬礼等方面开支的日益增长，导致村民普遍“赚多少用多少”，甚至借债度日。迫于家庭生计的压力，S村大量青壮年劳动力外出务工。

面对不可持续的生计困境，S镇社工站社会工作者根据村民的贫困程度，优先精准化识别困难群众和特殊群体的需求，协助基层政府落实民生兜底政策服务，实施个案救助，尽力做到“应保尽保”。与此同时，社会工作者通过对民政对象开展恒常探访、个案跟进、社区活动及志愿服务等活动，扩大困难群体的社会支持网络，依靠社会力量解决其家庭生活困难。然而，S村的贫困问题具有普遍性，据2017年第四季度相关数据显示，该村有精准扶贫户97户（264人）、低保户34户（72人）、特困人员9人、孤儿1人、事实无人抚养对象1人、80岁以上老人45人、残疾人167人。由于兜底民生救助政策设置了刚性条件，名额有限，很难辐射到该村实际的边缘困难群众，因此单纯采取兜底性政策救助既难以彻底回应困难群众的贫困问题，也无法解决社区整体性贫困及可持续发展的问题。

（二）零星的生计发展探索

2018年4月，当地政府引进刺绣加工项目试图协助村民发展生计，脱贫致富。该项目交由社工站负责与企业和村民对接。社会工作者将刺绣加工项目信息告知村民，得到村民的热烈响应。村民认为做“手工”是自己的强项，又可以拿回家做，还能够兼顾务农与家务。刚开始的时候，一天下来每人可

---

① S镇社工站擅长民族歌舞乐器表演的乐娘口述，笔者录音整理。

以有 30～50 元的收入，于是陆续有 110 多人参加了这个项目。该项目由外面的刺绣企业负责产品设计、接订单和产品销售等，村民只负责订单生产。为了加强生计项目的管理，刺绣企业从 S 村村民中招聘一名专职工作人员负责联络村民和日常管理，每月薪酬为 1000 元。然而，刺绣企业最终却没有按照承诺支付绣娘合理的加工费。例如，绣娘花费两天工夫绣出来的瑶绣枕头，老板说只能支付 20 元工钱，而且销售渠道很不稳定。很显然，这种“企业 + 农户”的生计发展项目很难保证劳动者权益，也不可持续。

刺绣加工项目的失败，提醒社会工作者在介入社区生计议题时不能急于求成。经过与妇女们充分协商，社工站决定从妇女们擅长和喜欢的民族文化歌舞入手开展社区发展项目，通过传承瑶族歌舞乐器的方式协助妇女发展多元生计，同时提升妇女的文化自信。社会工作者凭借“三同”等群众工作方法，逐步培育由 21 名留守妇女（包括 4 名民政对象）组成的“乐娘公益服务队”（以下简称乐娘服务队），与社会工作者一起为社区提供公益服务。乐娘们不仅热心社区公益事务，而且运用自己擅长民族歌舞乐器的专长，担任民族文化传承人，除了向村民传播歌舞技艺，还通过公开歌舞表演获得劳动报酬。据统计，2019—2021 年，乐娘们通过担任社区和小学的文化传承讲师，包括参加省、市、县组织的公益文化活动，累计获得近万元的劳务报酬。

2020 年 11 月，社工站了解到本地一位青年人擅长祖传的长鼓制作技艺，他通过不断创新成为手鼓技师并获得国家级奖项。在当地政府的支持下，这位手鼓艺人成立瑶鼓文化传承基地和手工作坊，并有意与更多有心人合作，将手鼓技艺传承下去。社会工作者便与乐娘们商量和手鼓传承人合作。乐娘们得知合作项目既可以传承瑶族文化，还能够获得一定的劳务补贴，表示愿意尝试。在之后的合作过程中手鼓传承人负责接订单、销售和发放加工补贴，乐娘服务队的 3 位队长负责组织手鼓制作及管理工作，结果包括乐娘服务队在内的 30 余位村民参与该项目。经过培训和制作技艺的提升，手鼓加工项目进展顺利。当谈及手鼓项目与之前的刺绣项目有何不同时，大家表示手鼓制作的合作方与乐娘们有信任关系，乐娘服务队妇女对瑶族文化很认同，因此，大家都认为“（合作）好啊，这样可以传承我们的文化”，而且乐娘服务队的共同理想是“妇女为乐器代言”，大家对乐娘的身份感到自豪。

（三）生计项目的深度尝试

从2020年底开始，社会工作者发现乐娘服务队成员流失严重，很多积极参与项目的妇女纷纷外出务工谋生，留在村里的妇女越来越少。很显然，乐娘服务队生计项目面临发展困境。于是，社会工作者争取省内某公益基金会的资助①，与妇女骨干一起外出进行创业知识和生计项目运营的培训学习。例如，乐娘服务队前往广东省S市参加“乡村妇女共创、共享、共赢小农生态交流会”。外出学习对乐娘们启发很大，激发了她们团结合作发展生计的积极性。社会工作者乘机带动妇女骨干探讨如何借助本村实际发展可持续生计项目。综合本村生态环境优势、原生态“山货”资产，以及地方政府大力推动乡村振兴和生态旅游等利好政策，乐娘服务队妇女决定从以下两方面尝试发展乡村生计。

1. 种植生态绿色农副产品。

正如一位妇女所说：“我们就想利用空余时间尝试生态种植，为了让大家吃上健康的绿色产品，我们坚持生态种植，不打农药不打除草剂，等丰收了我们拿去卖，同时也将产品送给村里的老人们吃。”鉴于当地的气候特点和可利用的水资源状况，社会工作者与乐娘们决定种植玉米、芋头和苦菜等，先期进行小规模的生态种植尝试，逐步扩大种植面积。目前，乐娘们已经种植1亩玉米、1亩芋头，并在玉米和芋头周边种植耐生的苦菜等。

2. 塑造瑶族“山货”品牌，提高特色产品附加值。

一直以来，S村的“山货”销售渠道不畅，价格不高，严重影响村民增收。有妇女说：“销售是个大难题，现在什么都用网络（销售），我们就初中文化水平，也不太会发太多（网络）文字，不知道该怎么宣传，村里有很多‘山货’的，老人们都拿着‘山货’到县城市场摆摊，如果我们的销售渠道能扩大就好了。”目前，社会工作者带领妇女提高瑶族原生态“山货”（土茯

---

① 该基金会为广东省关注妇女发展的基金会，资助项目为“乡村妇女生计改善计划”，小额资助12000元作为妇女生计发展项目的运营资金，并规定妇女外出参加培训的差旅费单另报销。

苓、五指毛桃、金银花、白茶等）的附加值，改进包装，通过口述故事增加产品的文化内涵，借助多媒体及生态体验游等途径扩大销售，增加收入。

由此可见，社会工作者除了应该做好困难群众和特殊群体的兜底救助服务，更应该关注社区减贫发展的问题，否则既难以回应服务对象的基本生活需求，又难以获得社会工作专业的合法性。必须强调的是社会工作者在介入民众的生计问题之前，不仅需要深入分析影响村（居）民生计问题的根本性原因（社会根源），而且需要与村（居）民建立深刻的信任关系，从而提升民众互助合作与组织能力，充分运用社区的优势资产和内生动力，探寻一条符合当地特色的生计可持续发展道路。

三、“五位一体”社区可持续发展

S 村的贫困问题不仅表现在村民经济层面的物质匮乏和生计困难，还表现在乡村社区公共参与（政治）、互助合作（社会）、文化认同（文化）、环境保护（生态）等方面的不断衰落，从而影响乡村社区经济社会可持续发展。因此，为了应对 S 村经济发展过程带来的深层次贫困问题，“双百”社会工作者除了从经济层面推动生计发展，还从公共参与、社会互助、文化认同和环境友好等层面，推动社区经济减贫及经济、政治、社会、文化、生态等“五位一体”可持续发展。

（一）促进社区公共参与

一直以来，S 村的妇女尤其是“三留守”群体缺乏公共生活和参与公共事务的机会和途径。由于资金、设施不足和主体责任不明确，基层政府和村委会很少在村里开展公共活动，就连最隆重的传统瑶族“盘王节”活动都停办多年。2017 年“双百”社会工作者驻村不久便了解到留守妇女有跳广场舞的强烈需求。于是社会工作者顺势而为，将有意愿参加跳舞的妇女组织起来，选举产生领舞老师、舞蹈场地管理人员和安全员等，帮留守妇女跳起广场舞。在短短一个月内，舞队人数由 7 人发展到 70 多人，跳广场舞的空间从社工站所在的村文化站转移到镇政府大楼前面的广场。因为广场没有安装电灯，晚上跳舞很不安全，社会工作者协调镇政府不仅安装了电灯，而且将广场坑洼不平之处填平，方便群众跳舞健身。

每晚的广场舞打破了村庄夜晚的寂静，开启了“三留守”群体的公共生活，社区逐渐有了活力。但跳广场舞会扰民，引起附近一些老师和妇女家人的不满。社会工作者立刻组织广场舞队就“要不要继续跳舞”和“如何平衡跳舞与学习生活之间的关系”等问题展开讨论。最后舞队成员达成共识，对跳舞的时间和舞队的分工进行了合理的调整，逐渐平息了这场“小风波”。可喜的是，在培育广场舞队的过程中，社会工作者通过集体讨论及时回应和解决不断出现的问题，初步提升了妇女公共参与意识和讨论公共议题的能力。

从广场舞开始，社会工作者不断推动妇女骨干参与社区公共议题讨论，期望改变她们公共文化生活的边缘处境。后来社会工作者了解到，瑶族长鼓是“阳刚”力量的象征，过去一直只能由男性表演和传承，女性在其中只是配角。但社区的中青年男性大量外出务工，导致长鼓舞等瑶族特色文化面临失传的危险。因为对传承瑶族文化热情很高，在社会工作者的推动下，2018年9月，广场舞队决定“妇女自己为乐器代言”，从长鼓舞和芒笛开始，启动女性保护传承瑶族文化的行动。为了更好地推进这项工作，社会工作者从广场舞队员中招募18名核心骨干组建S村“乐娘队”，以参与村里传统节庆活动为契机，对“乐娘队”进行组织与能力建设。在社会工作者的推动下，“乐娘队”向擅长长鼓舞的男性长者学会了八套舞蹈动作，并与长者一起讨论编写长鼓舞教材，同时，“乐娘队”成员还担任讲师向其他村民讲授长鼓舞技艺。社会工作者还与乐娘们协助村委会恢复了S村的重大传统节庆——“盘王节”活动，吸引了包括S村在内的十几支队伍参加，整场活动热闹非凡，增进了村与村之间的感情交流。之后，“盘王节”又成为村民们最受期待的节庆活动，尤其受村民们称道的是，复活后的“盘王节”打破“只有男性才能跳长鼓舞”的传统。有村民直言：“以前都是男性跳长鼓舞，现在感觉女性跳长鼓也很有力量，更好看。”① 渐渐地，一个最初满足个人兴趣的“乐娘队”发展成为关怀社区公益服务的组织——乐娘公益服务队。

---

① S村社工站社会工作者T的工作日志：《一群妇女和一本教材故事、一首歌的故事》，2019年9月。

由此可见，在社会工作者相伴同行和能力建设的过程中，以妇女为主体的“三留守”群体逐渐恢复了社区参与的主体性，通过共跳广场舞、发育广场舞队、“为乐器代言”等公共事务的参与过程，不仅提升了妇女及“三留守”群体社区公共参与的能力，而且增强了妇女等困难群众介入公共事务的信心和公共身份认同。

（二）重拾互助合作的社会传统

“空心化”问题严重影响了S村的可持续发展。村里的中青年劳动力大部分外出务工，村寨逐步成为儿童、妇女、老年人聚居的“三留守”社区。据S镇社工站调研发现，该村下属的山溪自然村总人口803人，常年在城镇生活和打工的就有225人，村中留守老人占老年人口的72%，留守儿童占儿童总数的58%[①]。经过深入评估还了解到，“三留守”群体存在不同层次的服务需求——留守老人不仅从事农事生产和家务劳动，还要看管家里的留守儿童，而老人们普遍缺乏精神文化生活、子女的情感支持与照料等；留守妇女除了做农活之外，还要承担家务，照顾小孩和老人，她们的精神文化生活比较单调，缺乏社会参与；留守儿童多由祖辈隔代教养，但由于祖辈体力和精力有限，孩子们普遍存在家庭教育缺失等问题。负责管教的祖辈坦言：“我宁愿他在家里玩手机，看电视也不想他到处去玩不回家，我们老了，又跟不动他们，他们不回家又不知道去哪里找他们。”[②] 可见，“三留守”群体的服务需求非常迫切，如果不予以重视和介入，会严重影响乡村社区发展。

由妇女广场舞队发展而来的乐娘公益服务队成为社会工作者推动社区互助的重要力量。2019年1月S镇社工站召开乐娘服务队成立大会，确定乐娘服务队的发展方向是为困难群众和特殊群体提供入户关怀服务和精神文化活动。首先，乐娘服务队定期上门关爱社区的民政服务对象，尤其是特困老人等困难群众。在上门探访服务的过程中，社会工作者和乐娘服务队发现特困

① S镇社工站2018年社区评估的行动研究报告。

② S镇社工站2018年社区评估的行动研究报告。

老人虽然在“两不愁、三保障”[①] 方面不成问题，但他们普遍孤独寂寞，有些特困老人由于认知退化，存在外出购物时容易走失等问题。乐娘服务队定期上门探访，一方面能够陪伴特困老人聊天进行精神慰藉；另一方面也了解老人的身心安全状况。有一次，乐娘服务队入户探访时发现一位特困老人刚在家里去世，立刻通知其家人处理后事。有村民说：“幸好有你们，不然他在家去世很久都不会有人知道的。”2020 年春节疫情期间，许多外出务工人员没能回家，社会工作者便组织乐娘服务队对特困老人进行“一对一”定期上门探访帮扶，缓解他们的忧虑情绪并提供“补瓦”“水电维修”等方面的服务。其次，乐娘服务队还把歌舞带进敬老院，丰富老人们的精神文化生活；乐娘服务队将制作好的美食送上门给村里不能到活动现场的残疾人和孤寡老人等；利用夏令营和冬令营的平台，社会工作者组织乐娘服务队给儿童讲村史，传播瑶族文化，教授孩子们制作和吹奏乐器，传承瑶族文化，提升儿童对社区文化的认同感；乐娘服务队还充分调动三名大学生乐娘的积极性，通过她们带动 11 名大学生志愿者在寒暑期间为 S 村孩子们辅导功课、讲解安全知识等。此外，乐娘服务队把制作的芒笛、长鼓舞等工艺品在社区义卖，将义卖所得 800 元作为社区公益金，支持村里的妇女儿童从事公益服务。乐娘服务队的乐娘们彼此之间也在互助组织过程中培养了情感和信任关系，大家将自家种植的花生、玉米拿出来分享，在收获稻谷等农忙时节也会互相帮工，相亲相爱。

总之，在相伴同行的过程中，社会工作者将最初只是从个人兴趣出发的广场舞队发展成为关注社区公益事务、服务困难群众的社区社会互助组织。妇女逐步成为社区服务和社区互助的主体力量，守望相助的社会互助精神得以重建。依靠社区内生动力，社区困难群众和特殊群体的问题需求和优势资

① 2019 年 4 月 16 日习近平总书记在解决“两不愁三保障”突出问题座谈会上的讲话中指出，到 2020 年稳定实现农村贫困人口不愁吃、不愁穿，义务教育、基本医疗、住房安全有保障，这是贫困人口脱贫的基本要求和核心指标，直接关系攻坚战质量。因此，“两不愁”就是稳定实现农村贫困人口不愁吃、不愁穿；“三保障”就是保障其义务教育、基本医疗和住房安全。参见《习近平：在解决“两不愁三保障”突出问题座谈会上的讲话》，http://www.xinhuanet.com/2019-08/15/c_1124879967.htm，2019 年 4 月 16 日。

产被看见、被发掘、被激发，彼此满足社会文化生活需要，重拾互助合作的社会传统。

（三）增强民族文化认同

S 村除了拥有悠久的历史文化传统、丰富多彩的节庆文化和各具特色的瑶族歌舞乐器（长鼓舞、芒笛、六月笛、牛角等）传唱技艺，村民普遍膜拜盘古王、祖宗牌位和各种自然神灵，在“盘王节”等重大节庆活动中村民们都会穿着节日盛装载歌载舞。丰富多彩的民族文化传统是维系 S 村瑶族文化认同和社区归属感的纽带。然而，随着城镇化、市场化的发展，S 村传统文化的影响力和社区凝聚力被削弱。很多村民不再跳瑶族舞、唱瑶歌，而是玩手机或以打牌或打麻将赌博寻求刺激。“传男不传女”的长鼓舞等传统歌舞乐器面临失传的危险，古法手作的瑶绣日益被机织商品取代，极具民族特色的“耍歌堂”文化活动已经中断。

为了回应瑶族文化传承危机的现状，社会工作者组建 21 人的青少年瑶族文化口述行动小组。小组成员带领青少年对长鼓舞艺人、长鼓制作人、芒笛艺人、瑶族歌曲艺人等进行口述访谈并整理成资料。此外，社会工作者召集乐娘服务队和瑶族文化传承人共同编写瑶族歌舞文化乡土教材，将乐娘培养成为乡土文化讲师，定期或不定期地在社区开展长鼓舞、芒笛等文化传承课堂学习。随着乡土教材和社区文化教育日益受到关注，S 村小学校长主动聘请乐娘们进校为学生开设长鼓舞讲座。此外，社会工作者还带领乐娘们走出村寨社区，参加镇、县、市举办的瑶族歌舞比赛，她们还在深圳全国慈善展进行现场表演。S 村乐娘们制作的乐器和编排的歌舞也引起了地方政府的重视，她们的瑶族乐器和服饰被摆放在镇政府展览厅，长笛、六月笛等实物被县瑶族博物馆收藏展览。这一系列的文化传承行动，极大地提升了村民的民族文化认同和自信心，也扩大了瑶族文化的社会影响力。最难能可贵的是针对村寨存在家庭暴力等男女不平等的问题，社会工作者鼓励乐娘们改编瑶歌，把男女平等的主题融入“新”瑶歌传唱中。这种瑶歌新唱的形式和内容，得到了 S 村“三留守”群体的普遍喜爱，并引发村民对家暴和男女不平等议题的关注。有妇女听完改编的瑶歌后表示，她们不再因为生不出儿子而内疚，歌曲给予妇女很大的安慰和鼓励。

总之，面对民族文化日益式微的困境，社会工作者协助“三留守”群体借助口述文化、教材编写、社区教育及更大范围的歌舞表演和文化传播等，逐步提高村民尤其是“三留守”群体的民族文化自信心。群众喜闻乐见的民族文化传播及教育行动提升村寨社区的文化认同和可持续发展的内在潜力。

（四）迈向环境友好的发展

S村人与环境关系较为紧张，既表现在农业生产的生态环境破坏，又表现在村民日常生活环境的恶化。在农业生产方面，如前所述，因为灌溉用水的源头泉眼被人为破坏，导致农业生产用水不足，造成以往双季稻种植的耕地因水资源不足而只能种植单季稻。此外，大部分村民为了提高农作物产量而大量使用化肥农药，从而造成土壤板结并产生食物安全问题。为了短期内快速增加收入，部分村民将土地承包出去，结果这些土地因被过度开发而变得更加贫瘠，不再适合水稻种植。“我们的那些地都被人弄坏了，就没有种了。之前有个老板说要承包我们的田，后来他把我们的田又都搞坏了，就是把上面的肥土壤都挖走了。老板见田坏了就不租了。我们的田现在水稻种不好，其他庄稼也种不好。现在如果要种庄稼，要放很多肥料，把那个地养肥后才可以再种了。”[①]

在生活环境方面，S村没有完善的排污系统，生活污水随处排放，一到下雨天社区的环境卫生状况更加恶化；村中还存在“人猪同厕”现象，到了夏秋季节容易滋生蚊蝇，不利于身体健康；随着网上购物以及包装食品、日用化工品、家电等使用量的逐渐增多，S村内不可降解的生活垃圾越来越多，加上S村缺乏完善的垃圾回收处理机制以及村民环保意识不足等原因，导致社区环境污染问题日益严重。据社会工作者观察：“每当上学和放学期间，学生蜂拥到小卖部买零食吃，吃完后随手将食品包装袋扔在小卖部外或上学/回家的路上。而村民则会将生活垃圾堆放于道路或河道旁，发洪水时就让水直接

---

① S镇社工站村民（乐娘）口述，笔者录音整理。

冲走。因此，村中的环境卫生问题成为村民和当地政府的‘心病’”。

驻村后，社会工作者始终关注S村的环境卫生问题，积极协助当地政府开展人居环境整治、“三清三拆”、美丽乡村建设等活动，通过打扫村道卫生、悬挂环境保护宣传标语及线上宣传等方式提高村民的环保意识，鼓励村民加入环保清洁行动。另外，社会工作者在日常工作中也会有意识地组织村中儿童青少年打扫环境卫生，组织村民清理河道垃圾等。经过一系列的环境整治行动，S村的村容村貌有了一定的改善，人居环境得到了美化。然而，社会工作者发现，村民的环境保护仅停留在清洁卫生层面，缺乏从生产和生活方式的角度反思环境保护问题。另外，针对前面提及S村农业用水紧张、耕地破坏和水土流失等生态环境破坏的问题，社会工作者并未有实质性介入行动，人与环境关系紧张的问题依然存在，这反过来必然对村民的生计和生活产生反作用。值得庆幸的是，现在社会工作者协助乐娘队服务骨干已经从环保和生计生活的角度作出努力，未来可期。

第二节 理论和相关概念的界定

一、贫困

（一）贫困的界定

一直以来，家庭收入多寡成为定义贫困与否的重要指标。有学者认为，以收入为基础的贫困定义反映出这样的思想：“人类需要最低水平的食品、水、住房、衣服消费才能生存下来，通过定义最低需求并将其与价格相联系，就有可能构建出一条绝对的最低贫困线：把这条贫困线应用于社会调查之中，就可以确定有多少人生活在贫困线以下。贫困线研究帮助了家计调查方法来决定社会福利享有者的资格。”[①] 以收入为基础界定和评估贫困者的优势是便

① 安东尼·哈尔、詹姆斯·梅志里：《发展型社会政策》，北京·社会科学文献出版社，2006年版，第66—67页。

于识别出陷入生存危机需要政府兜底救助的贫困者。这种基于刚性需求标准界定政策救助的方法，一定程度上保证了政策救助的公平性。然而，这一界定方法只关注收入与最低水平的生活消费，忽略了贫困者的社会状况（如健康、就业、住房、教育及其他服务的可及性等）及其发展性的需求。随着对贫困问题研究的不断深入，从社会状况指标、社会不平等、社会排斥和可行能力缺失等更为广泛的层面界定贫困成为学界普遍的共识。[①]

总之，从狭义上来说，贫困是指物质或经济上的贫困；而从广义上来说，贫困则指除了经济上的狭义贫困，还包括心理、社会、文化、环境等方面涉及观念意识上的贫困、能力贫困和权利贫困。而从贫困概念看，贫困还可以分为绝对贫困和相对贫困[②]。

（二）贫困的根源

关于贫困的根源，学界有不同的理解。阿马蒂亚·森（Amartya Sen）把贫困问题置于政治学、社会学、哲学、经济学、伦理学等多学科研究视野下，从权利和能力视角思考饥饿和贫困，认为贫困源于贫困主体缺少获取和享有正常生活的可行能力。可行能力是指一个人有可能实现的各种功能性活动或实现不同生活方式的自由。一个人的可行能力是由这个人可以选择的那些可相互替代的功能性活动的向量组成。森认为，尽管低收入与“能力”之间有密切联系，但贫困的实质是可行能力的贫困，即人们在上述能力和自由方面的匮乏。收入低下只有工具性价值，且工具性价值还取决于诸多社会和经济状况，可行能力被剥夺是比收入低下更重要的判定处境劣势的标准。因此在森看来，贫困不仅指主体确实身处贫困，且包括由个人环境、社会限制造成机会缺乏而导致主体不能自由选择其他生活方式，“权利丧失”才是贫困的根源[③]。张和清认为造成贫困的原因包括权利和能力不足以及诸多社会文化建

---

① 安东尼·哈尔、詹姆斯·梅志里：《发展型社会政策》，北京·社会科学文献出版社，2006年版，第75页。

② 古学斌：《农村社会工作理论与实践》，北京·社会科学文献出版社，2018年版，第47页。

③ 程萍：《社会工作介入农村精准扶贫：阿马蒂亚·森的赋权增能视角》，载《社会工作》2016年第5期。

构。具体而言，权利和能力不足致贫是指与高额医疗、养老、教育、住房等与民生支出相关联的公民获得健康权、养老权、教育权、居住权的能力缺失，而社会文化建构致贫包括劳动异化的“生产致贫”、入不敷出的“消费致贫”、消费不足的“文化偏见致贫”，以及人与自然新陈代谢断裂的“生态致贫”[①]。另外，联合国环境与发展委员会1978年提交的《我们的共同未来》报告则从可持续发展的角度理解贫困的根源，指出：“经济发展”如果没有配合“环境保护”及“社会文化”的发展是不可持续的，只会造成贫富两极化。而联合国《2030年可持续发展议程》中声称：“我们决心采用统筹兼顾的方式，从经济、社会和环境这三个方面实现可持续发展。”[②]

总之，贫困问题不仅与物质层面的经济贫乏有关，更与可行能力的丧失，生产、消费过程，文化偏见及生态环境恶化有关，甚至与经济、社会和环境不平衡发展有关。

二、可持续生计

社会政策是缓解贫困问题的一种集体干预方式，然而传统的社会政策要么被视为福利服务，要么被视为缓解当前危机的安全网。而近年来，社会政策开始从更广义的角度进行界定，即社会政策是影响人民生活和生计的一切计划及其相关措施，已经向强调跨部门的、整合的、全面的生计支持的方向发生了转变。艾里斯（Ellis）等认为，强调生计的思路是基于这样一个事实，贫困者既非同质人群，亦非永远处于被动接受施舍的弱势地位，而是有着自己的长处、财产和能力，可以被动员起来积极地参与发展的过程[③]。从这个意义上来看，社会政策必须充分考虑民众所表达出来的需求，并确定设计的项目或规划与受影响群体的社会现实相吻合。由此可见，生计思路实质上是从贫困者的立场、需要和优势资产出发的一种社区减贫思路。

---

① 张和清：《扎根社区推动脱贫攻坚》，载《人民论坛》2018年第29期。

② 《变革我们的世界：2030年可持续发展议程》，http://infogate.fmprc.gov.cn/web/ziliao_674904/zt_674979/dnzt_674981/qtzt/2030kcxfzyc_686343/t1331382.shtml，2016年1月13日。

③ 安东尼·哈尔、詹姆斯·梅志里：《发展型社会政策》，北京·社会科学文献出版社，2006年版，第9—10页。

20世纪60年代农村发展仅仅被视为农村现代化和资本化的观念，现今将农村发展看成是多个部门共同解决经济发展、贫困缓解和生计维持等问题的平衡性策略。在这种新的发展范式下，越来越多的人把可持续性生计框架（the sustainable livelihood framework，SLF）作为一种综合性的分析工具，把那些在传统上一般被主流现代政策忽略的乡村群体的利益置于优先考虑的位置[①]，其具体工作一直集中在诸如贫困、脆弱性、农场体系、参与性和可持续发展等问题[②]。斯库恩斯（Scoones）认为：“只有当一个生计维持系统能够应对压力和重大打击，并且可以从中恢复过来，而且可以在现代和未来保持甚至提高其自身的能力和资产，同时不损害自然资源的基础时，它才具有可持续性。”[③] 按照可持续性生计框架观点，生计维持框架并不完全排斥以收入和消费量作为衡量贫困标准的传统观念，而是设想民众会追求多重的目标，也就是说民众不仅仅追求高额收入，同时还追求改善健康水平，增加接受教育的机会，减少脆弱性并且力图规避风险。实现多重目标要诉诸一系列的资本性资产，如财政资本、人力资本、物质资本、自然资本和社会文化资本，甚至是政治资本，即民众动员其有限资产以捍卫其生计的能力。另外，地方性和本土性知识也被加在资本性资产的清单上。资本性资产在狭义上是以物质资源来支持生计，但广义上来说还应该包括社会、人力、自然以及其他资本。森认为，如果把这些资本所产生的意义和力量动员起来，就可以去挑战现状，挑战支配着现有资源分配与控制的规则[④]。

可持续性生计框架将三个核心的原则融到了一起：聚焦民众；对于问题的分析以及政策处方，采取整体主义的思路；强调宏观与微观的联系[⑤]。哈尔和

① 安东尼·哈尔、詹姆斯·梅志里：《发展型社会政策》，北京·社会科学文献出版社，2006年版，第120—121页。

② 安东尼·哈尔、詹姆斯·梅志里：《发展型社会政策》，北京·社会科学文献出版社，2006年版，第135页。

③ SCOONES，I. Sustainable rural livelihoods：a framework for analysis，Working Paper 72. Brighton：Institute of development studies，1998：5.

④ 安东尼·哈尔、詹姆斯·梅志里：《发展型社会政策》，北京·社会科学文献出版社，2006年版，第136—138页。

⑤ 安东尼·哈尔、詹姆斯·梅志里：《发展型社会政策》，北京·社会科学文献出版社，2006年版，第138—139。

梅志里[①]认为，从社会政策的视角来看，可持续农村生计的观念是十分切合实际的，既作为一种分析工具，也作为一种实践工具，生计维持框架突出了社会政策的关怀，把增进民众的福祉作为发展努力的中心。生计思路将经济、社会、环境以及其他可预见和不可预见的方式直接或间接影响人们福祉的维度，都纳入发展项目的设计和实施之中。作为一种用以设计和实施更为合适的社会政策的分析工具和实践向导，这样一种框架在农村发展领域是不可少的，可持续生计的思路已经逐渐“主流化”。这些观念对于城市背景下的发展也是相干的。[②]

三、社会发展理论

从更广义的层面来看，社会发展与减贫或可持续生计密切相关，只有经济、社会文化和环境实现平衡发展，人们的社会福祉才能随着经济社会文化环境发展而持续得到改善，贫困问题才能得到根本性的解决。

（一）社会发展的界定

对大多数人而言，发展指的是经济进步。然而在世界许多地方（包括英美等发达工业国家、亚非等第三世界国家），经济发展并没有带来相应程度的社会进步。有学者认为，任何社会如果在经济发展的同时没有出现相同程度的社会发展，未能保障经济进步使整体人口受益，就会存在扭曲发展。这种扭曲发展不但体现在生活贫困、物资匮乏、健康水平低和住房不良等方面，也表现在许多人口群体被排除在充分参与发展之外，甚至体现在对自然资源的过度开发所导致的环境恶化，甚至是永久性的破坏，从而使未来若干代人的福祉陷入危险境地[③]。

---

① “梅志里”和下文提及的“米奇利”是《发展型社会政策》《社会发展：社会福利视角下的发展观》等译著对美国著名社会政策学者 James Midgley 的不同译法。

② 安东尼·哈尔、詹姆斯·梅志里：《发展型社会政策》，北京·社会科学文献出版社，2006 年版，第 150 页。

③ 米奇利：《社会发展：社会福利视角下的发展观》（苗正民译），上海人民出版社，2009 年版，第 2—6 页。

着眼于发展来直接解决贫困问题的社会政策十分必要，提高生活水平与消灭贫困的最大希望在于，将经济发展的诉求与直指贫困问题的社会政策联系起来。[①] 因此，社会发展是一个促进人类福利的途径，既能提高所有人民的生活质量，也能解决扭曲发展问题。社会发展提供了一个综合性宏观视角，其关注焦点是社区与社会能包容多种因素，顾及全民的利益，最重要的是能使社会性干预手段和经济发展努力达到协调。米奇利将社会发展定义为：“与经济发展的动态过程一起协同促进人类福利的过程。”[②] 社会发展因其干预性质、致力于进步、宏观聚焦、全民性质、将社会福利政策与经济增长融合、社会空间聚焦以及能博采众长，因而成为当今最有包容性的促进社会福利的途径。[③]

（二）社会发展的实施策略

米奇利认为社会福利（或社会福祉）状况应包括三个要素：第一，社会问题得到控制的程度，认为能够对社会问题进行控制的社会所拥有社会福利程度高于其他社会；第二，需求得到满足的程度，认为能够满足教育、保健、和谐的社会互动、安全饮用水和社会保障等需求的社区与社会就能体验到一种集体的福祉感；第三，改善机会得到提供的程度，认为机会的缺乏是导致社会困苦的主要原因。这三个要素在个人、家庭、群体、社区甚至社会等不同社会层次上综合运作和实施，整个社会才可享受合理的社会福祉状态[④]。因此，社会发展视角认为，可以采取制度性视角在个人、社区和政府层面进行综合实施，以全面促进社会福祉。

1. 个人实施的社会发展。

这种途径的倡导者认为，只要个人努力促进自身福利，整个社会福利水

---

① 安东尼·哈尔、詹姆斯·梅志里：《发展型社会政策》，北京·社会科学文献出版社，2006 年版，第 64 页。

② 米奇利：《社会发展：社会福利视角下的发展观》（苗正民译），上海人民出版社，2009 年版，第 9 页。

③ 米奇利：《社会发展：社会福利视角下的发展观》（苗正民译），上海人民出版社，2009 年版，第 31 页。

④ 米奇利：《社会发展：社会福利视角下的发展观》（苗正民译），上海人民出版社，2009 年版，第 16—17 页。

平就可得到提高。其重点是采取措施帮助人们自立并有效地参与市场，主张采取措施增强个人的作用，营造一种更具活力的企业文化，帮助普通人有效利用市场。具体做法包括营造有利于个人成功的企业文化、为贫困的人提倡小型企业和提高个人有效利用经济市场的能力[①]。

2. 社区实施的社会发展。

这一战略的倡导者认为，人与社区有天然的协同工作能力，以保证其需求的满足，解决其问题，创造各种进步的机会。为了实现这些目标，他们需要相互合作，达成共识。这样他们就能加强对地方资源和地方事务的控制，也能更好地为促进地方层次上的社会发展获得外部资源。其中较有代表性的有社区发展战略、社区行动战略和侧重于性别问题以及妇女对社会发展贡献的战略[②]。

3. 政府实施的社会发展。

国家主义战略的倡导者汲取了集体主义意识形态的思想，认为国家能体现整个社会的利益，并且有责任促进所有公民的福祉。其具体内涵包括通过统一规划促进社会发展，要求政府的经济与社会规划精心达成和谐，使经济增长与社会进步并重，要求社会经济与社会规划者共同致力于人口福祉的改善和可持续发展[③]。

（三）社会发展的制度性视角

制度性视角（institutional perspective）认为前述三种社会发展战略并非相互排斥，为促进人们的福利，市场、社区和国家等各种社会制度应该被充分动员起来[④]。制度性视角的倡导者认为应该优先考虑那些能积极促进经济发展

① 米奇利：《社会发展：社会福利视角下的发展观》（苗正民译），上海人民出版社，2009年版，第119—132页。

② 米奇利：《社会发展：社会福利视角下的发展观》（苗正民译），上海人民出版社，2009年版，第144—159页。

③ 米奇利：《社会发展：社会福利视角下的发展观》（苗正民译），上海人民出版社，2009年版，第119—159页。

④ 米奇利：《社会发展：社会福利视角下的发展观》（苗正民译），上海人民出版社，2009年版，第161页。

的社会干预手段，包括能够动员人力资本的政策与方案（教育、保健、儿童福利和其他人力资本投资）、动员社会资本的政策与方案（包括社区组织发展、社会基础设施创建、低收入群体资产发展和社会投资），以及那些通过促进经济发展而同时提高人口福利的政策与方案（如社区经济及将有特殊需求的人融入经济活动的方案，如职业培训、就业安置、微型企业创建、合作社以及社区性项目等，以鼓励经济自足和对社会的完全融入），应该淡化经济和社会领域的差异，而非强调[①]。

四、发展性社会工作

发展性社会工作有时又称为社会工作的社会发展视角，是在社会发展的脉络下成长起来的，可以追溯到社会工作发展之初由亚当斯创立的睦邻运动[②]。一般认为，发展性社会工作起源于南半球特别是西非一些国家从殖民地独立前后的实践，及20世纪50—60年代联合国推动的“社区发展”。80—90年代，“社会发展”理论被米奇利等创立，并在2010年米奇利与康利合作出版的《社会工作与社会发展：发展性社会工作的理论与技能》一书中得到较系统的阐述[③]。

相对于传统社会工作较为关注既定条件下的修补和预防，发展性社会工作注重的是开放处境中的发展和改变。首先，它以发展为导向，强调通过发展这个概念把微观个人和宏观社会的改变联结起来，同时还能够促进一直为传统社会工作所忽视的特殊人群物质生活方面的改善，让社会工作服务与人们的日常生活的改变结合得更为紧密。因此，它将能够带动人们改变和发展的一系列散落于不同社会工作服务模式中的概念重新组合起来，包括优势视角中的能力概念、增能社会工作中的增能和意识提升概念、资产为本的社区

---

① 米奇利：《社会发展：社会福利视角下的发展观》（苗正民译），上海人民出版社，2009年版，第182—184页。

② 童敏：《社会工作理论：历史环境下社会服务实践者的声音》，北京·社会科学文献出版社，2019年版，第605页。

③ 陈涛、杨锡聪、陈锋：《发展性社会工作的本土化理论及实践》，载《新视野》2018年第4期。

工作中的资产和能力概念等[①]。它采取以社区为基础建立社会网络与社会支持的工作策略，以生计为焦点协助服务对象参与生产性的经济活动中，强调提高服务对象能力的社会投资，采取社区环境和脉络的个案和小组工作进行社会工作干预，提高服务对象群体和社区的能力[②]。另外，发展性社会工作还提出了一系列的实践策略，如人力资本投资计划、就业和自主创业计划、微型企业和小额贷款计划、以津贴补助工资的投资或者颁布最低工资或生计工资标准计划、资产积累计划、社会资本计划、消除妨碍经济参与的障碍并创造平等机会计划等。[③]

综上所述，“双百”认为贫困与生计问题既是民生保障问题，也是经济、社会、文化、生态、政治等可持续发展问题。因此，社会工作介入贫困与社会发展问题也必须从经济、社会、文化、生态、政治等五个维度进行综合分析及整合介入。由于社区既是我国创新社会治理[④]、全面推进乡村振兴[⑤]等国家政策实践的重要阵地，又是发展型社会政策及发展性社会工作的实践场域，因此，对于“双百”社会工作而言，只有坚持发展性社会工作的方法策略，迈向“五位一体”社区可持续发展（见图 8-1）的目标愿景，才能确保个案救助与社区共治协同发展，才能助力城乡社区逐步实现党的十九大提出的“产业兴旺、生态宜居、乡风文明、治理有效、生活富裕”总体要求，最终推动社会的进步与发展。

---

① 童敏：《社会工作理论：历史环境下社会服务实践者的声音》，北京·社会科学文献出版社，2019 年版，第 610—611 页。

② 向荣、陆德泉、陈韦帆：《发展型社会工作对深化精准扶贫的助力策略分析》，载《贵州民族大学学报》（哲学社会科学版）2018 年第 3 期。

③ 马凤芝：《社会发展视野下的社会工作》，载《广东社会科学》2014 年第 1 期。

④ 《中共中央　国务院关于加强和完善城乡社区治理的意见》，http://www.gov.cn/zhengce/2017-06/12/content_5201910.htm，2017 年 6 月 12 日。

⑤ 《中华人民共和国乡村振兴促进法》，http://www.gov.cn/xinwen/2021-04/30/content_5604050.htm，2021 年 4 月 30 日。

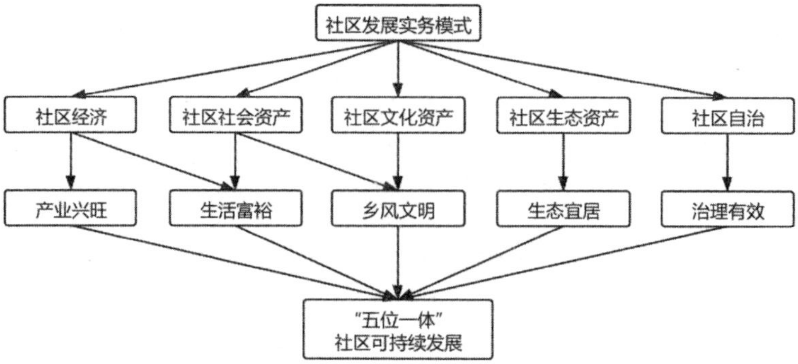

图 8-1　“五位一体”社区可持续发展框架图①

第三节　共创“五位一体”社区可持续发展

本章第一节案例部分首先基于 S 村生计和经济方面的困境及其根源分析，阐述社会工作者的社区经济行动及其后果；其次从政治、社会、文化、生态资产建设的视角阐述社会工作者如何介入社区自治、社区社会文化生态资产建设，旨在逐步落实“五位一体”社区可持续发展的目标。基于第一节的实践经验，第二节系统梳理国内外有关贫困、生计、社会发展、发展性社会工作的概念及实践策略，试图建构具有“双百”特色的社区可持续发展的本土内涵。

一、“五位一体”社区可持续发展的本土内涵

沃伦·弗林特（Warren Flint）认为，社区可持续发展是社区发展与可持续发展相互交融的新型理念，是当代社区发展的更高境界。社区可持续发展的目标在于社区经济、生态与社会三个维度之间的协调平衡，要求在促进社区经济发展、增加经济机会的同时，有效应对本地环境问题，保证环境的可

① 修改自张和清《社区文化资产建设与乡村减贫行为研究——以湖南少数民族 D 村社会工作项目为例》社区减贫框架图，载《思想战线》2021 年第 2 期。

持续性，并为社区中的边缘化居民提供发展机会，实现社区的社会公正。[1] 相对社区发展，社区可持续发展在更大程度上依赖本地的社区资产或资源，对于社区发展内生动力的要求更加迫切。社区资产是社区内部的能够激发社区发展活力与动力的各种资源。美国学者格雷（Gray）将社区资产分为七种资本形式，即物质资本、人力资本、社会资本、金融资本、环境资本、政治资本和文化资本等。[2] 事实上，物质资本、人力资本和金融资本可以归纳为经济资产，因此“双百”将社区资产概括为经济、社会、文化、生态和政治五大资产类别。

继承广东绿耕社会工作发展中心在中国城乡20余年社区综合发展的经验以及“双百”广东省社区发展的实践探索，“双百”社区可持续发展的本土内涵是指：在党和政府的领导下，社会工作者扎根城乡社区，秉持社会公正、弱势优先、社区为本的价值观，基于对社区本土的社会问题和优势资产的社区评估行动研究，从社区经济、社会、文化、生态、政治等任何一个契合本土实际的关键发展议题切入/突破，运用整合社会工作方法策略，逐步推动城乡社区实现生计发展、社会互助、文化认同、生态友好、公共参与等“五位一体”社区可持续发展目标。

二、社区可持续发展的实践策略

资产为本的社区发展策略强调社区内生性发展和资产建设策略，契合“五位一体”社区可持续发展的实践宗旨。1993年，克雷茨曼（Kretzman）和麦肯奈特（McKnight）提出了资产为本的社区发展模式，他们批判传统的“社区需求或社区缺失”取向会削弱社区建设能力，甚至会给社区带来灾难，无法真正实现社区的良性发展，认为只有从社区本身出发，动员社区的资产、

① R. Warren Flint, Practice of sustainable community development: a participatory framework for change, 2013. 转引自周晨虹：《内生的社区发展：“资产为本”的社区发展理论与实践路径》，载《社会工作》2014年第4期。

② Gray Paul Green, Anna Haines, Asset building and community development, 2012. 转引自周晨虹：《内生的社区发展：“资产为本”的社区发展理论与实践路径》，载《社会工作》2014年第4期。

能力和优势，发动居民全身心、全资源投入，社区才会有积极重大的发展。在此基础上，克雷茨曼和麦肯奈特提出了一条在优势视角下以社区资产为本、关注内部资源并以人际关系为驱动力的社区发展路径。资产为本（asset-based）指的是社区发展以社区现有资产或优势为介入重点，包括居民、当地的团体和机构等方面的资源，个人、团体和机构是社区资产中最重要的三大类资源；内在取向（internally focused）指的是社区发展会首先培养本地居民、团体及机构解决问题的能力；关系驱动（relationship driven）指的是社区发展需要不断地建立当地居民、团体和机构内部及其之间的关系。①

本章S镇社工站介入S村社区可持续发展的案例充分展示了资产为本的社区发展策略。基于对2018年以失败告终的刺绣生计项目的总结反思，“双百”社会工作者从社区“三留守”群体，尤其是留守妇女的优势资产出发，相信她们是有能力的个体，并通过相伴同行与她们建立信任关系，搭建公共参与平台（广场舞系列活动及志愿服务平台），培养妇女的主体性并鼓励她们参与社区公共事务，使她们从被动的受助者转变为有一定身份和影响力的“乐娘”“队长”及“志愿者”等（政治资产建设）；培育社区互助组织（乐娘服务队），强化妇女的社会支持网络，增强社区互助氛围（社会资产建设）；通过制作口述史、编写文化教材及社区文化教育行动增强民族文化和社区文化的认同（文化资产建设）；通过发动村民参与环境卫生整治与清洁行动，使部分村民意识到过度使用农药化肥会破坏环境，影响身体健康，开始有意识尝试生态种植（生态资产建设）；等等。值得一提的是，上述政治、社会、文化、生态资产建设反过来促进了社区可持续生计发展（经济资产建设）。例如2018年瑶绣加工项目之所以失败是由于当时绣娘等妇女的主体性、解决问题的能力、社会文化资产等都比较欠缺，因而在面对生计项目不平等的雇佣关系时没有维护正当权益，缺乏相互支持的意识和能力，与此同时，她们也缺乏相应的社区领袖来对接企业方和组织参与加工项目的村民们。然而经过两年多的资产建设，“三留守”群体的能力优势、组织优势、领袖优势，尤其资

① 陈红莉、李继娜：《论优势视角下的社区发展新模式——资产为本的社区发展》，载《求索》2011年第4期。

产优势充分发挥出来，她们在社会工作者的协助下成功运营手鼓加工生计项目，开始尝试合作推动生态种植及“山货”品牌打造等生计发展项目，逐步驶入具有志愿合作性质的社区经济发展（经济资本）轨道。[①]

S村社区可持续发展案例体现了资产为本社区发展模式所强调的优势视角、资产建设、内部聚焦和关系驱动等实践原则。在“五位一体”社区可持续发展过程中，S镇社工站社会工作者从留守妇女喜闻乐见的歌舞技艺出发，充分发掘基层政府场地支持的优势，从留守妇女参与社区公共事务切入，逐步实现社区社会互助、文化认同、生态友好，并最终为可持续生计发展奠定了坚实的基础。

“双百”强调社区问题及其根源分析决定社会工作的介入目标，优势资产分析决定专业的介入方法和策略[②]，资产为本的社区发展要求从社区已有的优势资产出发，激活社区内生动力从而解决社区自身的问题。由于每个社区的问题根源和优势资产不同，社会工作介入推动社区发展的时机条件各异，因此，“五位一体”社区可持续发展的具体实践策略在不同城乡社区的尝试必须因地制宜，但无论从哪个议题切入实践，最终都应该推动“五位一体”的社区可持续发展。除了前述S村“三留守”从公共参与切入社区发展案例，“双百”还根据每个社区的问题和资产，从生计发展、社会互助、文化认同、生态友好等不同议题切入社区发展的实践。下面以“双百”城乡社区四个不同的核心示范点介入社区发展的案例，进一步阐明“双百”是如何根据社区独特的问题和资产，从不同的议题切入，推动“五位一体”社区可持续发展目标的实现。

① 张和清、闫红红：《乡村振兴背景下社区经济的乡村减贫实务模式研究——以西南少数民族村落反贫困社会工作项目为例》，载《社会工作》2020年第6期。

② 详细参见本书第六章的相关论述。

（一）从生计发展突破的社区发展实践

Y市C镇社工站的服务点设在“空心化”较为严重的D村①，该村面临着人多地少、中青年劳动力外流、村民生计困难、过度使用农药化肥以及规模养殖造成生态环境破坏、社区互助氛围日益弱化等社区发展的问题。与此同时，社区也拥有可以盘活的荒地、志愿参与生态种植的妇女互助小组、村支书的大力支持等优势资源。在与村里留守妇女骨干建立良好的信任关系后，受到绿耕培育的广州从化仙娘溪村妇女生计项目的启发，社会工作者发动妇女骨干一起盘活村里的荒地，尝试开展“义田”生态种植的生计项目。在此过程中，妇女骨干拿出自家的农具和种子，义务参与开垦和田间管理。为解决稻田病虫害问题，社会工作者还与妇女骨干引入“稻田养鸭”技术，既减少了病虫害，又从养鸭销售中增加收入，甚至依靠稻田养鸭及销售还缓解了一名中年智障者的生计困难。为了拓宽稻米的销路和生态种植的影响力，社会工作者和妇女骨干联合当地政府成功举办了具有传统特色的“开耕节”和“丰收节”，并招募“珠三角”城市社区的亲子群体深入C镇“义田”开展乡村旅游、农耕体验等活动。据2019年度“义田”项目成果统计，“义田”共吸引村里30名妇女志愿者和40名儿童参与，城乡亲子稻作文化体验人数达到300余人。“义田”总计投入3000多元，产出约2600斤大米，义卖收入超过9000元。此外，“义田”志愿者将500斤稻米赠送低保家庭和特困老人，将1050元稻米收入捐助出来敬老，民政服务对象通过“义田”养鸭增收950元。与此同时，该项目也提升妇女的公共参与能力，增强社区的互助意识，强化村民的生态种植及环境保护的积极性。

就C镇社工站“义田”生计项目而言，社会工作者结合社区贫困、邻里

---

① C镇D村位于广东省中西部，在X县北部。近年来，由于受到市场化、城镇化、工业化等影响，D村的传统生计模式被破坏，大量男性青壮年为谋生计出路而长年在外务工，家里的农事耕作、长辈照料、儿童教育等事务多由家中妇女承担。基于此，妇女成为社会工作者驻村推动社区发展的主要人群。社会工作者通过参与D村北帝诞、观音诞、妇女团建等活动，融入妇女及村民的日常生活，并通过一起跳广场舞等在社区凝聚一群妇女骨干，逐步引导她们进行生态种植及社区互助发展等。

互助薄弱和生态环境恶化等问题确定减贫与社区社会文化生态资产建设的目标，立足社区已有的资产，包括村里闲置的耕地和有互助意识的妇女骨干等优势资产，从生计议题切入社区发展，通过互助合作、社区经济和城乡公平贸易等途径，增加村民收入，改善生态环境，提升社区照顾能力，促进社区可持续发展。

（二）从社会互助突破的社区发展实践

Y 市 D 镇社工站的服务点 B 村①面临“空心化”、社区互助氛围日益淡漠、“三留守”人群缺乏社区照顾等问题。与此同时，B 村仍然具有明显的优势资产，诸如妇女骨干有制作美食的特长；社会工作者与村民、村委会建立了优良的信任关系；社区敬老传统深厚，村里的宗亲会、乡贤理事会对尊老敬老活动较为积极；村里有公用的社区厨房等。社会工作者基于对社区问题及优势资产分析，积极联合镇政府、村委会、老年协会、妇女广场舞队和村民骨干等共同组织策划每月“爱心餐”活动，为老年人群体提供社区关爱服务。

“爱心餐”的资金主要来源于政府资助、老年协会筹措、村民和社会热心人士现金和物资捐赠等。社会工作者充分利用社区公共厨房的空间资源，发挥妇女擅长美食制作的优势能力，每月制作美食并邀请 75 岁以上老人聚餐。社会工作者还组织青少年志愿者对于行动不便不能前来现场聚餐的老人家提供送餐服务。此外，2019 年 7 月，驻村社会工作者在镇政府和村委会的支持下，充分利用乡村振兴“三清三拆三整治”整合出来的一些闲置农田，发动村里的妇女骨干、热心村民和青少年志愿者开展“义田”耕种，主要种植花生、黄豆、玉米、蔬菜等农作物，解决“爱心餐”健康食材来源及可持续发展的问题。“爱心餐”项目从 2018 年 11 月至 2020 年 1 月持续开展了 15 期，

---

① Y 市 D 镇社工站所在的 B 村位于广东省 Y 市 X 县 D 镇的东部。村中“孝廉方正”的历史文化浓厚，民风淳朴善良，社区依然保留尊老敬老的文化传统。村中常住人口主要以留守妇女、留守老人、留守儿童（“三留守”人员）为主，村民生活方式单一，人际关系淡漠，社区互助氛围弱化。通过长期的驻村，社会工作者与村中擅长制作美食、热心公益的妇女骨干建立了良好关系，且培育了妇女组织和儿童志愿者队伍，并联动当地政府、社区及社会各界公益慈善资源发展出别具特色的社区互助“爱心餐”项目。

参与者及志愿者人数从刚开始的14人发展到55人，累计服务553人次。“爱心餐”项目收到各方资助与捐赠有5745.4元资金、15期柴火、99斤大米、2桶花生油、一定数量的水果、番薯等。“爱心餐”项目促使从不与他人主动往来的80岁特困老人X叔、80岁视力障碍孤寡老人C婆等主动走出家门，融入社区并在公共厨房与其他村民一起用餐、共同交流。妇女志愿者参与“爱心餐”后表示，邻里、妯娌之间的关系变得和睦了，村中有了活力，希望这样的善举能够持续下去。

Y市D镇社工站“爱心餐”项目充分体现了资产为本的社区发展理念，社会工作者运用优势视角，把“三留守”群体视为社区可持续发展的主体，并充分盘活社区各类优势资产，以“爱心餐”推动社区互助，从而提升“三留守”群体的自尊、自信和自主能力，促进困难群众的社区互动与互助，重塑守望相助的社区文化氛围。

（三）从文化认同突破的社区工作实践

M市J街道社工站服务点D社区是客家文化特色浓郁的老城区[①]，保留着丰富多彩的社区文化资产，尤其以客家传统特色美食敛粄、客家娘酒、味酵粄、粽子等最为著名。然而，在现代城市化进程中，随着年轻人外出务工及现代流行文化的影响，D社区传统文化传承的问题日益凸显，社区老年人和妇女的文化自信心日渐低落。根据对当地传统美食传承人及擅长制作客家食物的家庭主妇的口述访谈，社会工作者寻找到从美食文化切入社区发展的突破口。通过深度访谈社区美食文化达人，深入挖掘记录客家美食馓子、敛粄、娘酒、味酵粄、粽子等美食的制作方法和文化内涵，将妇女骨干培育成为社区美食文化的讲师，利用社区公共空间对青少年开展美食文化教育。与此同时，社会工作者与妇女骨干将已经废弃的厨房打造成为客家文化特色的“公益厨房”，开垦厨房周围的空地进行生态蔬菜种植，利用厨余制作环保酵素作

① M市J街道D社区地处老城区中心地带，在第四批广东省古村落评定中被评为省级古村落社区，保留了丰富的文化资产，社区里有较多明、清时期的古民居建筑。D社区也是客家传统文化的发源中心之一，保留着传统的客家美食、节庆和丧葬文化。

为肥料提高蔬菜产量。妇女们结合“爱有喘息”活动结对帮扶社区民政服务对象，并将生态种植的蔬菜和自制的客家美食赠送给社区困难群众和特殊群体品尝，体现社区互助的优良传统。通过系列的口述文化访谈及社区帮扶行动，妇女们获得祖屋理事会和街道办事处的认同，并获邀参与以往只有男性参加的宗族理事会，共同商讨社区教育等大事。

J街道社工站借助D社区客家传统美食文化资产的优势及当地居民的愿望需求等，从口述文化行动切入社区发展，通过挖掘、利用、传播、认同美食文化的过程，协助社区居民重拾文化自信心，提升了妇女的社会地位。

（四）从生态友好突破的社区工作实践

M市B镇社工站的服务点位于粤西山区P村①。近年来，随着物质生活水平的提高，村民的消费品种类日益增多，随之而来的生活垃圾日益增长，垃圾处理难度不断加大，处理生活垃圾成为村庄社区治理的“老大难”问题。由于特殊的地理位置，P村部分自然村距离垃圾池和移动垃圾桶较远，只能依靠村庄自行筹资处理或村民自行处理。由于村里地广人多、经费缺乏及村委内部、村民之间意见不统一等原因，P村的环境卫生问题日益严重。基于对垃圾问题充分的社区调研评估，社会工作者了解到，有相当一部分村干部和村民表示愿意改善社区环境卫生。于是，社会工作者充分发挥村委会与村民之间沟通桥梁的作用，将村民关于改善社区垃圾问题的诉求充分向村委会反映，并与村委会共商经费紧缺情况下的垃圾解决方案，然后积极向村民宣传垃圾问题的解决方案，并配合村委会向村民筹款购买环卫车进村，最终成功促成P村自己购买环卫车处理垃圾问题。此外，社会工作者还向村委会推荐一名有驾驶技术的一级残疾（听障）服务对象承担保洁员工作，定期开环

① M市B镇社工站为“双百”第一批站点。P村与广西壮族自治区接壤，是B镇的第三大行政村，包含44个自然村，分12个行政片区管理。P村约有350年历史，主要姓氏包括“周、潘、陈、王、张、吴、李、曾、黄”几大姓氏。随着青壮年劳动力大量外出务工，“三留守”群体成为社区常住的主要群体，而农业种植是村民的主要生产方式。村民平时较少参加村里的公共事务。随着经济收入不断增长，村民物质方面的需求也不断增长，垃圾的数量的种类也越来越多。此外，村里无法降解的大量有毒害的生产生活垃圾也越来越多，以往简单填埋、自行焚烧的方式已经无法适应种类复杂的垃圾处理及环保问题。

卫车走村串户回收生活垃圾，一方面使社区垃圾问题得到更好的解决；另一方面也增加该残障服务对象的经济收入。后来，社会工作者还持续联动村民骨干、儿童青少年开展环保宣传活动，村民的环境卫生意识也慢慢发生了转变，环保行动的范围从4个自然村扩大到22个自然村。随着环境卫生问题的解决，为了进一步巩固成果，社会工作者培育成立了儿童志愿队，并开始引导村民骨干尝试生态种植，进一步改善人与环境之间的关系。

B镇社工站从生态友好议题切入突破，社会工作者基于优势视角，从社区已有的优势资产出发，坚信村委干部和村民既有意愿也有优势解决社区自身的问题，并通过多次参加村委会议讨论以及广泛的社区动员宣传等工作，促成社区依靠自身力量解决环境卫生问题。值得一提的是，社会工作者将残障村民培育成为保洁员并提升社区居民的环保公共意识，从而促进生态友好的“五位一体”社区可持续发展。

总之，无论是上述四个城乡社区社工站分别从生计发展（经济）、社会互助（社会）、文化认同（文化）、环境友好（生态）作为社区发展的突破口，还是S镇社工站从公共参与（政治）切入寻求社区发展的做法，都体现了“双百”依据社区（人）独特的问题资产和可持续发展的共性需求作为出发点，推动城乡社区逐步实现“五位一体”可持续发展的目标。

三、社区可持续发展的参与主体及其角色

社会发展的制度性视角要求政府发挥主导作用，积极管理并协调市场、社区和国家等不同发展主体实施社会发展。制度性视角要求创建在国家层面上协调起来的存在于不同层次的各种正式组织，使用接受过培训和拥有技能的专业人士，以促使社会发展目标的实现[①]。而可持续性生计框架也强调整体性和采纳多机构参与式的思路并认为国家具有提供法律或政策框架来促进变迁的绝对优势；社会组织在与社区民众打成一片的基础上更有助于推进项目及政策落实；地方社区充分发挥所拥有的极有价值的社会资本和人力资本以

① 米奇利：《社会发展：社会福利视角下的发展观》（苗正民译），上海人民出版社，2009年版，第162页。

及关于地方生态和自然资源的地方性知识，实现发展目标；国际发展组织及私人部门等也正在被视为一个重要的合作伙伴发挥各自的作用[①]。无论是社会发展的制度性视角，还是可持续性生计整体性思路，都与党的十九大报告“党委领导、政府负责、社会协同、公众参与、法治保障”的共建共治共享的社会治理制度设计[②]不谋而合。

反观上述5个镇（街）社工站，尤其是S镇社工站的具体社区工作实践案例，发现在中国现实体制机制下，社工站社会工作者推动“五位一体”社区可持续发展必须坚持党和政府的领导，逐步形成社会工作者联动村（居）委会、村（居）民、社区社会组织（基金会）等逐步形成多元主体协同共治的可持续发展局面。

党和政府：党和政府发挥政治引领和行政支持的作用。基层党委政府在政治上引导S镇社工站从乡村振兴、文化振兴和民族振兴等方面推动社区发展；当地政府则在办公场地、活动资金、生计项目引入及社工站品牌项目打造等方面给予力所能及的支持。此外，S镇政府在落实民生福利政策方面发挥兜底保障的作用，并在规划实施生态旅游项目过程中也给予村民增收的机会。

村（居）委会：村（居）委会为社工站点提供办公及活动场地，并积极联动社会工作者开展各项惠民服务活动，如协助上门探访民政服务对象，联系社区文化“达人”开展群众喜闻乐见的文娱活动等。

村（居）民：社会工作者通过能力建设途径促使村（居）民从被救助、被服务的对象，转变成为积极参与、策划、组织社区公共活动，具有主体身份认同的社区骨干（乐娘服务队、志愿者、社区讲师等）和推动社区可持续发展的中坚力量。

公益慈善组织（基金会等）：许多“双百”社工站的文化传承项目、图书室项目、留守儿童服务项目、妇女生计发展项目都得益于社会公益慈善组织

① 安东尼·哈尔、詹姆斯·梅志里：《发展型社会政策》，北京·社会科学文献出版社，2006年版，第143页。

② 习近平：《决胜全面建成小康社会 夺取新时代中国特色社会主义伟大胜利——在中国共产党第十九次全国代表大会上的报告》，http://www.12371.cn/2017/10/27/ARTI1509103656574313.shtml，2017年10月18日。

的小额经费支持，基金会的人力物力支持对于项目发展起到助推的作用。

总之，资产为本的社区发展所强调的资产并不仅仅指社区内部的资产，而内部聚焦也并不意味着盲目排外，关系驱动也不能忽略与外界的联动与合作。有学者研究指出，在全球经济联系日益广泛的今天，社区的完整性比以往更受全球市场力量的影响，社区成为揭示全球化矛盾和成本的据点①。社区为本社会工作介入模式强调将正式服务与非正式的支持网络整合起来，系统化推动社区可持续发展。然而那些最贫困的人所拥有的非正式支持网络非常不足，社会资本额度相当低。因此对于社会资本低的社区所需要的不只是盘活潜在的资产②，而是需要适当地引入更多的外部资源，助推社区潜在发展动力的形成。由此可见，“五位一体”的社区可持续发展并非是社会工作一方力量或仅靠社区内生动力所能有效推动的，而是需要在党和政府的领导下，聚集党和国家的政治政策资源、社区在地优势资源、社会工作专业优势、公益慈善资源、企业市场力量，以及服务对象及其家庭的主体性及优势资产，建设“人人有责、人人尽责、人人享有的社会治理共同体”③，促进“共建、共治、共享”的社会治理格局④在社区落地生根。

思考题：

1. 简述S村社区发展实务模式的基本做法及其特点。

2. 如何理解贫困、生计发展、社会发展与发展性社会工作之间的关系？

3. 如何理解“五位一体”社区可持续发展的本土内涵？

4. “五位一体”社区可持续发展应该采取怎样的实践策略？选择策略方法的依据是什么？社会工作者在其中应该扮演怎样的角色？

---

① 保罗·斯特普尼、基思·波普尔：《社会工作与社区：实践的批判性脉络》（邓湘漪、陈秋山译），台北·心理出版社股份有限公司，2011年版，第109—114页。

② 保罗·斯特普尼、基思·波普尔：《社会工作与社区：实践的批判性脉络》（邓湘漪、陈秋山译），台北·心理出版社股份有限公司，2011年版，第139—140页。

③ 《中国共产党第十九届中央委员会第四次全体会议公报》，http://www.12371.cn/2019/10/31/ARTI1572515554956816.shtml，2019年10月31日。

④ 习近平：《决胜全面建成小康社会　夺取新时代中国特色社会主义伟大胜利——在中国共产党第十九次全国代表大会上的报告》，http://www.12371.cn/2017/10/27/ARTI1509103656574313.shtml，2017年10月18日。

第九章　社会工作伦理的本土实践

教学基本要求：

1. 认识和了解“双百”常见的伦理困境；
2. 认识和理解社会工作伦理的概念及其相互之间的关系；
3. 了解和掌握社会工作伦理抉择的步骤、原则和实务；
4. 理解和掌握“双百”专业伦理守则。

第一节　“双百”社会工作伦理困境

遵守社会工作专业伦理是“双百”社会工作者驻守村居为困难群众和特殊群体提供专业服务的一个重要前提条件。由于政治、经济条件和社会文化环境等方面的差异，源自西方经由中国港台“移植”进入中国内地的西方社会工作专业理论方法在本土社会文化处境中经常遭遇社会工作伦理的两难困境（dilemma）。在“双百”4 年多的实践中，不同地市社工站一线社会工作者和专（兼）职协同督导者面对的伦理困境主要有四个方面：第一，一线社会工作者在专业服务过程中与服务对象关系的伦理两难困境；第二，协同督导者在协同督导过程中与一线社会工作者的伦理两难困境；第三，一线社会工作者与基层政府工作人员互动过程的伦理两难困境；第四，社会工作过程中的性别关系及其伦理两难困境。

一、专业服务关系中的伦理困境

“双百”强调社会工作者必须扎根城乡社区，通过“三同”等策略深度介入服务对象的日常生活，在与人民群众建立深度信任关系中最大限度地实现以人为本的专业目标。实践证明，依靠群众路线深入城乡社区“熟人关系”网络，有利于准确把握服务对象的问题，最大限度地满足人民群众的美好生活需求。但与此同时，社会工作者与服务对象之间因“双重”或“多重”关系而产生伦理困境。

案例 9-1：来自服务对象的“礼物”

“双百”H 市 Y 镇社工站位于广东省西北部山区，该社工站的 Z 社会工作者（以下简称 Z）服务的一户困难群众是一对 70 多岁的老夫妻，儿子是服刑人员，儿媳妇改嫁，刚上小学的孙子与爷爷奶奶一起生活。该家庭的生活主要依靠两位老人种菜和养殖家禽维持，老人平常在村里种植、养殖，有时将蔬菜、家禽拿到镇上销售。由于儿子是服刑人员，家庭贫困，两位老人常常觉得被人看不起。老人带孙子报名参加社工站组织的“430 课堂”时认识了社会工作者 Z。因为 Z 待人热情，平时经常为老人提供服务，老人很信任他。后来因为要办理儿子减刑的相关手续，需要走流程、开证明、填表格等，老人找 Z 帮忙，Z 每次都非常热情、耐心地帮助老人把事情做好。有一次，老人在镇上卖菜恰巧遇到 Z，表示多次麻烦他，都不知道如何感谢，请求 Z 收下自己种的青菜。Z 以社会工作服务是职责所系，便以正要入户走访为由婉拒了老人。临近春节，老人电话联系，表示自己多次接受 Z 的帮助却无以为报，总觉得心里过意不去，一定要向 Z 赠送家里养殖的鸡鸭答谢。Z 再次表示帮助老人是自己的职责，不能收取老人的礼物。之后 Z 回到家中，看到家里有鸡鸭，才知道由于自己不收老人的礼物，老人亲自将鸡鸭送到家里来了。家人说 Z 不该不接老人的电话，让老人在寒风中等待。Z 心里觉得非常矛盾，如果退回礼物会让老人觉得看不起他，也会让老人因为自己无法回馈社会工作者的帮助而感到内疚；但是，帮助服务对象解决困难是自己作为社会工作者的职责，不应收受老人礼物，更何况老人本来就家境贫困，卖掉鸡鸭还可以缓解老人家庭日常开支的压力。

Z觉得不应该收受服务对象的礼物，但是如果将送来的鸡鸭直接退回去会让老人觉得“没面子”，自己好像也有点不近人情，会影响良好的服务关系。于是，经过与家人商量，Z决定礼尚往来，像朋友那样给老人回礼。刚好临近春节，考虑到其孙子的父母亲均不在身边，孩子缺乏关爱，Z便买了儿童衣服、牛奶和学习用品等给老人的孙子送去……

一线社会工作者通过走村入户、开展社区活动等方式扎根村居社区，进入千家万户，与村（居）民建立深刻的信任关系，其自身的工作与生活难免与当地村（居）民交织在一起。社会工作者从最初人们眼里的“陌生人”变成村里叔叔、伯伯、孩子、妇女的“熟人”“亲人”时，他们都会享受到村（居）民“熟人”“自家人”的各种“待遇”。例如，在平时走村入户的过程中，村民经常将自家种的青菜、番薯等土特产送给到访的社会工作者；有的村（居）民直接将做好的食物或食材送进社工站点，表达他们的感谢和关心；许多村民会热情邀请社会工作者到家里吃饭；还经常邀请社会工作者参加“喝入伙酒”“吃喜酒”；等等。

村民“送礼”“请客吃饭”等行为，实际上是将社会工作者“当成家里人”对待，也使社会工作者感受到服务对象的认可和信任。然而刚开始，大多数社会工作者都认为不能收受村（居）民的礼物，也不能接受他们的邀请，通常都会婉言谢绝。后来社会工作者发现，当自己一次次拒绝村民的好意时，会明显感觉到村民沮丧、不理解，甚至有其他消极情绪，他们觉得社会工作者“不近人情”，从而影响良好的互动关系。“双百”期望维护平等友爱的服务关系，但又担心社会工作者卷入服务对象各种复杂的人情关系纠葛时，会丧失专业性，由此面临专业伦理的两难困境。

除了面对请客吃饭和物质层面人情往来的“难题”之外，社工站还遇到社会工作者与村（居）民“服务与回报”的人情困境。J市D社工站的社会工作者，在驻村服务过程中，与村民“打成一片”，经常和村民一起上山摘果子，下田插秧共同劳动，为了回报社会工作者付出的劳动，村民除了赠送土特产之外，还想支付工钱。J市Y社工站的社会工作者，由于自家的电器损坏，需要维修，他联系到的电器修理师傅刚好是自己曾经服务过的村民，该村民说什么也不肯收取工钱，并表示能够帮助到社会工作者感到很自豪。

上述“服务与回报”关系源于“熟人关系”中村（居）民与社会工作者的礼尚往来。相较于村民赠送土特产等礼物和在村民家中吃饭，与村民产生“服务与物质交换”关系更使社会工作者和协同督导者两难。在这类存在争议的事件中，社会工作者担心自己的行为，尤其是接受村民“作为服务回报的物质馈赠”等行为违反社会工作专业伦理。

“双百”社会工作者凭借驻村居“三同”的实务过程，迅速与服务对象建立信任关系，促使专业个案救助与社区共治协同发展。但这种信任关系也容易使社会工作者陷入“双重关系或多重关系”的伦理困境。在这样的伦理困境中，社会工作者经常面临两难选择，困惑于是否应该收取村民答谢的礼物、应该与服务对象保持怎样的专业界限等问题。

二、协同督导关系中的伦理困境

“双百”为一线社会工作者配备协同督导团队，以保障社会工作人才队伍建设质量和专业服务水平。“双百”秉持互为主体、双重能力建设的协同督导理念、协同督导者与社会工作者相伴同行，共同面对服务对象。然而协同督导者在协同督导的过程中经常会遇到各种具体的伦理困境，诸如协同督导者与一线社会工作者因价值观及工作状态冲突而造成的伦理困境。

案例 9-2：遭遇工作瓶颈，回避专业突破的社会工作者

X 是 J 市的专职协同督导者，2017 年 7 月“双百”启动之初，她就是 J 市的行政专员[①]。后来经过“双百”实务历练和“做中学、学中做”的过程，X 不仅考取国家社会工作职业资格证书，而且转型成为 J 市的专职协同督导者，具体负责该市 6 个社工站的协同督导工作。F 社工站 2019 年 7 月启动，是广东“双百”第二批社工站，位于 J 市山区 F 镇的中心村，该社工站 3 名社会工作者均来自当地县区，其中 1 人社会工作

① 主要负责 J 市协同督导中心内部的行政管理工作，还需要对接省项目办及全市“双百”社工站的相关行政管理事务。

专业毕业，1人具有志愿者工作经验，1人无专业背景。自2019年7月至今，X负责该站点至少每月一次每次1.5天的协同督导工作。作为协同督导者，X高度认同并切实践行“双百”相伴同行的督导理念，她与社会工作者一起入户访谈，协同站点基于“三同”完成社区评估行动研究报告，共同确定“53111”执行机制。与此同时，她借助与社会工作者聊天、讨论及工作之余的游玩、晚间散步等方式与社会工作者建立优良的信任关系。在持续协同督导的过程中，X发现虽然F镇社工站能够按照各方要求完成基本工作职责，但个别一线社会工作者工作效率比较低，谈论某项专业性高些的工作时总是“跑题”，推进工作计划时往往进度赶不上预期，许多先前共同确定的计划目标和做法往往浅尝辄止，或者认为该项工作计划执行难度大而选择搁置。面对社工站的服务成效较差、计划做不出来，协同督导者感到两难：一方面，协同督导者必须理解社会工作者的个人意愿和工作状态，要有耐心协助他们逐步提升专业能力；另一方面，协同督导者也肩负“双百”督导的专业使命，必须协助站点按照计划作出成效，向服务对象和各级政府交代。

当遭遇工作瓶颈，面对回避专业突破的社会工作者，协同督导者应该如何自处呢？当社会工作者专业能力不足，工作态度不端正时，协同督导者应该协助他们提高专业水平，强化专业认同，但协同督导者同时也更需要协助社会工作者作出专业成效造福服务对象，对相关政府部门有所交代。因此，协同督导过程的伦理困境表现在，协同督导者是无奈选择接受一线社会工作者个人能力提高缓慢、工作打不开局面的现状，耐心协助他们慢慢地转变工作态度，提升专业能力，还是以服务对象的根本利益为准绳，更换不合格的社会工作者呢？[①] 当社会工作者的工作态度和专业能力不足以满足服务对象的需求和基层政府的要求时，协同督导者如何保证“双百”核心价值目标的实现呢？

另外，“双百”协同督导者与社会工作者的伦理困境，还表现在因个人喜好和私人关系的原因而导致的伦理困境。例如H市某协同督导者与其协同督

① 基于中国社会工作发展的现实处境，一般来说，合格的驻村居社会工作者是在实践中培养出来的，因此，“双百”的定位之一也是一项社会工作人才培养计划。

导的某位社会工作者私交甚好，在该社工站优秀社会工作者评选前夕，这名协同督导者了解到镇（街）分管领导和多名社会工作者都倾向另一位综合能力较强的社会工作者时，便与镇（街）分管领导沟通且私信多名社会工作者，建议他们投票给其私交甚好的那名社会工作者。在这个案例中，协同督导者利用职权和影响力干预社工站优秀社会工作者评选工作，违背了社会工作公平正义的价值观和社会工作职业伦理。

三、政社关系中的伦理困境

“双百”站点的社会工作者直接与当地基层政府签订劳动合同，其管理、考核、工资、服务经费等行政工作由基层政府直接管理，与此同时，“双百”社工站下沉村居直接为困难群众和特殊群体提供专业服务，其专业事务要接受省项目办和地区中心协同督导。很显然，“双百”行政与专业的双重管理模式一方面体现基层政府对社会工作发展负有党建和行政管理的职责，另一方面体现“双百”的群众工作具有社会工作的专业性。实践证明，这样的运作机制既保证“双百”社会工作发展的制度化特征，也充分显示社会工作扎根社区服务群众的专业优势。但这种制度设计也使社会工作者兼具专业从业人员和政府“雇员”两种身份角色，在实际工作中社会工作者发挥两种身份优势的同时，也面临必须平衡好不同身份角色的问题，否则就会出现角色冲突，形成偏离社会工作主责主业的伦理两难困境。

典型案例 9-3：兜底个案救助与临时行政协助

J 市 G 街道社工站是“双百”第一批站点。社会工作者刚入驻村居不久，在一次入户探访时发现一个疑似智力障碍的学龄儿童 M，M 被关在屋里，蓬头垢面、衣服破旧。社会工作者尝试与其对话，发现她无法完全理解对话的内容，也不能用完整话语回答问题。经进一步了解发现，M 的母亲丧失劳动能力，父亲收入低下。社会工作者判断该家庭属于低保困难家庭，决定继续跟进该个案。由于服务对象家庭问题复杂、需求迫切，社会工作者选择多人密集跟进的方式介入这个家庭。除了链接一些物资救助之外，这几位社会工作者还帮助 M 洗澡、剪指甲等，得到其原本态度冷淡的父亲的认可。时间长了社会工作者发现M语言、行为能力低于同龄孩子，无法融入朋辈群体，便说服父亲带M进医院检查……正在社会工作者对M个案救助的骨节眼上，街道办要求4名社会工作者（社工站共有6名社会工作者）到办公楼协助行政事务，为期一个月。由于社工站驻村第一年既要完成驻村“三同”“四大任务”等熟悉群众、熟悉社区、精准识别等基础性专业工作，同时也要为困难群众和特殊群体建档立卡，为困难群众和特殊群体链接政策，并提供精细化的专业服务。因此，社会工作者对街道办关于行政协助的请求感到为难：如果完全配合街道办的安排，社工站原来安排的工作计划和人手将要重新调整，而正取得重要突破的残障儿童M的个案救助也将难以继续。如果不配合街道办的相关安排，则担心失去基层政府的信任和支持，影响社工站日后工作的有效开展甚至是社会工作者的职业发展。

“双百”是政社关系的社会工作项目，当社会工作者落地生根驻守村居社区之后，他们必须面对政社关系的“两难”问题。J市G街道社工站案例的“两难”困境主要表现在基层政府的行政协助需求与驻村服务困难群众难以两全的问题。在“双百”行政与专业的双重管理模式及社会工作者双重身份角色下，很显然，如何平衡专业目标与行政目标，确保服务困难群众的初心使命不变，成为社会工作者处理好政社关系的两难困境。

四、性别关系中的伦理困境

性别关系的伦理困境主要指基于性别不平等的现实处境，社会工作者在专业实践场域中因为不平等的性别关系而遭遇性别或性的不平等对待，从而产生性别关系的伦理困境。

社会工作行业普遍存在女性占比较高的情况，在实际工作过程中，女性社会工作者不可避免要跟不同身份的异性接触或交往。同样，“双百”社会工作者中女性也占了绝大多数，在驻村居服务过程中，她们需要与男性服务对象、工作伙伴及基层工作人员工作往来。基于双方可能存在不平等的性别权力关系，女性社会工作者在日常工作和生活中有时会遭遇性别歧视或不当性言行，从而蒙受身体、心理、社交、精神等伤害。性别不平等和性不当行为是驻村居社会工作者遭遇的性别关系的伦理困境。

案例 9-4：一名女性社会工作者的“烦恼”

2020 年下半年，H 市 P 镇社工站协助村委会开展人口普查工作，当时社会工作者和村委会干部结对分组入户，A 社会工作者（未婚，女性）与 B 村干部（已婚，男性）分在一个小组，负责普查距离比较远的村庄。由于很多家庭都是晚上才有人在家，所以一般是晚上入户普查。在工作过程中，B 主动添加 A 的微信，并在微信上积极互动配合完成工作。

一来二往，B 与 A 的交往多了起来，经常询问 A 是否需要帮忙，他甚至中午、晚上也常常过来关心 A 是否吃饭，有时也一起去餐馆吃饭。遇到 A 夜晚加班，B 也经常表达关心。A 刚开始并没感觉有什么不对，甚至认为 B 人很好，关心自己的工作和生活，也非常支持社工站的各项工作，不像之前的村干部不闻不问。渐渐地，B 开始频繁给 A 发微信，邀请其一起吃饭、游玩、唱歌等，A 有意识选择不回复，B 有时就会直接给 A 打电话。A 感觉受到了骚扰，开始向其他社会工作者和协同督导者诉说，大家建议 A 不能完全采取回避的方式，而应该正面回应，坚定地表示拒绝。之后 B 再发信息表示关心时，A 明确表达是工作关系，不需要他过分关心。可是社工站仍有许多工作需要与村委会互相配合。当 A 再次与 B 分在一组开展工作时，A 认为这很可能是该村干部故意安排所致，便在其他社会工作者的陪伴下找到村委会相关负责人，明确表达了不跟 B 分在一组的诉求。后来 B 来到社工站，A 对其表达了自己的感受和期待，之后 B 就很少发信息给 A，但 A 仍然觉得有些尴尬。在工作中，A 尽量避免与 B 说话，如果工作中需要与 B 对接，A 会邀请其他社会工作者陪同。

性别关系议题和性骚扰问题是社会工作专业典型的伦理问题，如果处理不当，不仅有损专业形象，而且对良好的专业关系、服务关系和政社关系都有可能造成伤害。对一线社会工作者和协同督导者而言，面对性不当行为的困扰，如何既能保质保量完成驻村居工作任务，又能够保护自身安全，需要遵循社会工作专业伦理守则，更需要社会工作者提高警惕，做到“进退有度，拿捏得当”。

综上所述，“双百”社会工作作为一项重大的民生工程，逐步覆盖广东全省所有村居社区。面对如此复杂的服务关系、协同督导关系、政社关系和性别关系，作为专业、职业的社会工作者必须认清驻守村居过程中各种复杂多变的专业伦理困境，以“不变应万变”的专业伦理和操守应对各种伦理考验，才能真正体现“双百”社会工作者的价值情怀和使命担当。

第二节 社会工作伦理与伦理守则

一、社会工作伦理

价值与伦理是无法分离的。谈及社会工作伦理议题时，许多业内人士没有将专业价值和伦理问题区别对待。现实中，不少社会工作者常常将价值观、伦理和道德混为一谈，相当宽泛地使用这些词语，好像它们的意思都是一样的[①]。因此，有必要对社会工作价值观与社会工作伦理之间的关系作个界定。

（一）社会工作价值观

在社会工作中，价值概念属于哲学范畴，它是以人为本的哲学理念，包含着人与社会互相关系的规定[②]。价值与价值观既紧密相连又有区别，价值观更侧重于指人们基于需要和自我意识的基础，对各种事物的价值的看法、观点和态度。社会价值观是指社会上人们共同持有的对社会及其中的各种事物的价值的看法、观点和态度。社会工作价值观是一种专业价值观，乃是在社

① 多戈夫等：《社会工作伦理：实务工作指南》（第七版）（玉杰译），北京·中国人民大学出版社，2005 年版，第 16 页。

② 王思斌主编：《社会工作概论》（第三版），北京·高等教育出版社，2014 年版，第 39 页。

会工作实践中所形成由社会工作专业本质属性所决定的，是社会工作者所持有的对社会工作专业活动涉及的各种事物的价值的看法、观点和态度。价值、社会价值、社会价值观和社会工作价值观之间是一个逐级递进的关系①。

社会工作价值本身蕴含多个层次，构成社会工作价值体系，它广义上主要包括四个层面：作为终极价值的社会价值和社会思想、作为中介价值的社会工作目标价值、作为社会工作实现其专业价值的工具价值或手段价值、社会工作机构及其工作人员应遵守的伦理准则和道德操守。② 社会工作价值体系四个层面之间的关系是：终极价值是人类共同追求的社会价值和社会思想，决定了社会工作的本质属性和终极目标。终极价值需要推演和转化为具体的社会工作目标价值，然后由目标价值推演出具有操作性的工具价值（伦理原则），再由工具价值细化为社会工作者实务层面的行为准则和活动规范（伦理守则）。③

目前社会工作主流的价值观和价值体系论述主要是发端于西方社会主流文化的价值观，如其终极价值包含了人道主义、公平正义、自由、民主、博爱、多元、幸福等内容，并从此衍生出公平正义、个人尊严与价值、服务对象自决等社会工作价值观。举例来说，较为权威的美国社会工作者伦理守则中便归纳出“服务、社会公正、个人的尊严与价值、人际关系的重要性、正直或诚信、能力”等方面的社会工作价值内容。④ 这些价值观及由此衍生的“服务原则、接纳原则、自决原则、个别化原则、保密原则、专业界限原则”⑤等工具价值，成为各国社会工作伦理守则所借鉴和引援的典范。但有学者研究指出，社会工作的核心价值及其价值原则必须配合不同的人类社会环境及其复杂性而定⑥，因为其实质容易受到文化环境或价值偏好因素的影响。⑦

---

① 宣兆凯、尹秀云主编：《社会工作伦理》，北京·教育科学出版社，2015 年版，第 14 页。

② 宣兆凯、尹秀云主编：《社会工作伦理》，北京·教育科学出版社，2015 年版，第 39 页。

③ 多戈夫等：《社会工作伦理：实务工作指南》（第七版）（玉杰译），北京·中国人民大学出版社，2005 年版，第 17 页。

④ 《美国社会工作者协会伦理守则》，1997 年 1 月发行版本。

⑤ 宣兆凯、尹秀云主编：《社会工作伦理》，北京·教育科学出版社，2015 年版，第 46—48 页。

⑥ 《美国社会工作者协会伦理守则》，1997 年 1 月发行版本。

⑦ 徐震、李明政：《社会工作思想与伦理》，台北·松慧有限公司，2006 年版，第 192 页。

综观中国社会工作本土化的专业进程，社会工作价值观在中国专业社会工作的实践结合了本土情境和主流社会所推崇的社会价值，在批判与继承西方经典的社会工作价值体系的基础上，构建适合中国本土实践、为中国社会工作从业者所认同的社会工作价值体系，以适应和指导中国社会文化情境中社会工作者的价值与伦理实践。陈福堃在《社会工作价值应包括的内容》一文中，结合中国社会主流文化价值和西方主流社会价值，将社会工作价值的内容拓宽为四组：①社会性的人性最终状态——自由、平等、民主、公义、和平、进步；②个人性的最终状态——爱、安全、舒适、个人成就、社会赞誉、自我实现；③与道德有关的行为模式——同情、正义、勇气、谦让、尊敬、诚实；④与个人能力有关的行为模式——慎重、真诚、忠诚、能干、纪律、同情心。[①] 这些价值观对“双百”社会工作价值体系建构都具有参考价值。

综上所述，社会工作是以价值为本的专业，作为社会工作的核心灵魂，价值观的重要性不仅在于它界定社会工作本身——它的目标和意义，而且在于它同时界定社会工作的技巧和方法，社会工作者的行为和态度、社会工作者与服务对象的关系，社会工作的实践领域和伦理原则，以及机构和社会工作者的关系，等等[②]。虽然目前国际上关于社会工作价值观和价值体系的论述有诸多结论不一的状况，但较为统一的共识是社会工作应将社会公正和推进个人福祉作为基本社会价值目标，实践公平、正义、人道、平等的社会价值，本着尊重人的尊严、价值，坚守助人自助的原则，优先关注特殊人群、边缘人群和穷困者的需要，发掘潜能和提升能力，协助其过上有尊严的幸福生活，这是目前中国社会工作学术界和实务者普遍认可的专业价值和使命[③]。

（二）社会工作伦理的定义

在中国文化环境中，伦理一般指的是人际关系的状况，指的是事物的内

---

① 陈福堃：《社会工作价值应包括的内容》，转引自王思斌主编：《社会工作概论》（第三版），北京·高等教育出版社，2014 年版，第 51 页。

② 王思斌主编：《社会工作概论》（第三版），北京·高等教育出版社，2014 年版，第 39—41 页。

③ 宣兆凯、尹秀云主编：《社会工作伦理》，北京·教育科学出版社，2015 年版，第 17 页。

在机理、秩序、规律和规则等。所以伦理可以定义为人们在处理相互关系时所应遵循的行为准则[①]。社会工作伦理是一种专业伦理，是对社会工作专业和职业发展过程中相关伦理内涵的探讨和界定，它是由社会价值和社会工作价值观所共同决定、进而推导出的具操作性的工具价值或手段价值。

中国台湾社会工作学者徐震等认为，社会工作伦理指的是由社会工作集体分享之抽象的价值、信仰推演而来之相对具体的可实践的行为标准。这些标准，经由社会工作专业组织确认，依一定的程序制定成为专业成员共同遵守的规范，并明文规定后，就称之为社会工作专业守则[②]。也有不少学者将社会工作伦理界定为在专业价值观体系之下发展出若干伦理原则，再演绎为专业实践中的专业行为守则，为社会工作者的助人行为提供指引或限制[③]。宣兆凯等进一步指出，社会工作伦理/道德是从社会工作价值中推演出来的，是更具行动性的社会工作价值。由专业价值推导出来的社会工作伦理/道德包括了个体内在的道德（如社会工作者应有的良心、德行、尊严，对幸福、自由的执着追求），以及社会及社会工作专业对工作者的制度化的职业道德操守的规范要求。按照宣兆凯等的观点，社会工作伦理是社会工作为了实现公平、正义、人道的社会改善而确定的社会工作专业准则和行动规范[④]。

社会工作伦理的界定和讨论还涉及伦理学意义上的分析和探索。伦理学主要关注人类的操守和道德决定，力求发现指导人们判断对与错的原则和标准[⑤]。在关于社会工作伦理应用的探讨过程中，伦理相对主义和伦理绝对主义两大理论派别的效益论与义务论，以及由此衍生的社会工作者应尽的伦理义务——积极义务和消极义务的分类划分，进一步解析了社会工作伦理的内涵和结构，并为社会工作伦理原则的制定提供了参考框架。

---

① 宣兆凯、尹秀云主编：《社会工作伦理》，北京·教育科学出版社，2015 年版，第 14 页。

② 徐震、李明政：《社会工作思想与伦理》，台北·松慧有限公司，2006 年版，第 38 页。

③ 参见李侨明：《社会工作职业伦理困境与风险：基于实践场域的多主体分析》，载《社会工作》2017 年 6 月第 3 期。

④ 宣兆凯、尹秀云主编：《社会工作伦理》，北京·教育科学出版社，2015 年版，第 16 页。

⑤ 多戈夫等：《社会工作伦理：实务工作指南》（第七版）（玉杰译），北京·中国人民大学出版社，2005 年版，第 18 页。

（三）社会工作价值观与伦理的关系

社会工作伦理与价值虽然表述上不同，但两者紧密联系且不可分割。社会工作价值是社会工作追求的目标，而社会工作伦理则是实现社会工作价值理想所应明确遵循的方法和途径[①]。进一步讲，社会工作伦理是实践的社会工作价值，是实现社会工作价值的原则和方法。社会工作伦理/道德是从社会工作价值观中推导出来的、更具行动性的社会工作价值[②]。

由此可见，社会工作价值观是更高层次的专业价值的抽象表达，较难直接用于指导社会工作者的日常实践，需要通过转化成为具备操作和指导意义的社会工作伦理原则和操作守则才能更好地用于指导社会工作者的价值与伦理实践。例如，“社会公正”作为社会工作终极价值表述，在“双百”对应的则是“弱势优先、公平正义”等目标价值观，在具体的操作守则中表述为“在驻村居的过程中，要为民政服务对象等困难群众和特殊群体优先提供服务”“以问题导向为原则来选择有服务需求的村居社区及村（居）民”等。图 9-1 说明从社会工作终极目标到具体伦理守则的层级结构和相互关系。

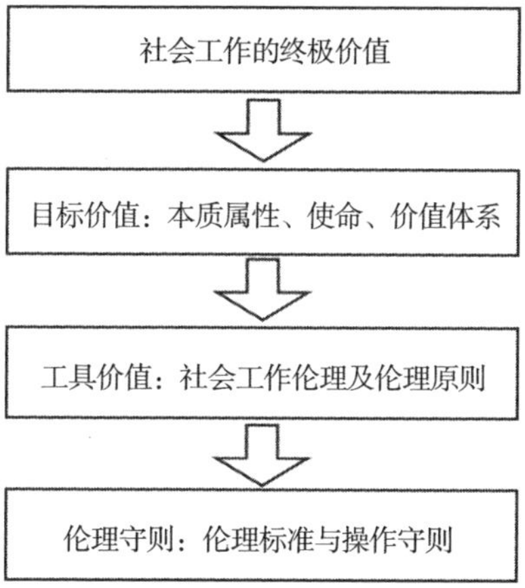

图 9-1　社会工作价值与伦理层级及其关系[③]

① 宣兆凯、尹秀云主编：《社会工作伦理》，北京·教育科学出版社，2015 年版，第 14 页。

② 宣兆凯、尹秀云主编：《社会工作伦理》，北京·教育科学出版社，2015 年版，第 39 页。

③ 改写自宣兆凯等人社会工作专业价值与伦理推演社会工作具体方法的模型。参见宣兆凯、尹秀云主编：《社会工作伦理》，北京·教育科学出版社，2015 年版，第 51 页。

二、社会工作伦理实践及伦理守则

社会工作是专业价值与伦理的实践，而价值与伦理只有关联到具体行动时，才能显示出它的作用。[①] 从这个意义而言，遵循价值伦理守则的社会工作实践可以视为通往社会工作专业愿景使命的重要途径。社会工作者必须具备强烈的使命感和价值感，逐步内化价值观和伦理守则，才能真正做到价值情怀和使命担当。因此，仅仅将概括归纳出来的价值观和伦理守则“印成册”“挂上墙”，并不能够实现伦理自觉。“双百”在这方面有所探索和思考。首先，鉴于价值观与伦理原则都是较为抽象的概括，只有将它们在实操层面具体化为伦理守则，促使社会工作者将其内化并在行动中外化出来，社会工作者价值观和伦理原则才对实际工作具有指导意义。因此，在“双百”实践过程中，无论是学过专业的社会工作者，还是“社工小白”，不管他们对社会工作价值观和伦理原则认同或接受程度如何，一律依据实际的需要共同制定具体“什么可以做，什么不可以做”的伦理实操守则，反而更具有实用价值。其次，当社会工作者认为专业价值观与个人价值观之间产生冲突不知道应该如何判断与选择时，社会工作行业组织应该制定具有约束力的专业守则或规范，对社会工作者的行为倾向进行价值判断和约束。[②] 最后，面对社会工作价值观与伦理实践场域的复杂性，即使遇到相同的社会工作价值观与伦理的两难困境，也必须结合具体的文化情境和实践场域加以分析和判断，做到因地制宜。

需要说明的是尽管世界各国（地区）的专业伦理守则不相同，但其核心内容大致包括：尊重受助者利益、严守受助者秘密、公平服务大众、重视同事工作、恪守公私界限、维护社会公正、遵守机构守则、充实社会工作知识和能力、促进专业发展、约束不当行为、增进公共福利、共同执行守则等。[③]

---

① 布洛克：《史家的技艺》（周婉窈译），转引自徐震、李明政：《社会工作思想与伦理》，台北·松慧有限公司，2006 年版，第 189 页。

② 参见本章“双百”伦理“十要十不要”。

③ 吕新萍：《价值理念的传递——MSW〈社会工作伦理〉课程教学的经验与反思》，载《社会工作（学术版）》2011 年第 2 期。

目前各种伦理守则文本解读比较多的有《美国社会工作者协会伦理守则》、中国香港《社会工作者守则》、《中国社会工作者守则》。而当前中国的社会工作者伦理守则，由于基本社会工作伦理原则不明确，守则的操作规范不具体以及核心价值观不够清晰、伦理标准过于笼统、执行力度较弱，实际上对实践的指导意义不大[①]。美国社会工作者协会制定的伦理守则指出，核心价值和由此衍生出的原则必须配合不同的人类社会环境及其复杂性而定。具体操作化的伦理原则与守则是情境性的，必须根据实际的情境进行分析，并通过谨慎的参考、深入的反思，探索本土化的社会工作伦理实践和伦理守则的构建。所以，梳理社会工作伦理的实践过程，形成具有本土可操作性的社会工作专业伦理守则对于具体的伦理实践意义重大。

三、伦理困境及决策原则

社会工作伦理的实践过程主要是对伦理困境的判定、抉择等。社会工作者在具体实践中，往往因为实务场域的复杂性、多重因素等原因遭遇社会工作伦理的困境，比如在具体的情境中，社会工作者应怎样“做”或“选择”才是“正确的”“善的”和“好的”？怎样做才能不违背伦理规定？当出现伦理两难困境时，社会工作者必须在两个或者更多的彼此有关系但却矛盾的伦理要求中作出符合情境的正确判断？或者社会工作者出现在每个选择都会对某个人或更多的人有不想要的结果的情形中[②]，如何自处？

（一）两难困境

在伦理困境中，价值与伦理的两难选择问题，即两难困境。所谓伦理两难困境，主要指的是当社会工作者遭遇到必须就两种备选方案择其一，而两种方案各有优点和缺点，两种方案互有矛盾或冲突，选择其中任何一种都无

① 魏永娟：《社会工作伦理守则：制定、完善与国际比较》，载《社会工作（学术版）》2011年第9期。

② 宣兆凯、尹秀云主编：《社会工作伦理》，北京·教育科学出版社，2015年版，第55页。

法周全，此种难以抉择的情境，就称之为两难困境[①]。伦理的两难困境是必然的，因为价值活动与伦理本身就是主体的一系列的判断和选择的过程。不过，在分析社会工作伦理两难时，要区分社会工作实务中的两难到底是属于价值、伦理范畴还是属于知识、方法、技术范畴。[②] 中国台湾学者徐震等将实践中的伦理两难处境分成：由社会工作伦理守则中不明确或者无法明确之处，而造成介入中的决策困境；由消极义务与积极义务两相冲突而造成的结构困境。决策困境包括：一是保密的程度与情况。例如“伤害他人与替服务对象保密的两难冲突”。二是自决的权利与尊重。例如“自决原则与坚持为服务对象服务之间的冲突”。三是自由的意志与环境。例如“如何理解服务对象个人行为，是出于个人意志还是受环境影响？这在现实中直接影响社会工作者对服务对象的接纳和介入手法等”。四是协助的方式与选择。例如，重视过程者以人的发展为目标，不惜多用资源和时间，而重视结果者以事的解决为目标，考虑节约资源和时间。结构困境包括：一是弱势个人对强势社会的冲突，如何既要维护个人利益，又要维护社会公正。二是服务对象需求对科层体制的矛盾，例如，社会工作者的工作目标常取决于机构的决策而非服务对象的需求。三是专业伦理与个人伦理的分际，诸如要协助服务对象解决问题的方法，以及既要实践其真诚与热心的专业伦理，又要保持客观与冷静的个人伦理，往往很不好判断拿捏。四是西方经验对本土文化的差距，主要是西方社会价值与伦理在本土价值伦理的矛盾与冲突。[③]

宣兆凯等学者则选择以利益作为标准对伦理两难分成四类：一是社会工作者与服务对象的利益关系乃至冲突导致的伦理两难；二是服务对象与相关人员、组织、社会的利益关系矛盾乃至冲突导致的伦理两难；三是弱势的服务对象与强势的群体、组织、社会之间的利益矛盾乃至冲突导致的伦理两难；四是社会工作者在运用思想、理论解决问题的过程中，因对思想、理论的理

---

① 莫藜藜：《医务社会工作的伦理判断议题》，转引自徐震、李明政：《社会工作思想与伦理》，台北·松慧有限公司，2006 年版，第 198 页。

② 宣兆凯、尹秀云主编：《社会工作伦理》，北京·教育科学出版社，2015 年版，第 56 页。

③ 徐震、李明政：《社会工作思想与伦理》，台北·松慧有限公司，2006 年版，第 201—203 页。

解认识不同而导致的两难。[①]

综上，通过借鉴以上分类标准，并根据“双百”伦理实践的具体状况，梳理和概括“双百”社会工作伦理实践主要有四组两难困境：一是服务关系中的伦理困境，指的是社会工作者与服务对象的关系冲突和矛盾所导致的伦理两难；二是协同督导关系中的伦理困境，主要指协同督导者与社会工作者在协同督导的过程中产生的伦理两难；三是政社关系中的伦理困境，主要指社会工作者与基层政府组织之间的伦理两难；四是性别关系中的矛盾乃至冲突导致的伦理两难。

社会工作伦理两难困境产生的原因是多方面的。首先，社会工作在具体的实务过程中，所面临的多重价值取向、多重利益关系、多重当事人、社会工作机构和社会工作者所处地位与扮演角色、所承担的义务、责任的多重性及多种伦理原则抉择依据等都会使社会工作者面临伦理两难困境。[②] 虽然社会工作者可以在伦理实践的过程中把专业伦理守则作为行动和抉择的指南，但依然难以解决实践中的很多两难问题。因为两难困境往往结合了当地的特殊情境因素，缺乏经验的社会工作者容易倾向于用非黑即白、非此即彼的二元思维解决问题，因而也容易产生更复杂的伦理困境[③]。其次，社会工作者要在两难困境的伦理冲突中作出适当的伦理抉择，非常考验个人的实务经验和智慧[④]。最后，关于社会工作者伦理敏感性的研究显示，社会工作者个人的教育经历、实务经历、个人态度、工作机构内部环境氛围以及国内社会工作伦理本土化进程亦会影响社会工作者的伦理敏感性[⑤]，一些社会工作者并不一定能够清楚地识别在伦理实践的过程中产生的伦理困境，或是由于他们对此没有

① 宣兆凯、尹秀云主编：《社会工作伦理》，北京·教育科学出版社，2015 年版，第 57—58 页。

② 宣兆凯、尹秀云主编：《社会工作伦理》，北京·教育科学出版社，2015 年版，第 59—61 页。

③ 李侨明：《社会工作者职业伦理困境与风险：基于实践场域的多主体分析》，载《社会工作》2017 年第 3 期。

④ 李侨明：《社会工作者职业伦理困境与风险：基于实践场域的多主体分析》，载《社会工作》2017 年第 3 期。

⑤ 张瑞凯、陈宁馨：《社会工作者伦理敏感性特点及影响因素——基于北京市社会工作者的访谈》，载《社会福利（理论版）》2020 年第 10 期。

敏感度抑或是根本没有伦理的视角与知识。[①]例如一些社会工作者可能感受在一个具体的情境中，行动要如何判断和抉择成为困难时，那么他们有可能正面临实际的伦理困境。即使如此，社会工作者也需要具备基本的伦理视角与知识，具备对伦理议题的敏感度，才能进入伦理议题的探索和行动实践。当然，社会工作者在伦理实践的过程中并不会一帆风顺，因为即使了解和掌握了社会工作价值观与伦理的相关知识与操作守则，面对实践中的伦理困境还是需要具体的“因地制宜”的实践智慧。

“双百”实践中充满多种价值和利益取向，服务对象、基层政府、社会工作者、协同督导者和其他利益相关方都有着不同利益和诉求，而社会工作者又必须与这些利益相关者共处与工作。因此，在这个复杂多样的价值伦理实践场域中必然产生诸多伦理两难困境。为了恰当地处理这些伦理困境，迫切需要梳理和确定规范的伦理抉择依据和原则。

（二）伦理抉择原则

伦理抉择难题隐藏着社会工作伦理原则背后的价值观之间的矛盾、优先秩序的考虑和抉择。在关于如何处理伦理困境与伦理两难的议题中，西方学者论述和发展了多种伦理抉择的伦理原则和抉择依据，包括伦理相对主义和绝对主义的伦理学理论依据，以及各种决策模型和伦理原则筛查方法或伦理抉择原则排序等[②]。

伦理绝对主义和相对主义是伦理学范畴的两大主要理论流派。伦理绝对主义认为客观的、确定的伦理标准是存在的，而且标准重于具体的条件和结果[③]，强调某些固定普世的道德原则有超乎一切的重要性。持这一观点的伦理学家认为，一个特定的行动或实践在道德上正确与否不在于这个行动或实践

① 张瑞凯、陈宁馨：《社会工作者伦理敏感性特点及影响因素——基于北京市社会工作者的访谈》，载《社会福利（理论版）》2020年第10期。

② 多戈夫等：《社会工作伦理：实务工作指南》（第七版）（玉杰译），北京·中国人民大学出版社，2005年版，第39—40页、第52—61页。

③ 宣兆凯、尹秀云主编：《社会工作伦理》，北京·教育科学出版社，2015年版，第61页。

的结果或具体条件，而是“由于这一行动或实践本身的一些内在的特性”[①]。伦理绝对主义以德国的哲学家康德的义务论最具代表性。义务论认为一个行为的对或错，不是完全决定于行为所造成的结果或目的，而是取决于行为的性质，必须视其内在本质或内在动机而定。[②] 康德的义务论提出以绝对命令作为普遍的、必然的、适用于一切时代的最高的道德律令，它不参照任何目的，是客观的，在任何情况下都具有约束力，完全视行为的本质而定，因为这些行为是人们的义务。[③]

伦理相对主义则认为不存在客观的、确定的伦理标准，无论哪一种现象，判断其正确或错误，需要看它所处的具体情境以及产生的结果。[④] 伦理相对主义最具代表性的理论是功利主义目的论的伦理学，也称效益论，它强调结果、目的在判断行为的道德善恶时的重要性，主张一个行为的对或错，完全决定于这个行为所产生的结果或实现的目的。[⑤] 伦理相对主义认为，判断一个行为的正当与否，完全视该行为是否能达到最大的整体效益而定；绝对唯一的标准是该行为对相关全体造成的效益的程度而定，能造成最大效益的就是最正确的行为。[⑥]

聚焦伦理绝对主义和相对主义理论最关键的标准和原则，会发现这两种伦理学取向中的关键的伦理决策原则是“性质和程度（度）”。伦理绝对主义特别强调伦理实践的判断标准应该是行为本身的性质，是行动和实践本身的内在特性。例如“双百”社会工作者选择到服务对象家里“同吃”的行为，判断其是否符合社会工作价值观与伦理，首先需要厘清的是这个“同吃”行

---

① 多戈夫等：《社会工作伦理：实务工作指南》（第七版）（玉杰译），北京·中国人民大学出版社，2005 年版，第 40 页。

② 徐震、李明政：《社会工作思想与伦理》，台北·松慧有限公司，2006 年版，第 175—179 页。

③ 徐震、李明政：《社会工作思想与伦理》，台北·松慧有限公司，2006 年版，第 179—181 页。

④ 宣兆凯、尹秀云主编：《社会工作伦理》，北京·教育科学出版社，2015 年版，第 61 页。

⑤ 徐震、李明政：《社会工作思想与伦理》，台北·松慧有限公司，2006 年版，第 175—179 页。

⑥ 徐震、李明政：《社会工作思想与伦理》，台北·松慧有限公司，2006 年版，第 179—181 页。

为的性质是什么。是社会工作者为了“占小便宜”的“蹭吃”呢？还是本质上和行为动机上是为了更好地与服务对象建立关系并更深入地理解其生活困境？如果是后者，可以判断该行为是符合社会工作价值观与伦理原则的。当然，这个行为本身还应该做“度”上面的衡量和讨论。比如这个行为的出发点和目标之一是为了与服务对象建立更好的信任关系并更深入地理解其生活困境，但是，如果“同吃”的行为成为该服务对象的压力，并且损害了服务对象的主要利益时，目标就已经被置换，并且违背了社会工作者应维护服务对象利益或以服务对象利益优先的伦理原则了。

根据伦理绝对主义和相对主义的主张，伦理决策的原则可以对伦理困境中行动或实践的性质和程度（度）来进行分析和判断。对伦理两难中的行动或实践的“性质”的判断指的是对该行动和实践本身的内在特质和内在动机是否符合社会工作价值与伦理；而对“度”的考量是指在不违背“性质”的前提下根据实际综合情况作出最适切的选择，需要考量的是行动和实践在怎样的情况下才符合社会工作价值与伦理的。在实际的伦理抉择过程中，社会工作者应超越和整合伦理原则的绝对主义的“性质”原则和相对主义的“度”原则，并根据具体情境作具体分析，权衡利弊，选择有利于解决服务对象问题的道德原则，才利于社会工作目标的实现。[①]

根据伦理绝对主义与相对主义的“性质和度”的抉择原则，中国台湾学者徐震等将社会工作者在伦理实践的过程中应尽的义务分为两种：一是消极义务，也叫完全义务，属于不作为义务，即社会工作者不得作为的义务。若有作为，即应受到惩罚，比如不可欺骗服务对象、伤害服务对象、妨碍服务对象的权利等。二是积极义务，又称为不完全义务，属于作为的义务。要求社会工作者以专业的知识与判断，并考虑工作中的环境与条件，尽心尽力为服务对象服务。此种义务未有止境，未能充分达到此种义务乃属必然。在相对低度达到此种不完全义务时，只属于一种工作上的不够完美，而期望该情

① 宣兆凯、尹秀云主编：《社会工作伦理》，北京·教育科学出版社，2015年版，第62页。

况的改善，亦往往视专业工作者自我要求的程度而定。[①]

第三节　“双百”社会工作的专业伦理与操守

一、基于“双百”案例的伦理分析与伦理抉择

基于对社会工作伦理与价值体系相关问题的澄清和界定，结合伦理相对主义和伦理绝对主义提炼的关于“行为和实践”的性质和度的考量，在针对“双百”所面临的四种伦理困境进行案例分析的基础上，澄清相关伦理议题和两难处境，阐述在具体工作过程中“双百”社会工作者如何进行伦理抉择。

（一）专业服务中的“双重（多重）关系”与抉择

1.“双重（多重）关系”伦理两难

在“双百”社会工作本土专业服务过程中，如案例9-1“来自服务对象的‘礼物’”所提到的伦理困境，是社会工作者必然面对“双重关系或多重关系”的冲突、纠缠等挑战。社会工作伦理中的双重关系是指当社会工作者与服务对象在超越专业服务之外建构专业关系时会陷入双重或多重关系的伦理困境[②]。西方社会工作的伦理标准和专业守则往往基于保护两者关系中弱势的一方，也就是保护服务对象的权益，作出限制社会工作者与服务对象建立除了专业关系以外的私人关系的规定。所以，“双重关系”的伦理两难困境是指社会工作者与服务对象缔结的关系中，除了专业关系之外发生的私人关系中，社会工作者如何做到既不伤害服务对象权益，又能借助良好的信任关系推进专业服务。

“双百”倡导社会工作者与服务对象是相伴同行互为主体的共生关系，即

---

① 徐震、李明政：《社会工作思想与伦理》，台北·松慧有限公司，2006年版，第182—183页。

② 宣兆凯、尹秀云主编：《社会工作伦理》，北京·教育科学出版社，2015年版，第100页。

“社会工作者驻村居扎根社区，要置身服务对象的生活世界，与他们同甘共苦，充分理解他们的困扰，进而共同寻找解决之道；社会工作者在与服务对象同行的过程中，发现服务对象的优势资产和能力，促使服务对象的主体性呈现出来”①。这种社会工作者与社区民众互为主体的关系定位，是建立在相信彼此之间是平等的专业关系，相信每个人生而平等，均有发展权利的价值观与伦理原则。因此，“双百”专业关系区别于西方个案工作临床治疗取向的“单向”服务关系。

正是基于社会工作者与村（居）民深厚的信任关系，服务对象才会将自家种的青菜、番薯等土特产作为回馈服务的礼物，并将社会工作者当作村居或家中的一分子邀请参加公共文化活动或做客喝喜酒等。村（居）民将帮助社会工作者做事情视为人情往来，而不愿意收取任何费用等。与此同时，在中国的人际关系中，如果不接受“馈赠”“邀请”等礼尚往来，反而使服务对象产生社会工作者“瞧不起他们”“不知好歹”“没有人情味”“不近人情”等感觉，有可能损害已经建立的专业关系，就更不用说培育村民组织，共同推动社区共治了。

但是，超越专业关系的双重关系或多重关系的伦理困境也警示社会工作者，必须防止与服务对象产生利益关系从而有损专业关系及专业形象。例如，社会工作者可能借助“三同”的信任关系，收获更多的礼物；有的社会工作者甚至到村（居）民家里“蹭吃蹭喝”；利用村（居）民对自己的信任，谋取私人利益，诸如让村（居）民免费为自己做工等。这些行为均已经超越专业关系甚至违反专业伦理，必须及时制止，否则会造成伤害服务对象利益的严重伦理问题，甚至会出现法律纠纷。

另外，由于“双百”驻村居社会工作者大多是本地人（有些就是本村本土人），服务对象可能就是自己的直系或旁系亲属。在开展服务的过程中，社会工作者一方面会因为亲属关系很快融入村居社区并建立良好的群众关系，另一方面也会因为是“亲戚和熟人”，导致在社区入户走访工作中的一些难

① 张和清、廖其能：《乡镇（街道）专业社会工作发展中互为主体性建构研究——以广东“双百”为例》，载《社会工作》2020 年第 5 期。

题，尤其是在链接资源进行分配时，如何一视同仁地对待每一名服务对象，这都是考验。

综上所述，专业服务过程中的双重关系或多重关系随时都会遭遇伦理挑战，社会工作者必须坚守“以人为本”“公平正义”的价值观和伦理守则，把握好专业关系中的伦理“边界与限制”。

2. 双重（多重）关系伦理两难的抉择原则

社会工作者与服务对象双重关系和多重关系伦理两难抉择的核心是必须澄清、权衡和处理好社会工作者与服务对象的利益冲突问题。当出现双重关系或多重关系的伦理困境和抉择两难时，社会工作者必须秉持专业价值观，坚守社会工作者与服务对象建立信任关系的宗旨是为了维护服务对象的权益，遇到双重关系或多重关系时社会工作者必须遵守专业价值观和伦理守则，最大限度维护服务对象的权益，绝不能利用专业关系谋取私利，从而损害服务对象权益。

（1）性质。在双重关系或多重关系的伦理困境中，对“行为和实践”性质的判断是衡量这个“关系”中人的动机和行为是否为了个人利益，是否符合专业实践价值和目标，是否将个人利益置于专业实践价值之上从而损害服务对象权益。任何企图利用与村（居）民的信任关系，或者通过服务对象谋取个人、商业或社会资源利益的社会工作者的行动和实践必须被禁止并受到伦理约束。例如，《美国社会工作者协会伦理守则》规定，社会工作者不应当从任何专业关系中获取不当利益，或者剥削其他人以得到个人的、宗教的、政治的或是商业的利益①。中国香港《社会工作者守则》也指出：“社会工作者不得利用专业关系以获取财务上的收益，不得以专业关系谋取政治利益等。”② 中国台湾的社会工作伦理守则规定：“社会工作师应与服务对象维持正常专业关系，不得与服务对象有不当双重或多重关系而获取不当利益。”③

---

① 《美国社会工作者协会伦理守则》，美国全国社会工作者协会代表大会 1996 年通过，1999 年修订。

② 中国香港《社会工作者守则》，2000 年 12 月 7 日首次发出，2010 年 1 月 15 日修订，2013 年 11 月 15 日对部分条款修订。

③ 中国台湾《社会工作师伦理守则》，1995 年版。

前述案例所描述的某些社会工作者自认为有恩于服务对象，主动获得村（居）民的礼物馈赠；主动到村（居）家里去“蹭吃蹭喝”，这些行为从性质上看，已经违背了社会工作价值观和伦理，特别是利用服务对象谋取私利的行为已经违反专业道德要求，应该接受专业伦理的惩罚。

另外，中国香港《社会工作者守则》指出：“社会工作者应尽可能避免为有亲密、家属、私人、商业或政治关系人士提供服务。”[①] 由此可见，社会工作者在分配相关受益名额或公益资源时，如果涉及与潜在受惠对象存在亲属或亲戚关系等私人关系时，应该将此项工作交由其他没有利益冲突的社会工作者或团队，主动规避各种潜在的利益冲突，确保社会工作“公平正义”价值观落地生根。

（2）度。除了伦理性质的考虑之外，有关伦理度的考量，意味着在不违背性质的情况下需要根据实际情况综合考量作出最适切的选择，尤其是基于双重或多重关系难以避免的实务状况下，度的考量显得非常重要。美国社会工作伦理守则规定，如果双重或多重关系难以避免，社会工作者应采取行动保护服务对象，并有责任设定清楚的、适当的及符合文化敏感性的界限[②]。

社会工作者为了增进与村（居）民服务对象的信任关系，在自然而然的情境中可以在村（居）民家里吃饭，接受他们的礼物答谢，或者应邀参加他们的酒席宴请等。但社会工作者必须考虑这种人情往来是否超出村（居）民的承受能力，当成为其“负累”或者经济压力时，就有违专业伦理。例如，在面对服务对象邀请一起吃饭时，社会工作者可以选择买好菜一起到其家中做饭、吃饭的做法，这样做不仅有利于加深信任关系，而且能够更贴切地为服务对象；当社会工作者不得不接受服务对象节日礼物（红包）时，可以回赠礼物答谢等，从而形成日常生活化礼尚往来的专业服务关系。

另外，社会工作者必须特别警觉并杜绝与服务对象之间的金钱和商业往来。当社会工作者一旦接受金钱或进行商业往来，就会陷入“利益交换”的

---

① 中国香港《社会工作者守则》，2000 年 12 月 7 日首次发出，2010 年 1 月 15 日修订，2013 年 11 月 15 日对部分条款修订。

② 《美国社会工作者协会伦理守则》，美国全国社会工作者协会代表大会 1996 年通过，1999 年修订。

道德困局，严重者还会出现经济纠纷甚至违法行为。例如，个别村（居）民为了申请低保等福利救助，也可能会把请客吃饭等人情往来作为交换。因此，社会工作者必须对诸如此类的人情关系保持警觉，在实践中探索适合本土文化的专业伦理处置策略。

（二）协同督导的伦理两难与伦理抉择

1. 协同督导关系中的价值冲突与伦理两难

“双百”协同督导者与社会工作者是协同行动的关系。双方应该是互为主体，体现双重能力建设的价值与伦理定位。“双百”要求协同督导者深入村居，通过“伙伴式”“师徒式”的督导方式，实现协同督导者与社会工作者双重专业能力提升。但在具体的协同督导过程中，协同督导者有时遇到一线社会工作者工作比较被动而难以深入开展协同行动的无力状态，从而陷入协同督导的伦理两难。

案例“9-2”所提的就是协同督导的困境和价值伦理冲突。案例中的社会工作者基本认同“双百”价值理念，也愿意完成驻村居工作任务。但当其工作中遇到服务瓶颈和工作压力时，往往容易退缩和回避，甚至有“磨洋工”等行为，违反为服务对象提供最佳服务的专业伦理。当协同督导者推进工作进度时，社会工作者或者不断强调完不成工作的客观原因，或者应付差事。当协同督导者坚持必须完成工作任务时，社会工作者选择回避和退缩。当彼此之间因为工作进展而产生情绪和矛盾时，协同督导者是应该选择推进工作，还是安顿工作者情绪，等待其专业能力逐步提升呢？

2. 协同督导过程伦理两难的抉择原则

“双百”认为，遇到协同督导的困境和价值伦理冲突时，协同督导者首先需要自我检讨，审视自己的专业价值观和专业能力是否能够协助社会工作者强化价值观和工作水平；其次，协同督导者更需要理解一线社会工作者的价值观和专业能力是否足以应对现实挑战；最后，基于职责要求和伦理考量，协同督导者在协同行动过程中既要与社会工作者“互为师生”，同时也要共同强化专业能力和价值伦理。

（1）性质。如何判断协同督导伦理关系中所遭遇的工作困境性质？此时，协同督导者先要检视自己的价值和行动是否充分体现“双百”社会工作价值观和实务模式，在协同行动过程中，自己是否秉承专业理念、价值及伦理的要求为社会工作者提供专业支持。此外，协同行动者需要对伦理两难困境中社会工作者所秉持的价值观和处事原则等作判断。跟其他行业相似的是，在社会工作行业中，一定程度上存在一些抱有“打一份工，领一份工资”，甚至把社会工作当作谋求更好职业、更高职位的“跳板”的社会工作者。据我们观察和了解，在“双百”也有一些对社会工作专业认同不够高、职业认定有待加强的社会工作者。

对待这些“消极怠工混日子”的社会工作者，就应该“有意识批判地审视个人工作时所持的价值及操守标准，务求与专业的规范一致。在审视过程中，社会工作者需识别和试图克服任何个人或机构的障碍，并寻求方法与资源去将社会工作价值观及操守付诸实行”[①]。对于个别不敬业、违反职业伦理纪律等性质恶劣的社会工作者，协同督导者应该利用平时的协同督导和年度考核等给予警告，并在必要的情况下，按照规定提出给予劝退处理的建议。

（2）度。协同督导者还需要对社会工作者的价值伦理进行“度”的衡量和判断。例如，案例“9-2”的社会工作者，他们对“双百”的专业工作是认同的，也有心想把社工站的工作做好。但是由于个人的个性、专业能力，尤其是受所在的乡（镇）具体工作环境的影响，导致社会工作者无法完成协同督导者所期望的专业目标，也无法突破站点工作瓶颈。针对这类专业工作伦理的两难困境，协同督导者应该肯定社会工作者推进工作的意愿，并理解他们的工作难处，可以通过情感支持、调整专业要求（降低标准等），或优先保护社会工作者的积极性，给予其足够的专业成长机会。例如，在案例“9-2”中，协同督导者表示：“后来我有调节自己的期望，给社会工作者多一些时间。我自己也更重视社会工作者们工作的情绪和状态。希望大家能够在一个较好的情绪和状态下工作。也担心压力下的社会工作者，更负面地看待他们与协同督导者等关系。过了一些时候，我能看到社会工作者们还是愿意再

① 中国香港《社会工作者守则实务指引》，2000 年 12 月 7 日首次发出；2010 年 1 月 15 日修订，2013 年 11 月 15 日对部分条款修订。

去尝试一些工作策略的……”

总之，协同督导者既要考虑社会工作者的工作态度和意愿，并且充分把握好价值伦理的“度”，只要没有违反专业伦理，协同督导者应该给予社会工作者充分尝试的机会。以“双百”价值情怀使命担当作为伦理考量，如果社会工作者是因为自身专业能力不足，导致工作计划滞后，协同督导者给予理解的同时，更应该协助他们“做中学、学中做”，坚信只要初心使命不变，专业目标一定能够达成。

（三）政社关系的伦理两难与伦理抉择

1. 组织目标与专业目标的错位

基层政府部门是“双百”社工站的行政及业务主管单位，社会工作者由镇（街）直聘和管理，社会工作站点设在村居社区，保障社会工作者驻村入户，全心全意为困难群众和特殊群体提供专业服务。但在政府直聘的人事隶属关系下，社会工作者很容易陷入组织目标与专业目标错位的伦理两难困境。

如在案例“9-3”中一些乡（镇）政府及相关部门对社会工作较为陌生，认为社会工作者应当像政府其他临聘人员，无条件服从政府各部门的行政工作安排，如“创文”“创卫”“三清三拆三整治”、数据录入等偏离“双百”主责主业的临时性行政事务，甚至被当作部门的勤杂人员对待。

诸如此类的行政协助，在某种意义上有助于社会工作者熟悉政策、更好地理解政府运作流程，有助于与基层工作人员建立关系打成一片，方便日后合作。然而，若社会工作者长期被安排到基层政府办公大楼协助基层政府从事行政事务，一方面容易造成驻村入户等“面对面”专业群众工作时间被挤压，严重影响站点的工作计划进展和专业服务成效，使社会工作很难得到干部群众的认可；另一方面，社会工作者长期从事行政事务，也会造成基层政府误解其专业角色，难以建立专业合法性。最严重的后果是使社会工作者自己都不认同驻守村居服务困难群众的价值，久而久之，许多社会工作者会默认自己在政府协助行政事务的状况，越来越不认同服务困难群众和推动社区共治发展的专业目标，从而习惯于从事行政事务，坐班等群众上门。

另外，基层部门的利益诉求及其对社会工作服务对象的选择性偏好、服务目标的界定、绩效评估的行政化导向，都会导致社会工作者职业伦理与专业角色的偏差、社会工作的目标替换与性质异化。① 比如，案例“9-3”中的基层部门因其有服务空巢老人和留守儿童的上级任务，便要求社会工作者优先完成这方面的任务和指标，这种自上而下的行政要求与社会工作以社区为本、以人为本的服务理念大相径庭。因此，社工站“以人为本”的工作目标经常被基层部门的组织目标所取代，出现服务与需求不相匹配的伦理困境。

总之，在政社关系的专业实践过程中，因专业目标与基层组织目标不相符而出现的专业伦理两难困境时，是选择坚守专业目标和价值，还是选择满足基层组织的需求和目标，尤其是选择基层部门的组织目标会导致专业目标被迫悬置甚至放弃时，面对这样的两难困境，社会工作者应如何自处，是“双百”社会工作必须面对的伦理问题。

2. 组织与专业目标偏差的伦理两难的抉择原则

在与基层正式组织的互动过程中，“双百”社会工作者如何应对基层部门行政协助与专业服务的伦理两难困境？如何在基层部门组织目标和专业目标产生偏差时作出正确的抉择，在保证实现专业目标的前提下，又能够兼顾基层部门的组织目标呢？

（1）性质。面对基层政府部门的行政事务协助要求，社会工作者首先必须清晰评估基层部门的行政协助是否严重妨碍专业目标实现，如果两者能够兼顾当然皆大欢喜。但如果组织目标严重影响专业任务实现，则必须优先保证专业目标实现。例如，安排社会工作者协助基层行政部门的工作，如果严重影响专业计划开展，社会工作者就必须与相关负责人做好充分的沟通工作，重申扎根村居运用专业理念和方法服务群众的重要性；如果目标一致，可以做到“两者兼顾”则是最佳选择。但若像案例“9-3”中的情况，当社会工作者无法处理行政协助与个案服务两难问题时，可以向上一级专业督导部门如实反映情况，借助政府及专业层级沟通，保证一线社会工作者能够通过落实专业计划来确保组织目标和专业目标的同时实现。

（2）度。在社会工作者有空间和时间完成专业目标的前提下，“双百”应

① 唐斌：《政府利益诉求与社会工作职业伦理的冲突及其调适》，载《求索》2010 年第 6 期。

该考虑把握行政事务协调“度”的问题。只要社会工作者能够平衡好组织目标和专业目标，在行政事务协调的同时，还有余地（余力）从事专业的群众工作，或者做行政工作本身也是为了做好群众工作时，这才符合政社关系中的专业伦理。例如，案例“9-3”中，基层部门要求社会工作者协助的工作大多数都是紧急、临时、短期的工作任务，也有一些工作是因为基层部门人手不够，“做不完”，像“养老金指纹录入”“经济普查”“人口普查”“民政复退军人指纹录入”“农村留守儿童和困境儿童关爱保护政策宣讲进村居”“低保和特困供养人员住房情况调查工作”等工作，都是有明确时间节点的急难任务。社工站点配合基层部门做好这些临时性事务，既能协助基层政府应急，也能使社会工作者更加熟悉民政工作和民政服务对象，使政社关系更加和谐。如果社会工作者是轮流到基层政府部门协助相关工作，还是能够在一定程度上兼顾专业目标和组织目标的。

（四）性别关系中的性别安全问题

李侨明根据实践经验认为，社会工作者面临诸多职业风险和身心安全风险，因为社会工作者经常进行社区调研、入户探访、特殊家访等，无论是在办公场所或者是上门探访，都需要接触各类服务对象。[①] 目前社会工作者是女性为主体的职业，性别安全议题，特别是性骚扰的风险尤其值得关注。

有研究指出，在移动互联和人工智能时代，通过移动电话及其他可能的工具（微信、QQ 等）导致的非面对面的身心伤害、个人信息的泄露、性骚扰等风险事件亦越来越频繁。[②] 如案例“9-4”中，社会工作者因为工作需要与基层干部互加微信往来，却遭遇对方信息和电话的频繁“关心”，甚至性暗示等。美国社会工作者伦理守则特别有社会工作者与服务对象之间性关系的规定，包括了性关系、性骚扰和身体接触三个方面。其中关于禁止社会工作者对服务对象的性骚扰规定：社会工作者不准对服务对象性骚扰，包括性的示

---

① 李侨明：《社会工作者职业伦理困境与风险：基于实践场域的多主体分析》，载《社会工作》2017 年第 3 期。

② 李侨明：《社会工作者职业伦理困境与风险：基于实践场域的多主体分析》，载《社会工作》2017 年第 3 期。

好、性的诱惑、要求性行为以及其他含有性本质的语言或肢体的接触。此条规定的主要内涵在于保护在专业关系中处于弱势地位的服务对象。中国香港社会工作者实务条例中规定，社会工作者不应与服务对象性交，不应为过去曾与其本人有性关系的人士提供临床服务等。可见性关系亦是社会工作伦理的范畴。

然而，国内外关于社会工作伦理的研究中都较少涉及社会工作者和协同督导者本人所遭受性骚扰的问题。沈奕斐认为，界定性骚扰概念时，权力是一个不可忽视的因素，大部分性骚扰者都是和权力滥用有关，性骚扰的实质是“相对的强势者针对相对的弱势者实施的，不以正常情欲关系为目的，导致弱势者反感或抗拒的性意涵行为”。[①] 作为助人者的社会工作者和协同督导者在实际工作中都处于某种权力关系之中，因此也可能遭受被性骚扰的问题，这种情况必须引起重视。在具体的实践过程中，当发生此类事件时，受害者大多选择“冷处理”，或者通过调整分工来避开对方。但对社会工作者及协同督导者来说，经历这类事件，会对她们的身心安全造成冲击和伤害。这些案例中的一线社会工作者和协同督导者，她们作为当事人基本上是保持沉默或者隐忍。一方面，很多一线社会工作者并未接受比较明确的性别教育，对“性骚扰”等议题知之甚少；她们也较难对遭遇过或者正在遭遇的性别安全议题有清楚的认识、意识和能力进行自助或求助；另一方面，遇到这类事件时，大多数当事人容易将其理解为是私人事件，并且担心自己把关系弄僵影响工作。例如，案例“9–4”中，A 社会工作者就是考虑到如果公开 B 基层干部对自己“性骚扰”，有可能引起轩然大波，不仅影响自己的工作，甚至有可能对社工站和项目造成不可估量的影响，因而选择沉默。随着性骚扰问题越来越受关注，我国关于反性骚扰的政策法规也日渐完善。《中华人民共和国妇女权益保障法》(2018 年修订版）第 40 条规定，“禁止对妇女实施性骚扰。受害妇女有权向单位和有关机关投诉。”《中华人民共和国民法典》第 1010 条规定，“违背他人意愿，以言语、文字、图像、肢体行为等方式对他们实施性骚扰的，受害人有权依法请求行为人承担民事责任。机关、企业、学校等单位应当采

① 沈奕斐:《“性骚扰”概念的泛化、窄化及应对措施》，载《妇女研究论丛》2004 年第 1 期。

取合理的预防、受理投诉、调查处置等措施，防止和制止利用职权、从属关系等实施性骚扰。”因此，当社会工作者及协同督导者遭遇到性骚扰问题困扰时，可以根据现有相关法律法规维护自身合法权益。

此外，除上述“社会工作者－服务对象”“社会工作者－协同督导者”“社会工作者－基层干部”“性别”等四组伦理两难处境之外，“双百”实践的伦理困境还包括了关于保密伦理原则的挑战，以及基于同事间的伦理义务。保密原则是社会工作的重要伦理守则，比如，强调在专业关系中信息的保密，强调知情同意社会工作行业信息可以共享，并需要承担同样的保密义务；强调服务对象的隐私并非绝对，是可以带义务和附加条件的①。关于保密原则较多聚焦在各类宣传过程中信息泄露的风险，例如，撰写日记、心得、总结、论文以及在各类公众号等发表文字、数据和影像信息等行为涉及个人信息、政策条文等方面的伦理原则。目前“双百”对各类信息、图片的传播、使用有严格的规定，社会工作者必须对服务对象基本信息做保密处理，包括隐去个人信息、化名、图片打码等。

二、伦理决策的步骤

“双百”社会工作正是基于现实的伦理两难困境的分析和澄清，从而作出专业伦理抉择，践行专业价值与伦理操守。在实际的伦理抉择过程中，社会工作者应该首先围绕专业价值观判断具体的伦理两难困境及其道德实践，在确定其行为不违背专业价值与伦理原则的前提下，依据具体情境作出具体分析，权衡利弊，从而选择有利于解决服务对象问题的道德和伦理原则，作出有利于实现专业使命和价值目标的伦理抉择。在具体的抉择过程中，伦理抉择过程包括：识别遭遇的伦理困境；厘清伦理困境的具体情境及背景；澄清伦理困境中各种价值观冲突及其“性质”和“度”的判断；必要时应该寻求内部确认和外部确认，直到作出最后的抉择（见表9-1）。

---

① 李侨明：《社会工作者职业伦理困境与风险：基于实践场域的多主体分析》，载《社会工作》2017年第3期。

表 9-1　改写自徐震等人有关社会工作伦理决策的步骤①

步骤	步骤说明
1. 识别遭遇了什么伦理困境	描述和界定社会工作者所面临的伦理困境
2. 厘清该伦理困境相关的情境背景	整理社会工作者伦理困境发生困难的背景材料
3. 澄清该伦理困境中相关的各种价值观冲突	相关伦理主体的价值观及冲突
4. 性质和度的分析判断	先作“行动和事件”的性质判断，再进行“度”的考量
5. 必要时寻求内部确认和外部的确认	引援伦理守则，依循可引援社会工作伦理守则、社会工作价值与伦理原则、伦理学理论典范以及征询社会工作者和协同督导的意见等
6. 形成抉择	就相互冲突的观点或行动，形成伦理抉择，推进合乎伦理的行动和实践

三、“双百”社会工作伦理守则：“十要十不要”

基于“双百”社会工作专业伦理困境、伦理抉择及持守的分析和探讨，借鉴国内外伦理实践经验，初步制定“双百”专业伦理守则——“十要十不要”。根据伦理抉择原则的性质和度，将伦理守则划分为消极义务和积极义务。消极义务指“双百”社会工作者不得作为的义务，以“不要……”的条文进行表达，旨在提醒“双百”社会工作者在伦理实践的过程中千万不能发生这些违反专业伦理的行为，否则应该受到惩罚。积极义务则以“要做……”的条文规定“双百”社会工作者在伦理实践中应尽的积极义务，是值得鼓励和弘扬的专业行为。

（一）“双百”社会工作者与协同督导者必须遵守的伦理守则

一是要秉持社区为本、弱势优先价值观，维护社会公正；不要以方法为本、社会工作者为中心，避免损害专业合法性。

二是要以实现专业目标为宗旨，与村（居）民建立优良的信任关系；不要利用专业关系谋取私人利益、损害服务对象权益。

① 徐震、李明政：《社会工作思想与伦理》，台北・松慧有限公司，2006 年版，第 217 页。

三是要尊重服务对象的隐私权；不要随意与工作无关人员谈论或公开服务对象的信息资料和隐私。

四是要爱岗敬业、恪尽职守，积极履行岗位职责；不要敷衍工作，不负责任。

五是要持续提升专业能力和伦理素养；不要本本主义、经验主义，违反伦理守则。

六是要精诚团结，善待每位同工；不要单打独斗，影响团队凝聚力。

七是要维护与服务对象和基层部门互为主体的专业关系；不要丧失社会工作专业性。

八是要提升性别意识，共创男女平等；不要造成性别关系伤害。

（二）“双百”协同督导者必须遵守的伦理守则

九是要坚持专业“共学”，践行相伴同行、互为主体的协同督导关系；不要运用专业权威，损害社会工作者的主体性。

十是要维护社会工作者基本权益；不要运用职权有损社会工作者乃至服务对象的权利。

思考题：

1.“双百”社会工作实践中的伦理议题有哪些？

2. 社会工作价值、伦理原则、伦理守则之间是怎样的关系？

3. 什么是伦理两难困境？结合“双百”伦理困境，应该如何在实践中进行伦理抉择？

下篇：人才

第十章　成人继续教育与学习型社群

教学基本要求：

1. 了解“双百”成人继续教育的概况和典型案例；

2. 掌握成人学习、成人教育、学习型组织、社会工作教育及其成人继续教育等概念及其关系；

3. 理解“双百”成人继续教育的困境和“三级网络”学习型社群及成人继续教育机制。

4. 了解“双百”成人继续教育的目标、途径和教学者角色，自觉提升专业能力。

“双百”社会工作回归“以人民为中心”的初心使命，采取驻村（居）入户等“群众工作”方法，既凭借专业力量“全心全意为人民服务”，也通过“做中学、学中做”培养本土化社会工作专业人才。为此，“双百”共创成人继续教育模式与学习型社群，逐步发展出一条具有中国特色的社会工作成人继续教育途径。

第一节　“双百”成人继续教育概况与典型案例

一、“双百”成人继续教育发展概况

自 2017 年启动以来，“双百”既被视为一项兜底民生服务计划，也被看

作社会工作人才培养计划，以解决粤东、粤西、粤北社会工作人才发展不平衡、不充分的问题。据统计，“双百”招录的社会工作者中有七成为非专业背景或非持证的“社工小白”[①]。由于在招录时对“双百”尤其是社会工作理解不够深入，很多“双百”社会工作者一开始入行自认为是在“办公室上班”或“到政府公干”，没有扎根村居社区与人民群众打成一片的心理准备。

为了保障“双百”顺利实施、确保服务的专业水平，广东省民政厅专门设立“双百计划聘请督导及培育志愿服务组织”项目，在广州设立“双百”项目办公室，并在实施“双百”的各地市设立地区协同督导中心，由项目办负责建设“三级网络”支持平台，以便保质保量完成社会工作协同督导和培训任务，加强社会工作人才队伍建设。地区中心则负责落实项目办关于人才队伍建设的有关制度安排，推动地区中心—社工站两级专业支持平台建设，从而保质保量完成地区的协同督导和培训工作，促进所在地市一线社会工作者的专业能力提升并作出专业性。因此，无论是项目办还是地区中心，其重要的职责都是对在职“双百”社会工作者开展成人继续教育。

成人继续教育的目标是推动“双百”各项政策和社会工作专业价值观、理念、理论及方法策略落地生根，从而确保“双百”造福社群。为了实现这一专业教育目标，“双百”采取了一系列的协同督导及培训、教育、学习等措施：一是确保社会工作者顺利驻守村居的上岗培训、副站长培训，以及针对“双百”社工站所在县（市区）、乡镇（街道）相关领导干部的专题培训；二是以推动社会工作者驻村居任务有效完成为目的的培训，诸如《“双百”社工实务一》系列视频课程、《“目标—计划—过程”跟进、管理与评估》系列培训、《“双百”概论》实地课程培训等；三是以“双百”核心示范点打造和品牌建设为目的的培训，诸如口述文化教育培训、儿童保护培训、男女平等培训、社区精神健康培训、城市社会工作实务培训、大事件梳理方法培训等；四是以“双百”骨干能力建设为目的的培训，诸如专（兼）职协同督导成长营，项目办、地区中心骨干学习网络聚会，实践与理论相结合的培训及相关

---

① 《广东社工“双百”计划的政策实践、行动研究和成人教育》，http://www.shuangbai-plan.org/research/13343/，2019 年 10 月 8 日。

系列专业工作坊等。除了项目办组织实施的上述课程培训之外，各地区中心通过协同督导者的日常工作，将“双百”的政策实践和专业知识体系“手把手”传授给一线社会工作者，并通过“做中学、学中做”，指导一线社会工作者梳理、总结和反思实践中的经验教训，通过书写实务案例或本土化专业实务课程等方式，生产本土知识，提高专业能力。另外，地区中心根据本地区社会工作者所存在的共性学习需求，开展相关的上岗培训或专题培训，以及建设社会工作骨干学习网络等途径强化专业实务能力。据统计，截至2021年1月，“双百”持证上岗人数从2017年的26.06%上升为目前的64.36%，培养了近百名“能做、能写、能讲”的本土化专业社会工作骨干人才和“双百”讲师，初步开发了《“双百”概论》《“双百”实务》《“53111”实操课程》等一批具有“双百”特色的本土专业实务课程，共有40个社工站的专业案例被评为省级社会工作优秀案例①，有10篇基于“双百”实践案例的行动研究论文发表于国家级学术刊物或核心期刊。

从“双百”成人继续教育的发展脉络来看，可以总结出几个明显的特征：一是教材和课程体系都是从外部引入到内部集体生产（书写）的；二是教学内容从偏理念/理论到注重实操性和本土案例的运用；三是教学方式从自上而下的外部灌输到强调互为主体的共同学习；四是教学对象从大规模集体培训到骨干培训和核心示范点建设培训；五是培训讲师从依赖权威专家和资深协同督导者转为由专家、资深协同督导者以及“双百”社会工作骨干共同担任。经过“三级网络”的共同实践探索，“双百”逐步摸索出一条契合自身实践情境和学习者特点的成人继续教育之路。

二、“双百”成人继续教育本土实践案例

（一）清远地区成人继续教育发展三阶段

清远市分两批共设立33个“双百”社工站，共配备148名社会工作者。然而，一开始社会工作专业人才能力不足的现实严重制约了“双百”在清远

① 《“双百”社工持证上岗逐年大幅攀升　成人继续教育硕果累累》，http://www.shuangbai-plan.org/protal/20067/，2021年1月22日。

地区落地生根。据项目办2019年统计，清远地区仅有33名“双百”社会工作者持证上岗。为此，清远市地区中心在项目办的支持下，通过集体培训、协同督导、副站长骨干培训、核心示范点建设培训与跟进、推动社工站自学与共学等形式，逐步提升一线社会工作者的专业能力。从整体来看，清远地区社会工作者经历了三种不同的学习过程：从个别实践经验中学习，从实践经验系统梳理中学习，从实践与理论相结合中学习。

1. 从个别实践经验中学习

“双百”在启动之初，一直强调“归零”的学习心态，推崇社会工作者向民众学习、向社区学习，从根本来说就是向实践学习。因此，清远地区的社会工作者按照项目办驻村指引，在驻村“三同”和完成“四大任务”中“做中学、学中做”。例如，清远市连南县SJ社工站的社会工作者阿妹，有一次在村民骨干带领下深入深山老林体验挖竹笋，她原以为随便在路边就可以轻松找到竹笋，没想到要到大山里才能挖到。村民骨干带领她走了将近40分钟才到达山脚下，由于山路十分陡峭，加上雨后路滑，她每走一步都很艰难。在与村民骨干交流中，阿妹了解到村民挖笋并不容易，光是往返路程就要花费近两个小时，运气好的话，一天能挖到上百斤，如果运气不好则几乎没有收获。为了多挖一些笋子，需要逗留较长时间，村民大多会带番薯或冷饭当午餐。这次挖笋的经历让社会工作者阿妹深刻体验到村民日常找笋、挖笋的艰辛和家庭生计的艰难[①]。

SJ社工站另一名社会工作者阿玲，为一个因主要劳动力患重病而陷入困境的家庭成功申请低保补贴，数次得到该家庭感谢，她为此作了反思：“其实对于社会工作者来说，为服务对象解答疑惑或链接资源是我们的基本职责，但是对于处于困境中的服务对象来说，这都是‘雪中送炭’，都是给予他们希望不可或缺的一环。因此，针对当地村民普遍受教育程度低、对各项政策不熟悉甚至存在误解的情况，我会反思作为一名民政领域的社会工作者，我们能够发挥帮助他们解读政策、链接资源等角色的作用，这无论对于推动国家

① 连南片区社会工作者阿妹的《“双百”专业学习心得体会》。

政策落地，还是缓解服务对象的危机都是极其重要的。”[①] 可见，日常工作中的服务反思，有助于社会工作者加深对实践情境的理解，从而增强专业认同。

互访学习也是“双百”社会工作者学习实践经验的一条重要途径。例如，连南县ZG社工站的社会工作者阿珍到清远市阳山片区互访时，向QL社工站副站长了解站点志愿者骨干培育的经验。QL社工站副站长介绍说，由于受限于服务点特殊的地理位置，社会工作者需要最大限度发动和培育村民骨干才能更好地提升社会工作服务的覆盖面。他说：“整个QL镇很大，我们也很难做到每个地方都能去服务，但是我们会发挥曾经服务过的服务对象熟悉其他村民的优势，让一个个服务对象像火种那样影响周边的人，带动这一整个片区。”阿珍深受启发并反思道：“是啊，我们服务GK社区这么多年，社区发展的活动也开展了无数次，但没能很好建立起自己的一支得力的志愿者骨干队伍，我们应该学习他们站点的做法，换种工作思路。”[②] 作为重要的学习途径，互访学习自2017年“双百”启动就被纳入全省社工站的学习任务要求，其宗旨在于“加强各站点间的交流互动，形成互相学习、彼此支持的专业互助学习网络”，规定每年安排互访学习经费，要求每个站点必须进行两次以上的跨县区，甚至跨地市的互访学习，以便提高专业能力。[③]

2. 从实践经验系统梳理中学习

从个别经验中学习具有偶然性和碎片性，不利于系统学习和理论提升。随着实践经验的不断丰富和实践情境的日益复杂，“双百”迫切需要加强实务经验梳理，从经验的系统性反思过程寻求突破。正如清远地区中心专职协同督导者所说：“社会工作者走村入户、搞完活动之后应该做什么，或者还能够做什么，他们是不清楚的。甚至连我们协同督导者自己有时也会陷入困惑，怀疑‘双百’是不是只有‘三同’‘四大任务’‘十要十不要’呢?”[④]

2019年12月，项目办正式启动以“大事件梳理”为主题的年度核心示

---

① 连南片区社会工作者阿玲的《“双百”专业学习心得体会》。

② 连南片区社会工作者阿珍的《“双百”专业学习心得体会》。

③ 2017年10月13日项目办印发的《关于站点互访等相关事宜的通知》。

④ 《行动研究丨“大事件梳理”——一种系统回看、对话、超越实践困境的有用方法》，http://www.shuangbai-plan.org/research/16359/，2020年4月13日。

范点建设，清远地区中心在连南片区三个在建核心示范点落实相关工作，要求三个站点全面梳理历年工作的大事件，归纳总结社工站以往实践的典型经验及问题瓶颈等，从社工站自身系统的经验总结中寻找可持续发展的出路。通过大事件梳理，在一定程度上回应了社工站的实践瓶颈。连南片区社会工作者阿悦认为：“梳理站点工作的大事件可以帮助我们找到工作方向，同时也可以帮助社会工作者通过梳理、总结和反思自己的工作不断成长，避免重蹈覆辙，少走弯路。”① 地区中心专职协同督导者也认同大事件梳理的意义和价值。他说：“它是较好地协助社工回看、总结、反思的‘复盘’工具，能够有针对性地回应‘不知道做过什么?’‘感觉没做什么’‘没做出什么特色/品牌’‘没有素材或资料进行书写’‘感觉没有经验性的沉淀和成长’‘不知道下一步该如何调整或前行’等问题，能让同事感受到过往的服务和努力被看到和被肯定，大家因此对社会工作专业的认同感更强，寻找到新的工作方向，迸发出更大潜能。”②

3. 从实践与理论相结合中学习

尽管大事件梳理有助于社会工作者将过往错综复杂的实践经验梳理清晰，从中总结反思经验教训，寻找下一步工作的主线和实务方向。然而，这种梳理基本停留在经验层面，缺乏理论视野的指引和实务模式的规范，局限了“双百”社会工作者认识问题的高度和运用具体策略方法的多元选择，难以在实践中对所面临的困境作出根本性的突破。为此，2020 年 6 月，项目办开展“实践与理论相结合骨干培训”以及线上“实践结合理论研修工作坊”，以提升“双百”专（兼）职协同督导者和社会工作骨干实践结合理论分析问题的能力。为了配合全省“双百”社工站开展“实践结合理论”为主题的年度学习，项目办下发了《“双百”实践与理论相结合的操作指引》。

清远地区中心先是在协同督导团队内部开展学习活动，并将“操作指引”进一步细化，制定出契合清远实际的共学方式与操作流程，然后在协同督导

---

① 资料来源于连南片区社会工作者阿悦的《“双百”专业学习心得体会》。

② 《行动研究丨“大事件梳理”——一种系统回看、对话、超越实践困境的有用方法》，http://www.shuangbai-plan.org/research/16359/，2020 年 4 月 14 日。

工作中推动各社工站共学。例如，从2020年6月30日至2021年3月22日，在协同督导者的带领下，清远市连南片区共开展了四次片区社工站“实践结合理论”共学，均取得较好的成效。在2020年11月18日开展的共学中，社会工作者邀请其中三个社工站的妇女小组骨干共同参与学习。学习分为两个环节：第一个环节是邀请妇女小组分享组织发育的历程和经验，一起观看相关视频，共同阅读乡村社区发展的行动研究论文；第二个环节是集体学习“性别平等视角妇女增能”的专业文章，结合自身实际展开讨论。这次共学得到学员们一致好评，有社会工作者说：“听完妇女小组的分享后，发现妇女们从最初的胆怯，到如今的自信，她们变得有能力处理人际关系、管理小组，甚至到外面拉赞助等，感到非常欣慰、自豪，也更坚定扎根社区培育妇女组织的信心。”也有妇女骨干表示：“谢谢社会工作者，没有你们的鼓励和支持，我们的队伍就没办法拉起来，没有你们在中间帮忙，我们（妇女小组）早就散了。”大家一致认为：“三个站点一起共学理论文章的形式很好，每名成员的分享和不同团队的经验、观点可以丰富自己对理论文章的理解。而且通过对专业文章的共学才发现原来我们是可以用文章中的观点、方法去分析、总结做妇女工作的经验，像是获得了一种新的分析问题的工具，通过工具的使用，能使我们的工作更加有效。”①

清远地区社工站的专业学习大致经历了从“个别实践经验偶然地、零散地学习”，到通过大事件梳理系统性总结反思经验教训，再到“有目的、有计划开展实践结合理论的集体共学……”这种“做中学、学中做”“实践结合理论”的专业学习模式只是“双百”成人继续教育本土实践的缩影，是“双百”做出专业性的重要保证。

（二）肇庆市“汇智计划”课程开发学习

以本土化专业实务课程开发作为抓手，地区中心专（兼）职协同督导者带领一线社会工作骨干围绕课程开发进行集体共学，实现知识生产、内化和传播，从而培养本土化专业社会工作人才，是“双百”成人继续教育的另一

---

① 清远市连南片区第三期共学总结。

种途径。肇庆市“汇智”社会工作骨干人才培养计划（以下简称“汇智计划”）[1] 就是典型案例。

鉴于肇庆市“双百”社会工作骨干人才培养的需求，受“实践结合理论”骨干学习网络示范效应的鼓舞，2020 年 7—8 月，肇庆地区中心将培育社会工作骨干学习网络纳入年度工作计划，取名“汇智计划”。“汇智计划”由 5 名专（兼）职协同督导者、4 名站点内部督导者和 11 名一线社会工作骨干共 20 人组成，项目办负责经费和专业支持，地区中心负责组织运作，从 2020 年 9 月至 2021 年 5 月，通过大事件梳理、专题知识共学、集体开发课程和讲师培育等形式，培养了一批社会工作骨干人才，同时也产出了四套本土实践案例的实务课程。这些实务课程惠及肇庆市 28 个“双百”社工站。

1. 共学的初心和共学氛围的营造

2020 年 7 月，随着两名社会工作研究生加入协同督导队伍，肇庆地区中心专业力量得到加强。协同督导团队借助讨论年度计划的契机，提出培育地区专业人才的构想，经过多次正式、非正式的商讨，命名为“汇智计划”。与项目办就具体实施细节协商达成共识后，经过面向社工站公开招募、筛选和公示等程序，“汇智计划”于 2020 年 9 月下旬正式启动。

尽管大部分学员抱着提升专业能力和突破工作瓶颈的目的而来，但开始大家对“汇智计划”的定位并不清晰。学员阿英说：“我印象中的培训大概就是老师在台上讲，然后我们在下面认真地听、做笔记，偶尔举手回答一下问题。但在听完地区中心主任的开场介绍后才发现，原来‘汇智’不一样。”[2] 也有部分学员因对学习专业存在自卑情绪，难以融入学习情境。学员阿梅说：“我感觉自己比较笨，很多专业知识都不能很好地内化并在实务中运用。当时我坐在培训室的角落，不敢发表自己的意见，一直担心主持人会点我的名字让我起来讲话。”[3] 很显然，大家最初对“汇智计划”的共学理念和方法都比较懵懂。

① “汇智计划”指“汇聚肇庆地区各社工站的智慧”，定位是通过实践结合理论的行动研究，在持续不断反思总结的过程中共同生产本土专业案例及实务知识。

② 肇庆市“汇智计划”学员阿英的个人总结文章。

③ 肇庆市“汇智计划”学员阿梅的个人总结文章。

第一次聚会有个夜晚的“谈心”环节，这对营造共同学习气氛起到举足轻重的作用。学员们在轻松自由的氛围中分享各自加入“双百”的心路历程和坚持下来的理由，促使大家相互了解，彼此鼓舞和信任。学员阿珍说：“夜聊‘谈心’的场面令人感动，甚至有时湿了眼眶。那一夜，每个人都畅所欲言，直到夜里3点钟，大家还在热烈地分享，好像被打了‘鸡血’一样，每个人都有说不完的故事和感慨……那次之后，每个‘汇智计划’的学员彼此间的心理距离拉近了。”[①] 学员阿谊也说：“大家把自己的心路历程说出来了，相当于把大家的情怀与‘汇智计划’的总目标结合到一起了，然后大家就会更用心地去做好这个事情。”[②] 经过夜聊“谈心”，学员们彼此建立了信任，对未来的目标有了共同认定，第二天的分组讨论明显活跃起来。

“汇智计划”将20名学员按照“个案救助”“自组织培育”“团队建设”和“文书规范”四个主题进行分组，每个小组由一名专（兼）职协同督导者带领共学。在后续的共学过程中，四个课程开发小组先是进行实务案例收集、经验梳理、专题知识共学和PPT课件研发等，然后小组定期聚会进行阶段性工作总结、实务交流和试讲等。经历多次“线下”“线上”的聚会研讨，“汇智计划”四个小组成员间的凝聚力和归属感不断增强，共学氛围日渐浓厚。

2. 知识生产与课程开发

“双百”强调“实践出真知”，期望通过行动研究归纳、总结、提炼本土化的专业知识，但是，这一“做中学”的过程对大部分社会工作者来说是非常困难的。例如，“团队建设”小组通过对L社工站行动经验的回顾和梳理，从社会工作者自认为平淡无奇的实务中发现了背后的专业价值，意识到工作成效是大家一步一个脚印做出来的，团队认同逐步增强。然而，随着梳理的事件越来越多，事件之间盘根错节的关系难以厘清时，团队共学常常会陷入停顿。学员阿豪说：“其实大家都热情高涨，但这个过程还是比较迷茫的，就是经过反复的梳理还没有把框架梳理清晰。因为这对梳理者能力的要求是比

① 肇庆市“汇智计划”学员阿珍的个人总结文章。

② 肇庆市“汇智计划”学员阿谊的个人总结文章。

较高的。”[①] 针对这种情况，有社会工作硕士背景的协同督导者阿业引导组员们共同观看定性研究的视频课程，学习如何将杂乱无章的行动经验进行归纳、总结、提炼和概念化，以此梳理行动的实务理论框架。看完视频后，阿业与组员们一起尝试提炼站点“团队建设”经验的关键词、厘清关键词之间的逻辑关系，共同归纳出“团队建设”模式的逻辑框架图。L社工站的学员阿君认为定性研究的视频学习对站点大事件梳理发挥了重要的作用。通过对大事件经验的归纳总结及与相关概念、理论的对话，许多社工站的实务经验有了很大提升。

实践与理论对话，对于专业基础相对薄弱的学员们来说，挑战比较大。例如，通过阅读理解理论文献（课程），将其中相关概念运用到实务案例的分析，实现理论与实践的对话，这对“组织培育”的共学小组学员来说太难了。最初，共学小组学员在集体阅读相关文章、共同探讨案例的概念框架基础上，各自梳理有关互助小组的培育经验，按照“发掘—培育—维系—发展”的组织工作路径书写“组织培育”的案例，并整理成PPT以便共学聚会时分享。但在“汇智”第二期线下大聚会，项目办协同督导者听完分享之后，发现大家有关互助小组培育的理论与实践的对话还停留在小组培育过程的阐述，没有在小组培育的目标与方法层面与相关概念和理论对话，于是提议大家尝试运用“主体性”概念将“组织培育”的四个步骤提升起来，强调组织培育的宗旨在于提升社区民众主体性和主人翁意识，强调“课程开发要避免为了讲案例而讲案例，案例只是工具，案例要为主题服务”。经过点拨，组员们终于领会了案例、主题、概念的关系。有学员表示：“发掘、培育、维系和发展的组织路径，原来我们只是割裂地理解，连不起来，也不知道这样做为了什么，导致我们梳理案例五花八门，找不到案例的共通点是什么，也不知道组织培育为了什么。现在我们可以用主体性（主人翁）的概念将零散的经验串联起来，既明白我们应该怎么做，也明白为什么要这样做。我们缺乏经验与理论对话的能力，也缺乏系统的专业学习。”[②] 学员阿静说：“前期我们三个比较依

① 对肇庆市“汇智计划”学员阿豪的访谈。

② 对肇庆市“汇智计划”学员阿妹的访谈。

赖勇哥（社会工作硕士），因为他的专业理论知识比较强。当然我们有实务经验，他有理论知识，大家各自发挥所长，去谈课程开发的时候就会比较顺利。”①

由此可见，基于实务经验的专业课程开发，既有赖于扎实的行动经验梳理，也需要行之有效的梳理工具和总结归纳提炼的方法，更需要适切的理论概念分析和实务经验提升。因此，此类知识生产性的课程开发，必须具备实践结合理论的分析能力，这对“双百”课程开发小组带领者的知识储备和行动研究能力有较高的要求。

3. 知识内化与“传、帮、带”

“双百”提倡培养“能做、能写、能讲”的社会工作者，并通过他们“传、帮、带”的作用影响周边一大批社会工作者，共同传承“双百”文化和专业知识体系。“汇智计划”的学员经过三次线下集体聚会和三次线上集中PPT试讲，不断优化“个案救助”“自组织培育”“团队建设”和“文书规范”四个课程的逻辑框架和具体内容，并对肇庆市28个社工站的社会工作者开展了两场课程轮训。“汇智计划”的学员们在每次轮流试讲和正式培训授课的过程中，不断内化课程知识体系，提高表达能力、授课能力和专业自信心。学员阿君说：“根据以往的经验，自己会觉得只要把内容放在PPT里就可以了，但是参与‘汇智计划’的课件制作过程，我知道如何把课件的核心内容呈现出来十分关键，因为课件设计的目的是为了回应站点需求。”② 学员阿梅说：“在这次实务培训中，曾经专业自卑的我慢慢站了出来。从开始坐在角落的地方到现在站在大家面前，从不自信的眼神到现在可以与一线社会工作者进行眼神交流，从简单地讲几句到现在能讲两个多小时。因为有大半年的共学机会加深自己对课程主题的理解并内化成为自己的知识，才让我能自信地站在大家面前，与大家分享课程内容。”③

参加“汇智计划”的20名学员，他们的专业素质和能力得到快速成长，

---

① 对肇庆市“汇智计划”学员阿静的访谈。

② 肇庆市“汇智计划”学员阿君的个人总结文章。

③ 肇庆市“汇智计划”学员阿梅的个人总结文章。

同时还发挥“传、帮、带”的作用，将“汇智计划”共学的经验运用于自己所在的站点。学员阿玲说：“在‘汇智’的课程中学到的知识，经过自己内化，我会运用在社工站的服务中，例如运用社会生态系统图做需求与资产的评估，分析明哥等民政对象个案，从而找到问题的根源。”① 学员阿妹也说：“在参加‘汇智’前，站点原定的共学计划经常因各种理由而开展不起来。参加了‘汇智’后，我会跟同工澄清学习的目的，与大家重新制订共学计划，更有针对性地进行共学的准备和带着大家一起共学。这样共学一段时间之后，发现大家的积极性提高了，而且每次共学结束后都反馈说共学的内容很实用，在实际工作中能应用上。”②

总之，“汇智计划”取得了一定的成效，也不失为“双百”成人继续教育的一种有益探索。当然，这种共学模式也存在着一定的局限性，一是受到时间空间等因素影响，线下“面对面”聚会机会减少，加上课程开发周期长等原因，对学员们的参与积极性及投入度都有一定的影响。二是对共学小组带领者的专业知识储备和实践结合理论的分析能力要求很高，往往会因为带领者能力不足而影响课程开发及教学的效率和效果。三是“双百”课程产出时间的迫切性与学员系统学习的渐进性间存在较大的张力。

（三）“惠州—湛江—韶关”三地农村精神健康社会工作共学

除了上述清远、肇庆等朋辈共学模式之外，由高校社会工作专业教师主导的系统性、专题性的共学计划也是“双百”成人继续教育的一条途径。其典型代表为“惠州—湛江—韶关”三地农村精神健康社会工作共学营。

1. 跨区域的共学

精神健康社会工作是社会工作重要的专业领域，也是最为专精的社会工作实务方向。鉴于中国广大农村社区精神健康问题突出的现状，Y 老师（广东高校老师）作为站点的兼职协同督导者曾经系统学习过精神健康社会工作课程，他带领“双百”两个社工站的社会工作者在云南大学专家团队的支持

---

① 肇庆市“汇智计划”学员阿玲的个人总结文章。

② 肇庆市“汇智计划”学员阿妹的个人总结文章。

下，通过“做中学”、撰写实务案例、系统培训等途径，对“双百”核心示范点精神健康社区建设作出有益探索。为了惠及更多的“双百”村（居）民，2020 年 10 月启动惠州市、湛江市、韶关市三地农村精神健康服务共学，共学学员由三地 44 名社会工作者组成，大家都有志改变农村精神健康服务滞后的问题。

共学由“项目办片区专员—地区中心主任—专/兼职协同督导者”“三级网络”成员协同推进，国内高校相关领域专家学者负责专业协同督导。共学的总目标是“提升‘双百’社会工作者在精神健康领域的理论和实务能力”，操作性目标是“了解基本的精神障碍病因、病症、治疗和康复的基本知识；掌握精神健康社会工作的基本服务内容和方法，并能够初步开展一些基础性服务；了解本地区的精神障碍者的现状，撰写一份描述性案例或初步干预案例”。为了达到这个目标，共学借助专家讲座、社区调研、案例实践、案例督导、学习研讨、个人反思等共学形式，要求每名学员必须完成一定数量的课后作业，并由 Y 老师和 S 老师（高校社会工作专业在读博士生）担任课程辅导员，从专业和生活上给予学员陪伴与辅导。

2. 转换视角的共学

按照课程最初的设计，共学采用专家讲座集中教学的形式，系统学习有关精神疾病的基本知识、看待精神疾病的不同视角、精神健康社会工作发展脉络等内容。惠州学员阿仪说：“从 G 老师的讲座中，了解到农村精神疾病患者患病原因跟农村社会结构有很大关系，也从社会大环境进一步了解农村精神疾病患者目前的困境。”湛江学员阿静表示：“通过 L 老师的讲座，我学习了如何正确看待精神疾病患者的理念和视角，纠正了我之前对精神疾病以及精神疾病患者不好的刻板印象，再次接触精神疾病患者，我不再像之前那样害怕和紧张了。”此外，专题讲座也有助于社会工作者开阔视野并提升精神健康社会工作的认知水平。

但是，专家讲座的学习方式主要以专家讲授为主，较少考虑到学员的学习能力和需求，有不少学员反映学习的内容没有针对性和直观性，“专家更多讲授的是在城市生活和在机构康复的精神疾病患者的康复知识，但‘双百’一线社会工作者遇到的是居住在村里尚未诊断的疑似精神障碍者，他们面临着社区康复治疗资源严重不足、相关配套措施不完善等实际困境，这就造成很多培训内容与社会工作者需求断层的问题”。[①] 经过阶段性总结反思，共学转而采取“全人”视角来看待在职社会工作者的学习需求和实际困难。为了使课程更加适合农村精神康复者的现实需求，同时也关照到学员们工作压力大、基础薄弱的实际困难，共学营在学习时间的安排上充分考虑学员学习和工作的节奏，共学方式从短期密集式集中授课转变为“陪伴式”的共学模式。例如，不再硬性要求学员写文书、讲案例，而是采取口头分享汇报等灵活的方式进行。鼓励学员根据案例自主提出培训主题，使对相关概念和知识的学习更有实用性和直观性。惠州学员阿仪说：“在S老师每周一晚上的线上培训中，学到了很多关于精神健康服务更加细化的知识，服务逻辑更加清晰，能够清楚地知道自己在现阶段能够为精神健康患者提供哪些有效的、有针对性的服务。同时，通过案例书写，能够进一步梳理开展精神健康服务所取得的成效与存在的问题，为接下来的跟进服务明晰方向。”为了提高学员的学习积极性，Y老师注重将专业学习与学员职业发展结合起来，通过优秀案例评比、案例集编写、参与相关论坛讲座等形式，鼓励学员成为“双百”社区精神健康讲师和协同督导者，促使专业人才脱颖而出。

高校老师为主导的成人继续教育共学模式，侧重系统性学习相关知识和理论，但容易忽略在职社会工作者与在校学生的学习差异，造成教学内容难以满足现实需求。因此，这种共学模式必须结合在职学员的工作生活实际，将工作、学习有机统一，做到知行合一。

3. 互为主体的共学

“双百”强调互为主体的共学理念，但习惯课堂灌输的S老师仍然会不自觉地陷入单方面灌输知识的教学模式。S老师自己也反省道：“最开始同工说得很含蓄，他们就觉得，‘哇！老师你一直在那里讲两个小时’，我发现不是一个同工在讲，好多个同工都在讲，就说‘你一个人滔滔不绝’，我突然意识到，我滔滔不绝就意味着我占据了过多的话语权，同工在听的过程当中是很

① 项目办片区专员对S老师的访谈。

疲惫的。”[1] 当意识到教学过程的不平等的权力关系之后，S 老师开始注重互为主体的共学关系。例如，她邀请学员参与课程主题和内容的设计，讲述中通过共情切入学员所关心的问题，鼓励学员自由表达工作中的困惑，并注重与学员对话讨论。在与学员的对话中，S 老师也发现自己教学中存在一些没有意识到的问题。S 老师说：“我举个例子，社会工作者说‘我觉得我的这个个案不典型，不像个精神健康的个案，所以我想换掉。’我们俩在讨论的时候，我就发现不是这个个案不典型，是因为我们前期教大家去怎么做精神健康个案的时候，我们所谈的全部都是那种已经患了精神疾病、需要去吃药、需要去康复的服务对象的问题……而这种预防或者他才开始生病的时候，你要怎么去紧急介入，尽早治疗，这个部分是（我们）完全没有去设计的，而他之所以会想要排除那个个案重新做，也是因为我们前期的这样一个知识的传递（误差）造成的。”[2]

互为主体的共学需要创造一种相互看见、互相激励的集体共学氛围。“像惠州 LY 社工站的社会工作者，我们两个讨论她的个案，也是有很多思想的碰撞，尤其是她拓展了一个很重要的领域，就是精神障碍者子女的服务，而且她在这个过程当中还很好地去借助了一个绘本工具。虽然她的服务在她看起来可能很普通没有特点，但是因为我们俩这样一起讨论，她也会觉得自己的服务很值得干、很有意思，然后我也会觉得她的服务是一个新的领域，她也会对自己的服务更有信心。同工给到我的这种信息，就好像他们给到我的是拼图，一块块碎碎的拼图，我也会越来越在他们给我的拼图当中，更好地看到这个整个画面是什么样的。”[3]

学员对这次农村精神健康社会工作共学给予高度评价，韶关学员阿苇说：“未参加共学之前，认为自己没有接触和服务过典型的精神疾病患者，似乎在这个领域自己能做的事情非常少。通过共学接触到‘精神疾病的三级预防’的概念，发现我们一直在做一些预防工作……这是每一个社工站都可以在精

---

① 项目办片区专员对 S 老师的访谈。
② 项目办片区专员对 S 老师的访谈。
③ 项目办片区专员对 S 老师的访谈。

神疾病领域可以做的事情，同时我也从中感受到这份工作的价值和意义。课程的设计，从一开始G老师告诉农村精神疾病的现状，再到L老师教我如何接纳理解这个群体，再到案例辅导指引我们的实践，最后总结发现自己做的事情全都能和理论对上话，从而找到方向，找到专业自信，并愿意继续走下去。课程设计完美!”

当然，这种所谓“完美”的课程体系对于在职的社会工作者来说，学起来会有许多困难。例如，不少学员提出能够参加共学的时间有限，自己的书写能力不足等。韶关学员阿苇表示：“对我而言，难度主要在参与时间上，本身事情比较多，只能说有心无力，是时间的‘贫困户’。”惠州学员阿仪也说：“每个人下班后都有自己的生活圈子，虽然每周一晚上的精神健康线上培训很有帮助，但有时候临时有事情需要请假，而错过了某一节培训，会导致接下来的课程学习跟不上，所以我自己的参与时间不能保证。”另外，她也提到，因为自身语言文字功底较薄弱，反思总结能力不强，也不太喜欢书写，所以整理案例有一定的难处，从而影响她的参与程度。

第二节　理论和相关概念的界定

一、成人学习

成人学习是与成人教育相对应的概念，为了更好地理解成人教育，必须先来了解成人学习。随着社会变迁和知识更新换代的加快，人们早年习得的知识技能和思想观念越来越不能适应工作和生活的需要。所谓“成人学习”是指“身、心、社会各层面已达成熟的人，通过经验而使行为产生较持久改变的过程”。[①]

与非成人学习者的学习相比，成人学习具有非连续性、以问题为中心、实用取向、要求有明确的学习结果、自动自发、终身性、倾向于有意义的整

① 黄富顺主编：《成人学习》，台北·五南图书出版股份有限公司，2002年版，第7页。

体及常用类推思考、尝试错误策略等特征[①]。美国成人教育大师林德曼（Linderman）指出，成人学习者的学习动机产生于需求和兴趣，其学习取向是生活中心的，成人的经验是成人学习最重要的资源，他们的学习具有强烈的自我导向学习需求。诺尔斯（Knowles）认为，经验作为成人学习者进行学习时的资源与工具，是促进学习效果不可或缺的助力，但若是不当使用经验，经验亦成为学习的阻力。史密斯（Smith）进一步指出，成人应用其经验作为学习的资源，也会从先前经验与新知识之间寻求有意义的联结。但成人对学习的态度包含了焦虑与矛盾情感，例如生命早期的负面学校经验，可能阻碍其变成更自主与自我导向的学习。[②] 成人学习的途径一般包括以下四种。

（一）自我导向学习

诺尔斯认为自我导向学习是一种历程，是个人在没有他人的帮助之下，自己引发学习的需要，建立学习目标，寻找学习所需的人力和物力资源、选择和进行适当的学习策略，最后对学习结果进行评估的一连串过程。其要素包含学习者决定学习目标以诊断需求、形成计划、付诸行动、达到目标的历程。[③] 自我导向学习是一种主动的学习，可以适应个别学习者的需求，着重学习者的特质并强调学习者与外在环境的互动，自我导向学习可以提高学习的动机。卡法雷拉（Caffarella）和梅里厄姆（Merriam）指出，自我导向学习依照学习者可达到的程度，可以从促进学习者在学习中的自我导向的能力，到培养观点转化学习，直到最高层次的促进解放学习与社会行动等三个目标。[④]

（二）经验学习

美国著名教育家杜威指出，“教育即经验的改造”“一切真正的教育都是从经验中产生的”。美国著名的成人教育学者林德曼也提出“经验是成人学习

---

① 黄富顺主编：《成人学习》，台北・五南图书出版股份有限公司，2002 年版，第 8—12 页。
② 黄富顺主编：《成人学习》，台北・五南图书出版股份有限公司，2002 年版，第 31—34 页。
③ 黄富顺主编：《成人学习》，台北・五南图书出版股份有限公司，2002 年版，第 218 页。
④ 黄富顺主编：《成人学习》，台北・五南图书出版股份有限公司，2002 年版，第 219—221 页。

者活的教科书”“课程与教学方法都应以成人经验为基础”。可见，经验与学习、教育的关系相当密切。[①] 然而，并非所有的经验都具有教育性，个体先前所获得的经验如有不正确，则这种先入为主的经验会对未来的学习造成阻碍。要破除这种不良经验的影响，成人教育家提出，可以采取“对话”的方法来破除先前的经验，使新知识得以进入，学习的效果得以发挥。[②] 柯伯（Kolb）在1984年出版的《经验学习》一书中提出，具体经验、观察和反思、形成抽象概念和类化以及在新情境中检验概念内涵的经验学习四阶段论。为了在教学过程中更好地结合学习者的经验，铁轮特和波尔逊（Tennant and Pogson）提出了四个方法：一是教师将其课堂中的说明和解释与学习者的过去经验相联结；二是将学习活动与目前在工作、家庭或社区中的经验相结合；三是利用模拟、游戏及角色扮演来创造经验；四是使经验成为重要的学习资源。[③]

（三）服务学习

服务学习强调的是“做中学”的学习方式，特色是将课堂上所学的知识或理论应用到实际情况中。服务学习是一个多方位的互动过程，学生通过专业课程学习与社区服务的互动、与老师的互动、与社区伙伴的互动，在反思的过程中丰富专业学科知识，了解并推动社区发展。学界一般都认为“服务学习”的哲学基础主要源自杜威所提倡的经验教育。服务学习因强调专业学习和满足社区需求的同步发展、强调实践的重要性以及反思的重要意义，因此服务学习被我国学者视为改进目前我国社会工作教育模式的重要手段。[④]

（四）转换观点学习

弗雷勒的批判教育学反对囤积方式（banking method）的教学，他认为教育的最终目的应是解放，教师应借由和学习者相互讨论、反省和批判生活事

---

① 黄富顺主编：《成人学习》，台北·五南图书出版股份有限公司，2002年版，第276—277页。

② 黄富顺主编：《成人学习》，台北·五南图书出版股份有限公司，2002年版，第269页。

③ 黄富顺主编：《成人学习》，台北·五南图书出版股份有限公司，2002年版，第286页。

④ 朱健刚：《服务学习：社会工作教育的通识化》，载《学海》2020年第1期。

件的方式，让学习者了解社会结构对他们的压迫，从而寻求解决之道。经过意识觉醒的洗礼之后，学习者开始以不同的观点看待世界，且相信自己有能力可以改变所处的世界[①]。马济洛（Mezirow）虽然承袭弗雷勒的解放赋权与建构论的观点，但总体而言，马济洛更侧重个人转换学习的认知反省过程，认为促使个体进行转换学习的主要原因是，个体原有的意义观点无法诠释新的生活事件或经验，会出现两难情境[②]。他指出转换学习至少包括发现问题（发现原有观点中的限制）、反省问题（检视限制观点的因素为何）、解决问题（除去限制观点的因素并寻找有效的资源进行观点的重组）和付诸行动（以新的观点作为诠释新经验与处世行动的依据）等四个步骤[③]。转换学习的发生，不仅需要一个可以促使学习者进行批判思考的学习环境，同时也需要一个能在情感上给予学习者足够支持的系统，同时也需要教育者警觉其地位权力及基本假设对学习者的转换学习产生干扰[④]。

二、成人教育

成人教育的事实早已存在，成为人类彼此学习经验或两代间传授集体智慧的一种方式。但将成人教育视为一种系统化、有目的的事业进行人力的发展、人性的开发则是21世纪的事。成人学习的必要性与可能性促进了现代成人教育渐受重视，自20世纪60年代以后得到迅速发展。由于成人教育概念的不断演化，因此对成人教育的定义也不断改变，且尚未有被一致认可的定义。从字面意义解释，达肯沃尔德（Darkenwald）和梅里厄姆（Merriam）认为“成人教育”是指“担负成人社会角色的人所进行的有系统、持续的学习活动，其目的在促进知识、态度、价值和技巧上的改变”。从功能上界定，1976年联合国教科文组织对“成人教育”界定为：“成人教育一词代表全部

---

① 保罗·弗雷勒：《受压迫者教育学》（方永泉译），台北·巨流图书股份有限公司，2003年，第117—125页。

② 黄富顺主编：《成人学习》，台北·五南图书出版股份有限公司，2002年版，第255页。

③ 黄富顺主编：《成人学习》，台北·五南图书出版股份有限公司，2002年版，第236—238页。

④ 黄富顺主编：《成人学习》，台北·五南图书出版股份有限公司，2002年版，第259—260页。

有组织的教育历程，不管内容、水准和方法如何，也不管是正规的、非正规的，是学习教育的代替或学习教育的延长，目的为社会中的成人提供发展潜能、充实新知、改进技术和提升专业资格的可能，引导其获得新的发展，或使其在态度和行为上产生改变。”①

值得注意的是，与成人教育相近的名词“继续教育”是指成人在离开正规学校后所继续追求的教育，它可以延续个人的一生。继续教育强调教育活动的继续性，而成人教育则从教育对象的观点出发，因此两词几乎同义。另外，“成人学习”一词常与“成人教育”一词对应使用，成人学习是从学习者角度出发，而成人教育则是从机构（组织）或教育者立场出发，一般成人学习都包括成人教育，因此成人学习的内涵相对成人教育要更广些。

一般认为，成人教育具有对象的广泛性、活动类型及实施机构的多样性、实施渠道和途径的多元性以及内容的复杂性等特点。成人教育的范围相当宽泛，戴维德（David）从功能的角度将成人教育的范围划分为成人基本教育、技术职业的训练、社会经济的教育、意识政治的教育和改进生活素质的教育。而成人教育的实施方式包括：面对面的课堂教学、通信教学（函授教学）、电视广播教学、自我学习和网络学习等。②

三、学习社会与学习型组织

学习社会理念的提出，首推美国学者何钦思（Hutchins）。他在 1968 年出版的《学习社会》（*The Learing Society*）一书对学习社会的概念、意义等作了探讨。何钦思指出，学习社会除了指提供成年人在个人生涯不同阶段的成人教育外，更是一种以学习、自我实现、人性发展为目标的社会。1972 年 5 月联合国教科文组织的国际教育发展委员会提出的“法尔报告书”（Faure Report）特别强调“终身教育”和“学习社会”两个理念，指出在学习社会中，教育不再是精英分子的特权，亦不是某特定年龄阶层的专利品，它是全

① 黄富顺：《成人教育导论》，台北·五南图书出版股份有限公司，2000 年版，第4—7 页。

② 黄富顺主编：《成人学习》，台北·五南图书出版股份有限公司，2002 年版，第 10—15 页。

体社会中每个人一生所应有的。在学习社会中，每个机构均应负起教育的责任，提供教育的机会。学习社会是一个为教育而充分动员的社会[①]。因此，学习社会的基石在于“终身学习”和“学习型组织”。

学习型组织是建构学习社会的重要策略。学习型组织概念的产生，原先来自企业界对因应改变，提高效率，并能获得生存发展的关注，其含义一般是指组织具有加强个体与团体的学习气氛，采取有效的策略，促进个人在组织目的达成下持续地学习，因而使个人不断地成长进步；同时组织的功能、结构与文化亦不断地创新与成长，而导致成员与组织同步发展。参照圣吉等学者关于建设学习型组织不同步骤论述，迈向学习型组织的途径一般包括：共同愿景的塑造；团队学习的建立；相互学习的实施；学习与生活、工作及环境的结合；学习气氛的营造；学习系统的建立；组织内学习机会的创造与鼓励；进行系统思考；领导者适当角色的扮演。[②]

四、社会工作教育与成人继续教育

（一）社会工作教育

1. 社会工作教育缘起

社会工作起源于对贫民的救济，最早的社会工作教育可以追溯到英国社会服务先行者奥克塔维亚·希尔（Octavia Hill）19 世纪中后期对“工作伙伴”（Fellow Workers）所开展的“培训”，亦即是说，社会工作教育在欧美国家最早源于对志愿者的训练。而 19 世纪末随着社会服务机构开始雇佣专门人员开展社会服务以及社会服务的职业化推进，社会工作教育也得到了极大的促进。19 世纪 90 年代后期，英美慈善组织会社纷纷为从事济贫工作的志愿者开办讲座或短期训练项目，这些训练项目开办几年后被纳入高校课程体系，

① 黄富顺：《成人教育导论》，台北·五南图书出版股份有限公司，2000 年版，第 361—362 页。

② 黄富顺主编：《成人学习》，台北·五南图书出版股份有限公司，2002 年版，第 332—350 页。

社会工作教育从机构逐步转入高校，并在20世纪50—60年代得到迅速的发展[①]。1957年格林伍德（Greenwood）在其《专业的属性》一文中指出，社会工作专业已经具有系统的理论知识体系、社会认可、专业权威、伦理守则和专业文化5个方面的特质，可以宣称为现代意义上的一门专业[②]。张和清将欧美社会工作专业教育的历程归纳为：“从19世纪末20世纪初的‘学徒式’专业教育，也就是把专业者的训练过程看作是类似艺术工匠的实务或技术训练的专业教育，到20世纪20年代开始的技术理性式的社会工作专业教育，再到80年代以后逐渐风行的反思社会工作取向（reflective social work approach）的专业教育。”[③]

2. 社会工作教育的特性

王思斌主编的《社会工作概论》（第三版）指出，基于社会工作专业是一门直接作用于社会，使社会发生某种改变以使之更有利于人与社会的发展的应用性学科的特点，将社会工作教育的属性归纳为以下5点：

（1）社会工作专业教育是职业训练，从而达到保证服务质量和培养具有高度认同感的职业共同体成员的目的；

（2）社会工作专业教育是一种价值观的训练，从而保证专业价值信念能在实践中贯彻以及帮助社会工作者在为服务对象提供服务时的道德选择；

（3）社会工作专业教育过程是对实践经验和方法进行总结的过程，以促进专业知识和方法的更新换代，适应专业实践的发展；

（4）以实践为目标的社会工作专业理论的诠释，使不可直接操作的理论转化为能够直接作用于实践过程的专业方法和专业技能，使之得以在社会工作专业实践中应用；

（5）专业教育的一个重要任务就是教育学生接受专业的价值观，将专业

① 王思斌主编：《社会工作概论》（第三版），北京·高等教育出版社，2014年版，第383—384页

② Attributes of a profession [J]. Social work，1957，2（3）：45—55.

③ 张和清：《知识哲学与社会工作专业教育课程的实践属性——人文—实践取向的专业课程设计》，收录入中国社会工作教育协会：《社会工作专业化及本土化实践——中国社会工作教育协会2003—2004论文集》，2004年。

价值内化为其个人的价值观，促进学生的个人成长，避免在专业实践中个人价值与专业价值产生强烈的冲突。[①]

由此可见，社会工作的教育是一种为了专业实践的职业教育，强调价值观的训练和实践与理论相结合，实现“实践—研究—教育—再实践—再研究—再教育”的良性循环。

3. 社会工作教育的目标、内容、途径和方法

王思斌等认为，社会工作专业教育的目标可分为两个层次，首先是为社会输送合格的专业社会工作者（直接目标），保证社会工作专业的发展。其次是不断地总结经验，促进专业理论的发展，研究新的专业方法和技巧以实现专业的发展。而社会工作专业教育目标的内容包括基本文化素质和专业价值观的培养，以及基本知识与基本技能的传授。由于社会问题不断变化，新的社会问题不断出现，要求社会工作者必须不断更新知识，不断学习新方法、新技能。学校教育为受教育者提供的知识是有限的，专业社会工作者要想适应社会发展的要求，就必须不断接受再教育，不断地掌握新知识。因此，必须将学院教育与继续教育结合起来，形成一个综合的教育体系[②]。

关于社会工作教育的途径和手段，王思斌等认为，课程是教育目标的载体，是实现教育目标的基本手段，是促进受教育者有效掌握专业知识技能的最佳组织形式。在课程设计中，必须以专业教育目标为依据，同时要符合不同社会生活经验或工作经历程度的教育对象的具体要求，并遵循社会工作知识的内在逻辑规律[③]。张和清认为，不同知识视野下的课程设计模式是大相径庭的。他根据哈贝马斯的知识分类从技术、解释（理解）、批判（行动）三个取向对社会工作教育的哲学基础、理论概念和方法等进行了梳理，指出从社会工作专业的实践属性而言，技术与工具理性的课程设计具有明显的局限

① 王思斌主编：《社会工作概论》（第三版），北京·高等教育出版社，2014 年版，第385—386 页

② 王思斌主编：《社会工作概论》（第三版），北京·高等教育出版社，2014 年版，第387—388 页

③ 王思斌主编：《社会工作概论》（第三版），北京·高等教育出版社，2014 年版，第389—390 页。

性，因为它的知识论和方法论都强调主客二元论，相信有普适、客观、理性的知识存在，在具体的课程设计中以教材的普遍知识为本，在这样的课程范式下，社会工作教育不仅不能发挥教师、学生的主体性，而且更加否定了服务对象的主观能动性，影响了助人自助及与服务对象同行、共同成长的理想实现。他倡导将阐释或理解取向的专业教育课程设计与实践取向的专业教育课程设计辩证地结合起来，采取一种人文-实践取向的专业课程设计。这种模式下的社会工作教育或课程设计中，既强调教师与学生在一个特定的情境中“互为主体”的对话过程，通过对话、理解共同生产的经验性、地方性的知识；相信每一个人都可以从生活和经验中学习知识，更强调教师和学生同为课程意义的创造者；教育的过程是老师与学生在实践的场域中与服务对象共同成长的过程[①]。

（二）社会工作成人继续教育

虽然上述学者对社会工作教育提出了富有启发的论述，然而这些观点主要是遵循学校正规专业教育理念和人才培养目标提出的。而社会工作成人继续教育对象是在职的社会工作者，对他们的专业教育与全日制社会工作高校教育不同。本书第二章将中国本土脉络下社会工作成人继续教育界定为：是面向社会工作实际从业者的职业继续教育。它基于成人学生已经具备人生阅历经历和实用性学习动机等特点，立足具体实践过程，采取提问-反思性教学理念，促使教育者（协同督导者）、学习者（社会工作者）、服务对象（社区民众）在具体实践场域“做中学、学中做”“实践出真知”，通过共同实践、对话反思、不断阅读等循环往复的学习过程，实现实践知识的理论提升，并在专业成长过程中推动民生兜底保障服务和社区可持续发展[②]。由此可见，“双百”成人继续教育是学习者在在职状态和实践场域的学习成长过程，旨在促进成人被教育者专业成长和职业发展的共学过程。

---

① 张和清：《知识哲学与社会工作专业教育课程的实践属性——人文—实践取向的专业课程设计》，收录入中国社会工作教育协会：《社会工作专业化及本土化实践——中国社会工作教育协会2003—2004论文集》，2004年。

② 详细内容参见第二章相关部分。

一般承担社会工作成人继续教育功能的组织包括社会工作者所在的服务机构、行业协会或相关的主管部门。格里森（Gleeson）所界定的员工发展概念与组织实施的成人继续教育的内涵相近，即“机构为增进全体员工与工作相关的知识、技能和态度而采取的一切措施，其中包括在职培训和教育性督导。培训课、讲座、工作坊、专题讲座、信息交流以及为个案工作者、管理者、文员和督导员安排的研究小组都属于员工发展活动”[①]。因此，社会工作成人继续教育的内容和形式相当丰富，必须创造性运用和逐步内化。

第三节　“双百”成人继续教育的困境与学习型社群

一、“双百”成人继续教育的困境

“社工小白”在“双百”启动时占入职人数七成的现实，是“双百”推动成人继续教育的缘由，也是“双百”成人继续教育面临诸多困境的原因。

（一）众口难调的学习期待

“双百”启动时，受聘的社会工作者既有接受过高校社会工作专业教育的，也有接受过社会工作相关培训的，更多的是从未接触过社会工作的“社工小白”，他们在社会工作方面的知识储备和实务经验差距很大。他们大多数对“双百”开展的各种培训抱有很高的热情，但也有一些人以为加入“双百”就是在基层政府打杂，缺乏专业学习的热情。因此，如何对这些专业背景、工作经历、知识储备、学习能力、学习态度差异很大的一群人进行专业培训，最大的问题就是如何面对学员众口难调的学习期待，因材施教必然成为“双百”成人继续教育的选择。

---

① 阿尔弗雷多·卡杜山、丹尼尔·哈克尼斯：《社会工作督导》（第四版）（郭名倞等译），北京·中国人民大学出版社，2008 年版，第 131 页。

（二）教育供需的断层

“双百”成人继续教育早期推出的专业课程内容大多比较宏观，比如，关于社区为本、行动研究、可持续发展等内容的课程，大多涉及的是概念、脉络、价值、理念等比较宏观的内容。尽管这些内容有助于“双百”社会工作凝聚专业发展共识，增强专业认同，但与成人学习者注重问题解决、讲求即学即用的期待有差距①。很多时候，许多宏观理论和价值理念的教育难以回应一线社会工作者在驻村（居）过程遇到的实操性问题。因此，成人继续教育必须兼顾知识体系的系统性和实务知识的操作性。

（三）课程缺乏“双百”特色

“双百”早期的课程受绿耕驻村模式及其实务经验影响较大，比如，2017年的上岗培训和副站长培训借鉴的都是绿耕经验。毋庸置疑，绿耕驻村“三同”和资产为本社区发展等实务理论探索，对于“双百”驻村理念和愿景目标的确定有极大的影响。然而，“双百”407个乡镇（街道）政经社会文化处境各不相同，而且城乡社区所面临的问题也存在差异，尤其是“双百”个案救助与社区共治协同发展的实务模式与绿耕社区发展的驻村模式存在较大的差别。因此，如何基于全省站点的实务经验和理论探索，开发适合“双百”特色的专业课程体系刻不容缓。

（四）时间空间的局限

从学习时间来看，由于成人学习者肩负较多的社会角色，他们能够用于专业学习的时间有限，一般是遇到问题才会学习，导致他们的学习是非连续性、非系统性的②。因此，成人继续教育需要充分考虑成人学习者学习、工作、生活时间分配的问题，发展一套有利于持续学习的长效机制。从学习的空间来看，“双百”1737名社会工作者分布在全省407个不同的乡镇街道，由

① 黄富顺主编：《成人学习》，台北·五南图书出版股份有限公司，2002年版，第9—10页。
② 黄富顺主编：《成人学习》，台北·五南图书出版股份有限公司，2002年版，第9页。

于时空阻隔和交通时间成本等客观条件的限制，尤其是在培训资源有限的情况下，采取线下集体培训的共学方式必然受到限制。因此，成人继续教育需要考虑不同的学习/教育策略的组合，例如集体培训、骨干培训、县域互访学习、站点内部共学及网络课程学习等线上线下学习方式的运用。

二、"三级网络"学习型社群

学习社会是一个为教育而充分动员的社会，而学习型组织是建构学习社会的重要途径。为了克服"双百"成人继续教育"点多、线长、面广"的限制，推动407个社工站进行可持续专业学习，保障社会工作者专业能力和服务水平持续提高，"双百"建设了"项目办—地区中心—社工站""三级网络"专业支持平台。"三级网络"并非严格意义上的组织形式，可以视为是一个"双百"专业实践共学的网络共同体，通过定期不定期的"线上—线下"聚会，将"双百人"凝聚成为专业共同体。这样的共同体既可以是网络社区，也可以是具有社会心理连接和社区感的社群①。"双百"称之为"学习型社群"或"学习型网络社区"。

在"三级网络"学习型社群的建设过程中，首先是"项目办—地区中心"形成学习型社群。例如从2017年6月开始，项目办组织专兼职协力成长营和"项目办—地区中心"骨干学习网络"线上—线下"聚会将近20次。这些聚会增进了"项目办—地区中心"协同督导者之间的感情与共识，但更重要的是，协同督导者通过每次的聚会分享实践经验、学习理论文章、集体总结经验和课程产出，共同实现专业成长。其次是"地区中心—社工站"学习型社群建设。受"项目办—地区中心"骨干学习网络的影响，从2019年7月开始，各地区中心陆续组建地区骨干学习网络，到2020年下半年，基本每个地市都建立了骨干学习网络，例如在本章案例中，清远、肇庆和惠州等地区的骨干学习网络，都是典型代表。最后是"社工站—村（居）民"建立学习型社群。随着2020年6月项目办推动主题为"实践与理论相结合"的年度学

---

① 张和清：《中国社区社会工作的核心议题与实务模式探索——社区为本的整合社会工作实践》，载《东南学术》2016年第6期。

习以来，各地市社工站纷纷强化了内部共学机制，有些社工站甚至邀请村（居）民一起参加共学，例如本章案例中的连南县社工站，邀请了妇女骨干一起参与相关主题的共学。

学习型组织强调学习与工作相结合、成员对组织的未来有共同的愿景、成员学习与组织学习同步、团队集体学习与深度对话相结合、形成鼓励成员学习的气氛和制度等理念①，同时要求领导者重视、支持、推动甚至示范②。“双百”学习型社群建设充分体现了学习型组织的这些理念和要求。相对于一般的成人继续教育来说，“三级网络”学习型社群均遵循一致的行动脉络，学习与实践是结合在一起的，有着共同的愿景，强调“互为师生”“相互学习”“平等对话”，尤其鼓励共同学习。为进一步落实“双百”学习型社群建设的理念，项目总督导及项目办从一开始就提出建设学习网络和相关网络学习机制，例如推动社工站的互访学习、“三级网络”每周的内部学习，指引“三级网络”将人才培养（学习）作为“53111”的一个重要内容嵌入日常工作中，并制定相关的共学指引；而地区中心和社工站也相应地建立起内部学习和共学机制，落实到人并由负责共学的组织带领工作。可见，学习型社群的建设除了理念的倡导和认同外，更需要具体可行的运作制度、执行机制和坚定与有能力的组织带领者，否则容易成为口号。

三、“双百”成人继续教育的目标、途径和措施

（一）“双百”成人继续教育的目标

2014 年 7 月在墨尔本通过的社会工作全球性定义指出，社会工作者要实现专业目标，必须坚守社会工作价值观，掌握多学科及本土知识，同时也应该促进服务对象及相关组织的社会参与。夏学銮认为，知识、价值和技能的“黄金三角”是合格的社会工作者必备的看家本领，三者是完整的、不可分割

① 黄富顺：《成人教育导论》，台北・五南图书出版股份有限公司，2000 年版，第 335 页。
② 黄富顺：《成人教育导论》，台北・五南图书出版股份有限公司，2000 年版，第 348 页。

的统一体系。[①] 古学斌认为，社会工作教育最重要的目标就是培训一批承担解决社会问题的实务工作者。他指出，从能力建设的教育模式来看，社会工作教育者应着重于培养学生的反思能力，致力于提升学生的意识和培养学生解读生活和世界的能力，并学会寻求真正能够解决社会问题的实践方法。[②]

鉴于此，“双百”成人继续教育必须从社会工作价值观、知识和技能三个层次设定教育或专业学习目标，培养真正具有解决社会问题实践能力的社会工作者。结合“双百”的项目特点和实务模式，“双百”成人继续教育的目标应该培养一批能够有效推动实现个案救助与社区共治协同发展，并能发挥“传、帮、带”作用的社会工作专业人才，推动“三级网络”学习型社群的有效运作，保证本土化专业实务人才脱颖而出。

（二）“双百”成人继续教育的途径及角色

谢泼德（Sheppard）认为，社会工作实践能力包括三种知识的来源：一是从日常生活中获得的知识（来源于社会生活过程）；二是从社会科学获得的知识（特别是从研究和思想交流得来）；三是从社会工作实践中获得。[③] 如何从这三种来源汲取用于社会工作实践的智能，是社会工作成人继续教育不容忽视的议题。成人学习主要有自我导向学习、经验学习、服务学习和转换学习四种途径，而“双百”成人继续教育的途径某种程度上是对这四种成人学习途径教育理念的整合运用（见表 10－1）。

表 10－1　“双百”成人继续教育（学习）的途径和方法

学习途径	主要观点	典型例子	教育者角色
自我导向学习	自主、自发、独立地完成学习任务	自学案例集或论文集备考职业水平考试	协助学习者提高自主学习能力

① 夏学銮：《社会工作的三维性质》，载《北京大学学报》（哲学社会科学版）2000 年第 1 期。

② 古学斌：《三重能力建设与社会工作教育》，载《浙江工商大学学报》2011 年第 4 期。

③ 何国良：《久违的实践研究：创造社会工作学的路向》，载《中国社会工作研究》2017 年第 2 期。

续表

学习途径	主要观点	典型例子	教育者角色
经验学习	“做中学”从经验观察、反思和总结中学习	互访学习 大事件梳理 案例书写 本土案例的课程开发	协助学习者回看、梳理、总结、提炼、书写经验，协助学习者建立经验库或案例库
服务学习	向社区学习，从有目的、有计划的服务中学习，强调服务与学习同等重要	实务专题共学（如精神健康社会工作共学营）	协助学习者匹配学习需求和服务需求，促进学习与服务“双赢”
转换学习	从对两难情境反省中转换评价经验的观点并改变行为	自我对话 团队对话	协助学习者从两难情境中获得新的观点和行动依据

1. 自我导向学习途径与教育者角色

自我导向学习理论强调成人学习在没有他人帮助下能够自己引发学习需要、建立学习目标、寻找学习资源、选择学习策略和完成学习效果评估的一系列过程[①]。“双百”社会工作者作为成人学习者，他们能够根据自己的实际学习需求制定学习目标，寻找学习资源，自我导向地完成学习任务，从而解决专业实践的问题。例如，开展个案救助遇到问题时，社会工作者一般会主动请教身边有经验的社会工作者，或翻看“双百”相关案例集、论文集、专业书籍教材等来寻找解决问题的方法。再比如，社会工作者在协同督导者协助下制订个人年度专业成长计划，自主完成年度的个人学习任务（包括备考社会工作职业水平考试），也属于自我导向的学习。

在此种学习途径中，教育者应重点培养学习者的自我导向能力，如引导其发现学习需求、制订学习目标与学习计划、掌握学习方法以及评估学习成效，从而提升学习者自主学习能力和自我解决问题的能力。

2. 经验学习途径与教育者角色

经验学习理论认为经验与学习、教育的关系相当密切，课程与教学方法应当以成人经验为基础，但经验要具备教育性。首先，必须经过对话等方式破除学习者先入为主的不良经验对学习造成的消极影响；其次，还要通过观

① 黄富顺主编：《成人学习》，台北·五南图书出版股份有限公司，2002 年版，第 218 页。

察和反思使经验概念化，并在实践中得到再检验，形成“经验—学习—实践”的良性循环[①]。“双百”一直强调的“做中学、学中做”体现了经验学习的理念。在本章案例中，清远市社会工作者向村民学习、从服务中学习、互访学习、大事件梳理学习；肇庆“汇智计划”通过案例梳理、开发课程等途径，就是一种经验与理论相结合的自觉学习。

在这样的学习途径中，教育者重要的任务是要协助学习者回看、梳理自己的人生经历及实践经验，识别哪些经验具有教育性，哪些经验具有阻碍性。那些对学习起阻碍作用的经验，教育者需要通过采用与学习者对话的方式，消除这些先入为主的不良经验对学习造成的负面影响。而那些能够促进学习的经验，教育者则要协助学习者总结提炼，使之成为可以应用于实践的知识，或者通过将这些实践经验与理论对话，实现从经验到理论的提升与再造，使这些经验对未来的实践具备更高的指导价值。舍恩认为，人们都有能力把不熟悉的情境视为熟悉的情境，并在前者中运用在后者中使用过的方法，将过去的经验运用到特殊的案例中，这就是他所谓的“相似地看待着”和“相似地解决着”的能力。实际上，社会工作者在实践中已经建构出一整套的资料库（包含实例、形象、理解和行动），这些资料库涵盖了他过去所有的经验，而这些经验有助于他的理解和行动。一个人的资料库越丰富，他在面对独特案例时就有更多的选择。[②] 从这个意义上来看，教育者可以通过协助学习者书写案例、建立案例库等方式，协助学习者建立自己的专业知识体系，以便更好地在实践中自觉运用。

3. 服务学习途径与教育者角色

服务学习理论除了强调“做中学”之外，还强调向社区学习，在有目的、有计划的服务中学习，将社区服务与学习紧密地结合起来，增强学习的应用性和实操性，并从中培养学习者的同理心、自我反省能力和社会关怀意识[③]，

---

① 黄富顺主编：《成人学习》，台北・五南图书出版股份有限公司，2002 年版，第 269—270 页。

② 舍恩：《反映的实践者：专业工作者如何在行动中思考》，北京师范大学出版社，2018 年版，第 138—141 页。

③ 黄富顺主编：《成人学习》，台北・五南图书出版股份有限公司，2002 年版，第 333 页。

改变过往单纯课堂学习的局限性。与一般成人继续教育不同，“双百”成人继续教育最大的优势在于社会工作者每天都身处服务场景中，为了回应和解决不断出现的新问题、新挑战，社会工作者需要不断地去寻找新理念、新策略、新方法，在此过程中他们能够同时实现服务目标和学习目标。本章精神健康共学营案例可以说是服务学习的代表，高校老师不仅在课堂上讲解精神健康知识与方法，而且将学习从课堂扩展到社区服务中，让每名社会工作者跟进精神健康案例并及时记录和反思，再将案例带回共学营“课堂”上，共同检讨与寻找下一步的跟进思路与计划，促进社会工作者的专业成长与个案服务的有效跟进。

在服务学习途径中，教育者应当充分了解社会工作者的学习需求和社区服务的需求，并尽可能地在服务方案设计、推行和总结反思中将这两种需求匹配或糅合在一起，使社会工作者在达到学习目标的同时收到理想的服务效果。要实现学习与服务的“双赢”，教育者需要与学习者保持持续的对话，引导其兼顾好学习和服务的双重目标，学会从服务过程的总结反思中达到自身专业成长并推动服务质量的提高。

4. 转换学习途径与教育者角色

转换学习理论认为转换学习起源于两难情境，通过反省思考，人们对于心理－社会文化假设的结构是如何以及为何限制他们看待自己及有关事物逐渐产生批判性的觉察，并进行观点的重组、意识的提升或价值观、世界观的转变，形成诠释经验的新观点，带来行动的改变。[①] 社会工作被视为一种道德实践，社会工作者在介入服务对象福祉的过程中必然要通过对方的世界观进行自我反省和批判，从而达到对服务对象困境的理解和体会。“双百”强调反思性和反身性行动研究，鼓励社会工作者在实践中思考、在反思中成长。例如本章案例所描述的清远市连南县 SJ 社工站社会工作者阿妹，通过与村民骨干共同到深山里面挖笋、聊天及对话，深深体会到村民生计的艰辛和劳动的价值。而 SJ 社工站社会工作者阿玲，帮助服务对象申请低保救助后在与服务对象的互动与对话中，更深刻地体会到政策资源对于底层民众的意义，从而

① 黄富顺主编：《成人学习》，台北·五南图书出版股份有限公司，2002 年版，第 236 页。

更坚信了社会工作者在兜底民生保障服务中的价值和不可或缺的角色意义。

在这种学习途径中，教育者需要扮演对话者和启蒙者的角色，引导学习者批判性反思其所面临着的两难情境背后所反映出来世界观和价值观的限制，并去除自我设限，重建诠释经验的新观点和行动依据。

总之，“双百”的成人继续教育和学习型社群强调自我导向学习、从经验中学习、结合服务学习以及反思性学习。由于这些学习途径均强调对实务经验、对专业服务、对主体性的反思，启发“双百”必须依靠具有实践、研究和教育三重特性的行动研究①推动成人继续教育和建立学习型社群。无论哪一种学习/教育模式，都提倡互为主体（互为师生）的教学互动关系和提问式的教育模式。正如弗雷勒指出：“通过对话的发生，所谓学生的教师（teacher-of-the-students）与教师的学生（students-of-the-teacher）不复存在，取而代之的是一种新的名词：同时身为学生的教师（teacher-student）与同时身为教师的学生（students-teachers）。教师不再只是那个教导的人，在其与学生对话的过程中，教师本身也受到了教导；学生在接受教师教导的过程中，学生本身也在教导教师。教师与学生在共同成长的过程中同负责任。”② 鉴于此，“双百”协同督导者、社会工作者和服务对象必须通过平等对话、实践与理论相结合的过程，实现“互为主体”的能力建设，并在共同生产本土化专业教材和培育讲师的过程中，达到“双百”成人继续教育和学习型社群实现理论联系实际的人才培养目标。

思考题：

1. “双百”成人继续教育的典型做法有哪些？分别具有怎样的特色？

2. 成人学习与成人教育有何联系？

3. “双百”成人继续教育存在哪些困境？具体应该采取怎样的方法策略解决这些问题？

---

① 古学斌：《道德的重量：论行动研究与社会工作实践》，载《中国农业大学学报》（社会科学版）2017 年第 3 期。

② 保罗·弗雷勒：《受压迫者教育学》（方永泉译），台北·巨流图书股份有限公司，2003 年，第 117 页。

第十一章 “双百”社会工作协同督导

教学基本要求：

1. 了解“双百”协同督导的过程和方法，掌握协同督导者的角色定位；
2. 理解社会工作督导的相关概念和“双百”协同督导的内涵；
3. 掌握协同督导的核心议题和方法策略。

社会工作督导因致力于专业化，深深地融入社会工作自身专业服务的过程中。作为专业实践的基本需求及配置[①]，其在社会工作实务过程的重要性一直备受国际重视[②]，而社会工作督导者作为社会工作人才的核心力量是培养和发展社会工作人才队伍的关键所在[③]，也是推动“双百”社会工作成人继续教育的重要途径。本章首先通过“双百”协同督导案例，阐述社会工作督导过程，在对案例进行理论分析的基础上，紧扣社会工作督导的相关概念，进一步总结提炼“双百”协同督导实务模式。

① BEDDOE L. Supervision and developing the profession: one supervision or many [J]. China journal of social work, 2015, 8 (2): 150—163.

② O'DONOGHUE K. Issues and challenges facing social work supervision in the twenty-first century [J]. China journal of social work, 2015, 8 (2): 136—149。

③ 张洪英：《中国社会工作督导的现状与未来发展》，载《中国社会工作》2017 年第 4 期。

第一节 “双百”协同督导实务案例

一、案例背景

本章以“双百”Z市H县H镇社工站的协同督导作为案例，阐述“双百”协同督导过程。H县H镇位于广东省西北部，与广西壮族自治区接壤，当地民众主要使用本地语言进行日常交流，传统文化习俗相对完整地保留着，但同时也受到现代化乃至全球化的冲击，一些传统文化及风俗习惯正逐渐消失。H镇社工站选在一个传统的城乡社区，社工站配备7名社会工作者，刚入职时有5名毕业于社会工作相关专业，2名毕业于外语和汉语言文学专业。7名社会工作者中有2人持有中级社会工作师证书，4人持有助理社会工作师证书。从从业经历来看，有3名社会工作者在“珠三角”有6年社会工作从业经验，1名有1年的社会工作从业经验，1名是应届毕业生，1名曾在残疾人联合会从事康复工作8年，1名曾在残联办公室工作4年。总体而言，该社工站属于混合编队，既有资深的社会工作者，也有“社工小白”。该社工站的协同督导者系社会工作本科毕业，到2017年已经具有社会工作“一线”、管理和协同督导10年经验并持有中级社会工作师证书。

之所以选择H镇社工站协同督导过程作为本章的案例，主要有以下原因：一是协同督导过程的完整性。协同督导者从2017年7月开始对H镇社工站进行协同督导，其中2017年7月至2019年6月以协同督导者身份对站点进行每月一次、每次平均1.5天的协同督导，2019年7月后协同督导角色由H镇社工站的一名资深社会工作者接任，而原协同督导者则以“双百”项目办片区专员的身份，在“核心示范点”建设的过程中继续对H镇社工站进行定期的协同督导跟进。对该社工站持续跟进的协同督导能够反映“双百”协同督导的整个过程，体现协同督导在“双百”发展中的作用。二是该社工站人员构成具有“双百”典型性。既有科班出身的返乡资深社会工作者，也有非科班出身的“社工小白”，这在“双百”407个社工站中也具有代表性。三是H镇社工站在协同督导者和社会工作团队的共同努力下已经成为“双百”省级核心示范点，在社会工作协同督导方面做出一定的成效，值得总结经验，逐步推广。[①]

二、相伴同行的协同督导

协同督导者与站点社会工作者是相伴同行的督导关系。在进入 H 镇社工站之前，协同督导通过专业培训和专业文章、专业文书及“驻村指引”的阅读等途径，促使社会工作者认同和接受驻村服务模式，帮助社会工作者认识“互为主体”“行动研究”等概念及其本土内涵。考虑到 H 县独特的语言、文化和社工站成员等情况，协同督导者不仅要协助社会工作者深入了解村居社区的历史文化，还要指导社会工作者因地制宜开展工作。

2017 年 7 月下旬，协同督导者第一次进入 H 镇社工站，就与社会工作者一起走访“水上人家”[②] 这个被当地人认为“难以相处”的群体。在这次社区走访过程中，尽管“水上人家”居民对陌生人较为防备，但协同督导者和社会工作者还是在巷口与一名妇女成功“搭讪”，并在她的带领下进入巷子深处，很快，开始以“竹编文化”为切入点与其他妇女展开交流。这名妇女还邀请社会工作者到她家做客，并介绍“水上人家”的历史文化和社区存在的问题。返回社工站，协同督导者与社会工作者一起总结此次社区探访的经验和教训，其中重要的经验就是，想要成功与村（居）民搭讪聊天，最要紧的是从他们最关心、最感兴趣的话题入手；搭讪成功后要“趁热打铁”及时互留联系方式，以便日后进一步接触，并将他们发展成社区积极分子。协同督导者还鼓励大家继续跟进“水上人家”这个群体聚居的社区[③]。从那以后，在协同督导者持续跟进、相伴同行的过程中，社会工作者不仅精准化识别和救助了许多困难群众和特殊群体，而且以竹编、船歌等文化传承作为由头推动社

① 本章案例的资料主要来源于协同督导者在 H 镇社工站开展协同督导的 33 次协同督导反馈记录、社工站的协同督导记录、社工站社区评估的行动研究报告、社会工作者个人总结报告和田野参与观察日志等。

② “水上人家”是指 20 世纪 60 年代从广西集体迁移到广东省 H 县从事河上运输工作的某船队职员及其家属组成的特殊社群。

③ 2017 年 7 月 24 日协同反馈表。

区共治，组织社区居民逐渐将“水上人家”打造成为团结友爱的新移民社区。

在协同督导者与社会工作者共同推动“水上人家”个案救助与社区共治的历程中，面对驻村居社会工作者的种种疑虑和困惑，协同督导者没有直接给出答案，而是通过不断提问、彼此对话乃至共同行动等方式进行讨论、反思、学习，促使社会工作者能够深度理解服务对象的日常生活和他们的所思、所想及所愿等。协同督导者与一线社会工作者相伴同行，共同访谈聆听，一起面对问题……获得了较好的协同督导效果。正如一名社会工作者在协同督导记录中写道：

> 协同督导者不怕辛苦，与我们（社会工作者）一起到社区进行走访，在与服务对象交谈中，他与我们一起提问题，了解情况，对于社会工作者没有问到的情况及时进行提醒，这种在实践中学习的方式更直观，使社会工作者更加快速地提升（能力）。走访回来后，协同督导者还组织我们相互分享，汇总梳理资料，以便我们进行经验总结提升。（2017 年 7 月 24 日社工站协同督导记录）

协同督导者与社会工作者共同面对服务对象日常生活的困难，与社会工作者、服务对象共同解决问题，是“双百”相伴同行督导模式的方法论。“双百”认为，协同督导并非只是一种方法和策略，也是督导者、社会工作者在与服务对象互为主体中相互学习、共同行动的方法论。例如，对社区评估时，协同督导者与社会工作者一起深入村庄，协助老人家摘菜、运菜，与农闲的妇女搭讪，与妇女共进晚餐，一起跳广场舞，参加“水上人家”元宵节船歌对唱活动等。这些融入社区民众日常生活的具体做法，使协同督导者能够深入社区的社会文化情境，与社会工作者及服务对象建立平等的互动关系，有助于协同督导者与社会工作者和服务对象共同面对现实生活的挑战。正如一名社会工作者所说：

> 通过与协同督导者一起和村民共同劳动，我们更易融入村民的日常生活，用心陪伴（他们），村民也会热情对待（我们），跟我们讲心里话，大家一起战胜困难。（2018 年 3 月 28 日社工站协同督导记录）

“双百”认为，协同督导者只有放下专家的身段，走进社会工作者的工作情境和服务对象的日常生活，与他们建立互为主体的信任关系，才能更好地理解实践处境、现实困难并发掘社区民众的优势资产，从而有针对性地提出协同督导建议，并最大限度激发社会工作者与服务对象的内生动力，与社区居民共同解决问题，达到目标。

三、行动研究的协同督导

行动研究是落实“双百”政策实践和成人继续教育的基本途径，因此，协同督导社会工作者有效地开展行动研究是协同督导者的核心工作。

（一）社区评估行动研究的协同督导

通过“三同”“四大任务”开展社区评估，撰写评估报告及介入方案是“双百”社会工作者驻村居初期的重要任务。协同督导者几乎每次到社工站都会安排相当一部分时间了解社区评估行动研究的进展和困难，并针对存在的问题与社会工作者一起实地探访，深入认识，共同解决。例如，协同督导者发现社会工作者基于上岗三个月“社区行”所撰写的社区评估报告内容比较简单，所研究的问题不够聚焦和深入，社区评估行动研究的“行动”与“研究”几乎是割裂的，收集的资料只是为了完成调研报告；社会工作者依据对服务对象问题表层的认识，就急于对号入座去解决问题，忽略了问题背后的社会根源，尤其没有看到社区和服务对象潜在的优势资产和内生动力。

例如，第三次协同督导时，社会工作者反映社工站附近有一个环卫工人，因在家门口堆积废品而遭邻居投诉，社会工作者对这种情况不知道如何评估和解决。于是，协同督导者带领社会工作者针对社区评估开展了行动研究的基础工作。首先，协同督导者与社会工作者一起访谈这名环卫工人，在与她深入互动的过程中，发现她的家庭经济非常困难，囤积废品是为了卖钱补贴家庭收入。其次，了解服务对象行为背后的逻辑后，协同督导者带领社会工作者一起分析问题的原因和跟进策略。在协同督导者与社会工作者双方对话的过程中逐步厘清了问题，也使社会工作者意识到不能想当然地将服务对象当成有问题的人，大包大揽地帮他们解决问题，而是应该持“问题是问题、人是人”的态度，深入反思问题与人的关系。当协同督导者引导社会工作者对问题的社会根源是什么、如何影响人、如何解决问题等深层次问题展开讨论后，社会工作者开始意识到做好社区评估行动研究的重要性，意识到不应该大包大揽替服务对象解决问题，而是应该与服务对象共同面对问题、解决问题。最后，协同督导者不断强化社会工作者对“三同”的理解，协助他们深入开展“四大任务”，做好“十要十不要”，促使社会工作者对社区的问题和资产、民政对象分布情况、家庭生计生活、社区整体状况等有了深入理解，与服务对象的信任关系发生质的改变。

做好上述基础性工作之后，协同督导的重头戏是协助社会工作者撰写社区评估的行动研究报告，并在此基础上，根据“目标—计划—过程—结果”专业管理体系制定站点的执行机制（“53111”）。毫无疑问，要想做好“53111”，就必须做实社区评估，写好行动研究报告。在协同督导者的协助和“手把手”带动下，社会工作者逐渐掌握行动报告的书写。首先，学会依据“社区行”的原始资料，讨论报告撰写提纲和内容等。其次，学习社区问题与资产分析方法，尤其是学会运用“SWOT”分析框架寻找介入目标和方法策略等。最后，制定和修改完成“53111”。截至2018年6月底，H镇社工站社会工作者撰写了较高质量的社区评估行动研究报告。报告清晰呈现社工站落地生根的过程，细致入微描述社区基本情况，有理有据分析民政服务对象问题需求情况及社区民众公共参与、生计生活、社会关系、文化认同和人与环境关系等方面的现实状况等。

“53111”完成后，协同督导者还参与站点工作计划的协商，跟社会工作者一道与镇（街）领导、村委会干部和村民共同讨论、共同协商通过站点的工作计划。

由此可见，针对社区评估的行动研究的协同督导，对于社会工作者扎根社区、摸清情况、树立愿景、明确方向、设立目标、制定规划等具有根基性意义，是协同督导者协助社工站落地生根的关键一步。在协同督导社工站开展社区评估的行动研究过程中，协同督导者与一线社会工作者共同行动，优势互补，在不断行动、沟通、对话的过程中日益加深对社区问题和优势资产等的理解，从而制定符合实际、共同认定的“53111”，为“双百”社会工作精准化、精细化、专业化地为民服务奠定了坚实的基础。

（二）反思性行动研究的协同督导

对服务过程进行及时有效的总结、反思和调整，促使一线社会工作者更加聚焦（纠偏）社区及服务对象的问题、优势及行动目标策略等，是“双百”协同督导的重点和难点。这要求协同督导者不断调整工作方法和策略，包括有针对性地调整目标和计划等，以便更加适应服务对象现实处境的变化和一线社会工作者的工作状态。因此，在“双百”相伴同行的协同督导过程中，要求协同督导者必须与社会工作者一起入户探访，共同跟进困难群众和特殊群体的个案救助与社区共治，通过与一线社会工作者共同反思的协同督导过程，尤其反思社会工作者与服务对象“一起改变”的过程，敦促和鼓励社会工作者发扬优点，克服不足，更上一层楼。“双百”注重实践结合理论的反思性行动研究，强调协同督导者与社会工作者在行动过程中共同学习专业理论知识，共同生产本土化专业知识体系，为下一步行动奠定本土理论基础，逐步实现实践与理论的循环往复和螺旋式上升，以实现最大限度造福社群。

例如，2018 年 11 月下旬，社工站遇到一个复杂的个案跟进难题，希望协同督导者协助进行案例复盘和反思分析，以便探寻进一步行动的方向。该服务对象 L 伯为年过七旬的老人，身患多种疾病，与 40 多岁患有精神障碍的女儿相依为命（当时已经入住精神病院）。协同督导者与社会工作者一同上门探访 L 伯。走到家门口，社会工作者发现 L 伯所住的位于县城中心的一幢三层破旧房子与周边的环境显得格格不入：

> 走进里面，令人有想往外逃的感觉。只见里面非常阴暗，阵阵恶臭，堆满诸如石头、木板、木柱等建筑废料，还有旧家具和家电充斥在一楼及楼梯的边角。社会工作者带我（协同督导者）往上走，只见二楼 L 伯女儿的房间黑漆漆的，只有一张破床和烂被，地上堆满黑色的难以辨认的垃圾，发出阵阵恶臭。而同层 L 伯自己的房间也是非常的杂乱和不卫生。三楼更是尘封多年的样子，床、席子、蚊帐等家具和用品已经发霉、风化了，还结了很多蜘蛛网，有漏水的痕迹。来到楼顶天台，发现天台

有些裂缝，长满青苔。(2018 年 11 月 22 日协同督导反馈表)

协同督导者和社会工作者尝试着与 L 伯聊天。起初，L 伯情绪低落，说了很多次诸如自己无用、快要死了之类的话。社会工作者肯定了 L 伯不顾别人异样的眼光坚持照顾女儿的爱心……L 伯情绪慢慢稳定，并开始谈及自己过往的生活和目前的需求。社会工作者看到一楼地上放着一个盛着冷饭的碟子，以为是给猫吃的，未曾想 L 伯却说这是用来喂老鼠的，这样老鼠就不会咬坏周围的家具了……

社会工作者原本介入这个个案重点是想说服 L 伯清理囤积多年的垃圾，搞好环境卫生。听到社会工作者们讨论到底应该是由镇政府、志愿者，还是 L 伯本人来清理垃圾时，协同督导者提醒大家应该重视 L 伯面临环境卫生问题背后的难题，除了“垃圾清理”“房屋漏雨”等问题之外，是否还有深层次的需求呢？是否注意到 L 伯自己年老多病却要照顾智障女儿的难题呢？此外，协同督导者还建议社会工作者要与 L 伯进一步建立信任关系，通过深入聆听他的故事，去发现老人及其邻里的优势资产，协助建立邻里互助的社会支持网络，靠社区内生动力来帮助 L 伯改善生活处境。社会工作者接受协同督导者的建议，随后将工作重点放到协助 L 伯及其女儿申请政策救助上来，成功办理了低保和重度残疾人护理补贴。有了这层信任关系，社会工作者乘机建议 L 伯采取“每次出门都丢一件垃圾”的办法，逐步清理了一楼的垃圾，改善居家生活环境。同时，社会工作者还为 L 伯搭建了与邻居、同乡好友、直系亲属之间的社会支持网络，并在同家属商量征得同意的前提下聘请护工持续照顾以提升其生活质量。可见，协同督导者只有与社会工作者一起走进服务对象日常生活场景，真诚地倾听他们的喜怒哀乐和想法愿望时，才能协助社会工作者与服务对象一道寻找解决问题的办法，对症下药达到事半功倍的效果。协同督导者不仅要与社会工作者相伴同行，协助社会工作者深度理解服务对象的问题及优势资产等，而且要运用自己的经验和知识引导社会工作者深入思考问题背后的社会原因，并鼓励社会工作者发掘服务对象及社区的优势资产解决问题。

除了协助社工站开展个案救助和社区共治之外，“双百”还要求每一名协同督导者必须长期跟进固定的社工站点，每次协同督导时间不少于10余个小时。协同督导者必须按“53111”执行机制的要求，长期跟进周计划、月计划、年度计划、三年规划和五年愿景的完成情况；必须不定期带领社会工作者对计划完成情况进行大事件回顾，通过对过往工作过程的重要事件回看、梳理、总结、反思等，促使站点社会工作者依据目标计划，认清行动方向，把握变化趋势，聚焦问题优势，寻找新突破。

案例书写是“双百”实践结合理论寻求本土专业突破的重要途径。“双百”要求每一名协同督导者必须带领一线社会工作者归纳总结行动案例，并将案例内容与相关专业概念和理论模式相结合，提炼本土化的专业社会工作介入模式。在协同督导者的带领下，H镇社工站社会工作者不仅撰写了《从行动研究到“53111”》《从一个人的独舞到农村妇女参与村庄建设实现社会治理》《“酵素奶奶”的积极晚年》《自强，开启别样人生》等案例分析文章，并在“双百”公众号发表。同时，协同督导者协助副站长书写本书部分章节内容，极大提升了本土社会工作者的专业自信心。

可以说，反思性行动研究的协同督导实质上是协助社工站有效落实“53111”及在行动中总结生产本土实践知识（实践智慧）的过程，更是促进社会工作者将本土实践与专业理论知识体系相结合的本土化专业发展的过程。

（三）反身性行动研究的协同督导

强化社会工作者在职业发展过程中的专业认同和职业认定，是社会工作专业发展的核心议题。“双百”社工站团队无论是有专业背景、从业经验的资深社会工作者，还是非专业出身缺乏从业经验的社会工作者，都面临着如何适应集体协同工作、提升团队战斗力的挑战。在协同督导过程中，协同督导者发现H镇社会工作者团队的两种倾向：一是具有社会工作专业背景和从业经验的资深社会工作者，囿于固有的经验和专业思维定式，急于“找规范找套路”，照搬过去的专业服务管理经验“对号入座”，导致在“三同”过程中，“村民叫吃饭劳动，也不好意思去，总是有种外来人的感觉”[①]，很难与村

① 2018年7月H镇社工站社区评估的研究报告中“社工站如何炼成”部分。

民建立信任关系；二是因为资深社会工作者在站点前期工作中发挥主导作用，相比之下，非专业出身或没有专业从业经验的社会工作者就比较被动，专业自信心明显不足，工作中对资深社会工作者的依赖性比较强。社会工作者LL说：“刚开始在GT村搞活动的时候，我只是一个参与者的角色，不敢提出意见，就怕说错了，同事分配我什么工作就做什么。”因此，协同督导不同专业背景的社会工作者通过反身性自我觉察，强化专业认同和团队建设十分重要。

资深社会工作者虽然具有丰富的实践经验，但面对新的现实环境，过往的服务理念、知识经验很容易成为行动的障碍。例如，2017年7月第一次协同督导时，资深社会工作者就提到，之所以没有持续关注和跟进社区“水上人家”这个特殊群体，是基于过往的经验，担心介入这个社区“太敏感”。协同督导者采用反身性行动研究的方法进行督导，与社会工作者一起实地走访并总结反思，使资深社会工作者意识到自己存在“自我设限”“先入为主”的问题。认识到必须走进“水上人家”的日常生活，才能澄清“要不要介入”“怎样介入”等问题；对自己只注重按照既有标准和规范管理体现工作的专业性，反而会忽视社区为本的价值理念，结果会“好心办坏事”的问题有了深刻认识。资深社会工作者YY在年度总结中反省道：“以往的服务经验是把‘双刃剑’，很容易就会把服务思维带到偏离驻村模式的轨道……正是由于有10多年对于社会工作的认识，容易使自己在社会工作层面有‘我很厉害’的错觉。所以我要时时提醒自己夯实基础。”[①] 正是依靠反身性行动研究的协同督导过程，从2017年10月开始，H镇资深社会工作者开始突破“自我设限”，调整“上班”或“下乡”的工作模式，放下“身段”走进服务对象日常生活，践行“三同”精神，很快与村民打成一片，做到“搞好关系、聚起人气、摸清情况、找到方向”（“四大任务”）。

对于非专业出身、缺乏社会工作从业经验的“小白”，协同督导者同样采用反身性行动研究的方法，督促他们发掘自身的能力和优势，克服专业自卑，建立专业自信。2017年8月中旬第二次协同督导时，非专业背景的LL和社会工作专业刚毕业1年的DZ需要了解GT村的宗祠文化，但又没有信心独立去

① H镇社工站社会工作者YY的2018年个人年度总结报告。

做访谈工作，期望协同督导者能够带头示范一下。于是，协同督导者不是以“老师”的身份，而是以伙伴的角色陪伴他们入户访问。整个过程，协同督导者鼓励两名社会工作者充当主访者，肯定他们在与居民交流中展现的优点，协助他们梳理访谈提纲，厘清访谈重点、思路和方法，让他们明白为何要发掘宗祠文化等。

在达哥（村干部）的带领下，我们走访了郭氏祠堂、厅堂（2014 年集资建设）。在这次走访中，看到了社会工作者是“有备而来”的（打印好长长的访谈提纲），拉家常之余也不忘回到访谈的主题。而达哥也非常热情、耐心地回答，介绍祠堂如数家珍……后来，达哥还邀请我们到他家做客。在访谈了解祠堂文化的过程中，虽然社会工作者会问及多方面的信息，但似乎是较零散、碎片、表面的，如祠堂的外在特征、一些历史数据等，在我（协同督导者）的提示下，社会工作者开始关注祠堂文化背后的问题——宗族权力结构及关系状态，如什么时候有新建厅堂的想法，由谁发起，筹委会有哪些人，筹建过程有什么困难，厅堂目前的主要作用是什么，这些聚会由谁来组织，社会工作者如何利用祠堂文化服务村民，等等。（2017 年 7 月 24 日协同反馈表）

熟悉当地方言的两名社会工作者在访谈中成为主访官，协同督导者只是配合，改变了现实存在的协同督导者与一线社会工作者之间不平等的权力关系，使协同督导的过程成为赋权社会工作者的过程——社会工作者既发挥主观能动性和主体性，也逐渐内化访谈的方法和技巧等。

如果说反思性行动研究的协同督导主要针对专业服务的推动与专业能力的提升，那么，反身性行动研究的协同督导则主要针对社会工作者个人价值观和其身份、角色及团队互动关系的反身性察觉与调整。例如 H 镇社工站返乡资深社会工作者并非缺乏专业知识和实践经验，但由于其缺乏反身性意识而容易陷入文化识盲和专业陷阱中[①]，影响了专业能力的有效发挥，反而造成

① 古学斌、张和清、杨锡聪：《专业限制与文化识盲：农村社会工作实践中的文化问题》，载《社会学研究》2007 年第 6 期。

了“社工小白”的能力受到了压制。因此，反身性行动研究的协同督导有助于资深社会工作者和“社工小白”看清自身的专业身份、主体位置及相互间的互动（权力）关系，从而有助于他们打破自我设限的困境，更好地进行职业认定并全身心地投入专业实践中。

四、专业学习网络的协同督导

通过协同督导者与一线社会工作者共同行动，在对话、反思、提问和行动中陪伴成长，是“双百”提升社会工作者的专业能力非常重要的途径。然而，建设社会工作者自学、团队共学和更大范围的学习网络，使每一个社工站和一线社会工作者都能够自觉掌握本土专业知识的生产方法、及时产出本土化专业知识体系，才是“双百”专业能力可持续发展的必由之路。因此，协同督导者还须关注社工站日常的内部专业学习，与一线社会工作者共同探索实践知识的学习方法，搭建县域学习网络，增强跨区域站点之间的经验交流和专业知识传递，推动形成“学比赶超”的学习热潮。

（一）协同社工站内部专业学习

“双百”刚落地，就开始推动社工站建立内部学习机制。然而，H 镇社工站内部专业学习效果最初收效甚微，甚至曾经一度中断。2017 年 9 月，项目办发出通知，要求所有“双百”社工站每周五下午安排时间进行专业学习，并陆续下发《“双百”社工实务》等视频课程和相关专业文章学习。2017 年 10 月中旬协同督导期间，一些社会工作者提出，视频课程不能面对面直接交流，许多疑问困惑得不到及时解答。例如，有资深社会工作者说，自己虽然认同行动研究的理念，但由于缺乏理论基础难以实操；有些社会工作者表示听完课程仍感觉懵懵懂懂等。于是，协同督导者采用结合案例对照学习理论文章的做法，给社会工作者解释行动研究的具体内涵和实操步骤等。

2018 年 5 月上旬，协同督导者了解到 H 镇社工站内部专业学习由于工作繁忙而暂停。经过进一步深入了解发现，内部学习中断的原因是社会工作者认为有些专业文章的内容与站点实际需求离得太远，没兴趣读下去。有的社会工作者表示看文章的时候“有感觉”，但过后“很快就没印象了”。个中原因有许多，有缺乏有效的学习方法，不懂得读书划重点、做笔记、书写心得体会等；也有不懂学以致用；也有因为自学缺乏自觉性，学习效果不佳。针对这种情况，协同督导者决定以一篇文章为范本，现场示范阅读专业文章的方法。协同督导者带领大家朗读文章，分析文章的逻辑结构、摘要和中心思想；与社会工作者一起对照文章的内容和观点反观自己的社会工作实务，从中体会、借鉴文章的观点和价值。经过协同督导者的导读，大家对文章核心思想有了较清晰的理解，也增强了阅读文献和理论联系实际的兴趣。可见，建立健全社工站内部学习机制，从中掌握有效的学习方法，提升专业能力，对有效开展专业工作十分必要。因此，协同督导者必须将专业学习方法的学习作为内部学习的“抓手”，推动社工站成为“互为师生”的学习型团队。

（二）建设县域学习网络

2017 年 7 月 1 日，H 县建立了三个“双百”社工站，由同一个协同督导者负责协同督导。由于项目办高度重视学习网络建设，加之协同督导者十分认同网络学习理念，因此，协同督导者在为期 4 年多的协同督导过程中，协助 H 县三个“双百”社工站通过深入持久的互访学习活动，搭建起三个站点互通有无、取长补短、学比赶超的学习网络。该网络先后举办 7 次县域互访交流学习，主题包括“相互认识”“生命故事分享”“社区研究报告书写工作坊”“口述文化行动专题学习”“民政对象及妇女儿童工作经验交流”“大事件梳理和案例书写”等内容。第一次至第五次的互访学习，由协同督导者主导，扮演策划者、组织者、协同督导者和教育者等角色，但到了第六、第七次互访学习，协同督导者已经变成协作者和引导者的角色了。

通过连续七次县域学习网络建设，H 县三个站点的社会工作者相互熟悉、彼此信任、开阔视野，网络内部凝聚力和对“双百”的认同感不断增强，逐步形成互助共学的支持网络。

> 团队建设中的躲避球游戏、三人四足以及拔河活动让我感觉回到了小时候，跟伙伴们一起很快乐；通过生命故事的分享，回顾生命历程中的重要事件，回顾让自己感动的事情，有助于社会工作者进行反身性研

究，也提醒我们在社会工作者前进的路上不忘初心。（2018 年 1 月 5 日互访学习通讯稿“社会工作者 CJ 的心得”）

经过本次交流，觉得各个站点虽然不一样，但是，在介入困难这些方面都有类似经验可以借鉴，站点之间相互交流对社会工作者之间有启发意义。（2019 年 5 月 14 日互访学习记录“社会工作者 DZ 的心得”）

搭建县域范围的学习网络，有助于各社会工作者团队将实践与理论相结合，促进站点内部实践经验与更广泛的“双百”专业共同体进行对话，逐步形成具有县域特色的专业知识和实务模式，从而在地区乃至全省范围内促进“双百”专业知识体系发展。

五、“双百”理念与政策实践的协同督导

作为协同督导者，还有一项最重要的职责和功能，就是传达和落实“双百”有关政策和专业理念，使社会工作者能够在充分践行“双百”政策和理念的基础上，结合当地实际进行因地制宜的本土化专业探索。2018 年 1 月，为保证社工站做出社会工作专业性，规范社工站运作机制，为此“双百”项目办开始实施“目标—计划—过程—结果”专业管理体系。然而，包括 H 镇社工站在内的许多“双百”站点并未能通过一次性培训透彻理解“双百”专业管理体系背后的价值理念、思维逻辑和操作方法。因此，需要协同督导者跟进社工站“53111”执行机制的落实情况，保证社工站的规范运行。协同督导者在 H 镇社工站，与社会工作者一起先行先试，及时总结经验教训，尤其在如何撰写高质量的社区评估行动研究报告以及制定“53111”执行机制方面，为其他地市“双百”社工站提供了参考借鉴。目前，H 镇社工站的经验和做法已经纳入“双百”课程经典案例，在 407 个社工站广为传播和学习。

“口述文化行动”是行动研究重要的方法，也是“双百”专业实务重要的方法。但对大多数社会工作者来说，接受和掌握这一专业方法并不容易。为了推动“口述文化行动”，项目办曾于 2018 年 11 月举办粤北地区“双百”示范点建设“口述文化行动”现场实操培训。在此之后，H 县社工站协同督导者先后 5 次协助举办县域范围的“口述文化行动”实操工作坊，并带领社

会工作者进村入户，“手把手”进行操作示范。通过口授、实操的协同督导过程，一线社会工作者对掌握“口述文化行动”的方法，深度理解社区，动员文化达人参与社区共治等有进一步的认识。正如社会工作者所写：

> 从旁聆听韦伯讲述着水上生活的故事，听者有种历历在目、意犹未尽的感觉，而讲者则眉飞色舞、心生自豪。故事的背后是“水上人家”面对生存难题的机智勇敢、无惧风浪、互帮互助等优良品质。这样我联想到，我们以前也偶尔听到不同的居民重提他们的船上生活，正是这个群体的共同记忆，是维系他们的根。（2020 年 11 月社会工作者 CJ 撰写的实务文章）

可见，对许多社会工作者而言，具体专业方法的掌握、运用并不是依靠一次性讲座或者死记硬背书本知识就能够解决，而是需要通过持续不断讲授、参与式培训，甚至“师徒式”日常生活化实操训练，才能使社会工作者潜移默化习得实操方法，并逐步体会方法、策略背后的理论指导和实务价值。“双百”倡导的“社区为本”“弱势优先”的价值观和“53111”执行机制等，都需要协同督导者“手把手”“口对口”“心换心”持续不断相伴同行，使社会工作者在日常生活实践中逐步领会、内化并自觉运用。

另外，协同督导者必须协助社会工作者处理好政社关系，争取基层政府等相关方对“双百”社会工作的理解和政策支持，最大限度地为“双百”一线社会工作者争取专业发展空间。例如，某些基层干部对“双百”扎根一村居，逐步辐射更多村居社区的做法不认同，对社会工作个案救助与社区共治（发展）协同发展的实务模式不理解。针对这种情况，2018 年 10 月协同督导者借助项目办推进省级核心示范点建设的契机，与地区督导中心和社工站共同筹备 H 县“双百”核心示范点建设推进会。在这次大会上，协同督导者与社会工作者乘机向与会干部宣讲专业价值和县域三个社工站在个案救助和社区共治方面取得的成效，引起镇（街）分管领导的重视。例如，H 镇社工站的分管领导平时工作较忙，很少顾及站点工作，但经过这次会议汇报及专业培训，对“双百”专业理念和实务价值增强了理解，非常支持社会工作者驻村工作。在后续的专业发展过程中，协同督导者协助社工站及时向镇（街）领导汇报专业成效，逐步形成优良的政社关系，保证“双百”社会工作落地生根，为民服务。

由此可见，协同督导者既是专业社会工作者的同行者，更是政策的践行者，“双百”协同督导的过程既是协同督导者与一线社会工作者、社区民众共创专业发展空间，推动政策实践落地生根的过程，也是协同督导者与社会工作者、社区民众共同成长，共创美好生活的过程。

第二节 社会工作督导概念的界定

基于H镇社工站协同督导案例及其“双百”社会工作协同督导的本土做法，本节将对社会工作督导的相关概念进行界定，以便运用相关督导概念对协同督导过程进行理论分析，从而提炼总结“双百”协同督导模式。

一、社会工作督导定义

督导（supervision）一词源自拉丁语的super（遍及）和videre（查看），有关社会工作督导的概念，国内外诸多学者从不同角度进行了界定。有关督导的第一本书《社会个案工作指导》中，罗宾森（Robinson）从教育过程的角度将社会工作督导定义为：“在某一领域掌握较多知识和技能的人负责培训在这一领域掌握较少知识和技能的人的一个教育过程。”[①] 卡杜山和哈克尼斯综合考虑社会工作督导的功能、目标、互动过程等因素，认为社会工作督导是督导者和被督导者在建立积极关系基础上的互动过程，并通过彼此的互动实现督导的行政、教育和支持功能，奉行机构的政策及方案，为受督导者尽力提供数量上最多、质量上最好的服务[②]。我国学者童敏提出社会工作督导“是一个多维度的互动过程和持续学习发生的场域”，在过程中督导者和被督

① 阿尔弗雷多·卡杜山、丹尼尔·哈克尼斯：《社会工作督导》（第四版）（郭名倞等译），北京·中国人民大学出版社，2008年版，第15页。

② 阿尔弗雷多·卡杜山、丹尼尔·哈克尼斯：《社会工作督导》（第四版）（郭名倞等译），北京·中国人民大学出版社，2008年版，第15—19页。

导者就相关议题进行讨论、审视和反思，帮助被督导者实现理论与实践的结合，推动社会工作专业发展和服务品质的提升[①]。徐明心（Tsui）则将社会工作督导理解为一个在文化脉络中的整全模式，认为：“社会工作是一个使能（enable）的过程，是社会工作实务直接服务的一面镜子，也可以说是与直接服务之介入并进的过程。为了提高专业能力、社会工作士气和工作满意度，社会工作督导的原则是要让社会工作员能实现其远景，并明确表达社会工作的使命。通过如此督导的过程，才能对服务对象的服务输送品质把关与改善。”[②]

由此可见，社会工作督导是一个专业价值、使命、知识、技巧在督导者与被督导者之间传递与共享，从而实现实践与理论相结合、专业能力得以提升、服务品质得以保证、专业责信得以兑现、专业使命得以传承的实践过程。“双百”社会工作督导被称为“协同督导”，即是一种在特定经济、政治、社会文化背景之下，协同督导者与被协同督导者相伴同行、“互为师生”，在行动与反思循环往复的过程中实现协同督导者、被协同督导者和服务对象三重能力建设，从而传递专业使命与理念的一种具有文化敏感性的道德及政治实践[③]。

二、社会工作督导的功能和目标

社会工作督导源于19世纪末慈善组织会社的行政督导，如方案规划、分派工作给志愿者、评估服务输送的结果等。与此同时，这些督导还发挥教育与情绪支持的功能，以协助“友好访问员”提升有效服务能力，并鼓舞他们的士气。[④]《社会工作百科全书》第19版指出，督导兼有行政、教育和支持三项功能，这三项功能相辅相成，不可或缺，以达到督导的最终目标。卡杜山

---

① 童敏：《社会工作督导基础知识》，北京·中国社会出版社，2019年版，第17页。

② TSUI Ming-sum（徐明心）：《社会工作督导：脉络与概念》（陈秋山译），台北·心理出版社股份有限公司，2008年版，第34页。

③ 廖其能、张和清：《社会工作督导范式转向研究——以“双百计划”协同行动为例》，载《社会工作》2019年第1期。

④ TSUI Ming-sum：《社会工作督导：脉络与概念》（陈秋山译），台北·心理出版社股份有限公司，2008年版，第2页。

和哈克尼斯指出：“行政性督导的基本问题是如何正确、有效和恰当地贯彻实施机构的方针政策并按程序办事，其基本目标是坚持机构的方针政策不动摇，并坚定不移地按照程序办事。教育性督导的基本问题是工作者在业务知识、业务态度和业务技巧方面存在的蒙昧无知，教育性督导的基本目标是铲除蒙昧无知，掌握与时俱进的业务技巧。支持性督导的基本问题是工作者的士气和工作满意度，支持性督导的基本目标是提高士气和工作满意度。”①

关于社会工作督导的目标，卡杜山和哈克尼斯认为既有短期目标，也有长期目标。就短期目标而言，主要包括使工作者提高能力以便有效地开展工作（教育性督导），为工作者有效开展业务提供一个工作环境（行政性督导），以及帮助工作者对自己以及自己所做的工作感觉良好（支持性督导）。而督导的终极目标应该是向当事人提供充分而有效的社会工作服务，为实现这一终极目标，需要在行政上对工作者的工作进行整合和协调，教会他们运用更加娴熟的技巧开展工作，调动并保护他们的工作积极性。佩恩（Payne）从社会工作文献中梳理出 17 个督导目标并归纳为三个类别：一是为服务对象的目标，即确保服务对象获得最大利益；二是为被督导者的目标，使被督导者能获得专业成长和提供更有效服务；第三是为督导者及管理的目标，即维持服务水平与士气，确保机构政策和职责落实，并且维系高水平的专业表现等。②

由此可见，社会工作督导行政、教育和支持等三大功能成为支撑社会工作督导目标实现的三个层面，三大功能的有效发挥有助于实现社会工作督导的终极目标，以及有助于实现对于服务对象、被督导者和督导所在机构层面的服务目标。

---

① 阿尔弗雷多·卡杜山、丹尼尔·哈克尼斯：《社会工作督导》（第四版）（郭名倞等译），北京·中国人民大学出版社，2008 年版，第 16—17 页。

② TSUI Ming-sum：《社会工作督导：脉络与概念》（陈秋山译），台北·心理出版社股份有限公司，2008 年版，第 15—16 页。

三、社会工作督导关系

社会工作督导是确保社会工作服务品质的决定性因素[①]，能否建立彼此信任的督导关系是督导工作开展的关键，也是督导者和被督导者实现成长及改变的前提。[②]

关于督导关系的发展历程，一般被划分为以下阶段[③]：第一阶段（19 世纪末），社会工作督导作为检视员应运而生，主要管理并监督志愿者的工作，发挥行政作用，督导者与被督导者的关系是管理者与被管理者的关系；第二阶段（20 世纪初开始），督导开始为学生提供社会工作训练，其功能由行政转为教育，督导被定义为“教育的过程”，督导者与被督导者的关系是类似于师生的关系；第三阶段（在 20 世纪 30—50 年代），受心理分析理论的影响，社会工作督导开始采用治疗模式，督导者将被督导者视为个案，督导过程被视为是治疗过程；第四阶段（50 年代起），随着社会工作的发展及对治疗模式的反思，督导的教育功能和支持功能越发被重视，同时，督导与社会工作专业自主性的争议越发激烈，被督导者的自主实践和自主学习的要求不断被提及，督导开始由长期督导向被督导者自我实践转向；第五阶段（80 年代起），随着新管理主义的兴起，督导的行政功能又开始加强，以保证社会工作者的服务品质及工作效率。

在第一阶段至第三阶段，督导者是以管理者或专家的身份出现，而被督导者则是被管理者或被治疗者，二者的关系是一种主客二元的不平等关系。从第四阶段开始，被督导者开始对不平等及压抑自主性的督导关系提出质疑并进行反抗，促使督导关系发生改变，被督导者的自主性开始体现，二者的关系趋于“互为主体”。第五阶段至今，督导重回行政职能，关注绩效而忽略对被督导者的专业及价值影响。而且督导者同时也是管理人员，承担大量行

---

① LEUNG KP. An exploration of the use of power in social work supervisory relationships in Hong Kong [J]. Journal of social work practice, 2012, 26 (2): 151—162.

② 童敏：《社会工作督导基础知识》，北京·中国社会出版社，2019 年版，第 19 页。

③ TSUI Ming-sum：《社会工作督导：脉络与概念》（陈秋山译），台北·心理出版社股份有限公司，2008 年版。

政工作，督导关系也因为督导者与被督导者的上下级关系而变得官僚化。[①] 在此发展背景之下，关于督导关系的讨论及反思逐渐增多，不同的声音也开始显现，如强调赋权[②]、平等、对话[③]、协同行动和三重能力建设[④]。

督导关系虽然被视为社会工作督导的核心，但长期以来被窄化为督导者和被督导者的关系，而忽略其所处的服务对象及其情境脉络。徐明心认为，由于机构的政策、目标，督导的角色、作风和技巧，被督导者的工作经验和训练需求与情绪需求，服务对象理解、诠释其困难以及如何取得必要的协助解决困难等，都脱离不了文化的影响，因此必须将社会工作督导概念化为在一个文化脉络中所建立起来的多面向关系，其中涉及机构、督导者、被督导者和服务对象四方主要关系者，文化因此成为督导的主要脉络。[⑤]

第三节 协同督导的核心议题

基于“双百”协同督导案例，结合社会工作督导相关概念和理论，本节从协同督导关系、协同督导角色定位、协同督导过程中的理解和协同督导者的能力建设等四个方面进行案例解析，从而深入阐述协同督导的四个核心议题。

一、文化情境下的协同督导关系

文化是特定社群基于特定生活方式所产生的观念、看法、信念、价值和

① 王芳、王敏：《本土社会工作督导实践的目标偏离与功能回归——基于对S市的经验研究》，载《学习与实践》2019年第9期。

② 严樨：《赋权视野下的社会工作督导研究——以J基金2个项目为例》，载《西南民族大学学报（人文社会科学版）》2013年第11期。

③ 姚进忠：《社会工作实习督导模式的本土建构——批判教育学理念的引入》，载《华东理工大学学报（社会科学版）》2010年第3期。

④ 廖其能、张和清：《社会工作督导范式转向研究——以“双百计划”协同行动为例》，载《社会工作》2019年第1期。

⑤ TSUI Ming-sum：《社会工作督导：脉络与概念》（陈秋山译），台北·心理出版社股份有限公司，2008年版，第41—46页。

规范，是生活意义的产生过程。[①] 王思斌提出，“社会工作在中国的本土化是指产生于外部的社会工作模式进入中国（这是一套经济的、政治的、社会文化的制度体系），同其相互影响进而适应中国社会的需要而发挥功能的过程”，并特别提到应注意文化的异质性。[②] 社会工作起源于西方，社会工作督导进入我国的文化脉络中，需要本土化才能适应我国的社会文化情境。费孝通认为，中国社会是一个讲究差序格局的熟人社会[③]，而随着现代化的发展和市场经济的影响，尽管中国熟人社会等特征也在发生改变[④]，但传统文化仍旧对人们的生活及工作有着重要的影响，差序格局仍然对于中国的人际关系具有较强的解释力[⑤]，体现为拟亲缘化[⑥]、论资排辈和对等级与权威的天然敏感[⑦]，以及基于人情面子的人际交往[⑧]。中国熟人社会抑或是半熟人社会下的协同督导关系，在专业伦理规范基础之上，面临着关系界限模糊、讲究人情面子、重视权威等本土文化特征的影响，呈现出一种本土社会文化与专业关系交互影响下的权、情、理交织的多面向关系，其内涵变得更加丰富、复杂且充满挑战，需要以下策略和方法加以回应。

（一）平等对话与自我觉察：对权威的警觉

伯纳德（Bernard）认为，权力是协同督导关系的本质之一[⑨]。协同督导

---

① 古学斌、张和清、杨锡聪：《专业限制与文化识盲：农村社会工作实践中的文化问题》，载《社会学研究》2007 年第 6 期。

② 王思斌：《试论我国社会工作的本土化》，载《浙江学刊》2001 年第 2 期。

③ 费孝通：《乡土中国》，上海·华东师范大学出版社，2018 年版，第 22—30 页。

④ 朱古月：《转型期下农村社会的人情变化——基于黄光国人情与面子的理论模型》，载《农村经济与科技》2018 年第 3 期。

⑤ 余佳伲：《差序格局下社会工作专业关系建立的本土化探讨》，华中师范大学硕士学位论文，2013 年。

⑥ 蒋玲玲：《理性视角下的“差序格局”》，载《学理论》2010 年第 25 期。

⑦ 黄妍、桑青松：《中国传统文化视域中的人际空间距离》，载《安徽师范大学学报》（人文社会科学版）2009 年第 1 期。

⑧ 翟学伟：《人情、面子与权力的再生产》，北京大学出版社，2018 年版。

⑨ BERNARD J M. Fundamentals of clinical supervision [M]. 3rd ed. Pearson education, 2004. 转引自蔡晓雯、郭丽安、杨明磊：《督导关系中的权力内涵研究——受督者观点》，载《中华辅导与咨商学报》2010 年第 27 期。

者基于职位本身的权力及其在机构所处的位置，使其必然拥有权力与权威。虽然“双百”认为协同督导者不应该是专家，社会工作者也不应该是被动等待指导的“无知者”，二者并非二元对立，而是互为主体的关系。但是在注重人情与关系、尊重权威的社会文化影响下，这种互为主体的相对平等的协同督导关系建立与维持容易受到挑战。在差序格局的社会文化关系中，拥有权威者往往是经验丰富或资源掌握者，协同督导者因其经验较社会工作者更为丰富，在机构中处于更高的位置，也是一种掌握资源的权威者。协同督导者的权威，会使社会工作者对其更为尊重，也容易接受协同督导者的建议，向协同督导者学习。但是，面对权威，社会工作者也会出现依赖权威或敬畏权力的情况，不利于发挥社会工作者的主体性。就如在 H 镇社工站协同督导过程中，虽然协同督导者一直强调双方是互为主体、相伴同行的过程，但没有或缺少从业经验的社会工作者较为依赖资深社会工作者，资深社会工作者有时也会依赖协同督导者的意见和建议。例如，前面所述关于是否应该介入“水上人家”以及环卫工人在家旁边堆放废品遭到邻居投诉等问题，社会工作者会优先考虑让协同督导者帮忙解答或示范解决问题。因此，协同督导者要时刻警觉自己的身份位置及与社会工作者的权力关系，不断进行自我觉察与反思，调整自己协同督导的方式，提升社会工作者的主体性，引导其正确看待权威。利用非正式、生活化的协同督导场景或个别化的沟通，可以营造更为平等的互动环境，在共同行动基础上一起对话、讨论和反思，可以帮助双方警觉权威对于协同督导关系的影响，促进社会工作者充分表达意见，自主寻求解决问题的方法。

（二）相伴同行：对意义的理解

相对于当地社会工作者和村（居）民而言，协同督导者是“局外人”。由于“局外人”缺乏对当地社会文化的长期浸润，往往难以深刻理解当地人及其事件背后的隐情及微妙之处，以及复杂的情感和深层的意义建构。[①] 因此协同督导者需要进入社会工作者及村（居）民的生活世界，努力使自己站在

① 陈向明：《质的研究中的“局内人”与“局外人”》，载《社会学研究》1997 年第 6 期。

“局内人”的角度思考和行动[1]。相对于服务对象而言，社会工作者是“局外人”。为了促进社会工作者从“局外人”向“局内人”视角的转变，“双百”鼓励协同督导者与社会工作者相伴同行，与社会工作者“同吃、同住、同劳动”，以“自然”的状态进入社会工作者及村（居）民的工作与生活环境，通过在村居社工站食宿，或与社会工作者、村（居）民一起用餐、入户、走社区、同劳动、举办活动、参与社工站团建等方式，增进与社会工作者和村（居）民的信任关系，促使协同督导者、社会工作者和服务对象尽可能“视域融合”（Fusion of horizons），以便增强彼此对问题及其意义理解和诠释的共识，避免社会工作者先入为主的专业判断和“压制性”的协同督导关系的发生。

正如项目办协同督导者所说：“我们协同督导者跟社会工作者一起驻村入户共同面对服务对象，就是避免坐而论道，避免在没有深入了解情况就给出自以为是的意见、建议。”他还说：“不入社区和家门，根本难以理解社会工作者所提出来的真正问题是什么，有了一起面对的基础后，大家一起商讨才容易得出一个大家都认同的行动方案，才会一起执行，带来真正的改变!”

（三）情理并重：善于发挥协同督导者的支持功能

本土社会文化情境中的协同督导关系，重视情感的互动与支持，相信适时的情感支持（共情）可以帮助社会工作者度过迷茫与失落阶段，增强他们应对困难与挫折的抗逆力，从而增强自我专业认同。所以，协同督导者应该扮演一线社会工作者情感支持者的角色，及时关注他们情绪及情感方面的困扰，协助大家安顿身心，坚定信念，战胜困难。重视社会工作者的情感问题，并非要求协同督导者“重情不重理”，而是强调协同督导者以专业跟进为主线，发挥情理并重的支持性功能，更加全面开展工作，实现协同督导目标。

协同督导者的情理支持作用体现在肯定和鼓励两方面，尤其是面对非专业背景的社会工作者，必须充分肯定他们的成绩，最大限度支持缺少从业经

---

① 本书认为“局外人”无法成为真正的“局内人”，但可以通过不断的互动与深入的理解，无限接近“局内人”。同时，协同督导者也不应成为完全的“局内人”，而应在理解的基础上，“跳出”现实处境，进行理性的专业思考。

验的社会工作者大胆尝试，勇于实践，及时反思，在不断行动的过程中增强专业信心和职业认同。协同督导者在H镇社工站经常采取支持和鼓励的协同督导方法，包括在协同督导过程中及时发现社会工作者的优点，不失时机地给予肯定和表扬；鼓励社会工作者在各种场合大胆发言，积极分享，持续实践。当社工站团队面临人员变动的冲击时，协同督导者给予及时的支持和鼓励，努力维护站点良好的发展态势。例如2019年7月，由于H镇社工站两名资深社会工作者调岗担任协同督导者，致使社工站团队一度陷入情绪低落，工作状态不佳的困境。此时副站长兼内部协同督导者就发挥了一定的支持鼓励作用。她积极疏导社会工作者的负面情绪，鼓励大家从“没有资深社会工作者带领”的危机中看到“大家能够独立成长”的转机，从而安顿身心再出发。事实上，该站点经历资深社会工作者的离开之后，以前缺少从业经验的社会工作者失去依赖，但经过情绪疏导和心态调适后，反而激发他们留任社会工作岗位的勇气和责任，带领其他社会工作者做得更好。

二、协同督导的角色定位

（一）协同督导角色定位

“双百”协同督导属于社会工作督导范式中的其中一种，重点强调社会工作督导中本土文化敏感的重要性和互为主体的“师徒关系”，重视督导与被督导者在相同的行动脉络中责任共担、共同成长。那么，在责任共担的协同督导关系中，协同督导者应该如何介入一线社会工作者的工作，在相伴同行过程中应该扮演何种角色？

“双百”协同督导的核心目标是“向当事人提供充分而有效的社会工作服务”[①]。围绕这一目标，协同督导者的角色定位应该是支持或保障社会工作者能够向当事人/服务对象提供充分而有效的社会工作服务，以达到服务目标。在具体的协同督导过程中，作为社会工作者的支持者和专业保障者的角色定位具有情境性和变动性的特点，因为协同督导者、社会工作者、基层政府工

① 阿尔弗雷多·卡杜山、丹尼尔·哈克尼斯：《社会工作督导》（第四版）（郭名倞等译），北京·中国人民大学出版社，2008年版，第17页。

作人员、服务对象等参与主体在不同层面对协同督导核心目标的达到都有所贡献，而且随着社会工作实践的阶段性变化、目标达到程度以及参与主体的个别化差异，参与各方的角色定位也需要作出相应的调适，否则会造成协同督导内容与协同督导需求目标之间的错位和不匹配。

具体而言，在“双百”社会工作服务的初级阶段，基于社会工作者对新站点、新项目、新社区，包括新行业认识不足，群众基础薄弱，社区评估研究比较粗浅，专业服务方向、目标、计划等不够明确，专业服务网络尚未建立等现实状况，协同督导者主要扮演教育者、咨询建议者，甚至行动引领者的角色，给社会工作者答疑解惑，共同面对实际困难。该阶段的协同督导关系类似于“引领行动”的关系，协同督导者基于经验及专业知识在“前方引路”，而社会工作者紧随其后“模仿实操”，逐步内化。例如，2017—2018 年度协同督导者对 H 镇社工站社会工作者的协同督导就经历了这样的过程，即协同督导者带领社会工作者走访社区、入户访谈的同时，与社会工作者共同讨论社区及服务对象的问题和优势资产，“手把手”带领社会工作者撰写社区评估行动研究报告，并制定站点“53111”执行机制。

当 H 镇社工站逐步确立站点“53111”执行机制，并沿着工作计划有条不紊执行时，协同督导者及时调整自己的角色，从“靠前”的位置“后退一步”，由“引领行动者”转变成为“相伴同行者”。实践证明，协同督导者适时转变角色有利于社会工作者从“被动执行者”变成“主动作为者”，这种身份角色的改变，实质是协同督导权力关系的转化，因为协同督导者与社会工作者相伴同行的平等关系，促使社会工作者成为社区及其服务对象的同行者，致使协同督导的过程逐渐成为协同督导者、社会工作者和服务对象“三重能力建设”的过程。每次进村，协同督导者都有意识地依据 H 镇社工站的“53111”，以“提问”“一起做事”等方式，提升社会工作者独立思考问题和大胆解决问题的能力。例如，在本章案例中，协同督导者与社会工作者一起进入“水上人家”入户访谈、分析问题，共同开展个案工作和口述文化行动，并运用“实践结合理论”的专业学习方式总结提炼本土实务模式。实践证明，这种“后退一步”的协同督导策略不仅有助于提升一线社会工作者的主观能动性，而且通过社会工作者的主体性又有助于激活服务对象的主体性，逐步形成“三重能力建设”的督导协同状态。

总之，协同督导者不能固化自己的角色定位和协同督导方式，而需要以“工作者为本”“服务对象为本”和“社区为本”的协同督导视角，基于具体情境和协同督导关系的发展进程，因地制宜、因势利导地促进社会工作者专业成长，并通过社会工作者的身体力行，带动服务对象及其社区的改变。

（二）内、外部协同督导者的角色定位

由于“双百”主要在粤东、粤西、粤北经济社会欠发达地区全面实施，因此，相对于“珠三角”社会工作先发优势，“双百”在粤东、粤西、粤北地区一落地就存在缺乏专业协同督导人才的短板。2017年至今，为了补齐短板，实现全省专业人才队伍建设平衡发展的目标，“双百”逐步建成省、地（市）及镇（街）为中心的“三级网络”专业人才支持系统。该系统主要依靠省级“项目办”和地（市）“地区中心”提供外部协同督导人才支持，辅之以社工站内部选拔培养督导人才的做法，基本实现内外部“双循环”的专业协同督导人才培养格局。

除了外部协同督导者进入站点协同督导之外，为了应对“点多、面广、督导人才缺乏”的困境，从2018年至今，“双百”实施“社工站内部协同督导能力提升计划”。该计划从每个地（市）社工站择优选拔副站长兼任内部协同督导者，以增强“双百”协同督导力量，提升社会工作者专业服务能力，保证服务效果[①]。该计划实施至今，逐步形成内、外部督导相结合的社会工作协同督导介入模式。童敏根据厦门社会工作发展经验，认为进入21世纪之后，为了同时满足社会工作者的行政、教育和支持等方面的需求，聘请外部督导者与内部督导者搭配等合作互补的督导方式受到越来越多的服务机构和社会工作者推崇[②]。

项目办根据对部分内、外部协同督导者深度访谈和参与观察的资料分析，发现“双百”实施的内、外部协同督导模式各有优势和局限性（见表11-1）。

---

① 《广东社工“双百”社工站副站长督导能力提升计划（第一批）》，http://www.shuangbai-plan.org/data/13617/，2018年12月27日。

② 童敏：《社会工作督导基础知识》，北京·中国社会出版社，2019年版，第9页。

表 11-1　内、外部协同督导的优势和局限性对比表

协同督导类型	优　势	局限性
内部协同督导	1. 对社会工作者团队成员及服务对象“知根知底”，更清楚本土实务问题的来龙去脉 2. 具有“在场”优势，能及时支持其他社会工作者	1. 专业基础相对较弱，专业视野相对较窄 2.“局内人”身份容易失去敏感度，因关系固化而难以改变
外部协同督导	1. 专业基础相对较强，专业视野相对开阔 2.“局外人”身份更易做到“旁观者清”，与社会工作者利益冲突相对少，便于促成改变	1. 较少时间沉浸于站点一线实务工作，难以全盘掌握站点实务动态状况 2. 协同间隔较长，时间不够充足，难以及时回应社会工作者面临的即时性问题

表 11-1 反映了“双百”内、外部协同督导各自的优势及局限性。从整体而言，内部协同督导者较外部协同督导者在行政性和支持性角色的发挥方面更有优势，而外部协同督导者则更长于发挥教育性角色的专长。对于“双百”而言，社会工作协同督导“三大功能”的实现需要内、外部协同督导者相互配合，形成互补效应。例如，基于外部协同督导者协同时间有限的现实状况，内部协同督导者可以持续跟进专业教育，发挥好“中介”的作用，协助社会工作者团队进一步消化教育培训内容，与其他社会工作者共同内化专业知识，提升团队执行力。同样，尽管内部协同督导者对于团队内部情绪和关系的矛盾张力相对比较敏感，但也会产生“不识庐山真面目，只缘身在此山中”的局限性，因此，有时化解内部矛盾还需要借助外部协同督导者的支持与平衡。另外，内部协同督导者的行政性督导功能也需要外部协同督导者的支持，例如在站点社区评估行动研究及“53111”执行机制制定、落实等方面，有经验的外部协同督导者能够协助内部协同督导者处理好各种行政关系，以便更好地规划和执行“53111”执行机制，确保最终实现服务目标。

值得一提的是，表 11-1 所示的内、外部协同督导各自的优势与局限性并非其身份角色所赋予的必然特征，具体功能角色需要结合协同督导者自身的独特性而定。例如，并非所有外部协同督导者的专业能力都比内部协同督导者强，也并非所有内部协同督导者都比外部协同督导者更了解社工站及社会

工作者的具体情况。因此，内、外部协同督导者要发挥角色功能互补的作用，应该结合具体情况不断澄清各自的角色定位与分工合作。

三、协同督导过程中“理解”的运用

社会工作督导是一个专业价值、使命、知识、技巧在协同督导者与被协同督导者之间传递与共享的过程。具体而言，社会工作协同督导涉及协同督导者对社会工作者的实务困境，乃至服务对象生活困境的理解与介入。同时，社会工作协同督导也牵涉社会工作者从协同督导者那里所接受的对专业价值、理论知识和实务技巧的理解及反馈。因此，社会工作协同督导涉及协同督导者与社会工作者如何实现有效的“理解”与“被理解”，从而达到实践知识和意义的理解及共享，切实保证协同督导的有效性。很显然，“理解”与“被理解”是协同督导过程中非常重要的实践议题。

阮新邦认为，在理解社会现象或人的行为的时候，理解者是要评估行为背后的理据才可以掌握此行为的意义，而这需要从相关的社会文化脉络和价值系统进行演绎，理解涉及理解者和被理解者各自所属的社会文化背景和价值系统。[①] 伽达默尔提出“双向理解”（dialogical understanding）的概念，认为任何理解都不可能由理解者的单一角度构成，而是需要理解者和被理解者的“合作”，理解者要不断依据被理解者的行为调节自己的理解和演绎。在此过程中，理解者和被理解者的角度调和起来，出现“视域融合”（fusion of horizons）的情况，并由此构成对社会和人文现象的理解。[②] 而当理解者和被理解者的角度相冲突，那么理解者很可能会检视其本身或对方的价值预设，在调和二者价值判断的过程中，所涉及的不单是理解者认知上的改变，同时也是其价值取向上的改变。因此，解决理解上的冲突同时也是在一定程度上疏解价值层次上的冲突，这是对社会现象达到较确切理解的重要条件。[③] 有鉴于此，协同督导中涉及的理解议题，可以参照对话理解和价值澄清的策

① 阮新邦：《迈向崭新的社会知识观》，北京大学出版社，2005 年 10 月，第 24 页。
② 阮新邦：《迈向崭新的社会知识观》，北京大学出版社，2005 年 10 月，第 27 页。
③ 阮新邦：《迈向崭新的社会知识观》，北京大学出版社，2005 年 10 月，第 26 页。

略来回应。

在 H 镇社工站协同督导的案例中，协同督导者曾经在是否介入“水上人家”，是否立即解决环卫工人堆放废品等问题上与社会工作者产生理解的分歧。社会工作者之所以对介入“水上人家”存在疑虑，是因为受过去工作经验的影响，他们看重与当地政府的关系，担心介入会影响和谐的政社关系。而协同督导者则秉持弱势优先的价值观看待“水上人家”，认为应该从困难群体的急难问题出发优先提供服务。由此可见，同一现象理解分歧的背后隐藏着价值观的差异。为了达成理解和共识，一方面协同督导者与社会工作者耐心对话，启发他们深入了解“水上人家”的历史文化变迁及其现实困难，从而澄清自己存疑背后的理据或价值判断；另一方面协同督导者与社会工作者一起走访“水上人家”，从该群体日常生活的问题及其优势资产看到改变的必要性和可能性；最后通过协同督导者与社会工作者协商反思达成介入该群体的共识。

关于社会工作者是否介入环卫工人堆放废品问题及其角色定位的理解分歧，反映了“工作者为本”和“社区为本”的价值冲突。社会工作者之所以认为必须帮助解决社区环境卫生问题，是因为社会工作者将卫生问题当作自己的问题，尤其是说服环卫工人清理废品受挫时更是将无法解决问题的责任归咎于自己，体现了工作者为本的价值观。而“双百”协同督导者之所以强调必须理解卫生问题的来龙去脉及其社区解决问题的可能性，则反映了社区为本的价值观。很显然，当社会工作者与社区民众对问题及其背后价值观的理解产生矛盾时，社会工作者必须通过对话理解的过程达成共识，才能根本解决问题。

由此可见，“双百”重视协同督导过程中“理解”的运用，强调协同督导者不仅协助社会工作者深入理解服务对象的问题及其社会根源，而且帮助社会工作者及服务对象澄清问题背后的价值观，彼此从相互理解、包容、达成共识的角度发挥优势，共同寻找出路。

四、协同督导者的能力建设

“双百”协同督导者在协同督导过程中既需要自身的能力建设，也应该协助社会工作者及服务对象提升自己的能力，因此，“双百”必须做到协同督导者、社会工作者、服务对象的三重能力建设。古学斌认为能力建设的教学理念基本上是以学生为本的，但这并非是一个单向的过程，而是教育者与学生共同能力建设的过程，即要相信不仅学生有成长的能力，教育者自己也有这种成长的能力，这种相信改变的可能性是立足于相信人的能动主体性。师生双重能力建设实现于教学过程，这一教学过程是知识协同建立的过程，教育者只是扮演协调催化者的角色，在带动学生一起思考、表达意见、提出问题和共同寻找答案的互动过程中，教育者发现自己的局限和不足，不断改善和提升自己。这有赖于教育者在与学生的对话中认清自身的主体位置，审视师生之间的权力关系及教学过程中压制学生成长的因素[①]。

受成人教育能力建设观念及其做法的影响，“双百”的协同督导过程致力于实现“协同督导者—社会工作者—服务对象”三重能力建设的目标。在本章案例中，协同督导者一方面审视自身的主体位置以及与社会工作者的权力关系，与社会工作者一起参与服务过程，并引导社会工作者独立思考、提出问题，共同行动寻找答案，达到协同督导者与社会工作者双重能力建设；另一方面也必须促使社会工作者与服务对象相伴同行，实现社会工作者与服务对象的能力建设。

例如，H 镇社工站两名前期缺少从业经验的社会工作者，他们刚开始进村时根本不懂如何进行祠堂文化访谈，也不明白为何要挖掘社区文化资产。对他们，协同督导者不是直接给出答案，而是陪伴他们入户访谈，鼓励他们担当主访人，自己充当配角，在旁边协助和引导，事后还带领社会工作者一起学习社会工作口述文化行动的理念、价值、内容、技巧等，以便大家举一反三，自觉运用。再例如，社会工作者经常遇到入户探访困难群众和特殊群体（残障儿童家庭等）遭拒绝的情况，他们期望协同督导者教会方法技巧，以便今后“对号入座”。面对这样的“求助”，协同督导者察觉到社会工作者是以“师者”期待自己，他们期望得到现成的答案，以便迅速找到解决问题的科学方法和技术。但是，当协同督导者与社会工作者一起成功入户访谈，

① 古学斌：《三重能力建设与社会工作教育》，载《浙江工商大学学报》2011 年第 4 期。

并与服务对象共同解决问题之后，社会工作者意识到自己的专业成长来自与协同督导者、服务对象一起尝试、不断探究的过程。在一次协同督导总结会上，一名社会工作者反思自己以前总是“自我预设”，而现在已经意识到社会工作者应该与服务对象“见缝插针”聊家常，从他们最关心的问题入手，多分享与之相关的国家福利保障政策及相关获取方法等。总结会上，协同督导者也谈及自己从社会工作者身上学到很多，看到社会工作者与服务对象真诚对话，以及社会工作者从业经历对推动“双百”工作的优势。

总之，经过 4 年多的协同督导，“双百”协同督导者在与社会工作者共同行动、反思、对话和学习的过程中共同成长。协同督导者不断更新自己的专业知识体系，更加深刻理解扎根社区社会工作的理念、方法、策略和路径等，逐渐澄清“协同督导者—社会工作者—服务对象”三重能力建设协同督导的内涵及其运作方法等。协同督导者的能力建设包括深刻觉察协同督导者的主体位置和角色功能，反省自身与社会工作者及服务对象之间协同督导的权力关系，警觉专家角色对协同督导关系可能造成的压迫，从而不断更新专业知识体系，最大限度服务（造福）社会工作者及服务对象。

第四节　“双百”协同督导介入模式

本节在反思“主客二元”的社会工作督导模式的基础上，结合本章对案例的分析，总结提炼“双百”协同督导实务模式。

一、“主客二元”的社会工作督导关系

在西方社会工作发展史上，不同专业化发展取向的倡导者和追随者，对督导范式的看法截然不同。由于社会工作督导源于慈善组织会社的行政督导，并逐渐发展出集行政性、教育性和支持性功能于一体的传统社会工作督导的三大功能，督导逐渐成为社会工作专业化发展一项公认的制度安排。然而在实证科学取向下，个案工作的督导以及个案工作式的督导成为专业发展的主

流甚至是一种传统，有学者认为，"社会工作督导主要指的就是个案工作的督导"①。然而，在传统强调"主客二元"关系的社会工作督导范式中②，社会工作督导者要么直接把个案工作的治疗手法用于对社会工作者的个人督导中，这种带有治疗性质的督导过程被许多社会工作者拒绝③；要么把社会工作督导看作对一线社会工作者的一种监控机制（特别是在强调责信的时代），这会降低社会工作者的自发性与创造力④。而很少有文献涉及督导在睦邻组织运动中的运用，这一方面是因为睦邻运动的社区工作者难以接受"督导"这一沾染了等级色彩的观念，"对于睦邻组织运动的工作人员来说，他们要的'是协商，而不是督导'"⑤；另一方面是因为社区工作处境的难以界定，使得传统的督导模式难以奏效。卡杜山和哈克尼斯指出，实际上社区工作者的督导需求相比个案社会工作者更甚，只是传统督导文献以个案工作为主流，难以为小组工作者与社区工作者提供任何可资效法的互动模式。⑥

徐明心认为社会工作督导不应该只是"指导"，还应"鼓舞"社会工作者。社会工作督导最重要的工作是："传授其对社会工作使命与愿景的热情（passion）给被督导者，如此一来，社会工作督导就成为资深社会工作员与社会工作新生代之间使命感的共享，那么，社会工作督导也就不仅仅是专业实践（professional practice），更是道德实践（moral practice）。"⑦

---

① 阿尔弗雷多·卡杜山、丹尼尔·哈克尼斯：《社会工作督导》（第四版）（郭名倞等译），北京·中国人民大学出版社，2008年版，第15页。

② 所谓传统社会工作督导是指督导者的三重功能，即在层级机构背景下每次为一个人提供教育性的督导（也称为临床督导）、支持性督导和行政督导。参看 HAIR J O'DONOGHUE. Culturally relevant, socially just social work supervision: becoming visible through a social constructionist lens [J]. Journal of ethnic & cultural diversity in social work, 2009, 18: 70—88.

③ TSUI Ming-sum：《社会工作督导：脉络与概念》（陈秋山译），台北·心理出版社股份有限公司，2008年版，第6页。

④ TSUI Ming-sum：《社会工作督导：脉络与概念》（陈秋山译），台北·心理出版社股份有限公司，2008年版，第10页。

⑤ 阿尔弗雷多·卡杜山、丹尼尔·哈克尼斯：《社会工作督导》（第四版）（郭名倞等译），北京·中国人民大学出版社，2008年版，第12页。

⑥ 阿尔弗雷多·卡杜山、丹尼尔·哈克尼斯：《社会工作督导》（第四版）（郭名倞等译），北京·中国人民大学出版社，2008年版，第12—14页。

⑦ TSUI Ming-sum：《社会工作督导：脉络与概念》（陈秋山译），台北·心理出版社股份有限公司，2008年版，第10页。

社会工作督导到底是如个案工作督导那样强调自我完善和专业技巧，还是如责信时代所强调的行政问责和情绪处理（回应职业倦怠的问题等），抑或是一种使命感共享以及愿景热情传递的道德实践呢？不同社会工作实践范式或许会有不同的偏好和选择。自“双百”启动以来，扎根村居社区探索适合中国本土政治及社会文化情境的“协同督导”模式成为“双百”重要使命。既然睦邻组织运动的社区工作者需要“协商，而不是督导”，那么，倡导回归初心、重拾睦邻组织运动扎根社区传统的“双百”，将“督导”称作“协同督导”是符合本土专业发展旨趣和党的群众路线的。而且，“协同督导”的内涵不仅仅是“协商”，更重视督导者与社会工作者共同行动，推崇一种道德实践。因此，在扎根社区社会工作实践范式的“双百”脉络里，“协同督导”的社会工作督导范式，应该成为中国特色社会工作督导模式探索的新尝试。

二、文化敏感与“三重能力建设”的协同督导

在扎根社区的社会工作中，社会工作者的文化敏感非常重要。文化敏感不仅要求社会工作者对当地的文化敏感，更重要的是，社会工作者要察觉社会工作的实践正如人类学的田野工作一样，是在文化负载（cultural laden）和理论负载（theoretical laden）[①] 下进行的，如果不审视文化识盲和专业限制的问题，将会对民众造成伤害[②]。社会工作督导作为社会工作实践者的重要角色之一，尤其是在强调“差序格局”的中国熟人社会中，具备文化敏感显得尤为重要，督导者对其文化负载和理论负载时刻保持自省精神的必要性不言而喻，否则容易陷入与社会工作者“主客二元”对立的关系和自上而下单向的

① 所谓“文化负载”，简单而言是指研究者在从事研究时所背负着的自身的文化传统和了解系统，它们是研究者对于被研究者不同的生活世界进行区辨和转译的凭借。而“理论负载”则指出，研究社群在学习历程中经历一段时间的训练，累积了一定程度的知识和理论，而这些知识和理论不自觉地成为研究者看问题看事物的“识框”（framework）。参见古学斌、张和清、杨锡聪：《专业限制与文化识盲：农村社会工作实践中的文化问题》，载《社会学研究》2007年第6期。

② 古学斌、张和清、杨锡聪：《专业限制与文化识盲：农村社会工作实践中的文化问题》，载《社会学研究》2007年第6期。

教学[①]或管理过程，影响督导的成效。受批判教育学启发，刘晓春等学者将教育视为文化政治实践场域，将能力建设看作是“三向”的，即教育者、学生/社会工作者、民众从对话式教/学情境中知觉自己的主体，认清各种社会知识/权力关系对知识建构的影响，在彼此对话中建构社区发展的实践知识，三者均以主体身份共同参与社区转化的行动[②]。

本章归纳提炼“双百”“三重能力建设”的协同督导模式如图 11-1 所示。在具体的实践过程中，该模式首先倡导协同督导者与一线社会工作者之间形成互为主体的能力建设，再通过社会工作者与服务对象互为主体能力建设的传递过程，从而实现“协同督导者—社会工作者—服务对象”三重能力建设。该模式的具体实施过程包括协同督导者首先面向一线社会工作者开展协同督导，再与一线社会工作者直接或间接面对服务对象开展服务，从而实现从“协同督导者—社会工作者”的双重能力建设迈向“协同督导者—社会工作者—服务对象”三重能力建设，共同推动个案救助与社区共治协同发展。

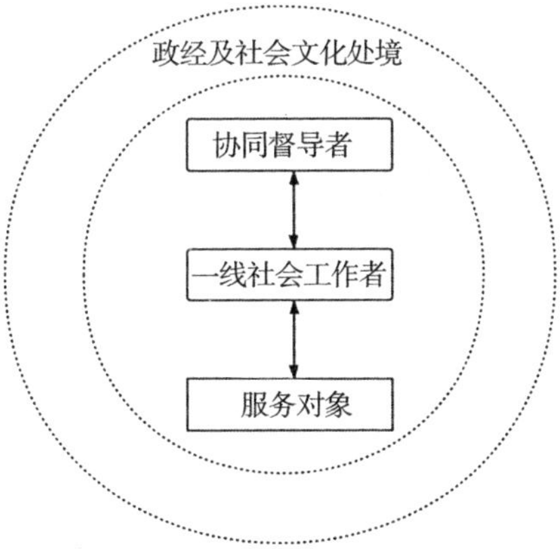

图 11-1 文化敏感的三重能力建设协同督导模式示意图

总之，通过“双百”协同督导模式的践行，致力于从价值观层面促使协同督导者成为社会工作使命感和价值情怀的传递者；从专业知识层面促使协

① 保罗·弗雷勒：《受压迫者教育学》（方永泉译），台北·巨流图书股份有限公司，2003 年版，第 117 页。

② 刘晓春、古学斌：《解放/被解放？——谈批判教育学与社会工作社区发展教育》，载《中国社会工作研究（第五辑）》（王思斌主编），北京·社会科学文献出版社，2007 年版。

同督导者与社会工作者“互为师生”，共同生产本土化专业知识体系；在实践层面促使“协同督导者—社会工作者—服务对象”在个案救助与社区共治协同发展的过程中实现三重能力建设。

思考题：

1. 何谓专业督导？为什么“双百”尊崇文化敏感和三重能力建设的协同督导模式？

2.“双百”协同督导的过程是怎样的？有何特点？

3. 如何理解协同督导的四个核心议题？

4. 简述“双百”协同督导者的角色。

附　录

附录一："双百"大事件简表

时间	事　件	意义
2016 年 3—7 月	广东省民政厅开展广东社会工作十年发展课题研究和社会工作人才队伍建设调研，总结广东十年专业社会工作发展的经验教训，探索推动广东社会工作发展的新路径，酝酿出台"双百镇（街）社会工作服务五年计划"	为广东社工"双百计划"的实施奠定了调研论证基础
2016 年 10 月 9 日	广东省民政厅印发《广东省民政厅关于做好粤东西北地区"双百镇（街）社会工作服务站"建设运营示范项目申报工作的通知》（粤民函〔2016〕1862 号）文件，计划在粤东、粤西、粤北地区和惠州市、肇庆市、江门市台山、开平、恩平等地建设运营 200 个镇（街）社会工作服务站	标志着广东社工"双百计划"的正式启动
2017 年 1 月 11 日	第一批"双百计划"发布面向社会公开招聘 940 名社会工作者的公告，并通过线上线下多渠道扩大招聘宣传（包括 4 场高校宣讲）。截至 2017 年 3 月 31 日，共收到 13652 份有效的应聘简历	"双百计划"首次进入公众视野，并得到广泛关注
2017 年 1 月	广东省民政厅领导与"双百计划"总督导前往肇庆市开展第一个社工站的选点工作，论证确定"落在村居、问题导向、方便群众"等三个选点标准，并将其写进了同年 3 月 3 日广东省民政厅印发《关于协助做好"双百镇（街）社会工作服务五年计划"项目招聘宣讲会和督导社工服务站准备工作的函》（粤民办函〔2017〕42 号）	明确全省"双百"社工站服务点的选点参考标准，为社会工作扎根社区奠定了选点基础
2017 年 6 月 10 日	第一期"双百"协同督导者协力成长营在广州黄埔青少年军校举行，"双百"项目办与 15 个地市督导中心成员首次聚会，共同筹备针对 940 名一线社会工作者的岗前轮训工作	开始搭建项目办—地区中心—社工站三级专业支持网络平台

续表

时间	事　件	意义
2017 年 7 月 1 日	广东社工“双百计划”社会工作服务站启动仪式在惠州市三栋镇鹿颈村举行，省民政厅副厅长王长胜发表动员讲话	标志 200 个社工站 940 余名社会工作者正式驻守村居
2017 年 9 月 8 日	由“双百计划”总督导牵头组建的专业培训课程开发小组经过 2 个月录制《双百社工：实务一》视频课程印发社工站，初步建立项目办、地区中心、社工站每周集体学习制度	标志“双百”成人继续教育正式启动
2017 年 9 月 18 日	第一期广东社工“双百计划”驻村居社会工作者学习成长营在广东绿耕社会工作发展中心从化项目服务点仙娘溪村举办	开启了“双百”副站长轮训，增强副站长“领头雁”的作用
2017 年 11 月 14 日	广东社工“双百计划”示范点建设培训在广州黄埔青少年军校举办，项目办、地区中心在社会资源支持下开启 76 个“双百”示范建设站点为期一年的建设培育	建立以示范点带动一般站点的专业发展策略
2017 年 11 月 28 日	广东省委书记李希一行前往韶关市丰城街道“双百”社工站视察，肯定社会工作者扎根基层的做法，表示社工站的各项工作符合党的十九大精神，做法专业，能够融入社区，为老百姓做实事	“双百”驻守村居、扎根基层的工作模式获得省委领导认可，有助于驻村居工作模式的落地生根
2018 年 1 月 21 日	第一场广东社工“双百计划”“目标—计划—过程”跟进、管理与评估培训启动，项目办、地区中心组建 23 人讲师团集体备课开发课程，并分组赴粤东、粤西、粤北 15 个地市面向全省 940 多名“双百”社会工作者开展相关培训	拉开了“双百”项目管理培训和集体专业课程研发的序幕
2018 年 5 月 17 日	广东省民政厅党组书记、厅长卓志强一行深入梅州市坭陂镇社工站调研，肯定社会工作者“群众路线”的专业服务模式及其成效，表扬“双百”专业协同督导工作	“双百”驻村居成效初步显现，“以点带面、逐步辐射”工作模式得到肯定
2018 年 5 月 29 日	第一期广东社工“双百计划”骨干行动学习网络在韶关市梅坑镇社工站举行。此后，项目办、地区中心联合社工站连续开展了七期旨在凝聚共识和提升专业能力的共学	项目办—地区中心学习型社区初步建立

续表

时间	事　件	意义
2018 年 7 月 11 日	广东社工“双百计划”核心示范点建设“口述文化工作坊”在梅州市金山街道社工站举行，粤东四个核心示范建设点的社会工作者及其协同督导者共同学习各具特色的社区工作方法，并以此为突破口探索核心示范点建设模式	开启“双百”核心示范点建设和服务品牌建设
2018 年 8 月 8 日	广东省民政厅召开广东社工“双百计划”交流座谈会，厅党组书记、厅长卓志强与一线社会工作者、协同督导者充分交流，共商“双百计划”未来发展的美好蓝图	坚定“双百”未来专业发展的信心，鼓舞“双百”社会工作者士气
2018 年 12 月 2 日	第一期《“双百”社会工作概论》培训在广东绿耕社会工作发展中心从化项目点仙娘溪村和乐明村举行。系统课程包括理论与实务等七讲内容，由项目办骨干和绿耕社会工作者授课	逐步形成“双百计划”系统专业课程体系，为“双百”概论和人才培养奠定基础
2019 年 1 月 3 日	广东省民政厅印发《关于做好乡镇（街道）社会工作服务站建设运营示范项目申报工作的通知》（粤民函〔2019〕17 号）文件，决定在第一批“双百计划”的基础上再建 207 个乡镇（街道）社会工作服务站	“双百计划”的覆盖面和影响力进一步扩大
2019 年 1 月 10 日	第一批“双百计划”200 个乡镇（街道）社会工作服务站全部完成注册登记，并成立乡镇（街道）社会工作与志愿服务协会工作	标志“双百”社工站迈向社会组织法人治理格局
2019 年 5 月 27 日	广东社工“双百计划”“53111”实操课程第一场培训在韶关市启动。该实操课程由项目办、地区中心、社工站骨干共 55 人基于“双百计划”实践经验和核心示范点建设经验集体研发	基于“双百”实务案例的课程体系初步确立，形成“双百”内部讲师团队
2019 年 7 月 1 日	第二批广东社工“双百计划”社会工作服务站启动仪式在清远英德市连江口镇连樟村举行，第二批“双百计划”207 个社工站正式启动	标志“双百”407 个社工站落地生根，社会工作覆盖面进一步扩大
2019 年 8 月 15 日	广东省民政厅印发《广东社工“双百计划”督导工作管理暂行办法》（粤民办发〔2019〕16 号），确定“持续、贴身的专业服务支持”“协同社工站开展行动研究”“陪伴社工共同面对服务对象”等督导原则，规定每个站点每月不少于 12 小时的实地协同督导时间	标志“双百”“相伴同行”的协同督导模式纳入政策执行

续表

时间	事　件	意义
2019 年 10 月 28 日	中国社会工作学会会长、北京大学王思斌教授一行深入肇庆市禄步镇社工站探访，并对“双百计划”给予高度的肯定	标志“双百”模式及服务成效得到社会工作学界认可
2019 年 11 月 17 日	民政部社会工作参与脱贫攻坚推进会暨助力乡村振兴战略研讨会在肇庆市德庆县成功召开，“双百计划”的经验做法得到了全国各级民政部门、专家学者和社会工作者肯定	“双百”经验开始在全国传播和推广
2019 年 12 月 7 日	广东社工“双百计划”2019—2020 年度核心示范点专业培训在广州举行，“大事件”经验梳理，提升实务经验成为示范点建设的重要抓手	促使社工站突破经验瓶颈，寻找实务工作突破，实现可持续发展
2020 年 1—3 月	广东社工“双百计划”407 个社工站 1737 名社会工作者成为广东省社区战“疫”生力军，助力打赢新冠肺炎防疫战	“双百”社会工作者的驻村居“在场”优势得以彰显
2020 年 6 月 7 日	广东社工“双百计划”实践与理论相结合骨干培训在佛山顺德举行，核心示范点建设进入实践与理论相结合的行动研究阶段，全省“双百”社工站也开启了实践结合理论提升实务水平的共学热潮	“双百”进入理论自觉的专业实践新阶段
2020 年 7 月 7 日	项目办印发《广东社工“双百计划”实践与理论相结合的操作指引》，针对项目办、地区中心共 80 余名社会工作者举办四期线上研修工作坊，推动三级网络学员建立共学理论提升实务水平的专业实践新阶段	“三级网络”进入实践与理论相结合的学习型社区建设新阶段
2020 年 8—9 月	央视新闻调查栏目分两期报道“双百计划”专题——《最后一米》《一个都不能少》，对“双百”个案救助与社区共治实务模式和带来服务对象社会性改变进行深度报道	“双百”的服务模式和专业成效得到认可，全国的专业影响力扩大
2020 年 9 月 18 日	民政部党组书记、部长李纪恒走访东莞市道滘镇社工站，指出“双百计划”在乡镇设立社工站，将专业服务开展到村（居）民家中，达到了更加精准地定位服务对象、更加全面客观地把握服务需求、更加有效地落实党和政府的惠民政策措施的效果，进一步畅通了党和政府联系和服务群众的“最后一米”，增强了群众的获得感、幸福感、安全感，期望进一步总结、提炼、提升，在更大范围推广	“双百”获得民政部领导的认可，为“双百”经验的推广和社工站全省全覆盖创造了契机

续表

时间	事　件	意义
2020 年 11 月 7 日	广东省民政厅、财政厅、人力资源和社会保障厅、妇女联合会、残疾人联合会联合印发《关于实施“广东兜底民生服务社会工作双百工程”的通知》（粤民发〔2020〕142 号），提出用两年时间实现全省乡镇（街道）社会工作服务站 100% 覆盖、困难群众和特殊群体社会工作服务 100% 覆盖	标志“双百计划”正式提升为“双百工程”，“双百”进入制度化建设的阶段
2021 年 1 月 4 日	广东省民政厅、财政厅、人力资源和社会保障厅、妇女联合会、残疾人联合会联合印发《“广东兜底民生服务社会工作双百工程”实施方案》（粤民发〔2021〕3 号）文件	明确“双百工程”推进的主要原则、重点任务、时间安排、保障措施等
2021 年 1 月 17 日	《“双百”社会工作概论》广东社工“双百计划”行动研究能力提升培训（第一期）在广州举行，项目办—地区中心—社工站骨干共 25 人组成的“概论”书写小组，集体总结、提炼与书写“双百”核心经验和实务理论	“双百”专业知识体系得以系统梳理、总结、提炼与传播
2021 年 5 月 7 日	广东社工“双百计划”协同督导成长营——行动研究能力提升培训（第四期）在广州开展，通过集体共学加强三级网络对“双百”核心知识体系的认同、理解与掌握，正式组建三级网络课程开发小组，启动《“双百”社会工作概论》课程研发及书写	“双百”专业实务知识向课程教育体系转化

附录二：“双百”服务全流程

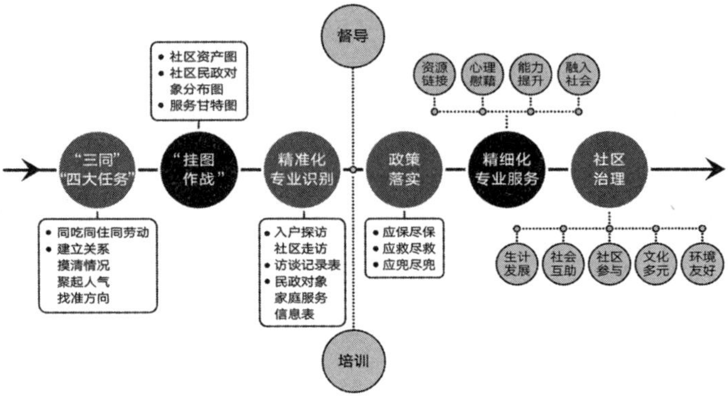

注：此服务流程图为服务过程的一般步骤，其具体次序要视实际情况灵活调整；督导和培训应贯穿于服务流程的始终。

附录三：服务对象家庭信息服务表

服务对象家庭信息服务表（家庭为单位）																									
基本信息 1.如果不适用请在表格里以“/”表示；															服务对象类别及基本情况 1.服务对象类别可包括：五保、低保、残疾、留守儿童、留守妇女、留守老人等； 2.等级及监护人一栏如不适用请在表格里以“/”表示。				享受政策/相关资源情况 1.如有享受相应政策/相关资源，在表格中填入对应享受的政策类别，例如低保、特困、残疾人补贴、高龄补贴等等。	服务评估			1.记录跟进的方式及日期； 2.详细的跟进记录另附；		
档案编号	自然村/社区	户主姓名	姓名	性别	身份证号码	年龄	民族	与户主关系	家庭成员数（填写数字）	职业	联系电话	身体情况	家庭详细居住住址	住房情况	类别	等级	自理能力	监护人	享受政策/相关资源情况	服务需求	服务目标	服务评级（根据民政对象跟进机制确定评级）	服务跟进简述	跟进人	更新时间
x-xx-xx-xx-00001																									
x-xx-xx-xx-00002																									

注：2019年7月开始，广东省“双百”社工站统一使用《服务对象家庭信息服务表》，以便于为困难群众和特殊群体开展精准化专业识别和精细化专业服务。

附录四：“双百”民政对象分布图（示例）

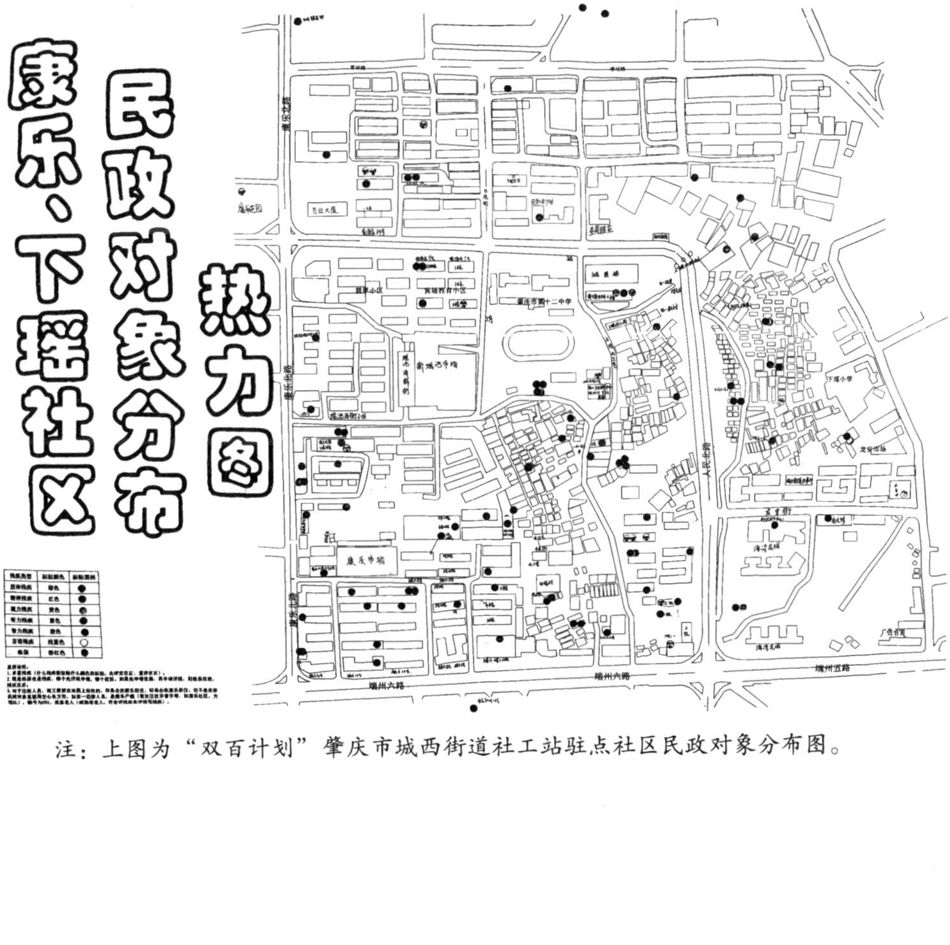

注：上图为“双百计划”肇庆市城西街道社工站驻点社区民政对象分布图。

注：上图为“双百计划”广东省汕头市隆都镇社工站社区民政对象分布图。值得一提的是，此图为Excell表中的电子图，图上的圆圈编号代表相应的民政服务对象。因添加了超链接，社会工作者点击该圆圈编号就可以转跳到民政对象家庭信息服务表的相应位置，便捷了解民政服务对象的分布和具体信息。

附录五："双百"个案救助服务流程图

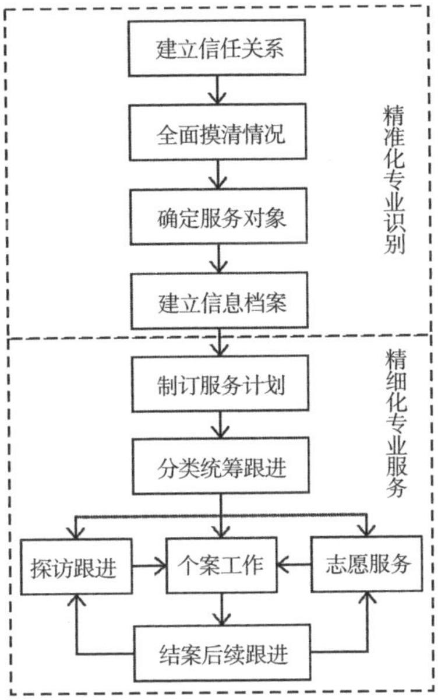

注：上图为"双百"个案救助从精准化专业识别到精准化专业服务的一般过程和步骤。

附录六：“双百”个案服务操作指引

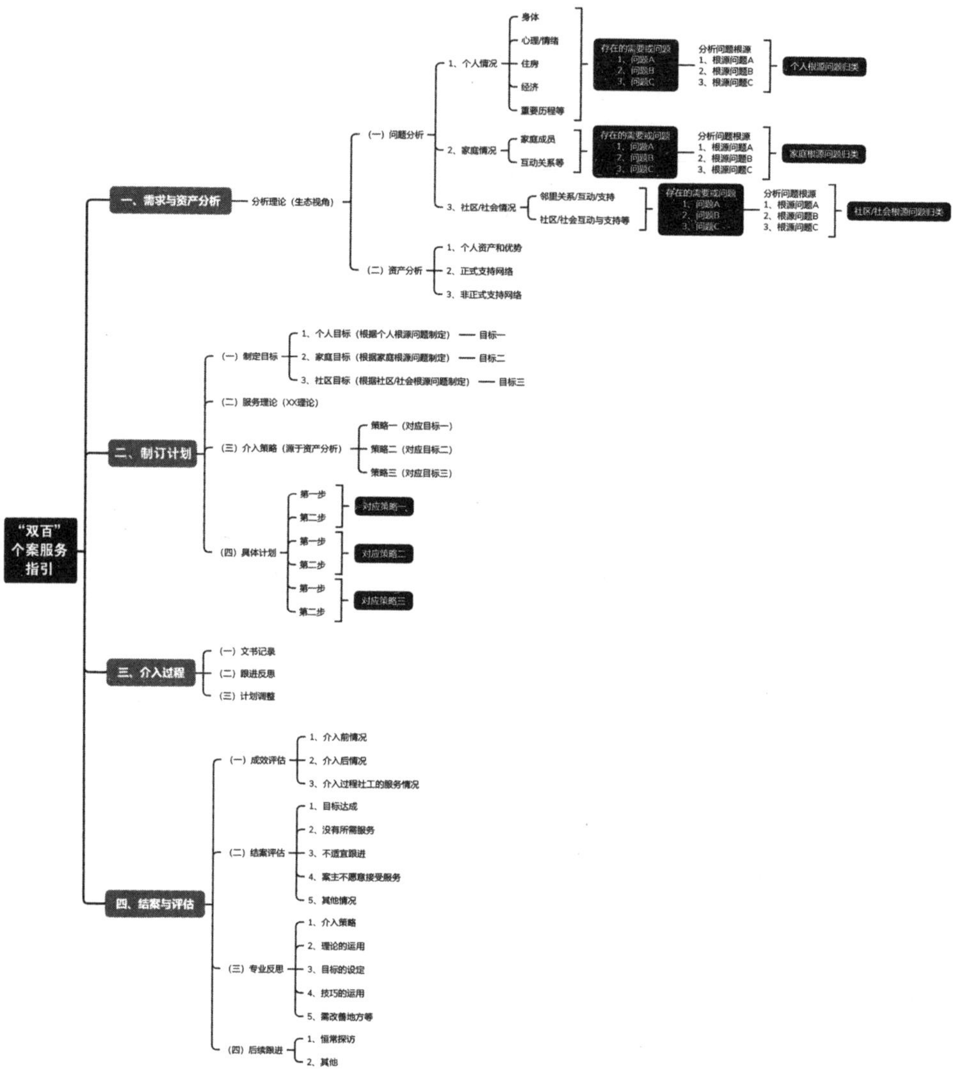

注：上图由广东省肇庆地区协同督导中心“汇智计划”课程开发组制作。

附录七："双百"社区评估逻辑图

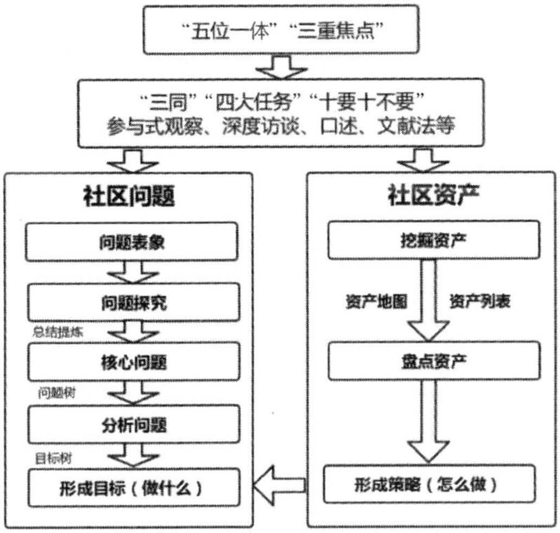

注：上图"五位一体"和"三重焦点"是社区评估的视角；"三同""四大任务""十要十不要"、参与式观察、深度访谈、口述和文献法等为社区评估的方法；社区问题研究形成目标和社区资产挖掘形成策略则是社区评估的内容和步骤。其中，"五位一体"是指应从生计发展、社会互助、文化认同、环境友好和公共参与等五个维度综合评估社区存在的问题和优势资产。"三重焦点"是指从个人/家庭、社区和社会三个层面分析社区问题的原因和介入策略。

附录八：“双百”“五位一体”社区问题评估分析表（示例）

“五位一体”的评估视角	问题表象	问题探究	三重焦点的问题分析		目标	资产	策略
生计发展	……	……	……	……	……	……	……
社会互助	……	……	……	……	……	……	……
文化认同	……	……	……	……	……	……	……
环境友好	……	……	……	……	……	……	……
公共参与	社区环境卫生很差，到处是垃圾；居民对社区事务漠不关心	关键事件……来龙去脉……问题影响……	个人/家庭	1. 居民过去在船上生活时习惯了往河里扔生活垃圾，环保意识薄弱 2. 居民习惯了依赖政府或单位解决社区问题	1. 提升环保意识薄弱 2. 增强居民的公共意识	社区内有6个船歌达人、5个竹编达人和1个船队老队长	开展社区教育，培养居民环境保护和公共参与意识
			社区	1. 社区缺乏保洁人员和设施（如垃圾桶） 2. 社区缺乏社区共治和居民社区参与机制 3. 社区缺乏社区骨干	1. 增加保洁人员和设施（如垃圾桶） 2. 促进社区共治机制的建立和居民的社区参与	1. 同单位居民集中居住 2. 有凝聚力的互助团体 3. 社会工作团队进驻，基层政府支持	培育社区互助组织和社区骨干，推动建立社区环境卫生共治机制
			社会	1. 居民对从“单位人”到“社会人”的社会转变不适应 2. 社区的社会互助传统和公共精神渐淡	1. 协助居民适应社会身份转变 2. 重塑社会互助和公共精神	社会互助传统浓厚，文化资产丰富，如船模、船歌、竹编、美食、习俗等	激活社区文化自信，重塑社会互助氛围及公共精神

注：上图以“双百计划”广东省肇庆市怀城社工站“水上人家”小区公共参与问题为例。

附录九："双百"社区问题与资产示例图

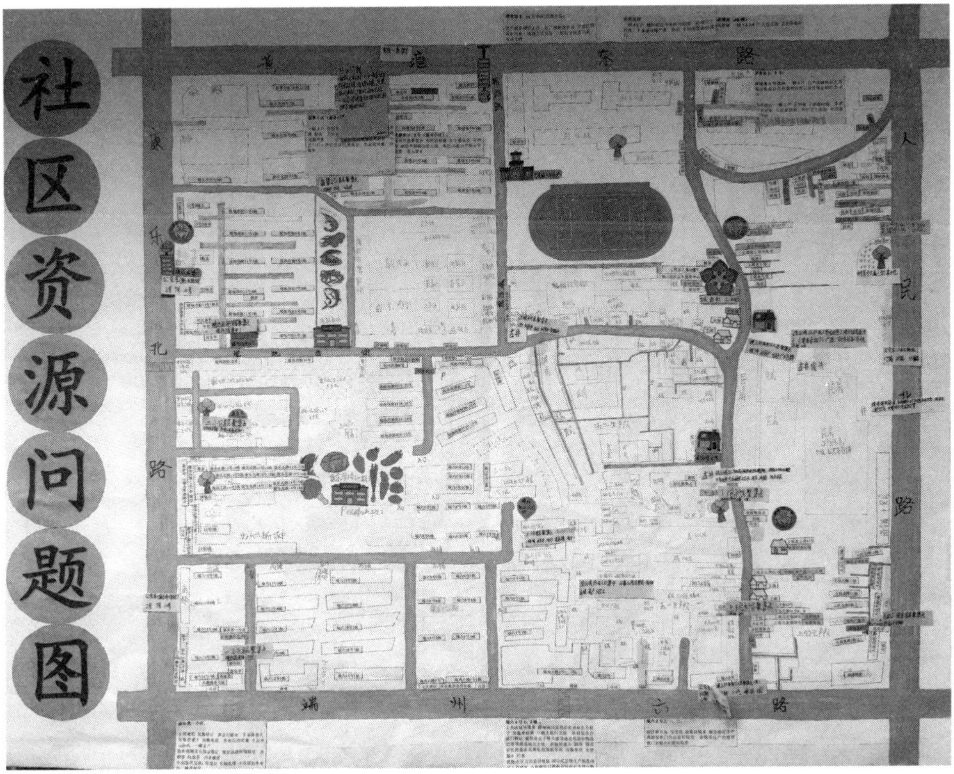

注：上图为"双百计划"广东省肇庆市城西街道社工站驻点社区资源问题图。

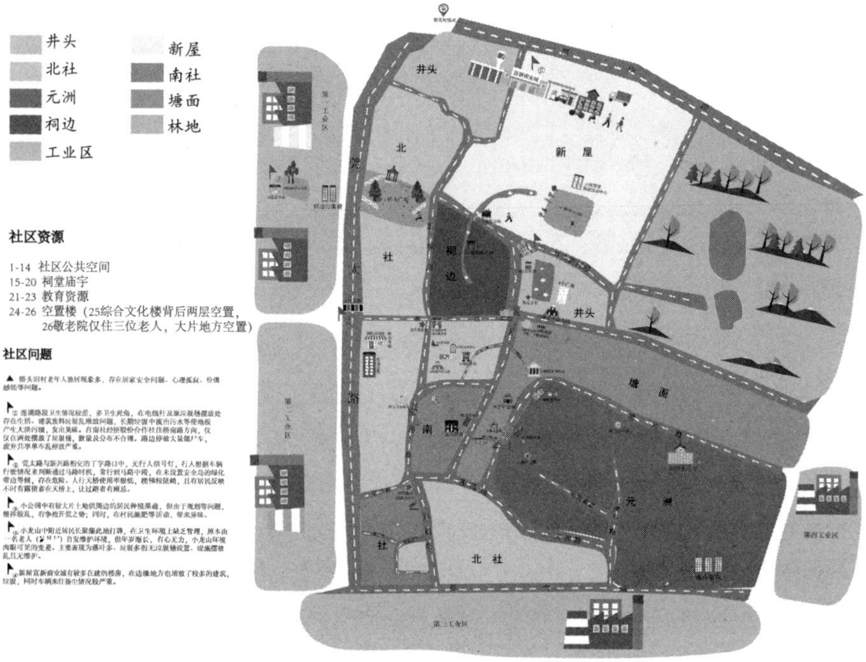

厚街镇桥头社区资产及问题示意图

注：上图为“双百计划”广东省东莞市厚街镇社工站驻点社区资产及问题示意图。

附录十："双百"社工站年度计划甘特图（以2019年度为例）

社工站年度计划甘特图

表格填写说明：

"○"表示活动计划时间：从活动计划书到活动总结书为活动的周期

涂色表示活动实际时间：

绿色表示：按照计划进行，达到活动目标；蓝色表示：部分按照计划进行或部分达到活动目标；红色表示：未能按照计划进行或未能达到活动目标

版块/项目	版块/项目人员	2019-2020年度总目标	年度子目标	活动	负责人	2019年7月				2019年8月				2019年9月				2019年10月				2019年11月				2019年12月				2020年1月				2020年2月				2020年3月				2020年4月				2020年5月				2020年6月			
						1	2	3	4	1	2	3	4	1	2	3	4	1	2	3	4	1	2	3	4	1	2	3	4	1	2	3	4	1	2	3	4	1	2	3	4	1	2	3	4	1	2	3	4	1	2	3	4
个案救助	负责人：组员：		子目标 1	活动1.1：				○	○	○	○																																								
				活动1.2：			○	○	○																																										
			子目标2	活动1.3：					○	○	○																																						
				活动1.4：																																															
			………	………																																															
社区共治(社区发展)	负责人：组员：		子目标 1	活动2.1：																																															
				活动2.2：																																															
			子目标2	活动2.3：																																															
			………	………																																															
人才培养	负责人：组员：		子目标 1	活动3.1：																																															
				活动3.2：																																															
			子目标2	活动3.3：																																															
			………	………																																															
协会运营	负责人：组员：		子目标 1	活动4.1：																																															
				活动4.2：																																															
			子目标2	活动4.3：																																															
			………	………																																															

注：甘特图是"双百"社工站年度计划"一页纸"跟进管理的工具。

附录十一：“双百”社工站大事件梳理（示例）

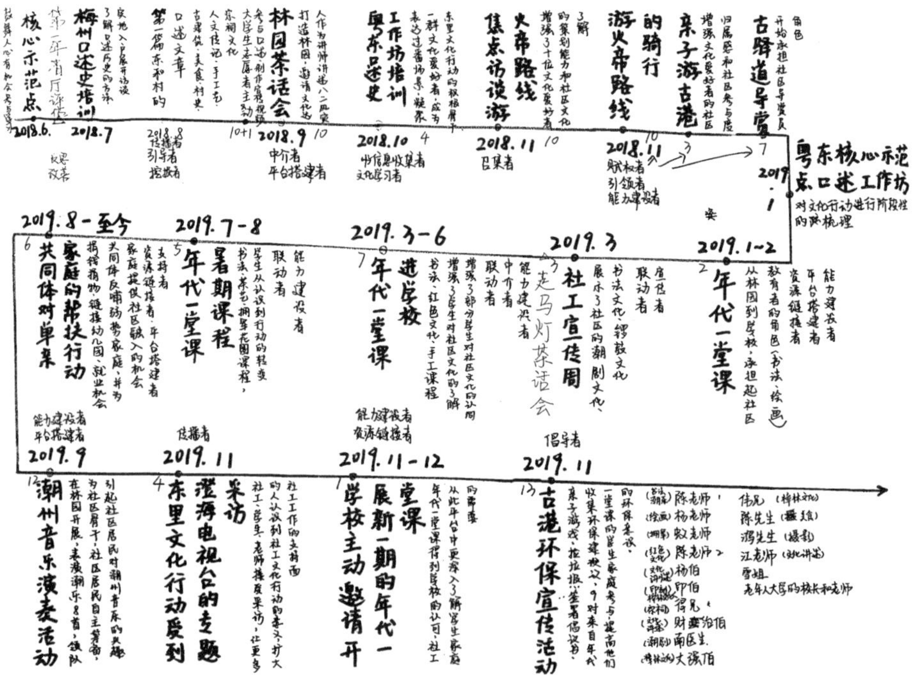

注：上图为“双百计划”汕头市东里镇社工站社区发展主线大事件梳理图。

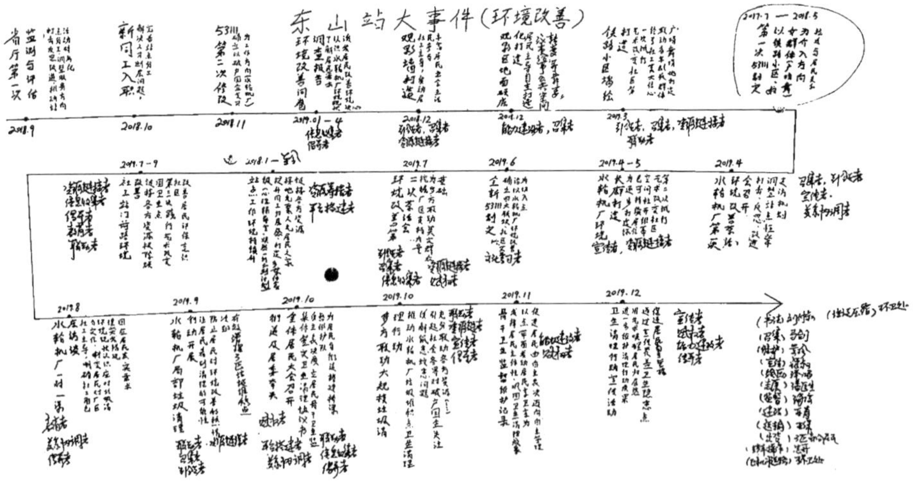

注：上图为“双百计划”广东省茂名市东山街道社工站环境改善主线大事件梳理图。

后　记

写到此，脑海里不断地跳出无数社区民众、各级政府官员和“双百”社会工作者的名字，他们对“双百”的无私奉献和艰苦探索必须被铭记，否则，我们就背叛了“双百”的历史，那就不可能开创未来。因此，作为后记，请允许我满含感激之情，将4年多来与我们一路同行的人的名字一一记录下来，期望今后每一名“双百”社会工作者读到本书，或者在实践中有所助益时，能够心怀感念，做到“吃水不忘挖井人”。

这本书凝聚了所有“双百”人行动研究的成果和智慧。我们都不能忘记每一名与“双百”深刻相遇的村（居）民和1737名驻守村居的一线社会工作者，记住他们才能使我们正在从事的事业发扬光大。可以这样说，不是社会工作者“拯救”了服务对象，而是村（居）民和一线社会工作者共同成全了“双百”。没有服务对象对社会工作的无条件接纳、积极参与和主动改变，“双百”不可能做出来；没有一线社会工作者深入村居，进入千家万户，“双百”也做不成。因此，我认为国家的希望来自底层劳动人民，我们应该感恩村（居）民的日常生活（社区）和服务对象的积极参与，是社区和服务对象成全了社会工作者的专业和职业；社会工作专业的尊严来自一线社会工作者的作为，我们必须感谢驻村居社会工作者用行动赢得了专业的尊严。

必须感谢亲自谋划与直接推动“双百”工作的卓志强厅长。他承受了“双百”这一新生事物带来的巨大压力，凭借卓越的政策水平和丰富的基层工作经验不断推进和完善“双百”的顶层制度设计，践行“民政为民、民政爱民”的价值理念；他频繁出现在“双百”政策宣讲和社工站、村（居）民中间，体察民情，激励“专业人做专业事”，促成“双百”形成尊重一线社会工作者和体现“弱势优先”的文化氛围。同时，还必须感谢广东省 15 个地市和“珠三角”各级政府、民政部门、镇街分管领导和村（居）委会干部，应该说没有各级领导干部的亲力亲为、狠抓落实，“双百”不可能取得成功。还必须感谢陈奇副厅长，他务实干练，将“双百”各项复杂工作统筹得井井有条，拿捏得恰到好处；民政厅前任副厅长王长胜对“双百”启动作出贡献；慈善事业促进与社会工作处前任处长郑章树和现任处长骆泽铭坚持实事求是，狠抓落实，勇于担当，在面对各种挑战中不断创新，推动“双百”的发展。此外，慈善事业促进与社会工作处前任副处长余莉、现任副处长宋智魁，二级调研员谢军、办公室副主任谭钊明等都为“双百”做了许多实事，在此一并感谢。

还要由衷感谢“双百”社会工作者的同行者——专（兼）职协同督导者和行政专员，没有他们不离不弃为期数年的相伴同行、协同督导，“双百计划”难以变成“双百工程”。在此，将他们的名字和参与“双百”年限按所在单位的首字拼音排序一一列举出来，以表示感谢。他们分别是——

北京师范大学珠海分校向羽（2 年）、袁小良（4 年），北京师范大学香港浸会大学联合国际学院周祥德（2 年），北京协作者社会工作发展中心杨玳瑁（1 年），东莞市大众社会工作服务中心彭显荣（4 年），东莞市莞香花青少年服务中心孔雪雯（4 年），东莞市横沥镇隔坑社区服务中心冯宛宁（2 年），东莞市虎门社会工作者协会李梦伟（3 年），东莞市蓝天关怀公益服务中心黄远清（1 年），东莞市普惠社会工作服务中心郭宏洲（3 年）、陆有雄（0.5 年）、姚耿洁（1 年），东莞市正阳社会工作服务中心刘磊（0.5 年），佛山市博睿社会工作服务中心黎晓丹（2 年），广东海洋大学郭浩（2 年），广东南华工商职业学院蔡红（4 年），广东联众禁毒社会工作服务中心王高喜（1 年），广东绿耕社会工作发展中心黄亚军（1 年）、甘传（2 年）、陈敏芳（2 年）、李洁（3 年）、林枫桦（0.5 年）、刘松涛（2 年）、林秀娣（1 年）、邰晨曦（1 年）、廖浩岑（1 年）、王霖（1 年）、陈海宾（4 年）、许雅婷（4 年）、付婧（3 年）、廖其能（4 年）、王福菊（1 年）、蒋罗（1 年）、钟颖仪（3 年）、谭伊雯（3 年）、罗丽媛（2 年）、杨景生（2 年）、梁春艳（4 年）、陈志平（4 年）、黄绮晴（4 年）、吴小蓉（4 年）、梁健如（2 年）、杨玉冰

（2 年）、陈如珠（3 年）、朱晓珺（2 年）、蔡植龙（3 年）、郑少真（4 年）、陈铭瀚（2 年）、许炜毅（2 年）、章诗照（1 年）、赖晓倩（3 年）、黄洁涵（0.5 年）、蔡润铎（0.5 年）、郑美珠（4 年）、蓝正宏（4 年）、陈彧（2 年）、谢绮绮（2 年）、袁婷（1 年）、江莉婷（4 年）、邹则天（1 年）、蓝婷婷（2 年）、甘丽梅（4 年）、刘杰（4 年）、吴奕权（1.5 年）、刘峰（4 年）、何仙娇（2 年）、赖冬东（2 年）、刘伟清（2 年）、谢倩莹（0.5 年）、陈佳欣（3 年）、何明（2 年）、林铭铭（1 年）、朱伟亮（4 年）、黄素梅（2 年）、李海强（2 年）、郑淑桢（1 年）、邹雪连（4 年）、王静雅（3 年）、邓洪馀（0.5 年）、钟思德（3 年）、黄小菲（2 年）、丁烁凌（2 年）、叶小华（4 年）、徐健锋（2 年）、卓小青（2 年）、区彩嫦（0.5 年）、黄海琪（3 年）、黄巧凤（0.5 年）、易沃杰（1 年）、彭学华（3 年）、杜爱华（4 年）、邱晶晶（2 年）、蔡幸娜（1 年）、曾己婷（2 年）、李国强（4 年）、许志玲（4 年）、陈霞丽（2 年）、陈雯璞（2 年）、成东峰（2 年）、黄富南（3 年）、肖丽凤（4 年）、卢国军（2 年）、邓丹凤（4 年）、萧文彩（2 年）、李金虎（1.5 年）、吴绮淇（1 年）、何奕坤（3 年）、梁美侨（0.5 年）、李悦云（2 年）、刘明光（4 年）、陈结豪（2 年）、陈静（0.5 年）、谢婵梅（2 年）、廖勇（2 年）、容庆业（2 年）、莫燕琪（1 年）、胡达中（0.5 年）、蓝海文（1.5 年）、陈晓露（1.5 年）、刘文贤（4 年）、曾艺飞（4 年）、王瑞贤（4 年）、唐大其妹（2 年）、黄运妹（1 年）、朱妙璇（2 年）、王思博（3 年）、刘银容（3 年）、许晓羽（4 年）、钟燕霞（2 年）、李丰锣（4 年）、吴烁盈（2 年）、陈畅川（3 年）、邢静贤（4 年）、杨佳妮（2 年）、袁丽苗（0.5 年）、苏志彬（3 年）、王彩云（2 年）、曾思贤（1 年）、叶绿怡（4 年）、彭卫有（4 年）、赵晓敏（0.5 年）等，广东省廖冰兄人文艺术基金会赵志雄（2 年），广东医科大学池文华（3 年），广东中科经济社会发展研究院王伟（1 年）、广州城乡汇饶琪弘（2 年），广州大学松田学院余缅萍（3 年），广州市北斗星社会工作服务中心梁阿妹（2 年），广州市花都区向阳社会工作服务中心董向阳（2 年），广州市花都区思康社会服务中心陈燕霞（2 年），广州市荔湾区逢源人家服务中心刘青霞（1 年），广州市致学咨询服务有限公司张铭炜（2 年），韩山师范学院李炯标（4 年）、蔡文风（0.5 年）、陈文华（0.5 年）、张智辉

(0.5 年)，华南农业大学林诚彦（1 年），惠州市惠众社会工作服务中心韩婧琦（0.5 年），揭阳职业技术学院毛月云（3 年），江门市蓬江区恒爱社会工作综合服务中心梁健玲（0.5 年），江门市江海区乐翔社会工作服务社方心（1 年），梅州市嘉应学院陶叡（2 年），陕西秦怀社会工作服务中心陈肃微（1 年），汕头市福利社会工作服务中心陈若苹（0.5 年），上海真爱梦想公益基金会张蕾（云浮 3 年），韶关学院陈诗颖（4 年）、康密（4 年）、李茂强（2 年），深圳市大鹏新区社会工作协会吴海涛（3 年），深圳市社会工作者协会徐晓磊（2 年），深圳市盐田区海云社工服务社吴凤彬（3 年），深圳市志远社会工作服务社黄秋新（2 年），五邑大学林泳诗（4 年）、江门张蕾（2 年），湛江师范学院钟耀林（1 年）、黄家滨（1 年）、谭春光（1 年）、张勇（1 年）、黄剑（1 年）、荣娥（1 年），湛江市麻章区人力资源和社会保障局王冠华（2 年），湛江市残疾人康复中心罗美丽（2 年），中山大学张和清（4 年）、万向东（1 年）、黄晓星（1 年）、雷杰（1 年）、许怡（1 年）、都娟娟（1 年）、徐盈艳（1 年）、李侨明（1 年）、闫红红（1 年）、尚静（1 年）、黄海平（3 年），中山大学新华学院饶新龙（2 年），中山市社会工作者协会陈洪（0.5 年），仲恺农业工程学院张文浩（2 年）、郭思源（2 年）。还有陈海霞（0.5 年）、黄海澜（4 年，美编）、李春燕（0.5 年）、林壮鹏（2 年）、廖云泳（0.5 年）、刘创新（4 年）、马绍粉（0.5 年）、潘启配（1 年，律师）、王月星（0.5 年）、温海媚（0.5 年）、吴丹丽（0.5 年）、叶晓丹（0.5 年）、曾素梅（0.5 年）、张妮（1 年）、张晓园（0.5 年）等人士。

特别感谢民政部李纪恒部长、王爱文副部长、慈善事业促进和社会工作司贾晓九司长、陈军和义芳副司长以及王铮健处长等亲临“双百”社工站指导工作，中央电视台新闻调查栏目组杜晓静编导团队，北京大学王思斌教授、中山大学蔡禾教授、大湾区社会工作联盟阮曾媛琪教授、中国社会科学院大学陈涛教授、云南大学高万红教授、香港理工大学古学斌教授、香港理工大学杨锡聪老师、四川农业大学齐华栋老师、吉林大学珠海分校陈曦老师、汕头大学方炼老师、四川北川大鱼公益高思发、成都“爱有戏”余长芳、《中国社会工作》杂志社颜小钗、中国社会出版社余细香，以及广东绿耕社会工作发展中心项目点仙娘溪、乐明村村民骨干等都从各自角度为“双百”鼓劲加油。

同时感谢广东省社会工作师联合会周小燕，华南农业大学李锦顺、马林芳，华南师范大学刘志鹏，珠海市社会工作协会熊俊超，中山市益群社会工作服务中心游华元，香港社会服务发展研究中心陈安发，佛山科学技术学院梁绮惠，惠州惠颐社会工作服务中心周巍，珠海远博社会工作促进中心王广东，深圳市民政局李祥杰，东莞市民政局郭薇，东莞市社会工作协会王志伟，中山市民政局余薇，北京大成（广州）律师事务所陈伊利、胡铭，广东智合会计师事务所有限公司王小丽、宋相伟，省民政厅石卉、李卫湘、陈沁怡、邓智鹏等“双百计划”项目监测评估专家。

最后，感谢李嘉诚基金会、世界宣明会－中国基金有限公司（香港）广东代表处、乐施会（香港）广东办事处、爱佑慈善基金会、广东省长江公益基金会、广东省汕头大学教育基金会、广东省岭南教育慈善基金会、南都公益基金会、香江社会救助基金会、广东省社会工作发展促进会等社会组织对“双百”项目的鼎力支持。

张和清